Des interviews exclusives

Des entretiens vidéo exclusifs que nous ont accordés des écrivains, journalistes, comédien, metteurs en scène...

« Mon but c'est de dire aux gens : je suis vos yeux, je suis vos oreilles, et je vous raconte ce qui se passe. » **Florence Aubenas**, écrivain et journaliste, fait découvrir aux élèves le métier de journaliste et ses évolutions. → **p. 209**

« À partir de la rédaction des *Misérables*, Victor Hugo veut mettre ses actes en conformité avec sa parole. » **Gérard Audinet**, directeur des Maisons de Victor Hugo, raconte aux élèves des épisodes de l'exil de Victor Hugo à Guernesey. → **p. 89**

« Par son geste, par son mouvement, ma peinture exprime de la joie, de l'énergie. »
Jérôme Mesnager, peintre de rue, évoque pour les élèves le rôle du *street art* dans la ville. → **p. 249**

« Roxane ne peut pas se contenter d'un homme qui lui dise "Je t'aime. Je te désire." »
Michel Vuillermoz, comédien, sociétaire de la Comédie-Française, parle aux élèves du rôle de Cyrano et, plus généralement, du travail du comédien. → **p. 24, 30, 32, 35**

Retrouvez d'autres interviews dans la collection *Jardin des Lettres*.

- **En 6ᵉ :**
  Pascale Bordet (créatrice de costumes)
  Marie Desplechin (écrivain)
  François Place (auteur-illustrateur)
  Olivier Py (dramaturge et metteur en scène)
- **En 5ᵉ :**
  Florence Aubenas (journaliste et écrivain)
  Azouz Begag (écrivain et homme politique)
  Marie Desplechin (écrivain)
  Jean-Christophe Rufin (diplomate, écrivain et médecin)
  Michel Tozzi (philosophe)
- **En 3ᵉ :**
  Myriam Anissimov (écrivain et journaliste)
  Côme Fabre (conservateur au musée du Louvre)
  Sophie Hélène (lauréate du concours d'éloquence Lysias)
  Jean Métellus (poète)
  Éric-Emmanuel Schmitt (écrivain et metteur en scène)
  Michel Vuillermoz (comédien)

Des extraits vidéo

Pour rendre plus vivantes certaines œuvres, aborder avec les élèves le travail de mise en scène...

Voici la liste des extraits vidéo proposés dans ce manuel :

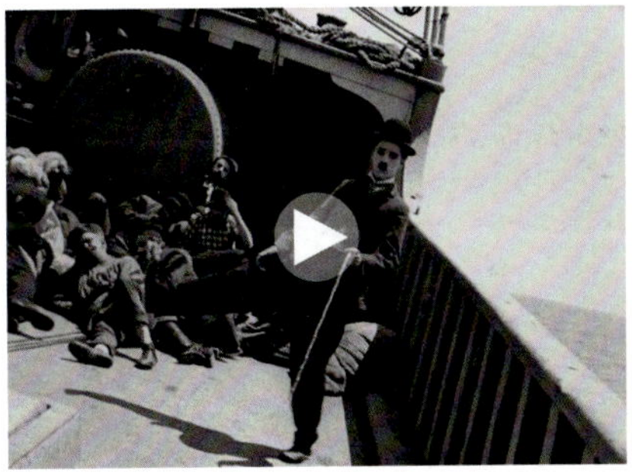

- ***Les Temps modernes***, film de Charlie Chaplin, 1936 → **p. 17**
- ***West Side Story***, film de Jerome Robbins et Robert Wise, 1961 → **p. 19**
- ***Chantons sous la pluie***, film de Stanley Donen, 1952 → **p. 20**
- ***Cyrano de Bergerac***, mise en scène de Denis Podalydès, 2006 → **p. 30**
- ***Carmen***, opéra de Georges Bizet, 1875 → **p. 56**
- Des chansons interprétées par **G. Brassens, J. Brel, F. Cabrel, Y. Montand** → **p. 17, 58, 59**
- ***Retour sur la carrière de Boris Vian***, reportage sur l'artiste, 2009 → **p. 61**
- ***Lettre d'une inconnue***, film de Max Ophüls, 1948 → **p. 66**
- ***Le Cid***, mise en scène de Thomas Le Douarec, 1998 → **p. 73**
- ***Victor Hugo, un père anéanti***, reportage, 1997 → **p. 88**
- ***La Bête humaine***, film de Jean Renoir, 1938 → **p. 157, 161**
- ***My Nights***, vidéo d'art d'Agnès Guillaume, 2014 → **p. 171**
- ***Gustave Courbet***, reportage sur le peintre, 2007 → **p. 180**
- ***Pêcheurs de perles***, émission consacrée à l'ouvrage d'Albert Londres → **p. 208**
- ***L'Émigrant***, film de Charlie Chaplin, 1917 → **p. 228**
- ***Pars vite et reviens tard***, film de Régis Wargnier, 2007 → **p. 245**

Des exercices interactifs

Dans la partie « Étude de la langue », vous trouverez des EXOS + :

- 64 fiches d'**exercices complémentaires** sous forme modifiable ;
- 32 **exercices interactifs** en auto-évaluation.

+ un « **Tuto vidéo** » pour apprendre à créer une carte mentale

Collège

20..... - 20..... : ....

20..... - 20..... : ....

20..... - 20..... : ....

20..... - 20..... : ....

20..... - 20..... : ....

Jardin des lettres

Programme 2016

Français 4e

CYCLE 4

Sous la direction d'Évelyne Ballanfat

Alexandra Bonvalot
Professeur au collège Jean Moulin, Aubervilliers (93)

Florence Digne
Professeur au collège Anatole France, Les Pavillons-sous-Bois (93)

Coralie Doux-Pouget
Professeur au lycée Jean-Baptiste Corot, Douai (59)

Myriam Dufour
Professeur au collège Jean Jaurès, Lomme (59)

Amandine Herse
Professeur au collège Jean Moulin, Aubervilliers (93)

Élise Jaillet
Professeur au lycée Baudelaire, Roubaix (59)

Cécile Kohn
Professeur au collège Didier Daurat, Le Bourget (93)

Maud Lapoussière
Professeur au collège Antoine de Saint-Exupéry, Rosny-sous-Bois (93)

Anne-Paule Paes
Professeur au lycée Henri Wallon, Aubervilliers (93)

André Rehbinder
Professeur au collège Victor Hugo, Sarcelles (95)

Séverine Yvon
Professeur au collège Jules Verne, Neuville-en-Ferrain (59)

Ont également participé : **Magali Brunel** (Chambéry, 73), **Pierre-Alain Caltot** (Saint-Denis, 93), **Yves Caron** (Liévin, 62), **Stéphane Chantoiseau** (Vitry-sur-Seine, 94), **Claire Chauvin** (Saint-Sébastien-sur-Loire, 44), **Karine Hurtevent** (Ivry-sur-Seine, 94), **Apolline Larroumets** (Ivry-sur-Seine, 94), **Guillaume Loock** (Pierrefitte-sur-Seine, 93), **Claire Montanari** (Chennevières-sur-Marne, 94), **Hélène Solnica** (Aubervilliers, 93), **Coraline Soulier** (Lille, 59), **Irène Stavridis** (Stains, 93).

Remerciements à Élodie Bouchiche (L'Isle d'Abeau, 38), Emeline Cardonna-Coquio (Joué-lès-Tours, 37), Fabienne Castaner (Witry-lès-Reims, 51), Stéphanie Perrein-Lemaire (Rilly-la-Montagne, 51) et Béatrice Simonetti (Villecresnes, 94) pour leurs relectures et suggestions, ainsi qu'à tous les enseignants qui ont participé aux études menées sur ce manuel.

5 minutes avec...

Les auteurs et les éditions Magnard remercient vivement pour leur contribution :
Florence Aubenas, écrivain et journaliste,
Gérard Audinet, directeur des Maisons de Victor Hugo,
Jérôme Mesnager, peintre de rue,
Michel Vuillermoz, comédien, sociétaire de la Comédie-Française.

Ce manuel applique les recommandations orthographiques de 1990, mentionnées dans le BO n° 11 du 26 novembre 2015. Seuls les extraits d'œuvres littéraires n'ont pas été modifiés.

MAGNARD
www.magnard.fr

Code offre 106260
Valable jusqu'au 31/07/2021

Programme d'enseignement du cycle des approfondissements (cycle 4) – Français

Bulletin officiel spécial n° 11 du 26 novembre 2015

L'enseignement du français joue au cycle 4, comme dans les cycles précédents, un rôle décisif dans la réussite scolaire, tant pour le perfectionnement des compétences de lecture et d'expression utilisées dans tous les champs de la connaissance et de la vie sociale que pour l'acquisition d'une culture littéraire et artistique.
Au cycle 3, les élèves ont développé des capacités à lire, comprendre et interpréter des documents de natures diverses, particulièrement des textes littéraires. Ils ont enrichi leurs compétences de communication et d'expression, écrites et orales, dans des situations de plus en plus complexes, structurant leurs connaissances et élaborant une pensée propre. Ils sont entrés dans une étude de la langue explicite et réflexive, au service de la compréhension et de l'expression.

L'enseignement du français en cycle 4 constitue une étape supplémentaire et importante dans la construction d'une pensée autonome appuyée sur un usage correct et précis de la langue française, le développement de l'esprit critique et de qualités de jugement qui sont nécessaires au lycée.

Cet enseignement s'organise autour de compétences et de connaissances qu'on peut regrouper en trois grandes entrées :
– le développement des **compétences langagières** orales et écrites en réception et en production ;
– l'approfondissement des **compétences linguistiques** qui permettent une compréhension synthétique du système de la langue, incluant systèmes orthographique, grammatical et lexical ainsi que des éléments d'histoire de la langue (en lien avec les langues anciennes et les langues vivantes étrangères et régionales) ;
– la constitution d'une **culture littéraire et artistique** commune, faisant dialoguer les œuvres littéraires du patrimoine national, les productions contemporaines, les littératures de langue française et les littératures de langues anciennes et de langues étrangères ou régionales, et les autres productions artistiques, notamment les images, fixes et mobiles.

Le professeur de français veille à articuler les différentes composantes de son enseignement, en organisant les activités et les apprentissages de façon cohérente, autour d'objectifs convergents, par périodes et en construisant sur l'année scolaire une progression de son enseignement adaptée aux besoins de ses élèves. Ainsi, le travail mené pour développer les compétences langagières orales et écrites est effectué en lien étroit avec la découverte et l'étude de textes littéraires et d'œuvres artistiques, choisis librement par le professeur en réponse aux questionnements structurant la culture littéraire et artistique au cycle 4.

Le travail en français, dans les différents cadres possibles (cours de français, accompagnement personnalisé, enseignements pratiques interdisciplinaires...), permet de nombreux et féconds croisements entre les disciplines. Tant sur le plan culturel que sur le plan linguistique, le professeur de français veille tout particulièrement à ménager des rapprochements avec les langues et cultures de l'Antiquité. Il puise aussi librement dans les thématiques d'histoire des arts pour élaborer des projets et établir des liens entre les arts du langage, les autres arts et l'histoire. En outre, l'enseignement du français joue un rôle déterminant dans l'éducation aux médias et à l'information : les ressources du numérique trouvent toute leur place au sein du cours de français et sont intégrées au travail ordinaire de la classe, de même que la réflexion sur leurs usages et sur les enjeux qu'ils comportent. Enfin, l'enseignement du français contribue fortement à la formation civique et morale des élèves, tant par le développement de compétences à argumenter que par la découverte et l'examen critique des grandes questions anthropologiques, morales et philosophiques soulevées par les œuvres littéraires.

Compétences travaillées	Domaines du socle
Comprendre et s'exprimer à l'oral • Comprendre et interpréter des messages et des discours oraux complexes. • S'exprimer de façon maitrisée en s'adressant à un auditoire. • Participer de façon constructive à des échanges oraux. • Exploiter les ressources expressives et créatives de la parole.	1,2,3
Lire • Lire des images, des documents composites (y compris numériques) et des textes non littéraires. • Lire des œuvres littéraires, fréquenter des œuvres d'art. • Élaborer une interprétation de textes littéraires.	1,5
Écrire • Utiliser l'écrit pour penser et pour apprendre. • Adopter des stratégies et des procédures d'écriture efficaces. • Exploiter des lectures pour enrichir son écrit.	1
Comprendre le fonctionnement de la langue • Connaitre les aspects fondamentaux du fonctionnement syntaxique. • Connaitre les différences entre l'oral et l'écrit. • Maitriser la forme des mots en lien avec la syntaxe. • Maitriser le fonctionnement du verbe et son orthographe. • Maitriser la structure, le sens et l'orthographe des mots. • Construire les notions permettant l'analyse et la production des textes et des discours. • Utiliser des repères étymologiques et d'histoire de la langue.	1,2
Acquérir des éléments de culture littéraire et artistique • Mobiliser des références culturelles pour interpréter les textes et les productions artistiques et littéraires et pour enrichir son expression personnelle. • Établir des liens entre des productions littéraires et artistiques issues de cultures et d'époques diverses.	1,5

Les enseignements pratiques interdisciplinaires (cycle 4)

Extrait de la *Circulaire* n° 2015-106 du 30 juin 2015

Les enseignements pratiques interdisciplinaires concernent les élèves du cycle 4. Ils permettent de construire et d'approfondir des connaissances et des compétences par une **démarche de projet** conduisant à une **réalisation concrète**, individuelle ou collective (qui peut prendre la forme d'une présentation orale ou écrite, de la constitution d'un livret ou d'un carnet, etc.). [...]
Toutes les disciplines d'enseignement contribuent aux enseignements pratiques interdisciplinaires. [...] Les enseignements pratiques interdisciplinaires contribuent, avec les autres enseignements, à la mise en œuvre du **parcours citoyen**, du **parcours d'éducation artistique et culturelle** ainsi que du **parcours Avenir**. [...]
Les enseignements pratiques interdisciplinaires sont des temps privilégiés pour développer les compétences liées **à l'oral**, **l'esprit créatif** et **la participation** : les élèves apprennent à s'inscrire dans un travail en équipe, à être force de proposition, à s'exprimer à l'oral, à conduire un projet, individuel ou collectif.

lienmini.fr/jdl-001

Retrouvez à l'adresse ci-dessus des propositions pour mettre en œuvre les EPI.

Culture littéraire et artistique en classe de 4e

Extrait du *Bulletin officiel spécial* n° 11 du 26 novembre 2015

Se chercher, se construire **Dire l'amour**

Enjeux littéraires et de formation personnelle :

- découvrir des poèmes lyriques de différentes époques exprimant les variations du discours amoureux ;
- comprendre les nuances du sentiment amoureux et quelques-unes des raisons qui en font un thème majeur de l'expression littéraire et artistique ;
- s'interroger sur le rôle des images et des références dans le lyrisme amoureux.

Indications de corpus :

On étudie :

- un ensemble de poèmes d'amour, de l'Antiquité à nos jours.

On peut aussi étudier une tragédie du XVIIe siècle, une comédie du XVIIIe siècle ou un drame du XIXe siècle, ou encore des extraits de nouvelles, de romans et de films présentant l'analyse du sentiment amoureux.

Vivre en société, participer à la société **Individu et société : confrontations de valeurs ?**

Enjeux littéraires et de formation personnelle :

- découvrir, à travers des textes relevant des genres dramatique et romanesque, la confrontation des valeurs portées par les personnages ;
- comprendre que la structure et le dynamisme de l'action dramatique ou romanesque ont partie liée avec les conflits, et saisir quels sont les intérêts et les valeurs qu'ils mettent en jeu ;
- s'interroger sur les conciliations possibles ou non entre les systèmes de valeurs mis en jeu.

Indications de corpus :

On étudie :

- une tragédie ou une tragicomédie du XVIIe siècle (lecture intégrale), ou une comédie du XVIIIe siècle (lecture intégrale).

On peut aussi étudier sous forme d'un groupement de textes des extraits de romans ou de nouvelles des XVIIIe, XIXe, XXe et XXIe siècles.

Regarder le monde, inventer des mondes **La fiction pour interroger le réel**

Enjeux littéraires et de formation personnelle :

- découvrir des œuvres et des textes narratifs relevant de l'esthétique réaliste ou naturaliste ;
- comprendre quelles sont les ambitions du roman réaliste ou naturaliste au XIXe siècle en matière de représentation de la société ;
- comprendre comment le récit fantastique, tout en s'inscrivant dans cette esthétique, interroge le statut et les limites du réel ;
- s'interroger sur la manière dont les personnages sont dessinés et sur leur rôle dans la peinture de la réalité.

Indications de corpus :

On étudie :

- en lien avec la programmation annuelle en histoire (thèmes 2 et 3 : « L'Europe et le monde au XIXe siècle » et « Société, culture et politique dans la France du XIXe siècle »), un roman ou des nouvelles réalistes ou naturalistes (lecture intégrale) ; on peut également s'appuyer sur une adaptation cinématographique ou télévisuelle d'un roman ou d'une nouvelle réaliste ou naturaliste (étude intégrale ou groupement d'extraits)

et

- une nouvelle fantastique (lecture intégrale).

Agir sur le monde **Informer, s'informer, déformer ?**

Enjeux littéraires et de formation personnelle :

- découvrir des articles, des reportages, des images d'information sur des supports et dans des formats divers, se rapportant à un même évènement, à une question de société ou à une thématique commune ;
- comprendre l'importance de la vérification et du recoupement des sources, la différence entre fait brut et information, les effets de la rédaction et du montage ;
- s'interroger sur les évolutions éditoriales de l'information.

Indications de corpus :

On étudie :

- des textes et documents issus de la presse et des médias (journaux, revues, enregistrements radio ou télévisés, médias numériques).

Le travail peut se faire en lien avec la Semaine de la presse et des médias, comme préparation ou dans le prolongement de cet événement.

On peut également exploiter des textes et documents produits à des fins de propagande ou témoignant de la manipulation de l'information.

On peut aussi étudier des extraits de romans, de nouvelles ou de films des XIXe, XXe et XXIe siècles traitant du monde de la presse et du journalisme.

Questionnement complémentaire **La ville, lieu de tous les possibles ?**

Enjeux littéraires et de formation personnelle :

- montrer comment la ville inspire les écrivains – poètes, auteurs de romans policiers, grands romanciers des XIXe et XXe siècles... – et les artistes qui la représentent dans sa diversité, sa complexité et ses contradictions ;
- s'interroger sur les ambivalences des représentations du milieu urbain : lieu d'évasion, de liberté, de rencontres, de découvertes, mais aussi lieu de « perdition », de solitude, de désillusion, de peurs ou d'utopies ;
- réfléchir aux conséquences à venir du développement des mégalopoles.

Indications de corpus :

On peut étudier ou exploiter :

- des descriptions et récits extraits des grands romans du XIXe siècle à nos jours présentant des représentations contrastées du milieu urbain ;
- des poèmes qui construisent la ville comme objet poétique.

On peut aussi étudier l'importance de la ville dans le roman policier et dans le roman d'anticipation.

On peut également exploiter des extraits de films, de BD, des portfolios photographiques...

Questionnement libre

Feuilletez votre manuel !

Vous y trouverez…

… pour faciliter l'ÉTUDE DE LA LANGUE

- des **Ateliers de classe** pour **réfléchir collectivement** au fonctionnement de la langue, au sens des mots de la grammaire ; pour faire des hypothèses avant de formuler des règles ;
- des **LEÇONS** synthétiques, accompagnées de schémas visuels variés ;
- des **exercices progressifs** mettant en œuvre la **pédagogie différenciée**, pour permettre à chacun de travailler selon ses besoins ;
- la **Grammaire pour dire et pour écrire** dans les Parcours et les Ateliers, pour **lier l'étude de la langue et des textes**.

… des ATELIERS

pour **S'EXPRIMER** et **SE METTRE EN ACTIVITÉ**.

- À réaliser, **seul(e) ou en groupe**, une production définie dans un **projet**.
- Pour chaque atelier, des **Méthodes** aident à maitriser les compétences nécessaires.
- Voici quelques exemples d'ateliers : écrire et représenter sa **ville rêvée**, écrire un **article de journal**…

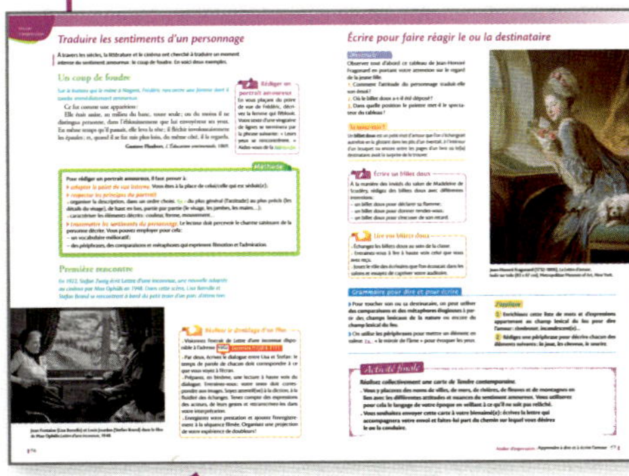

… des interviews

pour partager « **5 minutes avec** » un comédien (**Michel Vuillermoz**), une journaliste (**Florence Aubenas**), un peintre de rue (**Jérôme Mesnager**), un directeur de musée (**Gérard Audinet**), pour comprendre pourquoi et comment ils écrivent, voient le monde…

… des ANIMATIONS des extraits AUDIO et VIDÉO

pour accéder aux textes et à l'art par **les yeux et par la voix**, en favorisant la dimension **orale** et en proposant une approche **interactive**.

…des PARCOURS

pour **COMPRENDRE** et **ANALYSER** des textes et des images à travers :

- un **thème**, un **genre** littéraire, une vie/une œuvre d'**écrivain** ;
- des axes de lecture, des **questionnaires** ouverts avec des **objectifs** clairs, qui aident à entrer dans les textes ;
- des **activités** à faire individuellement ou en groupe, pour construire une réflexion personnelle.

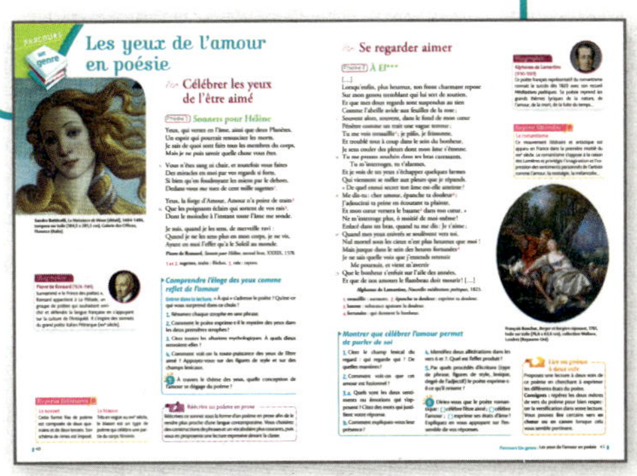

… des DOSSIERS

pour **APPRENDRE** et **SE CULTIVER** en découvrant de manière **ludique** des **œuvres d'art**, des **mouvements littéraires** ou **culturels** inscrits dans leur époque.

Ces dossiers qui croisent d'autres disciplines constituent des pistes EPI.

Compétences langagières & Culture littéraire et artistique travaillées dans le manuel

À l'oral

Exprimer des sentiments, des sensations ou des émotions ➥ p. 20, 47, 63, 100, 260
Développer une opinion, défendre un point de vue ➥ p. 53, 55, 56, 57, 59, 73, 121, 137, 139, 143, 151, 219, 236, 279, 339, 349
Débattre, interagir avec autrui dans un échange ➥ p. 19, 31, 102, 115, 150, 186, 190, 192, 335
Formuler des hypothèses ➥ p. 161
Exploiter les ressources expressives et créatives de la parole ➥ p. 26, 50, 60, 95, 101, 177, 235, 269, 285, 287, 317
Réaliser à plusieurs une anthologie sonore ➥ p. 50
Faire une mise en voix collective ➥ p. 41, 59, 187
Lire en respectant une contrainte ➥ p. 67
Imaginer un dialogue ➥ p. 212, 277, 351
Jouer une scène ➥ p. 21, 34, 66, 75, 161,
Comprendre un choix de mise en scène ➥ p. 30, 73, 159
Se mettre à la place d'un personnage ➥ p. 77, 78
Raconter, imaginer la suite d'un texte ➥ p. 70, 161, 196, 341
Décrire et interpréter une image, un document ➥ 26-29, 46, 49, 52, 53, 55, 64, 67, 71, 75, 118, 119, 121, 126, 139, 140, 141, 142, 143, 162, 169, 210-211, 212, 217, 239, 250-253, 254, 256, 303
Interpréter un extrait de film ➥ p. 18-20, 157, 171, 226-229
Présenter une œuvre, exposer les résultats d'une recherche ➥ p. 18, 352
Comprendre un discours ➥ p. 91, 93
Comprendre un texte lu ➥ p. 43, 75, 88, 131, 135, 137, 158, 194, 267-269
Comprendre une interview ➥ p. 24, 30, 32, 35, 89, 209, 249

À l'écrit

- Exprimer et justifier son point de vue ➥ p. 31, 32, 34, 36, 37, 39, 41, 43, 46, 60, 78, 127, 165, 170, 231
- Utiliser l'écrit pour réfléchir ➥ p. 63, 198
- Exprimer des sentiments, des sensations ou des émotions ➥ p. 57, 98, 100, 256
- Imaginer et décrire un lieu, un personnage ➥ p. 64, 175, 197, 233, 248, 255, 273, 279, 293, 299
- Pratiquer l'écriture d'invention ➥ p. 177, 178, 237, 262, 319, 336
- Imaginer la suite d'un texte ➥ p. 138, 306-307
- Se mettre à la place d'un personnage ➥ p. 138, 357, 360-361
- Écrire « à la manière de » ➥ p. 43, 155, 195
- Écrire une lettre ➥ p. 103, 259, 263, 351
- Écrire un poème ➥ p. 51, 201, 287
- Écrire à partir d'images ➥ p. 17, 81, 175, 181, 329
- Écrire un dialogue ou une scène de film ➥ p. 19, 21, 35, 161, 294-295, 355
- Écrire une dépêche, un article de journal ➥ p. 220, 223
- Pratiquer la réécriture ➥ p. 40, 177, 189, 291, 305, 317
- Écrire une définition ➥ p. 73, 185, 220, 275
- Écrire un texte en fonction d'une intention ➥ p. 67, 103, 115, 216, 344-345
- Formuler des hypothèses ➥ p. 131, 135, 198
- Résumer ce qu'on a lu ➥ p. 168
- Décrire et interpréter une image, un document, un film ➥ p. 16, 17, 36, 38, 82, 85, 86, 89, 91, 157-161, 162, 169, 196, 210-214, 216, 226-229, 232, 234, 238, 252, 260, 284, 292, 296, 298, 310, 316, 332, 340, 348, 356
- Faire une recherche ➥ p. 100, 199, 258, 261
- Réaliser une affiche, une brochure ➥ p. 99, 201, 213, 217

Atelier d'ouverture — *Écrire et jouer une scène de film*

L'amour sur l'écran des rêves

Se chercher, se construire

Thème 1 Dire l'amour

5 minutes avec... interviews — extraits d'œuvres lues — extraits vidéo — activités +

Vivre en société, participer à la société

Thème 2 Individu et société : confrontations de valeurs ?

Regarder le monde, inventer des mondes

Thème 3 La fiction pour interroger le réel

Agir sur le monde

Thème 4 Informer, s'informer, déformer ?

Questionnement La ville, lieu de tous les possibles ?

Compétences linguistiques – L'étude de la langue

Une progression méthodique qui vise à acquérir des connaissances grammaticales mais aussi des savoir-faire pour bien analyser les textes et savoir s'exprimer.

• Un premier atelier, appelé **« Les gestes du grammairien »**, apprend à **identifier** les **différentes formes de manipulation** (suppression, déplacement, remplacement, expansion/réduction, transformation) qui seront utilisées tout au long de l'année.

• Au début de chaque chapitre, un **atelier de classe** permet une **mise en activité** pour mener en groupe, à l'écrit et à l'oral, des recherches conduisant à : des **investigations**, des **émissions d'hypothèses**, des mises en commun, des **confrontations**, pour parvenir à la **formulation de règles**. L'atelier fait découvrir ou redécouvrir par soi-même tout ce qu'il faut savoir pour bien **comprendre** les leçons du chapitre.

• **32 leçons synthétiques** proposent **d'apprendre et d'appliquer** selon ce schéma : page de gauche, des « activités » pour découvrir la notion, grâce à des recherches ; page de droite, un encadré de leçon comportant les éléments essentiels pour **apprendre**, avec un schéma pour **retenir**, et la rubrique « pour dire, pour écrire », qui donne des conseils à l'écrit ou à l'oral ; des exercices pour **appliquer**, ainsi que des liens vers d'autres activités en ligne. Ces exercices sont classés **par compétences** : repérer, manipuler, écrire, préparer une dictée, produire à l'oral...

• Des **bilans** permettent d'**évaluer** ce que l'on sait faire, et viennent clore le chapitre. Chacun se compose d'un texte littéraire, assez court, permettant de **réinvestir** les notions nouvellement acquises et celles vues antérieurement. Trois séries de consignes de niveau différent mais avec le même type d'activités proposent un travail en **pédagogie différenciée** pour permettre une évaluation valorisante.

dans *Jardin des Lettres 4e*

Pour chaque leçon, retrouvez des EXOS + :
- 2 fiches **d'exercices supplémentaires**
- 4 **exercices interactifs** en autoévaluation

Le verbe

La phrase

Le texte

Compétences linguistiques – Étude de

Le lexique

Autour du nom

Le verbe

la langue : mise en perspective dans *Jardin des Lettres* cycle 4

La phrase

Former une phrase

- Les types et formes de phrases 5 3
- Phrase simple et phrase complexe 5
- Juxtaposition et coordination 5
- La phrase complexe 4
- La proposition subordonnée complétive 3
- L'emploi du subjonctif dans les propositions subordonnées conjonctives 4
- Les emplois du subjonctif 3
- Les emplois du conditionnel 3
- La phrase : outils de mémorisation 3

Utiliser les mots outils

- **Ortho** Les conjonctions de coordination 5
- Les conjonctions de subordination 4
- Le mot *que* 3

Employer les compléments circonstanciels

- Les compléments circonstanciels de temps et lieu, moyen et manière 5
- Les compléments circonstanciels de cause, conséquence et but 5
- Les propositions subordonnées circonstancielles de temps 4
- Les propositions subordonnées circonstancielles de cause et de conséquence 4
- Les nuances des compléments circonstanciels 3
- Les compléments circonstanciels de but, cause, conséquence et temps 3
- Les compléments circonstanciels de comparaison, opposition, concession et condition 3

Le texte

Situer et énoncer

- Les valeurs des temps du récit 5
- La situation d'énonciation 4
- La situation d'énonciation dans différents genres littéraires 3
- Les repères spatio-temporels 5
- Les repères spatio-temporels et connecteurs logiques 4
- Les connecteurs narratifs et argumentatifs 3

Organiser une progression

- La description 5
- Les reprises pronominales 4
- Les reprises anaphoriques 3
- Thème et propos 3

Insérer un dialogue

- Le dialogue 5
- Les paroles rapportées : discours direct et indirect 4
- Les paroles rapportées 3

Argumenter et modaliser

- L'expression d'un choix personnel 5
- Exprimer un avis, une opinion, un jugement 4
- Les points de vue 4 3
- L'ironie • Implicite et explicite 3
- Les modalisateurs 3

Pour vous aider, des **schémas de synthèse** et des **tableaux de conjugaison** récapitulent les notions étudiées, les astuces orthographiques ainsi que les modèles de conjugaison.
Des **cartes mentales à main levée** facilitent la mémorisation.

TUTO VIDÉO lienmini.fr/jdl-002
Un « **Tuto vidéo** » pour apprendre à créer une carte mentale.

5 *Jardin des Lettres* 5e
4 *Jardin des Lettres* 4e
3 *Jardin des Lettres* 3e

Atelier d'ouverture

Écrire et jouer une scène de film

L'amour sur l'écran des rêves

À l'oral
- Décrire une image
- Préparer un court exposé
- Jouer une scène

À l'écrit
- Écrire un court récit
- Rédiger des dialogues cinématographiques

Dans cet atelier d'ouverture, vous allez découvrir **trois films qui ont marqué l'histoire du cinéma** et mettent en scène **des amours devenues célèbres** grâce aux forces qui les animent : espoir, liberté et bonheur.
À partir de ces films, vous allez **analyser des photogrammes** afin de les raconter et de **les mettre en scène**. Vous vous appuierez sur des synopsis (résumés de scénario) ainsi que sur des extraits de chanson, de poème, de nouvelle ou de théâtre qui apporteront un éclairage supplémentaire à ces images de cinéma.

Amour et espoir

Le film *Les Temps modernes*, de Charlie Chaplin (1936)

Dessin de **Léo Kouper** pour l'affiche du film *Les Temps modernes*.

Synopsis

Dans ***Les Temps Modernes***, **Charlot (joué par Charlie Chaplin)** travaille en usine, à la chaine, et passe ses journées à **serrer des boulons**.
Il ne supporte plus cette vie mécanique et se fait hospitaliser. Il expérimente ensuite divers métiers qu'il doit rapidement abandonner. Le monde lui est hostile au point que la prison devient son seul refuge. À sa sortie, Charlot redevient vagabond mais **sa rencontre avec la Gamine** (jouée par Paulette Goddard), une orpheline livrée à elle-même, **fera basculer sa destinée...**

Découvrir

Lisez le synopsis puis répondez aux questions suivantes.

1. Comment Charlot est-il représenté sur cette affiche ? Quelle est l'opposition exprimée ?
2. Décrivez précisément ce que tient Charlot dans chacune de ses mains. Quelle idée Léo Kouper a-t-il voulu exprimer ainsi ?
3. Dans quelle direction le regard de Charlot se dirige-t-il ? Comment l'interprétez-vous ?
4. Quelle hypothèse pouvez-vous faire sur la destinée de Charlot ?

Graine de savoir

« Idylle » vient du latin *idyllium*, signifiant *poème pastoral*. À partir du XIXe siècle, le mot signifiera « aventure amoureuse naïve et tendre ».
- Quel est l'adjectif issu de ce nom ?

Découvrir un couple mythique au cinéma : Charlot et la Gamine

VIDÉO lienmini.fr/jdl4-T001

Saisissez cette adresse sur votre navigateur pour visionner cette scène des *Temps modernes*.

Charlot a aidé la jeune orpheline à fuir les policiers qui la pourchassaient car, affamée, elle venait de voler un pain. Tous deux décident de se reposer en face de la maison d'un couple aisé (photogramme ❶). Une ***idylle*** *se noue et des rêves naissent (photogrammes ❷, ❸, ❹).*

1

2

3

4

Comprendre

1. Quels sont les personnages présents dans chaque photogramme ? Quelles sont leurs actions ? Où se situent-ils ?
2. Comment la pauvreté et l'errance sont-elles montrées dans ces images ?
3. Quel photogramme permet de visualiser le rêve de Charlot ? De quel rêve s'agit-il précisément ? Commentez l'expression « petit nid ».
4. Quel photogramme traduit l'espoir du héros ? Comment cet espoir est-il exprimé à travers les paroles et l'attitude de Charlot ?
5. Quelle présence va ramener le héros à la réalité ?

Transposer : écrire à partir des photogrammes

Constituez des **groupes de 4** et transposez, à l'écrit, cette courte séquence sous forme de **récit**. Vous procèderez ainsi :

– **l'un(e)** dira tout ce qu'il/elle voit sur un photogramme pendant qu'**un(e) autre** prendra des notes à partir desquelles **le/la troisième** rédigera des phrases complètes et développées. **Le/la quatrième** relira à voix haute le texte écrit. À chaque photogramme, les rôles seront redistribués ;

– le récit sera mené à la **3ᵉ personne**, au **passé** (imparfait, passé simple, plus-que-parfait…) ;

– des **passages descriptifs** et quelques **dialogues** (paroles rapportées au discours direct) seront introduits.

Découvrir une chanson célèbre

Quand on n'a que l'amour
À s'offrir en partage
Au jour du grand voyage
Qu'est notre grand amour
Quand on n'a que l'amour
Mon amour toi et moi
Pour qu'éclatent de joie
Chaque heure et chaque jour
Quand on n'a que l'amour
Pour vivre nos promesses
Sans nulle autre richesse
Que d'y croire toujours […]

Jacques Brel, « Quand on n'a que l'amour », © Universal Music Publishing/Les éditions Jacques Brel, 1956.

Comprendre

1. De quelle richesse s'agit-il dans l'extrait de cette chanson ? Comment comprenez-vous le verbe « avoir » ?
2. Pourquoi, selon vous, cette chanson pourrait-elle être illustrée par le plan final des *Temps modernes* ci-contre ?

VIDÉO lienmini.fr/jdl4-T002

Saisissez cette adresse sur votre navigateur pour découvrir **J. Brel interprétant cette chanson**.

Amour et liberté

On dit que *West side story* est une transposition de *Roméo et Juliette*: les réalisateurs Jerome Robbins et Robert Wise ont repris dans ses grandes lignes l'histoire écrite par Shakespeare, tout en lui apportant des modifications. Parmi les changements qu'ils ont opérés, ils ont situé l'histoire à leur époque: ils l'ont **actualisée**.

Vérone, XIVe siècle: la pièce de théâtre *Roméo et Juliette*

Synopsis

Dans la ville de Vérone, deux grandes familles nobles se vouent une haine ancestrale: les Montaigu et les Capulet. Ces deux familles ennemies s'affrontent régulièrement dans des bagarres sanglantes. Mais, lors d'un bal, Roméo Montaigu et Juliette Capulet ont un coup de foudre! Après la fête, Roméo se rend dans le jardin de la maison des Capulet en escaladant le mur, et il se tient sous la fenêtre de la chambre de Juliette.

JULIETTE
Hélas!

ROMÉO, *bas.*
Elle parle.
Oh, parle encore, ange lumineux, car tu es
Aussi resplendissante, au-dessus de moi dans la nuit,
Que l'aile d'un messager du Paradis [...]

JULIETTE
Ô Roméo, Roméo! Pourquoi es-tu Roméo!
Renie ton père et refuse ton nom,
Ou, si tu ne veux pas, fais-moi simplement vœu d'amour,
Et je cesserai d'être une Capulet.

ROMÉO, *bas.*
Dois-je l'écouter encore ou lui répondre?

JULIETTE
C'est ce nom seul qui est mon ennemi.
Tu es toi, tu n'es pas un Montaigu.
Oh, sois quelque autre nom. [...]
Défais-toi de ton nom, qui n'est rien de ton être [...]

ROMÉO
Je veux te prendre au mot.
Nomme-moi seulement « amour », et que ce soit
Comme un autre baptême! Jamais plus
Je ne serai Roméo.

JULIETTE
Qui es-tu qui, dans l'ombre de la nuit,
Trébuche ainsi sur mes pensées secrètes?

ROMÉO
Par aucun nom
Je ne saurai te dire qui je suis,
Puisque je hais le mien, ô chère sainte,
D'être ton ennemi. Je le déchirerais
Si je l'avais par écrit.

William Shakespeare, *Roméo et Juliette*, 1597 (traduction de François-Victor Hugo), Acte II, scène 2.

Comprendre

1. Qu'est-ce qui s'oppose à l'amour de Roméo et de Juliette?

2. Pourquoi les noms et prénoms sont-ils omniprésents dans cet extrait?

Méthode

Identifier une source d'inspiration

▸ ***Effectuez une recherche pour préparer un exposé.***

Vous allez préparer un bref exposé d'une à deux minutes sur l'histoire de *Roméo et Juliette*, la pièce de théâtre de William Shakespeare, ou celle de *West side story*, le film de Jerome Robbins et Robert Wise.

▸ ***Prenez des notes.***

Assurez-vous de bien comprendre les informations que vous trouverez dans diverses sources (livres, sites Internet...). Parfois il est nécessaire de consulter différents documents pour y parvenir.

▸ ***Établissez votre plan.***

Organisez les notes que vous avez prises de façon claire pour qu'elles vous servent de support lors de l'exposé (ne lisez pas mot à mot le récit de l'histoire que vous auriez écrit sur une feuille).

▸ ***Racontez l'histoire à vos camarades.***

À l'issue de ces exposés, vous établirez ensemble les ressemblances et les différences entre les deux histoires.

New York, fin des années 1950 : le film *West side story*

1

VIDÉO lienmini.fr/jdl4-T003

Saisissez cette adresse sur votre navigateur pour visionner un extrait de la bande-annonce du film *West side story*.

1 Deux bandes rivales de jeunes s'affrontent, les Jets (les « natifs ») et les Sharks (immigrés portoricains).

2

ACTIVITÉ + lienmini.fr/jdl4-T004

Saisissez cette adresse sur votre navigateur pour découvrir les paroles de la chanson que Tony chante à Maria dans cette scène.

3

2 et 3 : Tony, qui fait partie des Jets, retrouve Maria, qui se situe du côté des Sharks.

Comprendre

De *Roméo et Juliette* à *West side story*

Prenez connaissance des documents concernant le film *West side story* (l'extrait de la bande-annonce, les photogrammes et les paroles de la chanson « Maria »).

1. Quels liens pouvez-vous faire entre la pièce de théâtre et le film?

2. Décrivez précisément le 3e photogramme.

3. Que représentent symboliquement les grilles, d'une part, et la passerelle, d'autre part? Votre réponse comportera nécessairement les mots « amour », « haine » et « liberté » (ou des mots de la même famille).

Débattre des contraintes du groupe

- Connaissez-vous des barrières qui pourraient empêcher des amours ou des amitiés ?
- Trouvez-vous difficile d'échapper aux groupes auxquels on appartient (la famille, la bande d'amis, la classe sociale, le groupe ethnique, la communauté religieuse...) ?

Méthode

Rédiger un dialogue cinématographique

▸ *Respectez la mise en forme du dialogue*

▸ *Insérez des indications scéniques,* où vous donnerez des informations précises sur les actions, les gestes, les expressions du visage, les sentiments... afin de guider les acteurs.

Écrire un dialogue cinématographique

C'est à vous de transposer ce passage de la pièce de Shakespeare en l'actualisant.

- Lors d'une étape au brouillon, déterminez un lieu, dressez le portrait de vos personnages, imaginez les liens qui les unissent et les obstacles qui les séparent.
- Rédigez un dialogue de film qui comprendra des indications scéniques.

Amour et bonheur

Le film *Chantons sous la pluie* de Stanley Donen (1952)

Synopsis

Don Lockwood, célèbre acteur de cinéma muet, fait la rencontre d'une danseuse de claquettes, Kathy Selden, dont il tombe follement amoureux. D'abord méfiante, elle finit par s'éprendre de lui. Juste avant la scène mythique dont vous allez voir un extrait et des photogrammes, Don Lockwood vient de raccompagner sa bien-aimée chez elle. Ils s'embrassent, elle referme sa porte, puis il descend les marches du perron alors qu'il tombe une pluie torrentielle – mais il replie rapidement son parapluie...

VIDÉO lienmini.fr/jdl4-T005

Saisissez cette adresse sur votre navigateur pour visionner l'extrait du film *Chantons sous la pluie*.

Exprimer ses impressions

Visionnez une première fois la séquence vidéo et observez les photogrammes. Rédigez un court texte où vous exprimerez vos premières impressions. Ensuite, partagez-les avec vos camarades en le lisant.

1

3

2

4

Comprendre

Les sentiments du personnage

Lisez la critique du film (p. 21).

1. Relevez, dans le texte, le champ lexical du bonheur. Pour quelles raisons est-il à ce point développé ?

2. Recherchez dans un dictionnaire les significations qu'ont dans ce texte les mots « allégresse », « enthousiasme » et « euphorie ».

3. Expliquez pourquoi ce sont les mots les plus appropriés pour décrire l'état du personnage. Pour ce faire, revoyez l'extrait et observez de nouveau les photogrammes.

4. Comment le film montre-t-il ces sentiments ? Soyez attentif(ve) à tous les éléments caractéristiques du cinéma (son, plans, mouvements du corps...).

Chanter... sous la pluie !

5. Quelle idée associe-t-on habituellement à la pluie ? Vous pouvez vous appuyer sur la 1re strophe du poème de Verlaine. Au contraire, quelle idée associe-t-on généralement au chant ?

6. Dans le film, deux couleurs dominantes s'opposent. Quelles sont-elles et que symbolise chacune d'elles ?

7. Écrivez une légende pour chaque photogramme, où vous décrirez ce que fait le personnage avec l'eau de pluie. Au vu de ce qu'il fait sous et avec la pluie, quelle image se fait-on de lui ? Et qu'est-ce que cela dit des effets de l'amour ?

8. À votre avis, pourquoi le réalisateur a-t-il fait le choix de créer cette scène d'explosion de joie extrême sous une pluie diluvienne ?

Une critique de cinéma

Que d'eau... que d'eau... mais quel bonheur ! On n'oubliera pas de sitôt Gene Kelly tellement submergé par l'allégresse qu'il ne sent pas le déluge de pluie qui s'abat sur lui. Transporté de joie, il se laisse au contraire inonder par les gouttières, saute comme un gamin dans les flaques, grimpe aux lampadaires. Seul un policeman en pèlerine fera retomber son enthousiasme... mais pas le nôtre ! Si cette séquence d'anthologie reste dans toutes les mémoires ce n'est pas pour sa durée [...] mais parce qu'elle est l'expression la plus parfaite de l'euphorie consécutive au bonheur qu'on n'ait jamais trouvé au cinéma. Tout le film d'ailleurs est marqué du sceau de la joie de vivre.

Guy Bellinger, *in* Jean Tulard, *Guide des films*, 2005,
© Éditions Robert Laffont.

Repère littéraire

Une **critique de cinéma** est un texte qui exprime un avis sur un film et qui en propose **une analyse**.

Explorer un genre musical — piste EPI

- Étudiez dans cette scène la manière dont la musique accompagne l'expression de la joie.
- Documentez-vous sur le genre de la comédie musicale.

« Il pleure dans mon cœur
Comme il pleut sur la ville ;
Quelle est cette langueur[1]
Qui pénètre mon cœur ? [...] »

Paul Verlaine, *Romances sans paroles*, 1874.

1. **langueur** : mélancolie douce et rêveuse.

Graine de savoir

Le mot **« enthousiasme »** provient du grec *enthousiasmos* signifiant « possession divine » (*enthousiasmos* étant lui-même dérivé de *en*, « dans » et *theos*, « dieu »). Dans l'Antiquité grecque, l'enthousiasme était une inspiration divine qui s'emparait de l'âme du poète.

- Pourquoi pourrait-on dire que le personnage incarné par Gene Kelly est « enthousiaste » ? Par quelle « divinité » est-il possédé ?

Texte écho

Au début de cette nouvelle russe, un adolescent, Vladimir Pétrovitch, est tombé subitement amoureux de Zinaïda. Il est de retour chez lui.

Arrivé dans ma chambre, je me jetai sur le lit et me cachai le visage dans les mains. Mon cœur battait comme un fou ; je me sentais confus et joyeux, en proie à un trouble comme je n'en avais jamais encore éprouvé.

Après m'être reposé, je me peignai, brossai mes vêtements et descendis prendre le thé. L'image de la jeune fille flottait devant moi ; mon cœur s'était assagi, mais se serrait délicieusement.

– Qu'as-tu donc ? me demanda brusquement mon père, tu as tué un corbeau ?

J'eus envie de tout lui raconter, mais je me retins et me contentai de sourire à part moi. Au moment de me coucher, je fis trois pirouettes sur un pied – sans savoir pourquoi – et me pommadai les cheveux. Je dormis comme une souche. Peu avant le petit jour, je me réveillai un instant, soulevai la tête, regardai autour de moi, plein de félicité – et me rendormis.

Ivan Tourgueniev, *Premier amour*, 1860, chapitre II.

Comprendre

Quels rapprochements pouvez-vous faire avec la scène de *Chantons sous la pluie* ? Vous pouvez vous appuyer sur les expressions surlignées.

Écrire un dialogue cinématographique

C'est l'apparition d'un policier qui met un terme à cette scène d'euphorie sous la pluie. Imaginons qu'il y a assisté de loin avant de décider d'intervenir. Vous allez écrire le dialogue qui se nouerait entre le policier et Don Lockwood. Vous mettrez ensuite en scène votre dialogue. Aidez-vous de la **Méthode**, p. 19.

Thème 1 Dire l'amour

William John Hennessy (1839-1917), *The Pride of Dijon*, 1879 (30 x 36 cm), collection privée.

PARCOURS une œuvre intégrale

Cyrano de Bergerac

Edmond Rostand

Constant Coquelin, premier interprète de Cyrano en 1897.

lienmini.fr/jdl4-T101

Faites connaissance avec M. Vuillermoz qui interprète Cyrano. Il évoque C. Coquelin, G. Depardieu...

Biographie

Edmond Rostand est un écrivain français du XIXe siècle. En 1897, sa pièce *Cyrano de Bergerac* est montée à Paris. Elle connait un immense succès. Son héros est un personnage réel du XVIIe siècle. Edmond Rostand le présente comme un homme extrêmement doué et courageux, qui a la particularité d'avoir un nez immense.

Extrait 1 L'impossible aveu

Cyrano vient de faire un nouvel exploit : après avoir interdit à un acteur de monter sur scène, il a été provoqué en duel, il a vaincu son adversaire et il a composé un poème en même temps qu'il se battait. Après sa victoire, il explique à son ami Le Bret pourquoi il hait cet acteur, ce qui le conduit à faire un aveu.

CYRANO

Qui j'aime ?... Réfléchis, voyons. Il m'interdit
Le rêve d'être aimé, même par une laide,
Ce nez qui d'un quart d'heure en tous lieux me précède :
Alors moi, j'aime qui ?... Mais cela va de soi !
J'aime – mais c'est forcé ! – la plus belle qui soit !

LE BRET

La plus belle ?...

CYRANO

Tout simplement, qui soit au monde !
La plus brillante, la plus fine,
(Avec accablement)
la plus blonde !

LE BRET

Eh ! mon Dieu, quelle est donc cette femme ?...

CYRANO

Un danger
Mortel sans le vouloir, exquis sans y songer.
Un piège de nature, une rose muscade
Dans laquelle l'amour se tient en embuscade ! [...]

LE BRET

Sapristi ! je comprends. C'est clair !

CYRANO

C'est diaphane.

LE BRET

Magdeleine Robin, ta cousine ?

CYRANO

Oui, – Roxane.

LE BRET

Eh bien ! mais c'est au mieux ! Tu l'aimes ? Dis-le lui !
Tu t'es couvert de gloire à ses yeux aujourd'hui !

CYRANO

Regarde-moi, mon cher, et dis quelle espérance
Pourrait bien me laisser cette protubérance !

Jean-Paul Belmondo interprétant Cyrano, mise en scène de Robert Hossein au théâtre Marigny, 1990.

Oh ! Je ne me fais pas d'illusion ! – Parbleu,
Oui, quelquefois, je m'attendris, dans le soir bleu ;
J'entre en quelque jardin où l'heure se parfume ;
Avec mon grand diable de nez je hume
L'avril, – je suis des yeux, sous un rayon d'argent,
Au bras d'un cavalier, quelque femme, en songeant
Que pour marcher, à petit pas dans de la lune,
Aussi moi j'aimerais au bras en avoir une,
Je m'exalte, j'oublie… et j'aperçois soudain
L'ombre de mon profil sur le mur du jardin !

Edmond Rostand, *Cyrano de Bergerac*, 1897, Acte I, scène 5.

Stéphane Caron (Le Bret) et **Patrick Pineau** (Cyrano), mise en scène de Georges Lavaudant au théâtre de la MC93 à Bobigny, 2013.

Comprendre le regard que le héros porte sur lui-même

Entrer dans la lecture. Que révèle Cyrano à Le Bret ?

1. Relevez les passages où Cyrano parle de son nez. Quels sentiments ces paroles révèlent-elles ?

2. Relevez à présent les passages où Cyrano parle de Roxane. Repérez deux procédés récurrents dans ces passages : que représente Roxane pour Cyrano ?

3. Cyrano pense-t-il que Roxane répondra à son amour ? Pourquoi selon lui ?

4. Que propose Le Bret à Cyrano aux vers 14-15 ? Cyrano accepte-t-il cette proposition ? Quelle raison invoque-t-il ?

BILAN **5** Pour quelles raisons s'agit-il d'une scène d'aveu même si le héros ne s'adresse pas directement à la personne aimée ?

Le savez-vous ?

Savinien Cyrano de Bergerac (1619-1655) a vraiment existé. Militaire, écrivain, il était aussi inventeur : il a par exemple conçu plusieurs machines pour se rendre sur la Lune. Comme le personnage de la pièce, il avait une cousine, Madeleine Robineau, qui a épousé un certain Christian de Neuvillette. En revanche, l'histoire ne dit pas si Cyrano en était vraiment amoureux (à son époque, se marier avec sa cousine était considéré comme tout à fait normal) !

Extrait 2 Un aveu cruel

Roxane a demandé à Cyrano de lui accorder un rendez-vous. Cyrano croit qu'elle veut lui déclarer son amour, ce qui le remplit de joie et d'impatience. L'heure du rendez-vous arrive enfin.

CYRANO

Mais vous, dites la chose
Que vous n'osiez tantôt me dire…

ROXANE, *sans quitter sa main*[1].

À présent j'ose,
Car le passé m'encouragea de son parfum !
Oui, j'ose maintenant. Voilà. J'aime quelqu'un.

CYRANO

Ah !…

ROXANE

Qui ne le sait pas d'ailleurs.

CYRANO

Ah !…

ROXANE

Pas encore.

CYRANO

Ah !…

ROXANE

Mais qui va bientôt le savoir, s'il l'ignore.

CYRANO

Ah !…

ROXANE

Un pauvre garçon qui jusqu'ici m'aima
Timidement, de loin, sans oser le dire…

CYRANO

Ah !…

ROXANE

Laissez-moi votre main, voyons, elle a la fièvre. –
Mais moi j'ai vu trembler les aveux sur sa lèvre.

Mettre en voix des émotions

Relisez la scène à deux en tâchant de faire ressortir d'une part l'**ambigüité du jeu de Roxane**, d'autre part **les émotions de Cyrano** :
– Roxane devra jouer de telle manière que Cyrano puisse croire jusqu'au bout que c'est de lui qu'elle est amoureuse ;
– Cyrano devra dire chaque « Ah ! » de façon différente.

1. Roxane soigne la main de Cyrano, qui s'est blessé lors d'un combat où il a triomphé de cent adversaires.

CYRANO

Ah !…

ROXANE, *achevant de lui faire un petit bandage avec son mouchoir.*

Et figurez-vous, tenez, que, justement
Oui, mon cousin, il sert dans votre régiment !

CYRANO

Ah !…

ROXANE, *riant.*

Puisqu'il est cadet dans votre compagnie !

CYRANO

Ah !…

ROXANE

Il a sur son front de l'esprit, du génie,
Il est fier, noble, jeune, intrépide, beau…

CYRANO, *se levant tout pâle.*

Beau !

ROXANE

Quoi ? Qu'avez-vous ?

CYRANO

Moi, rien… C'est… C'est…
(Il montre sa main, avec un sourire.)
C'est ce bobo.
[…] Son nom ?

ROXANE

Baron Christian de Neuvillette.

Ibid., Acte II, scène 6.

Comprendre le malentendu et la désillusion du héros

Entrer dans la lecture. Qui fait un aveu dans cette scène ? Quel rôle Cyrano joue-t-il ?

1. Par quels pronoms Roxane désigne-t-elle la personne qu'elle aime avant de la nommer à la fin du texte ? Comment Cyrano interprète-t-il ce pronom et, de façon générale, les paroles de Roxane ?

2. Décrivez la réaction de Cyrano aux paroles de Roxane dans les vers 5 à 14. Selon vous, quels sentiments ressent-il à ce moment ?

3. Comment expliquez-vous l'effet que l'adjectif « beau » produit sur Cyrano ?

BILAN **4** Expliquez pourquoi cette discussion est particulièrement douloureuse pour Cyrano.

Analyse des photogrammes

• Étudiez le visage de l'acteur sur les différentes images : devinez à laquelle correspond le moment où il apprend que l'homme qu'aime Roxane est « beau ».

Photogrammes du film réalisé par **Jean-Paul Rappeneau** en 1990, avec Gérard Depardieu (Cyrano), Anne Brochet (Roxane) et Vincent Pérez (Christian).

1

Interpréter une situation à partir d'une image

Sur ces photographies, vous pouvez voir plusieurs mises en scène de la scène 7 de l'acte III. **Avant de lire l'extrait 3**, observez les mises en scène, relevez **les points communs et les différences**, puis **faites des hypothèses** : à votre avis, pourquoi les personnages sont-ils placés ainsi ? Qui parle à qui ? Quel est l'objet de la conversation ?

❶ Adaptation de *Cyrano de Bergerac* pour l'opéra, mise en scène de **Petrika Ionesco**, composé par Franco Alfano, théâtre du Châtelet, mai 2009, ❷ mise en scène de **Gilles Bouillon**, Cartoucherie – théâtre de la Tempête, Paris, nov. 2010, ❸ mise en scène de **Georges Lavaudant**, théâtre de la MC93, Bobigny, 2013, ❹ mise en scène de **Denis Podalydès**, Comédie-Française, Paris, mai 2006.

Extrait 3 L'aveu masqué

Cyrano et Christian ont fait un pacte : comme Christian ne sait pas parler d'amour, Cyrano lui dictera des discours, qu'il répètera à Roxane. Ce soir-là, les deux amis n'ont pas eu le temps de se préparer.

CYRANO, *tirant Christian sous le balcon et se glissant à sa place.*
Chut ! Cela devient trop difficile !...

ROXANE
Aujourd'hui...
Vos mots sont hésitants. Pourquoi ?

CYRANO, *parlant à mi-voix, comme Christian*
C'est qu'il fait nuit,
Dans cette ombre, à tâtons, ils cherchent votre oreille. [...]

ROXANE
Je vous parle, en effet, d'une vraie altitude !

CYRANO
Certes, et vous me tueriez si de cette hauteur
Vous me laissiez tomber un mot dur sur le cœur !

ROXANE, *avec un mouvement.*
Je descends !

CYRANO, *vivement.*
Non !

ROXANE, *lui montrant le banc qui est sous le balcon.*
Grimpez sur le banc, alors, vite !

CYRANO, *reculant avec effroi dans la nuit.*
Non !

ROXANE
Comment... non ?

CYRANO, *que l'émotion gagne de plus en plus.*
Laissez un peu que l'on profite...
De cette occasion qui s'offre... de pouvoir
Se parler doucement, sans se voir.

ROXANE
Sans se voir ?

CYRANO
Mais oui, c'est adorable. On se devine à peine.
Vous voyez la noirceur d'un long manteau qui traîne,
J'aperçois la blancheur d'une robe d'été :
Moi je ne suis qu'une ombre, et vous qu'une clarté !
Vous ignorez pour moi ce que sont ces minutes !
Si quelquefois je fus éloquent...

ROXANE
Vous le fûtes !

2

3

4

Maquette d'**É. Ruf**, 2006.

lienmini.fr/jdl4-T102

Retrouvez M. Vuillermoz et découvrez le travail du scénographe, Éric Ruf et les créations de Christian Lacroix pour les costumes.

Maquette de costumes de Ch. Lacroix, 2006.

CYRANO

Mon langage jamais jusqu'ici n'est sorti
De mon vrai cœur…

ROXANE

Pourquoi ?

CYRANO

Parce que… jusqu'ici
Je parlais à travers…

ROXANE

Quoi ?

CYRANO

…le vertige où tremble
Quiconque est sous vos yeux !… Mais ce soir, il me semble…
Que je vais vous parler pour la première fois !

ROXANE

C'est vrai que vous avez une tout autre voix.

CYRANO, *se rapprochant avec fièvre.*

Oui, tout autre, car dans la nuit qui me protège
J'ose être enfin moi-même, et j'ose…
(Il s'arrête et, avec égarement.)
Où en étais-je ?
Je ne sais… tout ceci, – pardonnez mon émoi, –
C'est si délicieux… c'est si nouveau pour moi !

ROXANE

Si nouveau ?

CYRANO, *bouleversé, et essayant toujours de rattraper ses mots.*

Si nouveau… mais oui… d'être sincère :
La peur d'être raillé, toujours au cœur me serre…

Ibid., Acte III, scène 7.

Comprendre comment le personnage principal parvient à dire son amour

1. Les hypothèses que vous aviez formulées à partir des photographies ont-elles été confirmées par la lecture du texte ? Appuyez votre réponse aussi bien sur les didascalies que sur les paroles des personnages.

2. Expliquez la réaction de Cyrano aux vers 7 et 8.

3. Observez les didascalies à partir de la fin du vers 8 (« CYRANO, *que l'émotion gagne de plus en plus* ») et jusqu'à la fin du texte : quel est l'état d'esprit de Cyrano ? Comment s'explique-t-il ?

4. Cyrano dit, au vers 21 : « je vais vous parler pour la première fois ». Quel est le sens de cette phrase pour Cyrano ? Roxane la comprend-elle de la même manière ?

BILAN **5** Cyrano dit, au vers 27, qu'il est « sincère » : pourtant, a-t-il vraiment réussi à avouer son amour à Roxane ? Expliquez.

Commenter un choix de mise en scène

VIDÉO lienmini.fr/jdl4-T103

Saisissez cette adresse sur votre navigateur et visionnez cette scène dans la mise en scène de **Denis Podalydès à la Comédie-Française** en 2006.

Comment le metteur en scène a-t-il fait pour créer sur la scène la situation inventée par l'auteur ? En particulier, comment fait-il en sorte que **Cyrano soit à la fois invisible pour Roxane et visible pour le spectateur** ?

Extrait 4 Un aveu difficile à entendre

Cyrano et Christian sont à la guerre. Tous les jours, Cyrano écrit une lettre à Roxane signée du nom de Christian. Un jour, juste avant une bataille périlleuse, Roxane arrive à l'improviste dans le camp retrouver Christian qu'elle a épousé.

ROXANE

Tant pis pour vous si je cours ces dangers !
Ce sont vos lettres qui m'ont grisée ! Ah ! songez
Combien depuis un mois vous m'en avez écrites,
Et plus belles toujours !

CHRISTIAN

Quoi ! pour quelques petites
Lettres d'amour…

ROXANE

Tais-toi !… Tu ne peux pas savoir !
Mon Dieu, je t'adorais, c'est vrai, depuis qu'un soir,
D'une voix que je t'ignorais, sous ma fenêtre,
Ton âme commença de se faire connaître…
Eh bien ! tes lettres, c'est, vois-tu, depuis un mois,
Comme si tout le temps, je l'entendais, ta voix
De ce soir-là, si tendre, et qui vous enveloppe ! […]

CHRISTIAN

Et vous venez ?

ROXANE

[…] Je viens te demander pardon (et c'est bien l'heure
De demander pardon, puisqu'il se peut qu'on meure !)
De t'avoir fait d'abord, dans ma frivolité,
L'insulte de t'aimer pour ta seule beauté !

CHRISTIAN, *avec épouvante.*

Ah ! Roxane !

ROXANE

Et plus tard, mon ami, moins frivole,
– Oiseau qui saute avant tout à fait qu'il s'envole, –
Ta beauté m'arrêtant, ton âme m'entraînant,
Je t'aimais pour les deux ensemble !…

CHRISTIAN

Et maintenant ?

ROXANE

Eh bien ! toi-même enfin l'emporte sur toi-même,
Et ce n'est plus que pour ton âme que je t'aime !

CHRISTIAN, *reculant.*

Ah ! Roxane !

Ibid., Acte IV, scène 8.

Françoise Gillard (Roxane) et **Éric Ruf** (Christian), mise en scène de Denis Podalydès à la Comédie-Française, 2006.

Réfléchir collectivement

Quelle est la vraie raison pour laquelle Roxane aime Christian ?

Exprimer son point de vue

Formulez avec vos propres mots les raisons pour lesquelles Christian réagit « avec épouvante » (vers 17).

Extrait 5 Quiproquo et coup du destin

Au cours de sa conversation avec Roxane, Christian se rend compte qu'elle aime le véritable auteur des lettres. Il en fait part à Cyrano, qui va demander à Roxane si elle aimerait Christian quelle que soit son apparence. La scène se passe pendant le siège d'Arras

lienmini.fr/jdl4-T104

Retrouvez M. Vuillermoz évoquant le choix de mise en scène du siège d'Arras.

CYRANO
– Même laid ?

ROXANE
Même laid ! *(Mousqueterie au-dehors.)*
Ah ! tiens, on a tiré !

CYRANO, *ardemment.*
Affreux ?

ROXANE
Affreux !

CYRANO
Défiguré ?

ROXANE
Défiguré !

CYRANO
Grotesque ?

ROXANE
Rien ne peut me le rendre grotesque !

CYRANO.
Vous l'aimeriez encore ?

ROXANE
Et davantage presque !

CYRANO, *perdant la tête, à part.*
Mon Dieu, c'est vrai, peut-être, et le bonheur est là.
(À Roxane.)
Je… Roxane… écoutez !…

LE BRET, *entrant rapidement, appelle à mi-voix.*
Cyrano !

CYRANO, *se retournant.*
Hein ?

LE BRET
Chut !
(Il lui dit un mot tout bas.)

CYRANO, *laissant échapper la main de Roxane, avec un cri.*
Ah !…

ROXANE
Qu'avez-vous ?

CYRANO, *à lui-même, avec stupeur.*
C'est fini. *(Détonations nouvelles.)*

ROXANE
Quoi ? Qu'est-ce encore ? On tire ?
(Elle remonte pour regarder au-dehors.)

CYRANO
C'est fini, jamais plus je ne pourrai le dire !

Ibid., Acte IV, scène 10.

Comprendre ce qui rend l'aveu impossible

Entrer dans la lecture. Quels sont les deux grands moments de cette scène ?

1. Quel sens les répliques de Roxane prennent-elles pour Cyrano dans les vers 1 à 4 ?

2. Qu'est-ce que Cyrano s'apprête à faire au vers 6 ?

3. À votre avis, quel terrible évènement Cyrano apprend-il à la fin du vers 6 ? Quel effet cet évènement produit-il sur Cyrano ? Pourquoi, selon vous ?

BILAN **4** Pourquoi, selon vous, peut-on dire que l'ironie du sort empêche toujours Cyrano d'être heureux ?

Extrait 6 L'inutile vérité

Un mois après la scène au balcon, Christian est mort lors d'une bataille. Cyrano n'a jamais avoué la vérité. La scène se passe quatorze ans après. Cyrano rend visite à Roxane, qui s'est retirée dans un couvent. Il ne lui révèle pas qu'il vient d'être gravement blessé à la tête et lui demande de pouvoir lire la dernière lettre de Christian.

CYRANO, *lisant.*

« Roxane, adieu, je vais mourir !... »

ROXANE, *s'arrêtant, étonnée.*

Tout haut[1] ?

CYRANO, *lisant.*

« C'est pour ce soir, je crois, ma bien-aimée !
« J'ai l'âme lourde encor d'amour inexprimée, [...]

ROXANE, *troublée.*

Comme vous la lisez, – cette lettre ![2]

(La nuit vient insensiblement.)

CYRANO

« Et je crie :
« Adieu !... »

ROXANE

Vous la lisez...

CYRANO

« Ma chère, ma chérie,
« Mon trésor... »

ROXANE, *rêveuse.*

D'une voix...

CYRANO

« Mon amour !... »

ROXANE

D'une voix...

(Elle tressaille.)

Mais... que je n'entends pas pour la première fois !

(Elle s'approche tout doucement, sans qu'il s'en aperçoive, passe derrière le fauteuil se penche sans bruit, regarde la lettre. – L'ombre augmente.)

CYRANO

« Mon cœur ne vous quitta jamais une seconde.
« Et je suis et serai jusque dans l'autre monde
« Celui qui vous aima sans mesure, celui... »

ROXANE, *lui posant la main sur l'épaule.*

Comment pouvez-vous lire à présent ? Il fait nuit.

(Il tressaille, se retourne, la voit là tout près, fait un geste d'effroi, baisse la tête. Un long silence. Puis, dans l'ombre complètement venue, elle dit avec lenteur, joignant les mains.)

Et pendant quatorze ans, il a joué ce rôle
D'être le vieil ami qui vient pour être drôle !

CYRANO

Roxane !

ROXANE

C'était vous.

CYRANO

Non, non, Roxane, non ! [...]

1. Cyrano lit la lettre à haute voix.
2. Cette lettre est celle que Roxane a trouvée sur le corps de Christian le jour de sa mort. Comme toutes les autres, elle a été écrite par Cyrano.

Michel Vuillermoz (Cyrano), mise en scène de Denis Podalydès à la Comédie-Française, 2006.

John Lloyd, affiche réalisée pour la mise en scène de la Royal Shakespeare Company, 1983.

ROXANE

J'aperçois toute la généreuse imposture :
Les lettres, c'était vous…

CYRANO

Non !

ROXANE

Les mots chers et fous,
C'était vous…

CYRANO

Non !

ROXANE

La voix dans la nuit, c'était vous.

CYRANO

Je vous jure que non !

ROXANE

L'âme, c'était la vôtre !

CYRANO

Je ne vous aimais pas.

ROXANE

Vous m'aimiez !

CYRANO, *se débattant.*

C'était l'autre !

ROXANE.

Vous m'aimiez !

CYRANO, *d'une voix qui faiblit.*

Non !

ROXANE

Déjà vous le dites plus bas !

CYRANO

Non, non, mon cher amour, je ne vous aimais pas !

Ibid., Acte V, scène 5.

Jouer la pièce sous forme de pantomime

- Mettez-vous par groupes de quatre et **répartissez-vous les quatre rôles** principaux de la pièce, Cyrano, Roxane, Christian et Le Bret.
- Votre but est de **mimer l'histoire de Cyrano**. Vous allez pour cela commencer par **écrire un livret** contenant uniquement **des didascalies**, c'est-à-dire des indications de jeu. Ces didascalies doivent permettre à des acteurs de mimer l'histoire de Cyrano de telle façon que les spectateurs la comprennent, malgré l'absence de paroles.
- Vous pouvez décrire tout type de mouvement du corps, déplacement, geste, grimace, regard, souffle.
- **Jouez ensuite votre pantomime devant la classe.**

Étudier un aveu devenu inutile

Entrer dans la lecture. Relevez, dans les didascalies, tout ce qui se rapporte à la lumière : à quel moment de la journée la scène se passe-t-elle ?

1. Étudiez le contenu de la lettre lue par Cyrano : à votre avis, pourquoi choisit-il de la lire à haute voix ?

2. Pour quelles raisons, selon vous, Roxane peut-elle être surprise en entendant Cyrano lire la lettre ?

3. Expliquez le « geste d'effroi » que fait Cyrano après la réplique de Roxane au vers 11 : qu'a-t-il compris ? Quels sentiments l'agitent ?

4. Examinez la réplique de Roxane aux vers 12-13 : est-ce un reproche ou une marque d'admiration ? Expliquez.

BILAN **5** Pourquoi, selon vous, Cyrano continue-t-il à nier la vérité après la lecture de la lettre ?

Synthèse

Cyrano de Bergerac ou la difficulté de l'aveu

- Dans une relation amoureuse, **le moment de l'aveu a une importance toute particulière** et suscite **des passions contradictoires** : d'un côté, la personne qui aime souhaite ardemment dire son amour, de l'autre, elle redoute plus que tout ce moment, craignant de voir son amour rejeté, ou même objet de moquerie.
- La présence des comédiens sur scène, l'émotion des dialogues et l'intensité de l'intrigue font des pièces de théâtre **un genre littéraire propice au thème de l'aveu et à la représentation de l'amour**.
- La difficulté de l'aveu est au cœur de la pièce *Cyrano de Bergerac* : la disgrâce physique du héros l'empêche de se déclarer directement à Roxane. **Il ne lui avoue son amour que par personne interposée.**
- Lorsque Cyrano peut enfin révéler qu'il est l'auteur des paroles qui ont tant ému la jeune femme, il est trop tard. **Il est la première victime de son stratagème.**

Imaginer une scène de théâtre

Imaginez une scène de théâtre où un personnage, éperdument amoureux d'un autre, ne parvient à lui exprimer son amour que de façon détournée.

Consignes d'écriture

1. Montrez pourquoi le personnage amoureux ne peut dire son amour : est-ce à cause d'une différence de milieu social, par manque de confiance en soi, par sentiment d'infériorité ?
2. Accordez beaucoup d'importance à la situation physique dans laquelle se trouveront les personnages les uns par rapport aux autres : déterminez clairement, dans des didascalies, si un personnage est caché, par exemple, ou si un personnage se trompe sur l'identité de son interlocuteur.
3. Précisez parfois le ton employé par les personnages, pour montrer au spectateur comment ils ont compris telle ou telle parole.
4. Vous pouvez écrire plusieurs petites scènes, si vous voulez que certains personnages dévoilent leurs désirs ou leurs intentions alors que d'autres sont absents.

Comprendre une interview

Visionnez l'interview du comédien Michel Vuillermoz, sociétaire de la Comédie-Française et interprète de Cyrano, puis répondez aux questions suivantes.

- **Les créations de É. Ruf et C. Lacroix** ▶ (1), voir p. 30
- **La difficulté de l'aveu** ▶ (2)

a. Comment Michel Vuillermoz caractérise-t-il « la difficulté de dire l'amour » ?

b. Quel rôle le langage joue-t-il dans la relation amoureuse à l'époque de Cyrano ? Selon vous, en est-il de même aujourd'hui ?

- **Le travail du comédien** ▶ (3)

a. Pourquoi peut-on dire que le faux nez aide le comédien à entrer dans le personnage de Cyrano ?

b. Quelles sont les techniques utilisées par Michel Vuillermoz pour mémoriser le texte de la pièce ?

VIDÉO lienmini.fr/jdl4-T102

Saisissez cette adresse sur votre navigateur pour visionner l'interview du comédien Michel Vuillermoz, sociétaire de la Comédie-Française.

Dossier Le chant d'amour dans l'Antiquité

La poésie grecque trouve ses origines dans la mythologie. Elle influence largement la poésie latine, qui, à sa suite, chante aussi l'amour, sa joie, son insouciance et ses peines.

piste EPI

Orphée charmant les animaux, mosaïque romaine, IIe siècle, musée archéologique de Palerme (Italie).

Le mythe d'Orphée, le poète amoureux

Le saviez-vous ?

Comment s'appelle l'instrument dont joue Orphée ?
a. une guitare. b. une lyre. c. une harpe.

Selon la mythologie grecque, **Orphée** était un poète particulièrement doué. La légende raconte même que son chant avait des pouvoirs surnaturels…
Un jour, il connut un grand malheur : sa femme **Eurydice** mourut, mordue par un serpent. Orphée alla alors la chercher jusque dans les Enfers et parvint, grâce à son chant, à convaincre Hadès, dieu des morts, de la laisser partir. Seulement, il ne devait pas se retourner avant d'avoir atteint le monde des vivants. Éperdument amoureux d'Eurydice, Orphée se retourna trop tôt et perdit sa femme pour toujours. Depuis, la lyre – car c'est ainsi que s'appelle son instrument – est le symbole des poètes, et la poésie qui exprime le sentiment amoureux s'appelle **la poésie lyrique**…

Interprétez des images

- **Identifiez les animaux présents sur cette mosaïque. Que remarquez-vous ? Quelle qualité du poète est ainsi mise en valeur ?**
- **Sur quel autre élément de la légende d'Orphée le tableau ci-contre insiste-t-il ?**

Michel-Martin Drölling (1786-1851), *Orphée et Eurydice*, 1820, huile sur toile (38,3 x 46,5 cm), musée Magnin, Dijon.

L'amour dans la poésie grecque

Orphée a eu de nombreux successeurs, comme Anacréon, Alcée ou encore Sappho. Leurs poèmes ont été rassemblés dans une anthologie, appelée **anthologie grecque** ou anthologie palatine. Ils y décrivent les joies et les peines que leur fait ressentir leur amour : très souvent, même quand ils évoquent leurs tourments, leurs poèmes contiennent beaucoup d'humour.

- **L'un des trois poètes cités est en réalité une poétesse : qui est-ce, selon vous ?**

Devinette

- En grec, *anthologia* signifie « couronne de fleurs ». Pourquoi à votre avis ce terme a-t-il fini par désigner un recueil de poèmes ?

Anacréon
(V- IVe siècle av. J.-C.)

Odes

I – Sur sa lyre

[…] Adieu donc, héros! Adieu pour jamais! Ma lyre ne peut chanter que les amours.

XX – À une jeune fille

La fille de Tantale fut jadis transformée en rocher sur les bords de Phrygie, la fille de Pandion changée en hirondelle. Pour moi, que ne suis-je un miroir pour que toujours tu me regardes? Que ne suis-je une tunique afin que toujours tu me portes? Je voudrais devenir une eau limpide pour baigner ton beau corps! Je voudrais devenir essence, ô ma maîtresse! afin de te parfumer! Que je sois la bandelette de ta gorge, la perle, ornement de ton cou ou seulement ta chaussure pour être au moins pressé par tes pieds délicats.

XL – Sur l'amour

Un jour Cupidon n'aperçut pas une abeille endormie dans des roses; il fut piqué. Blessé au petit doigt de la main, il sanglote, il court, il vole vers la belle Cythérée: « Je suis perdu, ma mère, je suis perdu; je me meurs: un petit serpent ailé m'a piqué; les laboureurs le nomment abeille. » Vénus lui répondit: « Si l'aiguillon d'une mouche à miel te fait souffrir, ô mon fils! combien penses-tu que doivent souffrir ceux que tu atteins de tes coups? »

Anacréon, *Odes anacréontiques*, traduction par Leconte de Lisle, 1861.

Sappho
(VII- VIe siècle av. J.-C.)

Odes

Heureux qui près de vous respire
Et remarque à toute heure avec
[combien d'appas
Vous savez et parler et rire
Le plaisir qu'il goûte ici bas
Aux immortels pourrait suffire.

« Ode à son amie »,
traduction anonyme parue dans
Le Mercure Galant, 1684.

Découvrez l'anthologie grecque

- **Lisez le poème « Sur sa lyre » d'Anacréon. Quels thèmes sont évoqués?**
- **Comment définiriez-vous ainsi la poésie grecque? Quelle place est faite à l'amour?**
- **Observez le portrait de Sappho: selon vous, quel détail a permis aux savants d'établir que cette jeune femme était bien la poétesse?**

Mettez-vous à la place d'un poète grec

- **À la manière du poète Anacréon, en quoi aimeriez-vous être changé(e) pour être plus proche de votre amour?**
- **Imaginez les vers que le jeune poète peut chanter à Sappho et Alcée en vous inspirant du tableau.**

Lawrence Alma-Tadema (1836-1912), *Sappho et Alcée*, 1881, huile sur toile (66 x 122 cm), Walters Art Museum, Baltimore (États-Unis).

L'amour dans la poésie latine

L'amour a aussi été chanté par les poètes latins et notamment par **Virgile**, le plus célèbre d'entre eux. Ainsi, au premier chant de l'***Énéide***, Virgile raconte comment Didon, reine de Carthage, est tombée amoureuse d'Énée, qui a fui la destruction de Troie : **Cupidon**, ayant pris les traits d'Iule, le fils d'Énée, s'assied sur les genoux de Didon et lui inspire un amour irrésistible pour le héros troyen.

Pierre-Narcisse Guérin, *Énée racontant à Didon la chute de Troie*, 1819, musée du Louvre, Paris.

VIRGILE
(70-19 av. J.-C.)

Cupidon, après avoir embrassé Énée en se pendant à son cou, et comblé le grand amour de son père supposé, va trouver la reine. Celle-ci tourne vers lui ses yeux et tout son cœur ; de temps à autre elle l'attire contre elle sans savoir, la malheureuse, quel grand dieu est assis sur ses genoux.

Énéide, I, v. 715-722, traduction inédite.

Devinez le sens d'un proverbe latin

À votre avis, que signifie le proverbe latin suivant : « *omnia vincit amor* » ?

- ☐ **a.** L'amour se moque des hommes.
- ☐ **b.** L'amour rend fou.
- ☐ **c.** L'amour triomphe de tout.

L'image de l'amour dans la poésie grecque et latine

- **Pourquoi Didon ne se méfie-t-elle pas de l'enfant qui s'assied sur ses genoux ?**
- **Quel lien pouvez-vous faire avec l'ode XL d'Anacréon (p. 37) ?**
- **Comment interprétez-vous cette image de l'amour ?**

Horace
(65-8 av. J.-C.)

Que de fois, hélas ! doit pleurer son amour trahi, ses dieux devenus contraires, que de fois doit s'étonner, dans son inexpérience, au spectacle de la mer tout à coup soulevée, assombrie par la tempête, l'imprudent qui maintenant livre son âme crédule au bonheur de te posséder, charmante, comme tu lui sembles ; qui t'espère toujours libre, toujours aimable, sans savoir que les vents sont perfides et changeants !

Horace, *Odes*, I, 5, traduction par H. Patin, 1860.

Tibulle
(54-19 av. J.-C.)

[...] je suis tenu par des chaînes, et, malheureux ! jamais l'Amour ne relâche mes liens. Soit que j'aie fait une erreur, soit que j'aie commis une faute, il me brûle. Je brûle, oh ! éloigne, beauté cruelle, tes torches ! Oh ! plutôt que de ressentir de pareilles douleurs, j'aimerais mieux n'être qu'une pierre sur des montagnes glacées ou une roche exposée à la fureur des vents, que battent de leurs naufrages les flots de la vaste mer !

Tibulle, *Œuvres*, II, 4, 1-14, traduction par M. Rat, 1931.

Catulle
(84-54 av. J.-C.)

Moineau, délices de mon amante, compagnon favori de ses jeux, toi qu'elle met sur son sein, toi à qui elle donne le bout de son doigt à baiser, et dont elle provoque les ardentes morsures, lorsqu'elle s'efforce, – elle, mon doux désir, – par je ne sais quels tendres ébats, de soulager un peu sa douleur ; puissé-je jouer avec toi comme elle et alléger ainsi les peines de mon âme triste.

Catulle, « Au moineau de Lesbie », *Œuvres*, Paris, traduction par M. Rat, 1931.

L'amour, douce peine des poètes

- **Si l'élégie se définit comme « un petit poème tendre et triste », quel extrait semble le mieux correspondre à cette définition ?**
- **Quels points communs trouvez-vous à ces trois extraits ?**
- **Lequel préférez-vous ? Pourquoi ?**

Lawrence Alma-Tadema (1836-1912), *Tibulle chez Délie*, 1866, huile sur bois (43,5 x 64,5 cm), musée des Beaux-Arts de Boston (États-Unis).

PARCOURS un genre

Les yeux de l'amour en poésie

Sandro Botticelli, *La Naissance de Vénus* (détail), 1484-1486, tempera sur toile (184,5 x 285,5 cm), Galerie des Offices, Florence (Italie).

Célébrer les yeux de l'être aimé

Poème 1 Sonnets pour Hélène

Yeux, qui versez en l'âme, ainsi que deux Planètes,
Un esprit qui pourrait ressusciter les morts,
Je sais de quoi sont faits tous les membres du corps,
Mais je ne puis savoir quelle chose vous êtes.

Vous n'êtes sang ni chair, et toutefois vous faites
Des miracles en moi par vos regards si forts,
Si bien qu'en foudroyant les miens par le dehors,
Dedans vous me tuez de cent mille sagettes[1].

Yeux, la forge d'Amour, Amour n'a point de traits[2]
Que les poignants éclairs qui sortent de vos rais[3],
Dont le moindre à l'instant toute l'âme me sonde.

Je suis, quand je les sens, de merveille ravi :
Quand je ne les sens plus en mon corps, je ne vis,
Ayant en moi l'effet qu'a le Soleil au monde.

Pierre de Ronsard, *Sonnets pour Hélène*, second livre, XXXIX, 1578.

1 et 2. **sagettes, traits** : flèches. 3. **rais** : rayons.

Biographie

Pierre de Ronsard (1524-1585)
Surnommé « le Prince des poètes », Ronsard appartient à La Pléiade, un groupe de poètes qui souhaitent enrichir et défendre la langue française en s'appuyant sur la culture de l'Antiquité. Il s'inspire des sonnets du grand poète italien Pétrarque (XIVe siècle).

Comprendre l'éloge des yeux comme reflet de l'amour

Entrer dans la lecture. « À qui » s'adresse le poète ? Qu'est-ce qui vous surprend dans ce choix ?

1. Résumez chaque strophe en une phrase.

2. Comment le poète exprime-t-il le mystère des yeux dans les deux premières strophes ?

3. Citez toutes les allusions mythologiques. À quels dieux renvoient-elles ?

4. Comment voit-on la toute-puissance des yeux de l'être aimé ? Appuyez-vous sur des figures de style et sur des champs lexicaux.

BILAN **5** À travers le thème des yeux, quelle conception de l'amour se dégage du poème ?

Repères littéraires

Le sonnet
Cette forme fixe de poème est composée de deux quatrains et de deux tercets. Son schéma de rimes est imposé.

Le blason
Très en vogue au XVIe siècle, le blason est un type de poème qui célèbre une partie du corps féminin.

Réécrire un poème en prose

Réécrivez ce sonnet sous la forme d'un poème en prose afin de le rendre plus proche d'une langue contemporaine. Vous choisirez des constructions de phrases et un vocabulaire plus courants, puis vous en proposerez une lecture expressive devant la classe.

Se regarder aimer

Poème 2 À El***

[…]
Lorsqu'enfin, plus heureux, ton front charmant repose
Sur mon genou tremblant qui lui sert de soutien,
Et que mes doux regards sont suspendus au tien
Comme l'abeille avide aux feuilles de la rose ;
Souvent alors, souvent, dans le fond de mon cœur
Pénètre comme un trait une vague terreur ;
Tu me vois tressaillir[1] ; je pâlis, je frissonne,
Et troublé tout à coup dans le sein du bonheur,
Je sens couler des pleurs dont mon âme s'étonne.
Tu me presses soudain dans tes bras caressants,
    Tu m'interroges, tu t'alarmes,
Et je vois de tes yeux s'échapper quelques larmes
Qui viennent se mêler aux pleurs que je répands.
« De quel ennui secret ton âme est-elle atteinte ?
Me dis-tu : cher amour, épanche ta douleur[2] ;
J'adoucirai ta peine en écoutant ta plainte,
Et mon cœur versera le baume[3] dans ton cœur. »
Ne m'interroge plus, ô moitié de moi-même !
Enlacé dans tes bras, quand tu me dis : Je t'aime ;
Quand mes yeux enivrés se soulèvent vers toi,
Nul mortel sous les cieux n'est plus heureux que moi !
Mais jusque dans le sein des heures fortunées[4]
Je ne sais quelle voix que j'entends retentir
    Me poursuit, et vient m'avertir
Que le bonheur s'enfuit sur l'aile des années,
Et que de nos amours le flambeau doit mourir ! […]

Alphonse de Lamartine, *Nouvelles méditations poétiques*, 1823.

1. **tressaillir** : sursauter. 2. **épanche ta douleur** : exprime ta douleur.
3. **baume** : substance apaisant la douleur.
4. **fortunées** : qui donnent le bonheur.

Biographie

Alphonse de Lamartine
(1790-1869)
Ce poète français représentatif du romantisme connait le succès dès 1820 avec son recueil *Méditations poétiques*. Sa poésie reprend les grands thèmes lyriques de la nature, de l'amour, de la mort, de la fuite du temps…

Repère littéraire

Le romantisme
Ce mouvement littéraire et artistique est apparu en France dans la première moitié du XIXe siècle. Le romantisme s'oppose à la raison des Lumières et privilégie l'imagination et l'expression des sentiments personnels de l'artiste comme l'amour, la nostalgie, la mélancolie…

François Boucher, *Berger et bergère reposant*, 1761, huile sur toile (76,6 x 63,6 cm), collection Wallace, Londres (Royaume-Uni).

Montrer que célébrer l'amour permet de parler de soi

1. Citez le champ lexical du regard : qui regarde qui ? De quelles manières ?

2. Comment voit-on que cet amour est fusionnel ?

3.a. Quels sont les deux sentiments ou émotions qui s'opposent ? Citez des mots qui justifient votre réponse.
b. Comment expliquez-vous leur présence ?

4. Identifiez deux allitérations dans les vers 6 et 7. Quel est l'effet produit ?

5. Par quels procédés d'écriture (type de phrase, figures de style, lexique, degré de l'adjectif) le poète exprime-t-il ce qu'il ressent ?

BILAN **6** Diriez-vous que le poète romantique : ☐ célèbre l'être aimé ; ☐ célèbre l'amour ; ☐ exprime ses états d'âme ? Expliquez en vous appuyant sur l'ensemble de vos réponses.

Lire un poème à deux voix

Proposez une lecture à deux voix de ce poème en cherchant à exprimer les différents états du poète.
Consignes : repérez les deux mètres de vers du poème pour bien respecter la versification dans votre lecture. Vous pouvez **lire** certains vers **en chœur ou en canon** lorsque cela vous semble pertinent.

PARCOURS un genre

Lire dans un regard

Biographie

Théophile Gautier (1811-1872)

Poète et romancier français, Théophile Gautier a participé à la naissance du romantisme avant de s'en éloigner. Son œuvre témoigne d'une recherche de perfection esthétique.

Le savez-vous ?

Dans son essai *De l'amour* (1822), **Stendhal** analyse le processus de « **cristallisation** » qui consiste à parer de toutes les qualités, même imaginaires, l'être aimé. Il développe son idée à partir de l'image d'un rameau d'arbre effeuillé qui resterait quelques mois au fond d'une mine de sel et que l'on retirerait ensuite, couvert de cristallisations brillantes.

Poème 3 À deux beaux yeux

Vous avez un regard singulier et charmant ;
Comme la lune au fond du lac qui la reflète,
Votre prunelle, où brille une humide paillette,
Au coin de vos doux yeux roule languissamment ;

Ils semblent avoir pris ses feux au diamant ;
Ils sont de plus belle eau qu'une perle parfaite,
Et vos grands cils émus, de leur aile inquiète,
Ne voilent qu'à demi leur vif rayonnement.

Mille petits amours, à leur miroir de flamme,
Se viennent regarder et s'y trouvent plus beaux,
Et les désirs y vont rallumer leurs flambeaux.

Ils sont si transparents, qu'ils laissent voir votre âme,
Comme une fleur céleste au calice[1] idéal
Que l'on apercevrait à travers un cristal.

Théophile Gautier, *La Comédie de la mort*, 1838.

1. **calice** : vase sacré.

James Wells Champney, *La Coquette* (détail), 1885, huile sur toile (44,8 x 54,6 cm), collection privée.

Comprendre comment le regard du poète idéalise l'être aimé

1. Si ce poème pouvait être illustré par une couleur, laquelle choisiriez-vous ? Pourquoi ?

2. Citez toutes les images qui permettent de désigner les yeux ou le regard et tous les adjectifs qui les qualifient. Quelles sont les principales caractéristiques de ces yeux ?

3. Relevez et identifiez la figure de style qui évoque l'âme de l'être aimé.

4. Quel lien le poète souligne-t-il entre les yeux et l'âme de la femme aimée ? Citez le vers qui justifie votre réponse.

BILAN **5** Par quels procédés d'écriture voit-on que le poète idéalise l'être aimé ?

Expliquer le pouvoir du regard

Selon vous, pourquoi les poètes parlent-ils souvent des yeux ou du regard dans un poème d'amour ?

Rêver à travers l'être aimé

Biographie

Charles Baudelaire (1821-1867)
Poète et critique d'art français, épris de modernité, il développe le poème en prose dans son recueil *Le Spleen de Paris*. Ses poèmes sensuels sont inspirés par sa maitresse Jeanne Duval.

Poème 4 Un hémisphère dans une chevelure

Laisse-moi respirer longtemps, longtemps, l'odeur de tes cheveux, y plonger tout mon visage, comme un homme altéré dans l'eau d'une source, et les agiter avec ma main comme un mouchoir odorant, pour secouer des souvenirs dans l'air.

Si tu pouvais savoir tout ce que je vois ! tout ce que je sens ! tout ce que j'entends dans tes cheveux ! Mon âme voyage sur le parfum comme l'âme des autres hommes sur la musique.

Tes cheveux contiennent tout un rêve, plein de voilures et de mâtures[1] ; ils contiennent de grandes mers dont les moussons me portent vers de charmants climats, où l'espace est plus bleu et plus profond, où l'atmosphère est parfumée par les fruits, par les feuilles et par la peau humaine.

Dans l'océan de ta chevelure, j'entrevois un port fourmillant de chants mélancoliques, d'hommes vigoureux de toutes nations et de navires de toutes formes découpant leurs architectures fines et compliquées sur un ciel immense où se prélasse l'éternelle chaleur.

Dans les caresses de ta chevelure, je retrouve les langueurs des longues heures passées sur un divan, dans la chambre d'un beau navire, bercées par le roulis imperceptible du port, entre les pots de fleurs et les gargoulettes[2] rafraîchissantes.

Dans l'ardent foyer de ta chevelure, je respire l'odeur du tabac mêlé à l'opium et au sucre ; dans la nuit de ta chevelure, je vois resplendir l'infini de l'azur tropical ; sur les rivages duvetés de ta chevelure je m'enivre des odeurs combinées du goudron, du musc et de l'huile de coco.

Laisse-moi mordre longtemps tes tresses lourdes et noires. Quand je mordille tes cheveux élastiques et rebelles, il me semble que je mange des souvenirs.

Charles Baudelaire, *Le Spleen de Paris*, 1869 (publication posthume).

1. **plein de voilures et de mâtures** : allusion aux nombreux bateaux (voiles, mâts).
2. **gargoulettes** : cruches en terre.

Percevoir les visions intérieures de l'amour

1. Qu'est-ce qui, dans l'être aimé, invite le poète au voyage ? Justifiez en relevant plusieurs figures de style que vous nommerez.
2. « Si tu pouvais savoir tout ce que je vois ! » De quel type de phrase s'agit-il ? Quelle émotion exprime-t-il ?
3. Relisez les passages surlignés. Qu'est-ce qui caractérise les paysages décrits ? Justifiez en citant des mots précis.
4. Relevez les sensations physiques inspirées par la femme aimée.
5. Selon vous, pourquoi l'écriture en prose poétique convient-elle bien à ce voyage d'amour ?

BILAN **6** Que pensez-vous du choix du titre du poème ? Justifiez en vous appuyant sur vos réponses précédentes.

Écrire à la manière de...

Poursuivez le voyage de Baudelaire en insérant quelques lignes dans son poème. Vous commencerez par « Dans... de ta chevelure, je... »

Graine de savoir

Dans son recueil *Les Fleurs du mal* (1857), Baudelaire a écrit un poème en alexandrins intitulé « La chevelure ». Il s'agit de la première version du poème « Un hémisphère dans une chevelure ». Découvrez-le à l'adresse :

ACTIVITÉ lienmini.fr/jdl4-T105

• Laquelle des deux versions préférez-vous ? Pour quelles raisons ?

Paul Gauguin, *La Sieste*, 1891-1892, huile sur toile (89 x 116 cm), Metropolitan Museum of Art, New York.

Donner à voir l'amour autrement

Poème 5 Poèmes à Lou

Au lac de tes yeux très profond
Mon pauvre cœur se noie et fond
    Là le défont
Dans l'eau d'amour et de folie
    Souvenir et Mélancolie

Guillaume Apollinaire, *Poèmes à Lou*, 1947 (publication posthume).

Biographie

Guillaume Apollinaire (1880-1918)

Ce poète français ouvre la voie à la modernité. Tout en reprenant notamment le thème lyrique de l'amour, comme dans son célèbre recueil *Alcools* (1913), il crée des images surprenantes et développe de nouvelles formes poétiques comme le calligramme.

Le savez-vous ?

Lou est le surnom de Louise de Coligny-Châtillon, qui a inspiré de nombreux poèmes d'amour à Guillaume Apollinaire.

Poème 6 Calligramme

Lecture : Flèche saignante. Je porte au cœur une blessure ardente et elle me vient de toi ma Lou. Lou m'a percé le cœur et j'aime Lou.

Guillaume Apollinaire, *Calligrammes, Poèmes de paix et de guerre*, 1918.

Percevoir les images et la musique de l'amour

Poème 5

1. Quel rôle le motif des yeux joue-t-il dans ce poème ?

2. S'agit-il d'un amour heureux ou malheureux ? Justifiez en vous appuyant sur des mots précis et sur des figures de style que vous commenterez.

3. a. Donnez plusieurs lectures à haute voix de ce poème afin de trouver le ton et le rythme appropriés.

b. Selon vous, quels procédés rendent ce court poème musical ?

Poème 6

4. Sous quelle forme le poète a-t-il repris la référence lyrique traditionnelle à Cupidon ?

5. Comment l'être aimé est-il mis en valeur dans ce calligramme ?

BILAN **6** Quel regard le poète porte-t-il sur la femme aimée et sur l'amour qu'elle lui inspire ? Justifiez en vous appuyant sur un champ lexical.

Graine de savoir

Le mot **« calligramme »** a été inventé par Guillaume Apollinaire en 1918 à partir des mots « idéogramme » et « calligraphie ». En grec, *calli-* signifie beauté et *gramme*, lettre. Il désigne un poème dont la disposition des vers forme un dessin évoquant le texte.

• Cherchez d'autres calligrammes de Guillaume Apollinaire, présentez-en un à la classe et justifiez votre choix.

Montrer le pouvoir des yeux

Poème 7 La courbe de tes yeux

Ce poème adressé à Gala, la première épouse de Paul Eluard, renouvelle la forme poétique du blason.

La courbe de tes yeux fait le tour de mon cœur,
Un rond de danse et de douceur,
Auréole du temps, berceau nocturne et sûr,
Et si je ne sais plus tout ce que j'ai vécu
C'est que tes yeux ne m'ont pas toujours vu.

Feuilles de jour et mousse de rosée,
Roseaux du vent, sourires parfumés,
Ailes couvrant le monde de lumière,
Bateaux chargés du ciel et de la mer,
Chasseurs des bruits et sources des couleurs,

Parfums éclos d'une couvée d'aurores
Qui gît toujours sur la paille des astres,
Comme le jour dépend de l'innocence
Le monde entier dépend de tes yeux purs
Et tout mon sang coule dans leurs regards.

Paul Eluard, *Capitale de la douleur*,

Biographie

Paul Eluard
(1895-1952)
Ce poète français a appartenu au surréalisme. Dans ses principaux recueils de poèmes lyriques, il célèbre l'amour que lui a inspiré Gala (*Capitale de la douleur*, *L'amour la poésie*).

Repère littéraire

Le surréalisme
C'est un mouvement littéraire et artistique, apparu après la Première Guerre mondiale, à l'initiative d'André Breton. Il cherche à explorer ce qui échappe au contrôle de la logique et de la raison : l'inconscient, le rêve, l'amour fou.

Poème 8 Né de tes yeux…

Femme
Je recueille la lumière au midi de tes yeux
[…]
Femme
Je suis né de tes yeux
Où viennent boire les lucioles
Tes yeux de lune montante
Tes yeux d'îles rebelles
Tes yeux d'insomnies
Berçant un corail rouge
Je suis né d'une boîte à bijoux
D'une Atlantide rose
De l'aimant de la lune
Et d'un trop-plein d'étoiles
Je suis né de la prophétie de tes yeux
Où le temps vient mourir
Sans crier gare

Ernest Pépin, « Né de tes yeux », in *Lettera amorosa*, sur une musique de Serge Alidor, coll. « Le Temps des poètes »,

Biographie

Ernest Pépin (né en 1950)
Poète et romancier français, né en Guadeloupe, il incarne l'une des grandes voix contemporaines de la Caraïbe. Son œuvre, très riche, a été récompensée par de nombreux prix littéraires.

Étudier le motif des yeux comme source d'images

Poème 7

1. Relevez deux ou trois vers qui permettent de comprendre le sens du poème.

2. Relevez les champs lexicaux de la nature et des éléments dans les vers 6 à 15 : quel lien le poète fait-il entre les yeux de l'être aimé et le monde ?

Poème 8

3. « Je recueille la lumière au midi de tes yeux » (v. 2) : retrouvez, dans la suite du poème, des vers qui développent cette image.

4. Comment comprenez-vous l'expression « Je suis né de tes yeux » (v. 4) ?

Poèmes 7 et 8

5. Quel type de vers P. Eluard et E. Pépin ont-ils choisi ?

6. Quelles images poétiques vous surprennent ? Proposez-en plusieurs interprétations.

BILAN **7** Comment voit-on que les yeux de l'être aimé inspirent ces deux poètes ? Appuyez-vous sur des expressions précises et sur des figures de style.

PARCOURS un genre

Contempler l'être aimé avec fébrilité

Biographie

Louis Aragon
(1897-1982)
Ce poète et romancier français a appartenu au surréalisme. Avec Elsa Triolet, il a formé un couple célèbre de la littérature. Il lui a d'ailleurs consacré une grande partie de son œuvre poétique comme l'attestent certains titres de recueils (*Cantique à Elsa*, *Les Yeux d'Elsa*, *Elsa*, *Le Fou d'Elsa*).

Poème 9 « Tandis que je parlais … »

Tandis que je parlais le langage des vers
Elle s'est doucement tendrement endormie
Comme une maison d'ombre au creux de notre vie
Une lampe baissée au cœur des myrtes[1] verts
[...]
Je te supplie amour au nom de nous ensemble
De ma suppliciante et folle jalousie
Ne t'en va pas trop loin sur la pente choisie
Je suis auprès de toi comme un saule qui tremble

J'ai peur éperdument du sommeil de tes yeux
Je me ronge le cœur de ce cœur que j'écoute
Amour arrête-toi dans ton rêve et ta route
Rends-moi ta conscience et mon mal merveilleux

Louis Aragon, « Tandis que je parlais le langage des vers » (extrait), in *Elsa*, © Éditions Gallimard, 1959.

1. **myrte** : plante qui symbolise l'amour dans l'Antiquité. Le myrte était consacré à Vénus.

Percevoir le regard fou d'amour du poète

Entrer dans la lecture. Qui s'adresse à qui ? Où ? Quand ?

1. a. Que ressent le poète dans les vers 5 à 12 ? Justifiez en citant précisément le texte.
b. Pourquoi ?

2. Nommez la figure de style « Je suis auprès de toi comme un saule qui tremble » (v. 8). Quel sens donnez-vous à cette image ?

3. Citez les verbes à l'impératif. Quelle est ici la valeur de ce mode ?

4. Relevez les deux métaphores qui évoquent le rêve. Quelle réflexion vous inspirent-elles ?

BILAN **5** Montrez jusqu'où l'amour peut conduire le poète.

Man Ray (1890-1976), *Noire et Blanche*, 1926.

Lecture d'image

- Que ressentez-vous en regardant cette photographie ?
- Qu'est-ce qui vous frappe dans la composition de cette œuvre (formes, couleurs) ?
- Quels liens pouvez-vous établir avec le poème étudié ?

Exprimer son point de vue

Selon vous, pourquoi la poésie permet-elle tout particulièrement d'exprimer l'amour ?

Fermer les yeux face à l'absence

Poème 10 « J'ai fermé les yeux… »

Paul Eluard dédie le recueil L'amour la poésie *(1929) à Gala. Leur relation est orageuse. La jeune femme finit par quitter le poète pour le peintre Salvador Dalí.*

XXVI

J'ai fermé les yeux pour ne plus rien voir
J'ai fermé les yeux pour pleurer
De ne plus te voir.

Où sont tes mains et les mains des caresses
Où sont tes yeux les quatre volontés du jour
Toi tout à perdre tu n'es plus là
Pour éblouir la mémoire des nuits.

Tout à perdre je me vois vivre.

Paul Eluard, « J'ai fermé les yeux »,
in *L'amour la poésie*, © Éditions Gallimard, 1929.

Percevoir la douleur de la perte

1. Donnez un titre imagé à ce poème.
2. Quel nom et quel verbe sont les plus répétés dans ce poème ? Comment expliquez-vous ce choix ?
3. Comment interprétez-vous l'image « tes yeux les quatre volontés du jour » (v. 5) ?

BILAN 4. Comment le poète exprime-t-il la douleur face à l'absence de l'être aimé ?

Dire et écrire l'absence

- Lisez ce poème en faisant ressortir la douleur de la perte. Pensez à **instaurer des silences**.
- À votre tour, composez un court poème sur le thème de l'absence de l'être aimé, puis proposez-en une lecture à voix haute à vos camarades.

Max Ernst (1891-1976), *Gala Eluard*, 1924, huile sur toile (81,3 x 65,4 cm), Metropolitan Museum of Art, New York.

« Il fallait bien qu'un visage
Réponde à tous les noms du monde »
Paul Eluard, *L'amour la poésie*, 1929.

Interpréter un titre de recueil

Ce poème est tiré d'un recueil intitulé *L'amour la poésie*. Dans un paragraphe de cinq ou six lignes, vous expliquerez quels sens vous pouvez donner à ce titre.

Les yeux de l'amour dans toutes les langues

Poème 11 Poésie italienne

Amour m'a fait la cible de la flèche,
Je suis neige au soleil, cire dans le feu,
Brume que vent disperse. Ma voix s'enroue,
Ma dame sans pitié, à vous crier « Grâce ».

Vos yeux, c'est eux qui m'ont porté le coup mortel
Que ne pourront ni temps ni lieu guérir,
De vous seule dépendent, et c'est votre jeu,
Le soleil, le feu et le vent dont je suis la proie.

Car les pensées sont flèches, soleil est ce visage
Et feu est le désir. Et de ces armes
Amour me perce, m'aveugle, me consume.

Cependant que ce chant, ces mots dignes des anges,
Et cette douce haleine qui me tue,
Sont la brise qui fait que ma vie dérive.

Pétrarque (1304-1374), sonnet CXXXIII, trad. de Y. Bonnefoy in *Je vois sans yeux et sans bouche je crie*, © Éditions Galilée, 2011.

Poème 12 Poésie indienne

Mon cœur, oiseau du désert, a trouvé son ciel dans tes yeux.
Ils sont le berceau du matin, ils sont le royaume des étoiles.
Leur abîme engloutit mes chants.
Dans ce ciel immense et solitaire laisse-moi planer.
Laisse-moi fendre ses nuages et déployer mes ailes dans son soleil.

Rabindranath Tagore (1861-1941), « Mon cœur, oiseau du désert », in *Le Jardinier d'amour*, trad. d'H. Mirabaud-Thorens, © Éditions Gallimard, 1963.

Calligraphie arabe

Légende : Nirân al-houbb (feu de l'amour) est l'un des états les plus universellement répandus.

Malek Chebel (anthropologue algérien né en 1953) et **Lassaâd Métoui** (calligraphe tunisien né en 1965), *Les Cent Noms de l'amour*, © Éditions Gallimard, 2001.

Poème 13 Poésie chilienne

Penché dans les soirs je jette mes tristes filets
à tes yeux océaniques.

Là s'étire et flambe dans le plus haut brasier
ma solitude qui tourne les bras comme un naufragé.

Je fais de rouges signaux sur tes yeux absents
qui palpitent comme la mer au pied d'un phare.

Tu ne retiens que ténèbres, femme distante et mienne,
de ton regard émerge parfois la côte de l'effroi.

Penché dans les soirs je tends mes tristes filets
à cette mer qui bat tes yeux océaniques.

Les oiseaux nocturnes picorent les premières étoiles
qui scintillent comme mon âme quand je t'aime.

La nuit galope sur sa sombre jument
répandant des épis bleus sur la campagne.

Pablo Neruda (1904-1973), « Penché sur les soirs… », in *Vingt poèmes d'amour et une chanson désespérée*, trad. de C. Couffon et C. Rinderknecht, © Éditions Gallimard, 1924.

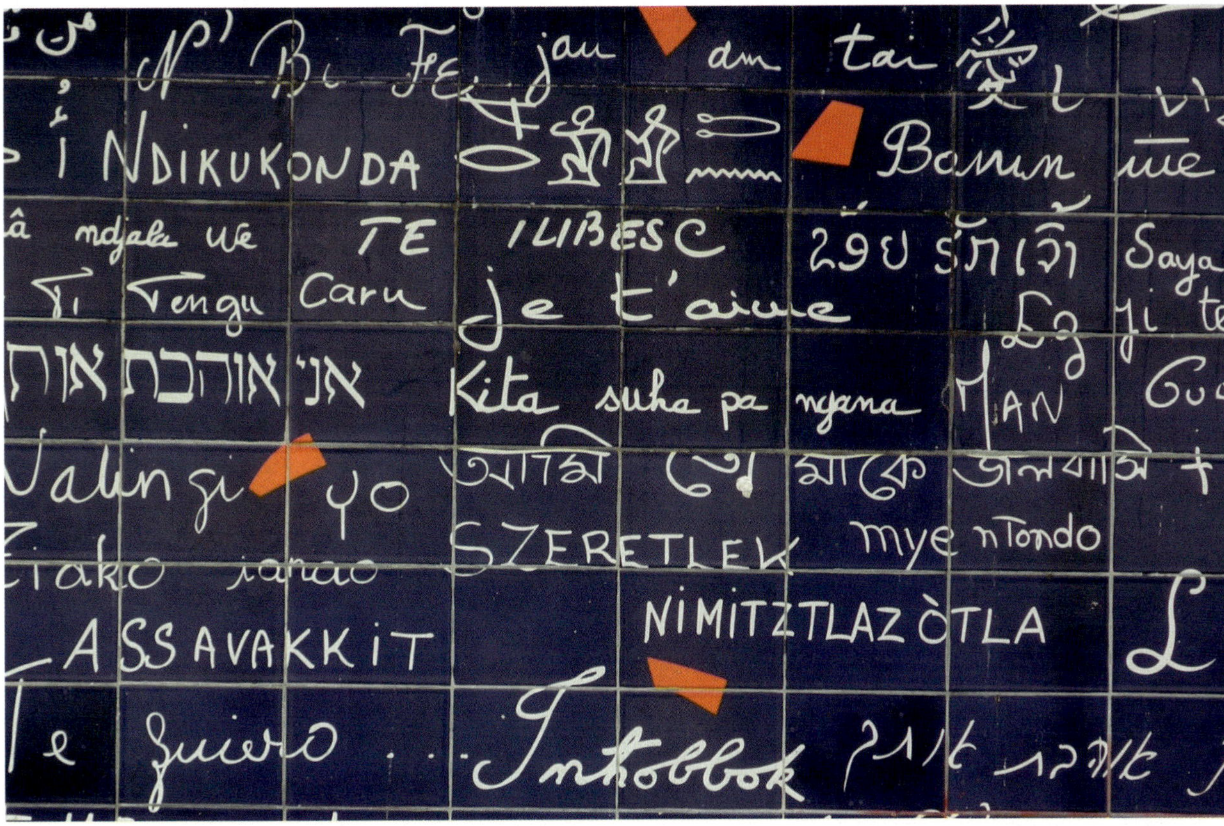

Frédéric Baron et Claire Kito, *Mur des « Je t'aime »*, Paris, square Jehan Rictus (18e arrondissement).

Comprendre que l'amour est un langage universel

Poésie italienne (poème 11)

1. Recherchez dans les pages 40 à 47 le poème qui s'inspire de ces vers de Pétrarque. Expliquez ce qui les rapproche.

Poésie indienne (poème 12)

2. Parmi les titres proposés, quel est celui qui, selon vous, pourrait le mieux convenir au poème : « Les ailes de l'amour », « Tes yeux célestes », « Le royaume de l'amour » ? Justifiez votre choix.

3. À quels poèmes étudiés précédemment ce texte vous fait-il penser ? Pourquoi ?

Poésie chilienne (poème 13)

4. Que vous suggère ou vous inspire la métaphore « je jette mes tristes filets à tes yeux océaniques » ?

5. Quel champ lexical parcourt tout le poème ? Relevez les mots qui en font partie.

6. Proposez un titre à ce poème à l'aide de vos réponses précédentes.

Calligraphie arabe

7. Dans quels poèmes, présents dans les pages 40 à 47, trouve-t-on des allusions au feu de l'amour ?

Réagir à une image

- Quelles réflexions ce mur des « je t'aime » vous inspire-t-il ?
- Aimeriez-vous y inscrire vous-même « je t'aime » ? Si oui, dans quelle langue ? Pourquoi ?

Graine de savoir

piste EPI

- Voici quelques exemples de surnoms affectueux venus du monde entier :
  – en espagnol, *cielo* (ciel), *corazon* (cœur) ;
  – en russe, *golubka* (ma petite tourterelle) ;
  – en allemand, *schatzi* (trésor) ;
  – en grec, *tzieri mou* (mon foie).
- Faites une recherche sur Internet pour trouver d'autres exemples.
- Inventez un petit surnom d'amour en français que vous aimeriez dire à la personne aimée.

Méthode

Effectuer la lecture expressive d'un poème

Lisez le poème suivant, puis préparez une **lecture expressive** à voix haute à l'aide des conseils de lecture. Enregistrez votre lecture.

VOS YEUX

Je compare vos yeux à ces claires fontaines /
Où les astres d'argent / et les étoiles d'or
Font miroiter,// la nuit,// des flammes incertaines.///

Vienne à glisser le vent sur leur onde qui dort,
Il faut que l'astre émigre et que l'étoile meure,
Pour renaître, passer, luire et s'éteindre encor.

Si cruels maintenant, si tendres tout à l'heure,
Vos beaux yeux sont pareils à ces flots décevants,
Et l'amour ne s'y mire et l'amour n'y demeure

Que le temps d'un reflet sous le frisson des vents.

Charles Le Goffic, *Amour breton*, 1889.

ACTIVITÉ lienmini.fr/jdl4-T106

Saisissez cette adresse sur votre navigateur pour télécharger le texte de ce poème afin de préparer la lecture.

▸ ***Prenez d'abord le temps de bien comprendre le sens du poème :*** célèbre-t-il la beauté des yeux de l'être aimé ? l'amour ? Dénonce-t-il l'illusion de l'amour ? Vous attendiez-vous à ce discours après avoir lu le titre et les deux premiers vers ?

▸ ***Travaillez le poème sur un logiciel de traitement de texte pour préparer votre lecture.***

a. Surlignez tous les « e » muets qu'il faudra prononcer et soulignez les liaisons.

b. Utilisez les ressources de la typographie (caractères gras, différentes tailles de caractères, couleurs...) pour mettre en valeur les mots importants et donner des indications de lecture.

c. Placez une barre oblique (/) pour indiquer une courte pause et placez-en deux ou trois (// ou ///) pour une pause plus longue.

▸ ***Ne lisez pas trop vite et variez le rythme.***

Vous pouvez le faire en musique ou répéter certains vers pour créer un phénomène d'écho.

▸ ***Enregistrez votre lecture.***

Réaliser une anthologie sonore collective

Voici des titres de poèmes d'amour très célèbres.
Prenez connaissance de ces textes et choisissez celui qui vous inspire le plus.
Entrainez-vous à le dire de manière expressive en vous aidant de la Méthode, puis procédez à son enregistrement.

Ernest Pépin, « Je suis cet homme inconsolé »

Marceline Desbordes-Valmore, « Les séparés »

Pablo Neruda, « Matin »

Paul Verlaine, « Mon rêve familier »

Guillaume Apollinaire, « Sous le pont Mirabeau »

Anna de Noailles, « Quand ce soir tu t'endormiras »

Andrée Chédid, « De cet amour je reste émerveillée »

Louis Aragon, « Que serais-je sans toi ? »

Synthèse

Les yeux de l'amour en poésie

L'amour est l'un des grands thèmes de la poésie lyrique. Le motif des yeux est fréquent dans la poésie amoureuse. Le coup de foudre passe d'ailleurs par la rencontre de regards comme le suggère l'expression anglaise : « *love at first sight* ». Par l'utilisation des images, ce motif permet d'exprimer les différentes nuances de l'amour.

Les yeux de l'être aimé sont une source d'images poétiques : comparaisons et métaphores les associent au ciel, aux astres, à un lac ou une mer, souvent à un miroir, pour exprimer la profondeur, le pouvoir et la fascination qu'ils exercent.

Le discours amoureux évolue au fil du temps. La poésie du XVIe siècle reprend souvent la forme du sonnet, hérité de la Renaissance italienne, et multiplie les références à la mythologie gréco-romaine (Cupidon et ses flèches, par exemple). Au XIXe siècle, le regard change de point de vue : les poètes romantiques se regardent aimer et donnent libre cours à l'expression de sentiments personnels. Dans la seconde moitié du XIXe siècle, puis tout au long du XXe siècle, le lyrisme se renouvelle à travers de nouvelles formes d'écriture (poèmes en prose, vers libres, calligrammes…) pour donner à voir plus librement différents états amoureux : l'amour fou, fatal, sensuel, mélancolique...

Petit lexique de la poésie

Quelques formes d'écriture poétique

- **Le sonnet** : forme fixe de poème composé de deux quatrains et de deux tercets (➥ p. 40, 42, 48).
- **Le poème en prose** : ne comportant pas de vers, il est souvent composé de petits paragraphes qui rappellent des strophes. Il joue sur les images, le rythme et les sonorités (➥ p. 43).
- **Le calligramme** : poésie visuelle (➥ p. 44).
- **Le poème en vers libres** : il contient un nombre irrégulier de syllabes dans chaque vers et ne présente souvent pas de rimes.

Le registre lyrique

Le poète exprime ses sentiments personnels au moyen de rythmes et d'images.

Les sonorités

Elles créent une musicalité et des impressions.

- **L'allitération** est la répétition d'un son consonne (➥ p. 41).
- **L'assonance** est la répétition d'un son voyelle.

Le rythme

- **Une strophe** est un ensemble de vers séparé par un espace. Les plus fréquentes sont :
  - le **quatrain** (4 vers) ;
  - le **tercet** (3 vers).
- **Le mètre** est la longueur du vers. Pour l'identifier, on compte les syllabes. Les plus fréquents sont :
  - l'**alexandrin** (12 syllabes) ;
  - le **décasyllabe** (10 syllabes) ;
  - l'**octosyllabe** (8 syllabes).
- **Le « *–e* muet »** (qui ne s'entend pas dans la prose) :
  - ne se prononce pas s'il est suivi d'une voyelle ou en fin de vers ;
  - se prononce devant une consonne.

Ne/ t'en/ va/ pas/ trop/ loin/ sur/ la/ pen/te/ choi/sie
Je/ suis/ au/près/ de/ toi/ com/me un/ sau/le/ qui/ tremble

Louis Aragon, « Tandis que je parlais le langage des vers », in *Elsa*, 1959.

Composer un poème-objet

Si vous regardiez à travers les yeux de l'être aimé, que verriez-vous ? Composez un poème d'une dizaine de vers en commençant par : Dans tes yeux, je vois...

Faites preuve de créativité en le recopiant sur un joli support, puis insérez une illustration originale et personnelle : dessin, montage photo, collages...

René Magritte (1898-1967), *Le Faux Miroir*, 1928, huile sur toile (54 x 80,9 cm), Museum of Modern Art, New York.

Dossier Le baiser dans les arts

piste EPI

Premier baiser, baiser volé, baiser ardent... Signe de l'attachement d'une personne à une autre, il a inspiré de nombreux artistes. Chacun, à sa manière, a essayé de rendre cette intimité, cette communion qu'est le baiser.

Le baiser en peinture

Menez l'enquête

Observez le décor ainsi que le costume des personnages au premier plan.

- **D'après vous, où peut se dérouler cette scène ?**
- **Comment le peintre parvient-il à rendre l'intimité des personnages malgré la froideur du décor ?**

Racontez cette scène d'amour

Donnez une identité aux personnages et racontez les circonstances de ce baiser. Vous pouvez vous inspirer de couples d'amoureux célèbres comme Roméo et Juliette.

Francesco Hayez, *Le Baiser*, 1859, huile sur toile (112 x 88 cm), Pinacothèque de Brera, Milan (Italie).

Le saviez-vous ?

Réalisé après la première guerre d'indépendance de l'Italie, ce tableau est une allégorie de l'union de la France et du royaume de Sardaigne, qui ensemble combattaient l'Autriche. De cette union devait naitre l'Italie.

Énigmes

- **D'où vient la lumière dans ce tableau ?**
Voici un indice : observez l'ombre projetée des deux personnages.

- **Je suis une technique.**
Je permets de créer des contrastes entre clarté et obscurité, en jouant sur les ombres et les lumières. Je suis le...
Indice : mon nom est composé.

Gustav Klimt, *Le Baiser*, 1907-1908, huile et feuille d'or sur toile (180 x 180 cm), Palais du Belvédère, Vienne (Autriche).

Le saviez-vous ?

Cette œuvre appartient à la période dite « dorée » de Gustave Klimt, où le peintre a voulu donner une dimension sacrée à sa peinture. Ici, les personnages semblent emportés hors du temps et de l'espace où rien n'existe excepté l'amour.

Exercez vos talents d'observation

- **Pouvez-vous déterminer la source de la lumière dans ce tableau ? Pourquoi ?**
- **Pouvez-vous déterminer où se situe cette scène ? Pourquoi ?**
- **Selon vous, pourquoi le peintre a-t-il fait ces choix ?**
- **Par quelles figures géométriques la différence entre l'homme et la femme est-elle représentée ?**
- **Comment le peintre parvient-il à traduire l'union entre les personnages ? Aidez-vous des formes, des mouvements et des couleurs.**

Exprimez votre préférence !

- Établissez la liste des points communs entre les deux tableaux. Que remarquez-vous ?
- Quel tableau préférez-vous ? Expliquez votre choix à l'aide de trois arguments.
- Pour vous, lequel des deux tableaux exprime le mieux le sentiment amoureux ? Pourquoi ?

Le baiser en sculpture

Auguste Rodin, *Le Baiser*, 1886, marbre (183,6 x 110,5 x 118,3 cm), musée Rodin, Paris.

Auguste Rodin (1840-1917) *est un sculpteur français qui consacre son œuvre à la recherche de la justesse du mouvement et des attitudes.*

Découvrez l'art de la sculpture

- **Selon vous, que permet de mettre en valeur une sculpture par rapport à une peinture ?**
- **Comment Rodin a-t-il su rendre l'impression de mouvement malgré le matériau utilisé ?**
- **Pourquoi *Le Baiser* de Rodin illustre-t-il parfaitement la citation suivante ?**

« L'art n'existe pas sans la vie. Qu'un statuaire veuille interpréter la joie, la douleur, une passion quelconque, il ne saurait nous émouvoir que si d'abord il sait faire vivre les êtres qu'il évoque. [...] L'illusion de la vie s'obtient dans notre art par le bon modelé et par le mouvement. Ces deux qualités sont comme le sang et le souffle de toutes les belles œuvres. »

Auguste Rodin, *L'Art*, entretiens réunis par Paul Gsell, © Grasset, 1911.

- **Menez l'enquête :** cherchez quel a été le premier titre de cette sculpture. Quels personnages représente-t-elle ?

De la légende à l'œuvre d'art

La sculpture *Vertumne et Pomone* a également été présentée sous le titre ***Sakountala***. Le poète hindou Kalidasa a raconté la légende de cette femme. Lors d'une partie de chasse, le roi Dushantya rencontre Sakountala. Il en tombe amoureux. Mais, à cause d'une malédiction, le roi oublie son aimée. La sculpture de Camille Claudel illustre les retrouvailles des amants.

- **Cherchez qui sont Vertumne et Pomone. À quelle mythologie appartiennent-ils ?**

Enquêtez sur l'artiste

Faites des recherches sur Camille Claudel, l'artiste qui a réalisé cette sculpture. Quels liens avait-elle avec Auguste Rodin ?

Camille Claudel, *Vertumne et Pomone*, 1905, marbre blanc sur socle de marbre rouge (91 x 80,6 x 41,8 cm), musée Rodin, Paris.

Découvrez le travail de Constantin Brancusi

Le Baiser de Brancusi se présente comme un bloc de pierre que l'artiste aurait à peine travaillé. Cependant, une grande force artistique se dégage de cette sculpture.

- **Quels éléments permettent de distinguer l'homme de la femme ?**
- **Comment Brancusi a-t-il créé un effet d'union ?**
- **Menez l'enquête :** Brancusi a réalisé plusieurs versions de cette sculpture. Cherchez-en des représentations sur Internet : quelles différences et ressemblances observez-vous ?

Constantin Brancusi, *Le Baiser*, 1923, pierre de calcaire brun (36,5 x 25,5 x 24 cm) Centre Pompidou, MNAM-CCI, Paris.

Devinettes

- *Comment appelle-t-on une sculpture qui représente le haut du corps d'un personnage ?*
  ☐ *un buste* ☐ *un torse* ☐ *une poitrine*
- *Une sculpture autour de laquelle on peut tourner s'appelle...*
  ☐ *un bas-relief* ☐ *une ronde-bosse*

Donnez votre avis sur les œuvres

Laquelle des trois sculptures préférez-vous ? Pourquoi ?

Le baiser en photographie

Cette photographie donne l'impression d'être prise sur le vif.

- **Saurez-vous y repérer les éléments du quotidien suivants ?**
  ☐ deux voitures
  ☐ l'Hôtel de ville de Paris
  ☐ les tables et les chaises d'une terrasse de café

Pour chacun, précisez s'il est au premier plan ou à l'arrière-plan.

- **Observez maintenant :**
  – les mouvements des personnages ;
  – les flous et les nets.

Comment Robert Doisneau parvient-il à isoler les amants de la foule ?

Robert Doisneau, *Le Baiser de l'Hôtel de Ville*, 1950.

Selon vous, que cherche à exprimer un artiste quand il représente un baiser ?

Les plans d'un tableau ou d'une photographie

- **Associez chaque type de plan à sa position :**

a. Le premier plan
b. Le second plan
c. L'arrière-plan
1. derrière le premier plan
2. le fond de l'image
3. tout ce qui semble le plus proche du spectateur

Préparez une exposition

Vous allez travailler en groupe. Chaque groupe est chargé de présenter à la classe **trois œuvres d'un artiste cité dans le dossier**. Pensez à bien préciser pour chaque œuvre le titre, le nom de l'artiste, la date de création et le lieu de conservation. Expliquez pour chaque œuvre les raisons de votre choix.

PARCOURS un genre

Contraintes et liberté de l'amour dans la chanson

Maria José Lopez (Carmen) et **Angel Gil** (Don José) dans le ballet *Carmen*, mise en scène d'Antonio Gades et Carlos Saura, Palais des Congrès de Paris, décembre 2012.

Liberté d'aimer ou amour de la liberté ?

S'exprimer librement

Selon vous, que symbolise l'oiseau ? L'associez-vous à l'amour ?

Texte 1 L'oiseau rebelle

Carmen est une bohémienne andalouse réputée pour son pouvoir de séduction. Lorsque ses prétendants lui demandent quand elle les aimera, elle leur répond par cette célèbre aria (solo vocal très mélodique) qui expose toute sa conception de l'amour.

L'amour est un oiseau rebelle
Que nul ne peut apprivoiser
Et c'est bien en vain qu'on l'appelle
S'il lui convient de refuser
[...]
L'amour est enfant de bohème
Il n'a jamais jamais connu de loi
Si tu ne m'aimes pas je t'aime
Si je t'aime prends garde à toi

Henri Meilhac et **Ludovic Halévy** (textes), **Georges Bizet** (musique), *Carmen*, 1875.

Biographie

Georges Bizet (1838-1875)

Le nom de ce compositeur français reste aujourd'hui associé à son opéra *Carmen* (1875) connu dans le monde entier.

Le savez-vous ?

Carmen est **un opéra-comique** (œuvre musicale alternant paroles et chants) composé de quatre actes et créé en 1875. Cette œuvre est adaptée de la nouvelle de **Prosper Mérimée** (1847) portant le même titre. Marie Malibran et Maria Callas sont deux grandes cantatrices qui ont interprété le rôle principal de ce drame lyrique.

VIDÉO lienmini.fr/jdl4-T107

Saisissez cette adresse sur votre navigateur et visionnez la scène où **Carmen chante « L'amour est un oiseau rebelle »**.

Étudier une certaine conception de l'amour

1. Comment Carmen définit-elle l'amour ? Appuyez-vous sur des expressions et sur des figures de style.

2. Comment réagissez-vous en lisant « Si je t'aime prends garde à toi » ?

3. À la fin de cette aria, Carmen lance une fleur au brigadier Don José pour lui faire comprendre qu'elle l'a choisi. Que pourriez-vous dire à ce personnage ?

Texte 2 Carmen

L'amour est comme l'oiseau de twitter
On est bleu[1] de lui seulement pour 48 h
D'abord on s'affilie ensuite on se follow
On en devient fêlé et on finit solo
[…]

Refrain :
Prends garde à toi
Si tu t'aimes, garde à moi
Si je m'aime, garde à nous
Garde à eux
Garde à vous
Et puis chacun pour soi
Et c'est comme ça qu'on s'aime, s'aime, s'aime
Comme ça consomme, somme, somme *(x 4)*

L'amour est enfant de la consommation
Il voudra toujours toujours toujours plus de choix
Voulez, voulez-vous des sentiments tombés du camion
L'offre et la demande pour unique et seule loi
[…]

Stromae, extrait de l'album *Racine carrée*, © Mosaert, 2013.

1. **être bleu de** : expression belge signifiant « être amoureux de ».

Exprimer son point de vue

Si vous vouliez transmettre un message d'amour, choisiriez-vous d'écrire : une lettre, un sms ou un courrier électronique ? Pour quelles raisons ?

Biographie

Stromae (né en 1985)
Auteur, compositeur et interprète belge, il mêle dans son œuvre musique électronique, hip hop et chanson française. Il connait un succès mondial avec son deuxième album *Racine carrée* (2013).

Étudier la réécriture moderne d'un air célèbre

1. Comment voit-on qu'il s'agit d'une réécriture moderne du couplet de *Carmen* ? Justifiez par des relevés précis.

2. a. Montrez que le chanteur joue sur les mots et leur sonorité dans les vers 1 à 4.

b. Que mettent en valeur les mots à la rime « follow » et « solo » (vers 3 et 4) ?

3. Quel est le discours de Stromae sur l'amour dans notre société moderne ? Justifiez en relevant des expressions et un champ lexical que vous nommerez.

4. Regardez en médiathèque le clip de cette chanson, réalisé par Sylvain Chomet. Dans quelles situations le personnage principal est-il souvent montré ? Que veut nous faire comprendre le réalisateur ?

5. Décrivez l'évolution de l'oiseau bleu de twitter tout au long du clip. Comment interprétez-vous ces changements ?

6. Résumez la fin de la vidéo. Quel sens lui donnez-vous ?

Niki de Saint-Phalle (1930-2002), *Lettre à Peter*, 1994, stylo, encre, crayon et collage sur papier (21,5 x 28 cm), 1994, collection privée.

Dire l'amour sous plusieurs formes

- Écrivez un message d'amour sous l'une des trois formes évoquées à l'oral : par sms, par courrier électronique et par lettre. Vous respecterez les codes propres à chacun de ces modes d'expression (longueur, présentation, vocabulaire.)
- Comparez les trois versions : que remarquez-vous ?

Texte 3 La non-demande en mariage

Biographie

Georges Brassens (1921-1981)

Poète-auteur, compositeur et interprète français, il met en musique, en dehors de ses propres textes, des poèmes célèbres de Victor Hugo, Louis Aragon... Il reçoit le grand prix de poésie de l'Académie française en 1967.

Ma mie, de grâce, ne mettons
Pas sous la gorge à Cupidon
Sa propre flèche,
Tant d'amoureux l'ont essayé
Qui, de leur bonheur, ont payé
Ce sacrilège…

Refrain :
J'ai l'honneur de
Ne pas te demander
Ta main,
Ne gravons pas
Nos noms au bas
D'un parchemin.

Laissons le champ libre à l'oiseau,
Nous serons tous les deux prison-
niers sur parole,
Au diable les maîtresses queux[1]
Qui attachent les cœurs aux queues
Des casseroles !

Refrain

[…]
L'encre des billets doux pâlit
Vite entre les feuillets des li-
vres de cuisine.

Refrain

[…]
De servante n'ai pas besoin
Et du ménage et de ses soins
Je te dispense…
Qu'en éternelle fiancée,
À la dame de mes pensées
Toujours je pense…

Refrain

Georges Brassens, *La non-demande en mariage*, 1966.

1. **maîtresses queux** : chefs cuisinières.

VIDÉO lienmini.fr/jdl4-T108

Saisissez cette adresse sur votre navigateur pour visionner **l'interprétation de cette chanson par Georges Brassens**.

Étudier une déclaration d'amour inattendue

1. Qu'est-ce qui vous surprend dans le titre de cette chanson ?

2. Quel type d'amour célèbre Brassens ? Que refuse-t-il ?

3. Comment voit-on que le chanteur remet en question les images traditionnellement associées à l'amour ?

BILAN **4** Pourquoi peut-on dire que cette chanson est une déclaration d'amour ?

Graine de savoir

Retrouvez les expressions qui parlent d'amour en associant des éléments des deux listes.

a. Loin des yeux,
b. L'amour ne prend pas
c. Amour, Amour, quand tu nous tiens,
d. L'amour rend
e. Heureux au jeu,

1. de rides.
2. aveugle.
3. on peut dire : « Adieu prudence ! »
4. malheureux en amour.
5. loin du cœur.

Les prisons d'amour

Texte 4 Ma liberté

Ma liberté
Longtemps je t'ai gardée
Comme une perle rare
Ma liberté
C'est toi qui m'as aidé
À larguer les amarres
Pour aller n'importe où
Pour aller jusqu'au bout
Des chemins de fortune
Pour cueillir en rêvant
Une rose des vents
Sur un rayon de lune

Ma liberté
Devant tes volontés
Mon âme était soumise
Ma liberté
Je t'avais tout donné
Ma dernière chemise
Et combien j'ai souffert
Pour pouvoir satisfaire
Tes moindres exigences
J'ai changé de pays
J'ai perdu mes amis
Pour gagner ta confiance

Ma liberté
Tu as su désarmer
Toutes mes habitudes
Ma liberté
Toi qui m'as fait aimer
Même la solitude
Toi qui m'as fait sourire
Quand je voyais finir
Une belle aventure
Toi qui m'as protégé
Quand j'allais me cacher
Pour soigner mes blessures

Ma liberté
Pourtant je t'ai quittée
Une nuit de décembre
J'ai déserté
Les chemins écartés
Que nous suivions ensemble
Lorsque sans me méfier
Les pieds et poings liés
Je me suis laissé faire
Et je t'ai trahie
Pour une prison d'amour *(bis)*
Et sa belle geôlière

Georges Moustaki, *Ma liberté*, 1967.

Biographie

Georges Moustaki (1934-2013)

Auteur, compositeur et interprète d'origine italo-grecque, naturalisé français en 1985, il est l'un des paroliers de Serge Reggiani, Barbara… « Il y avait un jardin », « Le métèque », « Ma liberté »… sont des chansons qui ont traversé le temps.

Lire à plusieurs voix

• Quels sont les deux principaux mètres de vers utilisés ? Quel est le rythme produit ?
• Proposez une lecture à plusieurs voix de ce texte en faisant ressortir l'anaphore « Ma liberté » et en mettant en valeur la rencontre déterminante avec l'amour. Vous pouvez lire certains vers en chœur ou en canon si cela vous semble pertinent.

Comprendre le conflit entre l'amour et la liberté

1. Comment le texte met-il en valeur la liberté ? Appuyez-vous sur des expressions précises et sur des procédés d'écriture (mise en forme du texte et figures de style).

2. Qu'y a-t-il de surprenant dans la formulation « Ma liberté devant tes volontés mon âme était soumise » (v. 5) ?

3. Quel sentiment, plus fort que le gout de la liberté, l'emporte dans le dernier couplet ? Justifiez par des expressions précises et nommez les figures de style utilisées.

Exprimer son point de vue

Pensez-vous qu'aimer implique de renoncer à une part de liberté ?

Graine de savoir

• Associez chaque chanson d'amour à son interprète.

a. *L'hymne à l'amour*
b. *Ne me quitte pas*
c. *La chanson du mal-aimé*
d. *L'encre de tes yeux*
e. *Que reste-t-il de nos amours ?*
f. *Les feuilles mortes*

1. Jacques Brel
2. Charles Trenet
3. Edith Piaf
4. Léo Ferré
5. Yves Montand
6. Francis Cabrel

• Parmi ces chansons, deux d'entre elles sont, à l'origine, des poèmes. Précisez lesquelles et donnez leurs auteurs.

VIDÉO lienmini.fr/jdl4-T112

Saisissez cette adresse sur votre navigateur pour visionner **l'interprétation de certaines de ces chansons.**
Laquelle préférez-vous ? Pourquoi ?

Biographie

Barbara (1930-1997)

Auteure, compositeure et interprète français, elle compose des chansons émouvantes, souvent marquées par l'amour et la nostalgie et qui l'ont rendue célèbre : *L'Aigle noir, Marienbad, Ma plus belle histoire d'amour...*

Texte 5 Attendez que ma joie revienne

[...]
Laissez-moi le chagrin m'emporte
Et je vogue sur mon délire
Laissez-moi, ouvrez cette porte
Laissez-moi, je vais revenir

J'attendrai que ma joie revienne
Et que soit mort le souvenir
De cet amour de tant de peine
Pour lequel j'ai voulu mourir
J'attendrai que ma joie revienne,
Qu'au matin je puisse sourire,
Que le vent ait séché ma peine
Et la nuit calmé mon délire

Il est, paraît-il, un rivage
Où l'on guérit du mal d'aimer
Les amours mortes y font naufrage,
Épaves noires du passé
Si tu veux que ma joie revienne,
Qu'au matin, je puisse sourire
Vers ce pays où meurt la peine,
Je t'en prie, laisse-moi partir

Il faut de mes amours anciennes
Que périsse le souvenir
Pour que, libérée de ma chaîne,
Vers toi, je puisse revenir [...]

Barbara, *Attendez que ma joie revienne*, 1963.

Marcus Stone, *Absence makes the heart grow fonder* (« L'absence renforce les liens du cœur »), 1902, huile sur toile (124 x 65,5 cm).

Repère littéraire

Une **métaphore filée** est une métaphore qui comporte plusieurs images appartenant au même champ lexical et qui peut s'étendre sur plusieurs phrases.

Passer du texte à la chanson

Écoutez en médiathèque l'interprétation qu'en donne Barbara.

1. Que vous inspirent sa voix et la musique qui l'accompagne ?
2. Comment interprète-t-elle les quatre derniers vers ?
3. Quel instrument de musique vient conclure cette chanson ?

Comprendre l'enfermement de l'amour

1 À qui Barbara s'adresse-t-elle ? Dans quel but ?

2. Qu'est-ce qui l'emprisonne ? Justifiez en vous appuyant sur des expressions précises que vous commenterez.

3. Expliquez la métaphore filée du voyage dans le deuxième couplet (v. 13 à 20).

4. Donnez un titre poétique à cette chanson en tenant compte de l'ensemble de vos réponses.

BILAN **5** Quel genre de musique choisiriez-vous pour cette chanson ? Détaillez votre réponse.

Texte 6 L'amour en cage

Mon cœur s'est pris à tes épaules
Mon cœur s'est pris à tes yeux gris
Le soleil s'est éteint
Et la neige est tombée
J'ai si froid sans mon cœur
Rends-le moi
Mon cœur tremblait dans tes mains calmes
Mon cœur tremblait contre le tien

Les oiseaux se sont tus
Et les fleurs ont pâli
J'ai si froid sans mon cœur, rends-le moi
Ne le mets pas dans une cage
Il va mourir comme l'amour
Laisse-moi courir les rues
Laisse-moi vivre au fil des jours

l'amour : un piège fatal

J'ai mis le bonheur à la porte
Et j'ai brisé tous ses anneaux
J'ai laissé les baisers
J'ai cassé les serments
Et j'enferme mon cœur avec moi
Demain, demain je serai seul
Dans le silence de ma vie
Me prendra le hasard
M'aimera qui voudra
Mais j'enferme mon cœur avec moi

la liberté reconquise

Je serai libre dans ma cage
Je serai libre avec mon cœur
Et j'irai courir les rues
Les rues de rêve
Où vont mes amours

d'une cage à l'autre

Boris Vian, *L'Amour en cage*, 1954.

ACTIVITÉ lienmini.fr/jdl4-T109

Saisissez cette adresse dans votre navigateur et plongez dans **l'univers de Boris Vian**.

piste EPI

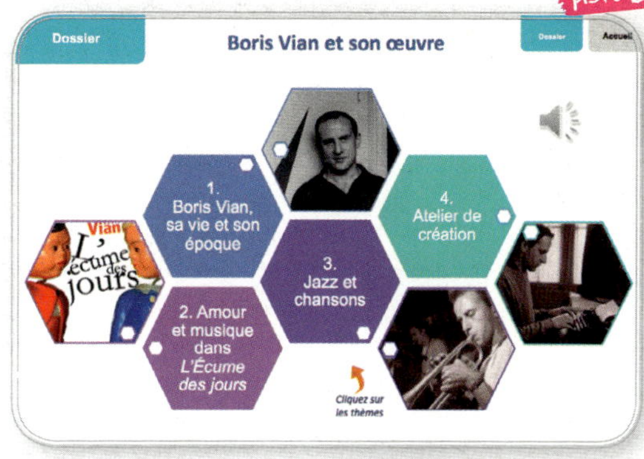

Serge de Sazo, *Boris Vian au Tabou*, bar de Saint-Germain-des-Prés, Paris, 1945.

Comprendre une réflexion imagée sur l'amour

1. À quoi le cœur vous fait-il penser ? Justifiez votre impression.

2. Dans les vers 1 à 15, comment voit-on que cet amour est synonyme d'une forme de mort ? Relevez des expressions que vous commenterez.

3. De quels renoncements s'agit-il dans la strophe 3 ?

4. a. Qu'est-ce qui vous surprend dans le vers « Je serai libre dans ma cage » (v. 26) ?

b. Comment l'interprétez-vous ?

Synthèse — Contraintes et liberté de l'amour dans la chanson

- **La poésie a toujours entretenu des rapports étroits avec la musique et la chanson.** Au Moyen Âge, **les troubadours** chantent l'amour courtois et, jusqu'au XVIe siècle, les poèmes sont souvent accompagnés de musique. Mais c'est au XXe siècle que la chanson, comme genre à part entière, se développe. Plus accessible dans son écriture que la poésie, elle comporte généralement **un refrain** qui marque les esprits. Depuis les années 1980, elle est souvent illustrée par un clip qui la rend encore plus populaire.
- La chanson parle directement au cœur de chacun, en évoquant les sentiments les plus partagés. L'amour est un thème universel et intemporel, mais **les chansons traduisent l'évolution de la manière d'aimer au fil du temps.**

Apprendre à dire et à écrire l'amour

À l'oral
- Trouver le mot juste pour nuancer l'expression de ses sentiments
- Lire pour traduire le sentiment amoureux
- Exploiter les ressources de la parole pour interpréter un rôle

À l'écrit
- Rédiger un texte en fonction d'une intention précise
- Écrire pour faire réagir l'être aimé

Dans cet atelier, vous allez explorer le vocabulaire des sentiments et de l'amour en particulier, apprendre à en reconnaitre les nuances et à l'employer.
Pour cela, vous êtes invités à voyager :
– du XVIIe siècle, celui des Précieuses, au XXe siècle ;
– dans le pays de Tendre, pour parcourir sur sa carte toutes les nuances du sentiment amoureux.

La préciosité et l'invention d'une langue

La préciosité est un mouvement esthétique et littéraire né au milieu du XVIIe siècle pour lutter contre des manières jugées grossières à cette époque. Ce sont surtout des femmes, comme **Madeleine de Scudéry**, qui développent ce nouvel art de vivre.
Ces **Précieuses**, souvent issues de la noblesse parisienne, tiennent salon : elles reçoivent les personnes cultivées de leur temps pour discuter de sujets divers.
Les Précieuses apprécient particulièrement les jeux littéraires où l'on parle d'amour et de belles manières avec un vocabulaire et un style raffinés. Elles participent ainsi à la formation d'une langue nouvelle qui joue avec les périphrases, les hyperboles et les figures de style en général. Par exemple, dans le langage des Précieuses, les « commodités de la conversation » désignent des fauteuils.

Jean-François de Troy, *Lecture dans un salon*, 1710, huile sur toile (74 x 93 cm), collection privée.

Biographie

Madeleine de Scudéry

Cette femme de lettres et précieuse du XVIIe siècle a tenu un salon célèbre à son époque. Elle est aussi l'auteure de romans galants tels que *Clélie, histoire romaine*. C'est dans ce long roman à succès mêlant histoire d'amour et aventure que figure la **carte de Tendre**.

Méthode

Vous allez apprendre à trouver les mots pour dire et écrire l'amour. Pour cela, il vous faut :
- *trouver le mot juste pour exprimer vos sentiments*
  – en définissant les mots selon **le contexte** ;
  – en utilisant **des synonymes nuancés** à partir de textes du XVIIe siècle.
- *traduire les sentiments d'un personnage*
  – en rédigeant du **point de vue interne**, c'est-à-dire en vous plaçant du point de vue du personnage ;
  – en écrivant et en interprétant **un dialogue** à partir d'un extrait de film.
- *écrire pour faire réagir le ou la destinataire* en utilisant des **figures de style**.

Trouver le mot juste pour exprimer ses sentiments

Les lois d'amour

L'Astrée, d'Honoré d'Urfé, est un roman de plus de 5 000 pages consacré à l'amour. Silvandre, un berger, y récite les Douze Tables des lois d'amour. En voici quelques-unes.

Première Table
Qui veut être parfait amant
Il faut qu'il aime infiniment :
L'extrême amour seule[1] en est digne
Aussi la médiocrité
De trahison est plutôt signe
Que non pas de fidélité.

Deuxième Table
Qu'il n'aime jamais qu'en un lieu,
Et que cet amour soit un dieu
Qu'il adore pour toute chose :
Et n'ayant jamais qu'un objet,
Tous les bonheurs qu'il se propose,
Soient pour cet unique objet. […]

Septième Table
Que son amour fasse en effet
Qu'il juge en elle tout parfait,
Et quoique sans doute il l'estime
Au prix de ce qu'il aimera,
Qu'il condamne comme d'un crime
Celui qui moins l'estimera. […]

Douzième Table
Qu'il ne puisse jamais penser
Que son amour doive passer :
Qui d'autre sorte le conseille
Soit pour ennemi réputé,
Car c'est de lui prêter l'oreille,
Crime de lèse-majesté[2].

Honoré d'Urfé, *L'Astrée*, 1607-1627.

1. Au XVIIe siècle, le mot « amour » au singulier peut être féminin ; aujourd'hui, il est masculin au singulier et féminin au pluriel.
2. **crime de lèse-majesté :** crime contre un souverain ; par extension, grave atteinte à l'honneur.

Comprendre

- Qu'indiquent les passages surlignés en bleu ? et ceux surlignés en jaune ?

Première Table
- Résumez cette Table avec vos propres mots : « Pour aimer de manière parfaite, il faut… ».

Vocabulaire de l'amour :
- Trouvez des équivalents de « infiniment », « extrême amour ».
- Quelles sont les qualités associées ici à l'amour ? les défauts contraires ?

Deuxième Table
- Résumez : « Il ne faut jamais aimer qu'… ».

Vocabulaire de l'amour :
- La personne aimée est « adorée », c'est-à-dire aimée comme…
- Trouvez des synonymes du verbe « adorer ».
- Quelles sont les qualités associées ici à l'amour ? les défauts contraires ?

Septième Table
- Résumez : « On doit trouver que la personne aimée est… ».

Vocabulaire de l'amour :
- « juger », « estimer » appartiennent à un champ lexical. Lequel ? Justifiez ici leur emploi.
- Quelles sont les qualités associées ici à l'amour ? les défauts contraires ?

Douzième Table
- Résumez : « On considère que l'amour est… ».

Vocabulaire de l'amour :
- Quels synonymes de « passer » proposez-vous au vers 20 ?
- Quelles sont les qualités associées ici à l'amour ? les défauts contraires ?

Jouer au match des synonymes

- **Réunissez-vous en groupe** de 4 ou 5 élèves. Dressez au brouillon une liste de synonymes du verbe « aimer » (verbes et expressions verbales).
- **À tour de rôle**, chaque groupe propose un synonyme. Un(e) secrétaire note au tableau toutes les propositions. Le groupe qui remporte la partie est celui qui aura trouvé le plus grand nombre de verbes ou expressions verbales.
- **Après le match**, classez tous les synonymes proposés :
  – selon le niveau de langue ;
  – selon le degré d'amour ;
  – selon qu'ils expriment un sentiment ou une sensation.

Réaliser une carte mentale

- À partir de votre classement de synonymes, reproduisez et complétez cette carte mentale, éventuellement à l'aide d'un logiciel de type Framindmap®.
- Vous pourrez l'enrichir avec d'autres verbes en parcourant l'ensemble du thème « Dire l'amour » de votre manuel.

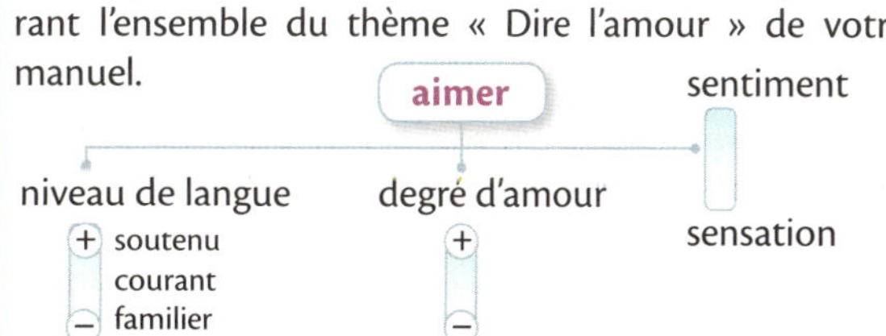

La carte de Tendre

Inventée par Madeleine de Scudéry, cette carte représente le pays de Tendre. Dans ce pays imaginaire, les villages et les lieux portent les noms d'étapes de l'amour et d'états amoureux. Cette carte s'utilise comme un véritable jeu de société : on progresse d'un village à l'autre en écrivant de petits poèmes que l'on vient lire devant le public raffiné des salons.

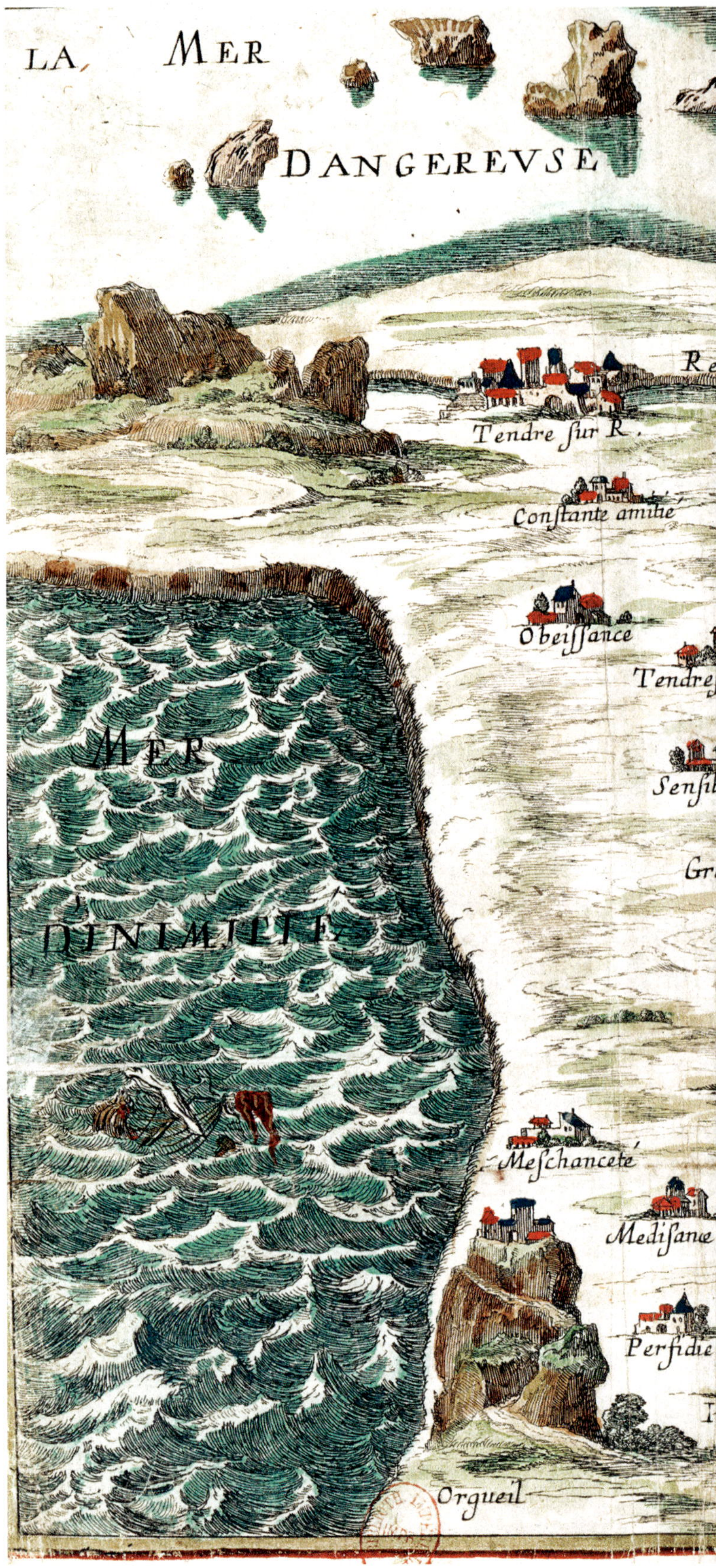

Comprendre

1. Observez cette carte et repérez les itinéraires qui mènent de *Nouvelle Amitié* à :
– *Tendre sur Inclination (Tendre sur In.)* ;
– *Tendre sur Reconnaissance (Tendre sur R.)* ;
– *Tendre sur Estime (Tendre sur E.)*.
Vérifiez que vous connaissez bien le sens de tous les mots.

2. Pourquoi l'inimitié est-elle représentée par une mer ?

3. Expliquez pourquoi *Tendre sur Reconnaissance*, *Tendre sur Inclination* et *Tendre sur Estime* sont des chefs-lieux.

4. Pourquoi le village d'*Orgueil* est-il perché au sommet d'un pic rocheux ?

5. Observez l'itinéraire qui mène de *Nouvelle Amitié* à *Tendre sur Inclination* : le trajet permet-il des haltes ?

6. Diriez-vous alors que la naissance de l'inclination se fait progressivement ou bien qu'elle est soudaine et intense ?

Graine de savoir

L'« inclinaison » désigne l'angle formé par rapport à l'horizon ou à un plan horizontal. **L'« inclination »** évoque un mouvement de l'âme et, par extension, la naissance du sentiment amoureux.

Placez le mot qui convient dans chaque phrase :
- Il salua son ami d'une … du buste.
- Je remarquai son … pour mon cousin.

ACTIVITÉ
lienmini.fr/jdl4-T110
Saisissez cette adresse sur votre navigateur : découvrez et parcourez cette carte dans ses moindres détails !

Carte de Tendre de **François Chauveau** dans *Clélie, Histoire romaine*, de Madeleine de Scudéry, Paris, Augustin Courbé, 1654, © BnF.

Traduire les sentiments d'un personnage

À travers les siècles, la littérature et le cinéma ont cherché à traduire un moment intense du sentiment amoureux : le coup de foudre. En voici deux exemples.

Un coup de foudre

Sur le bateau qui le mène à Nogent, Frédéric rencontre une femme dont il tombe immédiatement amoureux.

Ce fut comme une apparition :

Elle était assise, au milieu du banc, toute seule ; ou du moins il ne distingua personne, dans l'éblouissement que lui envoyèrent ses yeux. En même temps qu'il passait, elle leva la tête ; il fléchit involontairement les épaules ; et, quand il se fut mis plus loin, du même côté, il la regarda.

Gustave Flaubert, *L'Éducation sentimentale*, 1869.

Rédiger un portrait amoureux

En vous plaçant du point de vue de Frédéric, décrivez la femme qui l'éblouit. Votre texte d'une vingtaine de lignes se terminera par la phrase suivante : « Leurs yeux se rencontrèrent. » Aidez-vous de la **Méthode**.

Méthode

Pour **rédiger un portrait amoureux**, il faut penser à :

- ***adopter le point de vue interne.*** Vous êtes à la place de celui/celle qui est séduit(e) ;
- ***respecter les principes du portrait.***
  - organiser la description, dans un ordre choisi. **Ex. :** du plus général (l'attitude) au plus précis (les détails du visage), de haut en bas, partie par partie (le visage, les jambes, les mains...) ;
  - caractériser les éléments décrits : couleur, forme, mouvement...
- ***transmettre les sentiments du personnage.*** Le lecteur doit percevoir le charme saisissant de la personne décrite. Vous pouvez employer pour cela :
  – un vocabulaire mélioratif ;
  – des périphrases, des comparaisons et métaphores qui expriment l'émotion et l'admiration.

Première rencontre

En 1922, Stefan Zweig écrit Lettre d'une inconnue, *une nouvelle adaptée au cinéma par Max Ophüls en 1948. Dans cette scène, Lisa Berndle et Stefan Brand se rencontrent à bord du petit train d'un parc d'attraction.*

Joan Fontaine (Lisa Berndle) et Louis Jourdan (Stefan Brand) dans le film de **Max Ophüls** *Lettre d'une inconnue*, 1948.

Réaliser le doublage d'un film

- Visionnez l'extrait de *Lettre d'une inconnue* disponible à l'adresse VIDÉO lienmini.fr/jdl4-T111
- Par deux, écrivez le dialogue entre Lisa et Stefan : le temps de parole de chacun doit correspondre à ce que vous voyez à l'écran.
- Préparez, en binôme, une lecture à haute voix du dialogue. Entrainez-vous : votre texte doit correspondre aux images. Soyez attentif(ve) à la diction, à la fluidité des échanges. Tenez compte des expressions des acteurs, de leurs gestes et retranscrivez-les dans votre interprétation.
- Enregistrez votre prestation et ajoutez l'enregistrement à la séquence filmée. Organisez une projection de votre expérience de doubleurs !

Écrire pour faire réagir le ou la destinataire

Découvrir

Observez tout d'abord ce tableau de Jean-Honoré Fragonard en portant votre attention sur le regard de la jeune fille.

1. Comment l'attitude du personnage traduit-elle son émoi ?
2. Où le billet doux a-t-il été déposé ?
3. Dans quelle position le peintre met-il le spectateur du tableau ?

Le savez-vous ?

Un **billet doux** est un petit mot d'amour que l'on s'échangeait autrefois en le glissant dans les plis d'un éventail, à l'intérieur d'un bouquet ou encore entre les pages d'un livre où le(la) destinataire avait la surprise de le trouver.

Écrire un billet doux

À la manière des invités du salon de Madeleine de Scudéry, rédigez des billets doux avec différentes intentions :
– un billet doux pour déclarer sa flamme ;
– un billet doux pour donner rendez-vous ;
– un billet doux pour s'excuser de son retard.

Lire vos billets doux

- Échangez les billets doux au sein de la classe.
- Entrainez-vous à lire à haute voix celui que vous avez reçu.
- Jouez le rôle des écrivains que l'on écoutait dans les salons et essayez de captiver votre auditoire.

Jean-Honoré Fragonard (1732-1806), *La Lettre d'amour*, huile sur toile (83 x 67 cm), Metropolitan Museum of Art, New York.

Grammaire pour dire et pour écrire

- Pour toucher son ou sa destinataire, on peut utiliser **des comparaisons et des métaphores élogieuses** à partir des **champs lexicaux de la nature** ou encore du **champ lexical du feu**.
- On utilise **les périphrases** pour mettre en valeur un élément en valeur. **Ex. :** « le miroir de l'âme » pour évoquer les yeux.

J'applique

1 **Enrichissez cette liste de mots et d'expressions appartenant au champ lexical du feu pour dire l'amour :** ***s'embraser, incandescent(e)…***

2 **Rédigez une périphrase pour décrire chacun des éléments suivants :** ***la joue, les cheveux, le sourire.***

Activité finale

Réalisez collectivement une carte de Tendre contemporaine.

- **Vous y placerez des noms de villes, de mers, de rivières, de fleuves et de montagnes en lien avec les différentes attitudes et nuances du sentiment amoureux. Vous utiliserez pour cela le langage de votre époque en veillant à ce qu'il ne soit pas relâché.**
- **Vous souhaitez envoyer cette carte à votre bienaimé(e) : écrivez la lettre qui accompagnera votre envoi et faites-lui part du chemin sur lequel vous désirez le ou la conduire.**

Thème 2 Individu et société :

confrontations de valeurs ?

Albert Besnard (1849-1934), *La Première d'Hernani. Avant la bataille*, 1903, huile sur toile (1,02 x 1,22 m), maison de Victor Hugo, Paris.

PARCOURS une œuvre intégrale

Le Cid, un héros déchiré entre devoir et amour, *Pierre Corneille*

L'action du Cid se déroule à Séville, en Espagne, au XIe siècle. La cour du roi Fernand réunit de grands seigneurs dont le Comte et Don Diègue.

Le Cid **de Corneille**

PERSONNAGES

Don Fernand : premier roi de Castille
Doña Urraque : Infante de Castille
Don Diègue : père de Rodrigue
Don Gomès : comte de Gormas, père de Chimène
Don Rodrigue : amant de Chimène
Don Sanche : amoureux de Chimène
Don Arias : gentilhomme castillan
Don Alonse : gentilhomme castillan
Chimène : fille de Don Gomès
Leonor : gouvernante de l'Infante
Elvire : gouvernante de Chimène
Un page de l'Infante

La scène est à Séville.

Extrait 1 Une scène pleine de promesses

Dans la scène d'exposition, Elvire, gouvernante de Chimène, lui rapporte les paroles du Comte à propos des deux prétendants de sa fille.

Elle[1] est dans le devoir, tous deux sont dignes d'elle,
Tous deux formés d'un sang noble, vaillant, fidèle,
Jeunes, mais qui font lire aisément dans leurs yeux
L'éclatante vertu de leurs braves aïeux.
Don Rodrigue surtout n'a trait en son visage
Qui d'un homme de cœur ne soit la haute image,
Et sort d'une maison si féconde en guerriers,
Qu'ils y prennent naissance au milieu des lauriers. [...]

Pierre Corneille, *Le Cid*, 1636, Acte I, scène 1, vers 25 à 32.

1. Le Comte désigne ici sa fille, Chimène.

Bruno Sermonne (Don Diègue) dans *Le Cid*, mise en scène d'**Alain Ollivier**, théâtre Gérard Philipe, Saint-Denis, octobre 2007.

Imaginer la suite

L'amour de Chimène et de Rodrigue semble ne présenter aucun obstacle. Or, cette pièce est une tragédie. Avec vos camarades de classe, imaginez ce qui va venir troubler le bonheur annoncé.

Vocabulaire du XVIIe siècle

« Cœur » et « courage »

Ces mots viennent du mot latin *cor, -dis* qui désignait l'endroit où naissaient les sentiments et l'esprit. Certaines expressions rappellent cette origine commune : « Prendre une chose à cœur », « Donner du cœur à l'ouvrage »...

Biographie

Pierre Corneille (1606-1684)

Après une formation d'avocat, Corneille se sent irrésistiblement attiré par l'écriture. Il s'engage comme auteur dans une troupe de théâtre. En 1636, sa pièce *Le Cid* est un triomphe. Mais les libertés prises par Corneille vis-à-vis des règles du théâtre vont provoquer la Querelle du *Cid* (voir p. 82).

Extrait 2 Rodrigue face à son père

Le roi, Don Fernand, a choisi Don Diègue comme gouverneur pour son fils. De ce fait, le Comte est écarté de cette fonction. Humilié par cette décision, le Comte gifle Don Diègue. Ce dernier, déshonoré, n'a pas la force de se venger. Il fait appel à son fils, Don Rodrigue.

DON DIÈGUE

Rodrigue, as-tu du cœur ?

DON RODRIGUE

Tout autre que mon père
L'éprouverait sur l'heure.

DON DIÈGUE

Agréable colère !
Digne ressentiment à ma douleur bien doux !
Je reconnais mon sang à ce noble courroux ;
Ma jeunesse revit en cette ardeur si prompte
Viens, mon fils, viens, mon sang, viens réparer ma honte ;
Viens me venger.

Don Rodrigue

De quoi ?

Don Diègue

D'un affront si cruel,
Qu'à l'honneur de tous deux il porte un coup mortel :
D'un soufflet[1]. L'insolent en eût perdu la vie ;
Mais mon âge a trompé ma généreuse envie :
Et ce fer[2] que mon bras ne peut plus soutenir,
Je le remets au tien pour venger et punir.
Va contre un arrogant éprouver ton courage :
Ce n'est que dans le sang qu'on lave un tel outrage ;
Meurs ou tue. Au surplus, pour ne te point flatter,
Je te donne à combattre un homme à redouter :
Je l'ai vu, tout couvert de sang et de poussière,
Porter partout l'effroi dans une armée entière.
J'ai vu par sa valeur cent escadrons rompus ;
Et pour t'en dire encor quelque chose de plus,
Plus que brave soldat, plus que grand capitaine,
C'est…

Don Rodrigue

De grâce, achevez.

Don Diègue

Le père de Chimène.

Don Rodrigue

Le…

Don Diègue

Ne réplique point, je connais ton amour ;
Mais qui peut vivre infâme est indigne du jour.
Plus l'offenseur est cher, et plus grande est l'offense.
Enfin tu sais l'affront, et tu tiens la vengeance.
Je ne te dis plus rien. Venge-moi, venge-toi ;
Montre-toi digne fils d'un père tel que moi.
Accablé des malheurs où le destin me range,
Je vais les déplorer : va, cours, vole, et nous venge.

Ibid., Acte I, scène 5, vers 261 à 290.

Gérard Philipe dans *Le Cid*, mis en scène par **Jean Vilar**, en 1949. Comme il l'avait demandé, le comédien fut enterré dans le costume qu'il portait pour jouer Rodrigue.

Francis Huster dans *Le Cid*, mis en scène par Francis Huster en 1985.

1. **soufflet** : gifle donnée du revers de la main, signe de déshonneur.
2. **fer** : ici, désigne l'épée.

Comprendre le devoir filial

1. Observez la longueur des répliques. Quel personnage domine la scène ?

2. Comment Don Diègue retarde-t-il le moment de révéler à Rodrigue le nom de son adversaire ?

3. Observez les verbes et les pronoms personnels dans les vers 11 à 16. Comment la construction de ces verbes montre-t-elle que Rodrigue ne peut s'opposer à son père ?

4. Étudiez l'emploi des pronoms dans le vers 27. Que révèlent-ils de la relation père-fils ? Quel est l'enjeu de la mission de Rodrigue ?

BILAN **5.** La scène se termine par l'hémistiche (moitié d'un vers) : « va, cours, vole, et nous venge. »

a. Comment est-il composé ?

b. Quel effet doit-il produire sur Rodrigue ? sur le lecteur ?

Lecture d'images

Observez ces différentes interprétations de Rodrigue, héros du *Cid* de Corneille.

- À quelle catégorie sociale et à quelle époque le personnage appartient-il ? Quels éléments vous ont permis de répondre ?
- Quelles impressions se dégagent de sa physionomie ?

Extrait 3 Rodrigue face à lui-même : le dilemme

Contraint de venger son père, Rodrigue se trouve face à une décision impossible à prendre puisque l'offenseur qu'il doit combattre n'est autre que le père de Chimène. Il se livre alors à un douloureux monologue.

Préparer la lecture

- Rappelez ce qui s'est passé dans l'extrait précédent. Quelle décision Rodrigue doit-il prendre ?
- Relevez les adjectifs qui désignent Rodrigue. Quels sentiments dominent le personnage ?

Don Rodrigue

Percé jusques au fond du cœur
D'une atteinte imprévue aussi bien que mortelle,
Misérable, vengeur d'une juste querelle,
Et malheureux objet d'une injuste rigueur,
Je demeure immobile, et mon âme abattue
Cède au coup qui me tue.
Si près de voir mon feu récompensé,
Ô Dieu, l'étrange peine !
En cet affront mon père est l'offensé,
Et l'offenseur le père de Chimène !

Que je sens de rudes combats !
Contre mon propre honneur mon amour s'intéresse :
Il faut venger un père, et perdre une maîtresse :
L'un m'anime le cœur, l'autre retient mon bras.
Réduit au triste choix ou de trahir ma flamme,
Ou de vivre en infâme,
Des deux côtés mon mal est infini.
Ô Dieu, l'étrange peine !
Faut-il laisser un affront impuni ?
Faut-il punir le père de Chimène ?

référence à Don Diègue
référence à Chimène

Père, maîtresse, honneur, amour,
Noble et dure contrainte, aimable tyrannie,
Tous mes plaisirs sont morts, ou ma gloire ternie.
L'un me rend malheureux, l'autre indigne du jour.
Cher et cruel espoir d'une âme généreuse,
Mais ensemble amoureuse,
Digne ennemi de mon plus grand bonheur,
Fer qui cause ma peine,
M'es-tu donné pour venger mon honneur ?
M'es-tu donné pour perdre ma Chimène ?

Il vaut mieux courir au trépas.
Je dois à ma maîtresse aussi bien qu'à mon père :
J'attire en me vengeant sa haine et sa colère ;
J'attire ses mépris en ne me vengeant pas.
À mon plus doux espoir l'un me rend infidèle,
Et l'autre indigne d'elle.
Mon mal augmente à le vouloir guérir ;
Tout redouble ma peine.
Allons, mon âme ; et puisqu'il faut mourir,
Mourons du moins sans offenser Chimène.

Comprendre l'enjeu du dilemme

1. Observez dans les vers 19 à 22 comment sont réparties les expressions désignant Don Diègue et celles désignant Chimène. Que remarquez-vous ?

2. Téléchargez ce texte à l'adresse :

ACTIVITÉ lienmini.fr/jdl4-T201

Imprimez-le. Dans les vers 21 à 30, surlignez en bleu les termes qui se rapportent à Don Diègue et en jaune ceux qui se rapportent à Chimène.

3. Quelles sont les deux possibilités qui s'offrent à Rodrigue ? Pourquoi aucune des deux ne peut le satisfaire ?

4. Comment l'écriture du monologue montre-t-elle que le choix est impossible pour Rodrigue ?

Mourir sans tirer ma raison !
Recherchér un trépas si mortel à ma gloire !
Endurer que l'Espagne impute à ma mémoire
D'avoir mal soutenu l'honneur de ma maison !
Respecter un amour dont mon âme égarée
Voit la perte assurée !
N'écoutons plus ce penser suborneur,
Qui ne sert qu'à ma peine.
Allons, mon bras, sauvons du moins l'honneur,
Puisqu'après tout il faut perdre Chimène.

Oui, mon esprit s'était déçu.
Je dois tout à mon père avant qu'à ma maîtresse :
Que je meure au combat, ou meure de tristesse,
Je rendrai mon sang pur comme je l'ai reçu.
Je m'accuse déjà de trop de négligence :
Courons à la vengeance ;
Et tout honteux d'avoir tant balancé,
Ne soyons plus en peine,
Puisqu'aujourd'hui mon père est l'offensé,
Si[1] l'offenseur est père de Chimène.

Ibid., Acte I, scène 6, vers 291 à 350.

1. **Si** : même si.

Charlton Heston dans *Le Cid*, film de **Anthony Mann**, 1961.

5. Observez les trois derniers vers de l'extrait. Rodrigue a-t-il pris parti entre son père et Chimène ? Justifiez votre réponse en expliquant le sens du vers 58, « Ne soyons plus en peine », et en précisant celui de la conjonction « puisque » au vers suivant.

6. a. Recopiez ces quatre groupes nominaux sur une même ligne :
mon père ; l'offensé ; l'offenseur ; le père de Chimène.

b. Observez leur disposition. Quelles remarques pouvez-vous faire ?

7. Selon vous, dans quel état d'esprit se trouve Rodrigue dans cette scène ? Quel sentiment domine dans ses paroles ?

BILAN **8** Ce monologue illustre ce que l'on appelle un « dilemme ». À partir de vos observations, rédigez votre propre définition de ce mot.

Repère littéraire

Le chiasme

La figure de style aux vers 59-60 s'appelle un **chiasme** (forme en « croix »). Elle consiste à disposer des termes de façon croisée, AB/BA :

« Vous êtes **aujourd'hui** ce qu'**autrefois** je fus ».
A B B A

Pierre Corneille, *Le Cid*, Acte I, scène 3.

Argumenter à l'oral

Pourquoi le choix est-il impossible pour Rodrigue ?

Mise en scène

VIDÉO lienmini.fr/jdl4-T202

Saisissez cette adresse sur votre navigateur et visionnez un extrait de cette scène, dans la mise en scène de Thomas Le Douarec créée en 1998.

• Comment le metteur en scène traduit-il visuellement l'impossibilité du choix de Rodrigue ?

Gilles Nicoleau interprétant Rodrigue dans *Le Cid*. Dans cette mise en scène créée en 1998, **Thomas Le Douarec** a adapté *Le Cid* en y intégrant du flamenco, une danse espagnole.

Extrait 4 Le défi héroïque

Sa décision est prise : Rodrigue doit venger l'honneur de son père, Don Diègue, que le Comte a humilié.

Thibaut Corrion (Rodrigue) et **Philippe Girard** (le Comte) dans *Le Cid*, mise en scène d'**Allain Olivier**, théâtre Gérard Philipe, Saint-Denis, 2007.

DON RODRIGUE

À moi, Comte, deux mots.

LE COMTE

Parle.

DON RODRIGUE

Ôte-moi d'un doute.
Connais-tu bien don Diègue ?

LE COMTE

Oui.

DON RODRIGUE

Parlons bas ; écoute.
Sais-tu que ce vieillard fut la même vertu,
La vaillance et l'honneur de son temps ? le sais-tu ?

LE COMTE

Peut-être.

DON RODRIGUE

Cette ardeur que dans les yeux je porte,
Sais-tu que c'est son sang ? le sais-tu ?

LE COMTE

Que m'importe ?

DON RODRIGUE

À quatre pas d'ici je te le fais savoir.

LE COMTE

Jeune présomptueux !

DON RODRIGUE

Parle sans t'émouvoir.
Je suis jeune, il est vrai ; mais aux âmes bien nées
La valeur n'attend point le nombre des années.

LE COMTE

Te mesurer à moi ! qui t'a rendu si vain,
Toi qu'on n'a jamais vu les armes à la main ?

DON RODRIGUE

Mes pareils à deux fois ne se font point connaître,
Et pour leurs coups d'essai veulent des coups de maître.

LE COMTE

Sais-tu bien qui je suis ?

DON RODRIGUE

Oui ; tout autre que moi
Au seul bruit de ton nom pourrait trembler d'effroi.
Les palmes dont je vois ta tête si couverte
Semblent porter écrit le destin de ma perte.
J'attaque en téméraire un bras toujours vainqueur ;
Mais j'aurai trop de force, ayant assez de cœur.
À qui venge son père il n'est rien d'impossible.
Ton bras est invaincu, mais non pas invincible.

Ibid., Acte II, scène 2, vers 397 à 418.

Vocabulaire du XVIIe siècle

La vertu

Au XVIIe siècle, la vertu est une qualité multiple. Ce mot vient du latin *virtus*, de la même famille que *vir*, qui signifie « l'homme ». Pour les Romains, elle désigne à la fois la force et le courage des guerriers, mais elle représente aussi les qualités morales.

Renaud Heine (Rodrigue) et **Serge Catanèse** (le Comte) dans *Le Cid*, mise en scène de **Colette Roumanoff**, janvier 2011.

Lecture d'image

- Identifiez les deux personnages. Quels éléments vous ont permis de les reconnaitre ?
- Choisissez la réplique qui pourrait être celle de cette image.

Jouer la scène

Imaginez une mise en scène de l'extrait proposé. Les deux personnages qui s'affrontent verbalement sont très différents, mais ils sont nobles et valeureux tous les deux. Votre jeu doit permettre aux spectateurs de saisir cette dimension et de percevoir la gradation dans l'affrontement.

Étudier un défi d'honneur à travers un duel de mots

1. Observez la longueur et le rythme des répliques. Pourquoi conviennent-ils à une scène de conflit ?

2. Comparez l'attitude de Rodrigue ici, face au Comte, et face à son père dans l'Acte I, scène 5 (p. 70-71). Pourquoi peut-on dire que le personnage a évolué ?

3. « Ton bras est invaincu, mais non pas invincible » (v. 22) : donnez le sens des deux mots de la même famille que contient ce vers. Que veut dire Rodrigue ?

4. AUDIO lienmini.fr/jdl4-T203

Saisissez cette adresse sur votre navigateur et écoutez l'intégralité de cette scène.

Le Comte cherche à dissuader Rodrigue de se mesurer à lui. Résumez avec vos propres mots les différentes raisons qu'il expose dans l'ensemble de la scène.

BILAN **5** Comment cette scène révèle-t-elle la nature héroïque de Rodrigue ?

Graine de savoir

En littérature, de nombreux héros ont dû relever des défis pour atteindre la renommée (*Hercule et ses douze travaux, Ulysse et le cyclope* par exemple).

- En connaissez-vous d'autres ?

piste EPI

Extrait 5 L'exploit historique

Don Diègue est fier de son fils qui a sauvé l'honneur de la famille en vengeant l'affront dont il avait été victime. En obéissant à son père, Rodrigue a anéanti toute possibilité d'amour avec Chimène. Il désire mourir.

Laurent Hugny (Don Diègue) et **Antoine Cegarra** (Don Rodrigue) dans *Le Cid*, mise en scène de **Bénédicte Budan** au théâtre Silvia-Monfort, Paris, avril-mai 2009.

DON RODRIGUE

Et, ne pouvant quitter ni posséder Chimène,
Le trépas que je cherche est ma plus douce peine.

DON DIÈGUE

Il n'est pas temps encor de chercher le trépas :
Ton prince et ton pays ont besoin de ton bras.
La flotte qu'on craignait, dans ce grand fleuve entrée,
Croit surprendre la ville et piller la contrée.
Les Mores[1] vont descendre, et le flux et la nuit
Dans une heure à nos murs les amènent sans bruit.
La cour est en désordre, et le peuple en alarmes :
On n'entend que des cris, on ne voit que des larmes.
Dans ce malheur public mon bonheur a permis
Que j'ai trouvé chez moi cinq cents de mes amis,
Qui sachant mon affront, poussés d'un même zèle,
Se venaient tous offrir à venger ma querelle.
Tu les as prévenus, mais leurs vaillantes mains
Se tremperont bien mieux au sang des Africains[2].
Va marcher à leur tête où l'honneur te demande :
C'est toi que veut pour chef leur généreuse bande.
De ces vieux ennemis va soutenir l'abord :
Là, si tu veux mourir, trouve une belle mort ;
Prends-en l'occasion, puisqu'elle t'est offerte ;
Fais devoir à ton roi son salut à ta perte ;
Mais reviens-en plutôt les palmes sur le front.
Ne borne pas ta gloire à venger un affront ;
Porte-la plus avant : force par ta vaillance
Ce monarque au pardon, et Chimène au silence ;
Si tu l'aimes, apprends que revenir vainqueur
C'est l'unique moyen de regagner son cœur.

Ibid., Acte III, scène 6, vers 1069 à 1096.

1. **Mores (ou Maures)** : ennemis du royaume espagnol.
2. Les Mores viennent du nord de l'Afrique.

Vocabulaire du XVIIe siècle

Le trépas

Synonyme de « mort » au XVIIe siècle, le mot « trépas » est formé à partir du préfixe latin *trans-* (« au-delà, par-delà ») et du verbe « passer », désignant le passage d'un lieu à un autre, mais également d'un état à un autre.

Le savez-vous ?

Corneille innove en s'inspirant de l'**histoire espagnole** : l'ensemble des tragédies du XVIIe siècle tiraient en effet leur sujet de l'histoire et de la mythologie antique, grecque et romaine.

Extrait 6 Le nom du héros

Le roi de Castille, Don Fernand, reçoit Don Rodrigue, grand vainqueur de la bataille contre les Maures.

DON FERNAND

Généreux héritier d'une illustre famille,
Qui fut toujours la gloire et l'appui de Castille,
Race de tant d'aïeux en valeur signalés,
Que l'essai de la tienne a sitôt égalés,
Pour te récompenser ma force est trop petite ;
Et j'ai moins de pouvoir que tu n'as de mérite.
Le pays délivré d'un si rude ennemi,
Mon sceptre dans ma main par la tienne affermi,
Et les Mores défaits avant qu'en ces alarmes
J'eusse pu donner ordre à repousser leurs armes,
Ne sont point des exploits qui laissent à ton roi
Le moyen ni l'espoir de s'acquitter vers toi.
Mais deux rois tes captifs[1] feront ta récompense.
Ils t'ont nommé tous deux leur Cid en ma présence :
Puisque Cid en leur langue est autant que seigneur,
Je ne t'envierai pas ce beau titre d'honneur.
Sois désormais le Cid : qu'à ce grand nom tout cède ;
Qu'il comble d'épouvante et Grenade et Tolède[2],
Et qu'il marque à tous ceux qui vivent sous mes lois
Et ce que tu me vaux, et ce que je te dois.

Ibid., Acte IV, scène 3, vers 1209 à 1228.

1. Rodrigue a fait prisonnier deux rois ennemis de Don Fernand.
2. Grenade et Tolède sont deux villes d'Espagne reprises aux Maures lors de la Reconquista.

Samuel Labarthe (Don Rodrigue) dans *Le Cid*, mise en scène de **Gérard Desarthe**, MC 93, Bobigny, 1988.

Étudier la consécration du héros

Extrait 5

1. Quelle menace le royaume d'Espagne doit-il affronter ?

2. Quel nouveau défi Don Diègue propose-t-il à Rodrigue ?

3. Que laisse entrevoir Don Diègue à son fils dans les cinq derniers vers ? Pourquoi, selon vous ?

Extrait 6

4. Quelle a été l'issue du combat contre les Maures ?

5. Relisez l'extrait 1 (Acte I, scène 1), p. 70. Le portrait de Rodrigue laissait-il présager ce succès ?

Extraits 5 et 6

6. Lequel, de son père Don Diègue ou du roi Don Fernand, se montre reconnaissant envers Rodrigue ?

BILAN **7** Pour quelles raisons Rodrigue, le Cid, est-il désormais un héros ?

Le savez-vous ?

Le Cid Campeador (de l'arabe ***sidi*** « mon seigneur » et de l'espagnol ***campeador***, « guerrier illustre ») a réellement existé. Il fut, au XIe siècle, un héros de la Reconquista, période au cours de laquelle les Chrétiens ont repris aux Maures des territoires qu'ils occupaient depuis quatre siècles.

Se mettre à la place du héros

Imaginez ce que Rodrigue peut répondre au roi.

Extrait 7 Un amant prêt au sacrifice

Pour venger son père, Rodrigue a tué le Comte en duel. L'épée à la main, il se rend chez Chimène pour qu'elle dispose de sa vie.

Vocabulaire du XVIIe siècle

L'amant

Le mot « amant » désigne la personne qui aime et est aimée. Il est alors synonyme de « bien-aimé », « amoureux ».

CHIMÈNE

Ah! quelle cruauté, qui tout en un jour tue
Le père par le fer, la fille par la vue!
Ôte-moi cet objet, je ne puis le souffrir:
Tu veux que je t'écoute, et tu me fais mourir!

DON RODRIGUE

Je fais ce que tu veux, mais sans quitter l'envie
De finir par tes mains ma déplorable vie;
Car enfin n'attends pas de mon affection
Un lâche repentir d'une bonne action.
L'irréparable effet d'une chaleur trop prompte
Déshonorait mon père, et me couvrait de honte.
Tu sais comme un soufflet touche un homme de cœur;
J'avais part à l'affront, j'en ai cherché l'auteur:
Je l'ai vu, j'ai vengé mon honneur et mon père;
Je le ferais encor, si j'avais à le faire. [...]
Je t'ai fait une offense, et j'ai dû m'y porter
Pour effacer ma honte et pour te mériter;
Mais, quitte envers l'honneur, et quitte envers mon père,
C'est maintenant à toi que je viens satisfaire:
C'est pour t'offrir mon sang qu'en ce lieu tu me vois.
J'ai fait ce que j'ai dû, je fais ce que je dois.
Je sais qu'un père mort t'arme contre mon crime;
Je ne t'ai pas voulu dérober ta victime:
Immole avec courage au sang qu'il a perdu
Celui qui met sa gloire à l'avoir répandu.

Ibid., Acte III, scène 4, vers 865 à 904.

1

Comprendre l'attitude du héros

1. Pour quelles raisons Rodrigue se présente-t-il devant Chimène ? Qu'attend-il de sa part ?

2. Comment Chimène réagit-elle à la vue de Rodrigue ?

3. Relevez un vers qui montre que Rodrigue a accompli son devoir envers son père.

4. Selon vous, Rodrigue souhaite-t-il vraiment que Chimène se venge de lui ?

BILAN **5** Que pensez-vous de l'attitude de Rodrigue face à Chimène ?

Se mettre à la place d'un personnage

Imaginez ce que Chimène répond à Rodrigue.

❷

❶ et ❷ **Camille Cottin** (Chimène) et **Antoine Cegarra** (Don Rodrigue) dans *Le Cid*, mise en scène de **Bénédicte Budan** au théâtre Silvia-Monfort, Paris, avril-mai 2009.

Étudier une mise en scène d'amour et de conflit

1. Quels éléments dans les images ❶ et ❷ rappellent le cadre espagnol de la pièce ? Comment sont-ils mis en valeur ?

2. D'après vous, quel moment de la pièce de Corneille ces images illustrent-elles ?

3. Observez Chimène, ses gestes, son attitude. Chasse-t-elle réellement Rodrigue ?

4. Retrouvez, dans l'extrait 7, quelle peut être la réplique de Rodrigue à cet instant précis ❸.

BILAN **5** Par quels gestes et attitudes les metteurs en scène montrent-ils l'ambigüité des rapports entre Chimène et Rodrigue ?

❸

Thibault Corrion (Don Rodrigue), **Claire Sermonne** (Chimène) dans *Le Cid*, mise en scène d'**Alain Ollivier**, théâtre antique de Fourvière, Lyon, juin 2007.

Le Cid, mise en scène de **Brigitte Jaques-Wajeman**, La Comédie-Française, Paris, 2006.

Extrait 8 L'issue possible

Chimène demande à ce que Don Sanche, un de ses prétendants, et Don Rodrigue s'affrontent en duel pour venger la mort de son père, assassiné par Don Rodrigue. Elle promet d'épouser le vainqueur. Avant le combat, Rodrigue lui rend visite.

CHIMÈNE

Puisque, pour t'empêcher de courir au trépas,
Ta vie et ton honneur sont de faibles appas,
Si jamais je t'aimai, cher Rodrigue, en revanche,
Défends-toi maintenant pour m'ôter à don Sanche;
Combats pour m'affranchir d'une condition
Qui me donne à l'objet de mon aversion.
Te dirai-je encor plus ? va, songe à ta défense,
Pour forcer mon devoir, pour m'imposer silence;
Et si tu sens pour moi ton cœur encore épris,
Sors vainqueur d'un combat dont Chimène est le prix.
Adieu : ce mot lâché me fait rougir de honte.

DON RODRIGUE

Est-il quelque ennemi qu'à présent je ne dompte ?
Paraissez, Navarrais, Mores et Castillans,
Et tout ce que l'Espagne a nourri de vaillants;
Unissez-vous ensemble, et faites une armée,
Pour combattre une main de la sorte animée :
Joignez tous vos efforts contre un espoir si doux;
Pour en venir à bout, c'est trop peu que de vous.

Ibid., Acte V, scène 1, vers 1546 à 1564.

Comprendre l'enjeu d'un dernier défi

1. Qu'avoue Chimène à Rodrigue au vers 3 ?
2. Que demande-t-elle à Rodrigue ? Que lui promet-elle ?
3. Comment Rodrigue réagit-il aux paroles de Chimène ?
4. Quel vers rappelle que Rodrigue est le Cid ?

BILAN 5. Comment ce dernier défi permet-il à Rodrigue de dépasser le dilemme dans lequel il était enfermé ?

Extrait 9 Une tragédie… qui finit bien

Fait exceptionnel pour une tragédie, le dernier acte de la pièce offre aux spectateurs la promesse d'une fin heureuse, comme l'annonce le roi Don Fernand.

DON FERNAND

Ils[1] t'ont nommé seigneur, et te voudront pour roi.
Mais parmi tes hauts faits sois-lui toujours fidèle :
Reviens-en, s'il se peut, encor plus digne d'elle;
Et par tes grands exploits fais-toi si bien priser[2],
Qu'il lui soit glorieux alors de t'épouser.

Ibid., Acte V, scène 7, vers 1828 à 1832.

1. **ils** : les Maures. 2. **priser** : ici, estimer.

Le Cid, mise en scène d'**Alain Ollivier**, théâtre Gérard Philipe, Saint-Denis, octobre 2007.

Synthèse *Le Cid* ou la construction d'un héros

- *Le Cid* montre, grâce à la vivacité de l'écriture de Corneille, **un individu déchiré** entre ses obligations morales et ses désirs personnels.
- Rodrigue est contraint de **provoquer en duel le père de celle qu'il aime**, afin de venger son propre père. ➥ p. 70-71
- L'intrigue met en scène les conflits, souvent violents, qui mettent aux prises le héros avec son entourage. Ces conflits atteignent leur paroxysme dans **la scène du dilemme**, au cours de laquelle il se trouve face à l'impossibilité de choisir. ➥ p. 72-73
- Rodrigue sort grandi de ces affrontements, mais aussi de **ses combats intérieurs**. Il acquiert ainsi le statut de héros. ➥ p. 77
- À travers des personnages comme Rodrigue, confronté au dilemme de l'honneur et de l'amour, le théâtre contribue à faire réfléchir sur **les valeurs mises en jeu dans la vie**.

Rédiger un monologue suite à un conflit avec un(e) ami(e)

Vous avez été en conflit avec l'un(e) de vos camarades et vous regrettez cette crise qui vous a blessé(e).
Rédigez un monologue dans lequel vous raconterez cette scène et vos réactions. Vous devez pouvoir tirer une leçon de cette confrontation qui vous aura grandi(e).

Consignes d'écriture

1. Commencez en quelques lignes par la narration au passé de l'incident qui a provoqué le conflit verbal.
2. Analysez vos réactions dans un deuxième paragraphe. Vous chercherez à comprendre ce qui vous a opposé à votre camarade.
3. Dans un dernier paragraphe, expliquez quelle leçon vous tirez de ce conflit.
4. Veillez à ne pas utiliser un registre de langue familier. Vous devez pouvoir exprimer des sentiments violents sans insulte.
5. Le conflit que vous exposez est un conflit verbal. Pour vous aider dans la rédaction, vous pouvez utiliser :
   - des **répétitions** pour marquer l'insistance
   - des **phrases exclamatives** pour exprimer vos sentiments
   - des **phrases négatives** pour montrer votre désaccord
   - des **verbes de pensée** comme « croire », « estimer », « considérer »

Rédiger une scène de théâtre à partir d'une image

Chimène se confie à l'Infante, la fille du roi. Elle lui fait part de son amour pour Rodrigue malgré le fait qu'il soit le meurtrier de son père. Rédigez cette scène.

Le Cid, mise en scène de **Jean-Philippe Daguerre** par la compagnie Le Grenier de Babouchka, théâtre Michel, Paris, 2016.

Dossier La « bataille d'Hernani », un conflit de valeurs

À travers ce dossier, vous allez comprendre comment les règles du théâtre ont évolué grâce à des auteurs audacieux et précurseurs.

De Corneille à Hugo

P. de Champaigne (1602-1674), *Le Cardinal de Richelieu*, XVIIe siècle, huile sur toile, La Sorbonne, Paris.

En 1634, Richelieu crée l'Académie française qui défend la pureté de la langue et préconise que les intrigues des pièces de théâtre soient crédibles. En effet, les règles doivent permettre la vraisemblance de l'action représentée pour que l'illusion théâtrale soit efficace.
En 1636, quand Pierre Corneille crée *Le Cid* (voir parcours p. 70), les libertés prises avec les règles du théâtre classique lui attirent les foudres de l'Académie française. Celle-ci lui reproche une action trop longue, une abondance de lieux et surtout une héroïne, Chimène, qui épouse le meurtrier de son père. Mais *Le Cid* remporte un immense succès auprès du public, justifiant ainsi les choix esthétiques de Corneille.

Les règles du théâtre classique

Au XVIIe siècle, les théoriciens du théâtre établissent des règles. Issues du théâtre antique, ces règles très rigoureuses caractériseront la tragédie dite classique. Certains auteurs, comme Pierre Corneille, tentent de se libérer de ces contraintes.
La tragédie classique se caractérise par le respect de **la règle dite « des trois unités »**. Il faut y ajouter **la règle de bienséance**.

▶ **Associez chaque unité à son principe.**

1. l'unité de lieu
2. l'unité de temps
3. l'unité d'action

a. L'action doit se dérouler en un temps limité à une journée.
b. L'action doit se limiter à une seule intrigue.
c. L'action doit se dérouler en un lieu unique.

Avec un duel à livrer contre le Comte et une bataille à remporter contre les Maures, *Le Cid* peut difficilement respecter l'unité de temps.

La préface de Cromwell : la théorie romantique

➡ parcours une vie, une œuvre, *Victor Hugo, « l'homme océan »*, p. 87

Presque deux siècles après *Le Cid*, Victor Hugo rédige la préface de *Cromwell* (1827) qui explique sa conception du théâtre. S'opposant à une théorie classique du théâtre, Victor Hugo présente un nouveau genre : **le drame romantique**.

> [Au théâtre] « Tout ce qui existe dans le monde, dans l'histoire, dans la vie, dans l'homme, tout doit et peut s'y réfléchir, mais sous la baguette magique de l'art. »
>
> **Victor Hugo**, préface de *Cromwell*, 1827.

Le saviez-vous ?

Victor Hugo estimait lui-même que son drame « Cromwell » était injouable : en effet, la pièce comptait 6 920 vers, soit trois fois plus qu'une tragédie classique (« Le Cid » de Corneille compte 1 840 vers).

▶ **Comment le théâtre peut-il être à la fois un miroir de la réalité et une baguette magique ?**

Lire une caricature

▶ **Où Victor Hugo se trouve-t-il sur cette caricature ? Que symbolise cette place ?**

▶ **Faites une recherche et dites pourquoi Victor Hugo a été considéré comme le chef de file du Romantisme.**

Benjamin Roubaud, *Le Grand Chemin de la postérité*, gravure, 1842.

La « bataille d'Hernani »

En 1829, le nouveau drame de Victor Hugo, le 25 février 1830, à la Comédie Française, ***Hernani***, illustre sa théorie. Le soir de la première, les jeunes romantiques reçoivent un carton d'invitation rouge sur lequel est écrit *Hierro* (« le fer », en espagnol) et une claque est organisée pour applaudir. Les partisans du théâtre classique réagissent vivement. Les Romantiques ne tardent pas à répliquer et c'est toute la salle qui s'échauffe. Les insultes fusent et les projectiles volent dans la salle !

Extrait du discours de Victor Hugo

« La bataille qui va s'engager à *Hernani* est celle des idées, celle du progrès. [...] Ce siège est la lutte de l'ancien monde et du nouveau monde, nous sommes tous du monde nouveau. »

J.-M. Hovasse, *Victor Hugo*, tome 1, « Avant l'exil, 1802-1851 », Paris, © Fayard, 2001.

Albert Besnard, *La Première d'*Hernani. *Avant la bataille*, 1903, huile sur toile (1,02 x 1,22 m), maison de Victor Hugo, Paris.

Grandville, « Les Romains échevelés à la première représentation d'*Hernani* », gravure, 1846.

Présentation d'*Hernani*

Comment résumer une telle œuvre et expliquer **le scandale qu'elle suscita** ?

En 1519, à Saragosse, en Espagne, Doña Sol est promise à son oncle Don Ruy Gomez, mais elle est aussi aimée de Don Carlos, futur Charles Quint… et d'Hernani, qu'elle aime également. Or Hernani veut se venger de Don Carlos, dont le père a fait tuer son propre père.

La pièce, à rebondissements, voit Don Ruy Gomez et Hernani tantôt rivaux, tantôt alliés pour tuer Don Carlos qui, finalement, devenu Charles Quint, pardonne à ceux qui voulaient sa perte.

Hernani épouse Doña Sol, mais **le destin les frappe** : Hernani avait promis à Don Ruy Gomez que si ce dernier sonnait du cor, il se tuerait immédiatement. Don Ruy Gomez, alors que les deux jeunes époux pourraient vivre leur bonheur, sonne du cor : **Doña Sol s'empoisonne, Hernani aussi. Don Ruy Gomez**, horrifié et pris de remords, **se poignarde** sur leurs corps.

ACTIVITÉ

lienmini.fr/jdl4-T204

Saisissez cette adresse dans votre navigateur et découvrez une galerie d'images sur *Hernani* et sa bataille.

Ce qui choqua

- La complexité de l'intrigue
- Le manque de bienséance de certaines scènes
- L'aspect presque comique parfois ; ainsi, la « scène des tableaux » à l'Acte III, scène 6 : Don Ruy Gomez, à l'arrivée de Don Carlos, et pour respecter les lois de l'hospitalité, ne livre pas Hernani mais le cache. Pour cela, il presse un ressort ; le tableau, qui est son propre portrait s'ouvre comme une porte, et laisse voir une cachette pratiquée dans le mur.
- La formulation inattendue de certaines répliques : une des grandes comédiennes de l'époque, Mlle Mars, **refusa de prononcer** la première fois la réplique de Doña Sol s'adressant à Hernani : « Vous êtes mon lion superbe et généreux ».
- La construction des vers, le rythme, par exemple le fameux **enjambement** du début de la pièce :

DOÑA JOSEPHA, *seule.*
Serait-ce déjà lui ?
Un nouveau coup.
C'est bien à l'**escalier**
Dérobé.
Un quatrième coup.
Vite, ouvrons.

Mais, bien vite, l'**enthousiasme** des Romantiques l'emporta.

PARCOURS

une vie
une œuvre

Victor HUGO,

« l'homme océan »

À travers ce parcours, vous allez découvrir comment un écrivain intervient dans ***la vie sociale et politique de son siècle*** *pour la transformer, mais aussi comment il la transpose dans son œuvre. Pour cela, vous allez lire sa biographie, observer des photographies et des documents qui le concernent. En parallèle, vous lirez plusieurs extraits de ses œuvres et vous ferez des* ***liens entre sa vie et son œuvre****.*

« Le poëte ne doit avoir qu'un modèle, la nature ; qu'un guide, la vérité. Il ne doit pas écrire avec ce qui a été écrit, mais avec son âme et avec son cœur. »

Victor Hugo, préface à *Odes et ballades*, 1826.

« Je veux les peuples grands, je veux les hommes libres ;
Je rêve pour la femme un avenir meilleur ;
Incliné sur le pauvre et sur le travailleur,
Je leur suis fraternel du fond de ma pensée »

Victor Hugo, Toute la lyre, *À Louis B.*, 1846.

« Il y a des hommes océans en effet. [...] et c'est la même chose de regarder ces âmes ou de regarder l'océan. »

Victor Hugo, *William Shakespeare*, 1864.

À gauche : **Léon Bonnat**, *Victor Hugo*, 1879, huile sur toile (1,38 x 1,10 m), château de Versailles.

Charles Hugo, Victor Hugo sur l'ile de Jersey au cours de son exil, 1855.

Faire connaissance avec l'auteur

Portraits

1. Observez le tableau et la photographie. Quels sont les éléments qui vous frappent ? Expliquez pourquoi.

2. Plus de vingt ans séparent ces deux portraits. Quelles ressemblances, quelles différences constatez-vous ?

3. Comment qualifieriez-vous l'homme ainsi montré ?

Citations

4. Quelle démarche, selon Victor Hugo, un poète doit-il suivre pour écrire ?

5. Quels sont les objectifs et idéaux de Victor Hugo à propos de l'humanité ? Reformulez la deuxième citation avec vos propres mots.

6. Selon vous, quels sont les grands domaines que Victor Hugo aborde dans son œuvre ?

BILAN **7** Comment comprenez-vous l'expression « être un homme océan » ?

Un jeune auteur vite remarqué

Les premières années. Victor Hugo nait le 26 février 1802, à Besançon. Il est le troisième fils de Léopold Hugo et Sophie Trébuchet-Hugo (Abel est né en 1798, Eugène en 1800). Son père étant militaire, la famille Hugo voyage beaucoup, en Corse, en Italie puis en Espagne. En 1812, ses parents se séparent et Sophie revient avec ses enfants à Paris, au 12 impasse des Feuillantines. C'est là que Victor Hugo fait la connaissance d'Adèle Foucher qui deviendra sa femme en 1822 et avec qui il aura cinq enfants : Léopold, Léopoldine, Charles, François-Victor et Adèle.

Documents : 1 la maison des Feuillantines à Paris, 2 Victor Hugo à 15 ans.

Les rencontres littéraires. Dès l'âge de douze ans, il compose des poèmes puis des pièces de théâtre. Il note dans un cahier « *Je veux être Chateaubriand ou rien* ». Il fréquente les salons, assiste aux séances de l'Académie française. On le lit, on l'écoute et bientôt il est reçu chez Chateaubriand ! Celui-ci lui proposera même de l'accompagner à Berlin puis à Londres où il est nommé ambassadeur. En 1819, Victor Hugo crée avec ses frères la revue *Le Conservateur littéraire* et le jury de l'académie des Jeux Floraux lui décerne le premier prix de poésie. Ultra-royaliste, il est remarqué par Louis XVIII qui lui accorde une pension puis il est invité à assister au sacre de Charles X en 1824. En 1822, ses premières *Odes* sont publiées.

« Depuis que nous avons vos *Odes*, monsieur, je n'entends parler autour de moi que de votre beau talent et des prodigieuses espérances que vous donnez à notre littérature. Vos dix-sept ans ne trouvent ici que des admirateurs, presque des incrédules. Vous êtes pour nous une énigme dont les muses ont le secret… »

Alexandre Soumet, membre du jury des Jeux Floraux, à propos des premières odes de Victor Hugo, en 1919 cité dans Max Gallo, *Victor Hugo, Je suis une force qui va !*, © XO Éditions, 2001.

Texte 1 Aux Feuillantines

Mes deux frères et moi, nous étions tout enfants.
Notre mère disait : « Jouez, mais je défends
Qu'on marche dans les fleurs et qu'on monte aux échelles. »

Abel était l'aîné, j'étais le plus petit.
Nous mangions notre pain de si bon appétit,
Que les femmes riaient quand nous passions près d'elles.

Nous montions pour jouer au grenier du couvent.
Et, là, tout en jouant, nous regardions souvent
Sur le haut d'une armoire, un livre inaccessible.

Nous grimpâmes un jour jusqu'à ce livre noir ;
Je ne sais pas comment nous fîmes pour l'avoir,
Mais je me souviens bien que c'était une Bible.

Ce vieux livre sentait une odeur d'encensoir.
Nous allâmes ravis dans un coin nous asseoir.
Des estampes partout ! quel bonheur ! quel délire !

Nous l'ouvrîmes alors tout grand sur nos genoux,
Et, dès le premier mot, il nous parut si doux,
Qu'oubliant de jouer, nous nous mîmes à lire. […]

Victor Hugo, *Les Contemplations*, 1856.

Une découverte fondatrice

1. Quels éléments de la biographie de Victor Hugo retrouvez-vous dans ce poème ?

2. Quel livre est évoqué ? Repérez les groupes nominaux qui le désignent.

3. Comment la construction de la quatrième strophe montre-t-elle l'importance de ce livre ?

BILAN **4** Donnez plusieurs explications au ravissement des enfants face à la découverte de ce livre.

L'ascension fulgurante du jeune écrivain

▶ À vingt ans, Victor Hugo est un auteur célèbre. En 1823 parait son premier roman, *Han d'Islande*, dans lequel il amorce sa réflexion sur la pauvreté des mineurs et la peine de mort. Mais il se consacre surtout au théâtre : en 1827, sa préface de *Cromwell* est un véritable manifeste en faveur du romantisme contre les règles du théâtre classique. Lors de la première représentation d'*Hernani* en 1830, les partisans des deux camps se livrent bataille : Victor Hugo est consacré chef de l'école romantique (voir dossier « La bataille d'Hernani », p. 82-83).

▶ En dix ans, Victor Hugo ne publie pas moins de sept pièces – c'est lors des répétitions de la pièce *Lucrèce Borgia*, en 1833, qu'il rencontre Juliette Drouet et tombe amoureux d'elle. Il publie aussi quatre recueils de poésie lyrique et deux romans, *Notre-Dame de Paris* (1831) et *Claude Gueux* (1834). En 1841, il est élu, après plusieurs échecs, à l'Académie française. Il a alors 39 ans.

Affiche du film *Notre-Dame de Paris*, de **Jean Delannoy**, 1956.

Le savez-vous ?

Notre-Dame de Paris se déroule au xve siècle. Au début du xixe siècle, les romans historiques sont à la mode et les auteurs romantiques remettent le Moyen Âge à l'honneur.

Texte 2 *Notre-Dame de Paris*

Sur le parvis de la cathédrale Notre-Dame, Esmeralda, danseuse bohémienne, accusée d'un meurtre qu'elle n'a pas commis, est condamnée à la pendaison. Quasimodo, le bossu de Notre-Dame, enlève l'« Égyptienne » pour l'emmener dans la cathédrale où le droit d'asile est sacré.

Quasimodo s'était arrêté sous le grand portail. Ses larges pieds semblaient aussi solides sur le pavé de l'église que les lourds piliers romans. Sa grosse tête chevelue s'enfonçait dans ses épaules comme celle des lions qui eux aussi ont une crinière et pas de cou. Il tenait la jeune fille toute palpitante suspendue à ses mains calleuses comme une draperie blanche : mais il la portait avec tant de précaution qu'il paraissait craindre de la briser ou de la faner. On eût dit qu'il sentait que c'était une chose délicate, exquise et précieuse, faite pour d'autres mains que les siennes. Par moments, il avait l'air de n'oser la toucher, même du souffle. Puis, tout à coup il la serrait avec étreinte dans ses bras, sur sa poitrine anguleuse, comme son bien, comme son trésor, comme eût fait la mère de cette enfant ; son œil de gnome, abaissé sur elle, l'inondait de tendresse, de douleur et de pitié, et se relevait subitement, plein d'éclairs. Alors les femmes riaient et pleuraient, la foule trépignait d'enthousiasme, car en ce moment-là Quasimodo avait vraiment sa beauté. Il était beau, lui, cet orphelin, cet enfant trouvé, ce rebut. Il se sentait robuste et fort, il regardait en face cette société dont il était banni, et dans laquelle il intervenait si puissamment, cette justice humaine à laquelle il avait arraché sa proie, tous ces tigres forcés de mâcher à vide, ces sbires, ces juges, ces bourreaux, toute cette force du roi qu'il venait de briser, lui infirme, avec la force de Dieu.

Et puis c'était une chose touchante que cette protection tombée d'un être difforme sur un être si malheureux, qu'une condamnée à mort sauvée par Quasimodo. C'étaient les deux misères extrêmes de la nature et de la société qui se touchaient et qui s'entraidaient.

Victor Hugo, *Notre-Dame de Paris*, 1831.

Le créateur de personnages mythiques

1. À quoi Quasimodo est-il d'abord comparé ? Retrouvez une autre référence animale à la fin de l'extrait. Qui concerne-t-elle cette fois ?

2. Esmeralda n'est jamais nommée dans cet extrait. Relevez les groupes nominaux qui la désignent.

3. « Il était beau, lui, cet orphelin, cet enfant trouvé, ce rebut » (l. 16-17). Expliquez cette phrase.

4. Aux lignes 23 à 26, indiquez par quels termes sont nommés Quasimodo puis Esmeralda. Relevez ceux qui les désignent tous les deux.

5. À quel autre couple mythique Esmeralda et Quasimodo vous font-ils penser ? Aidez-vous de l'atelier d'ouverture p. 16-21 et justifiez votre réponse.

BILAN **6** Quelles valeurs V. Hugo défend-il ? Quels sont ses combats ?

Un père anéanti

« J'aimais cette pauvre enfant plus que les mots ne peuvent le dire. »

Victor Hugo, 10 septembre 1848.

En février 1843, Léopoldine, « Didine » comme l'appelle Victor Hugo, se marie. Le 4 septembre, lors d'une promenade, le canot qui transporte les jeunes mariés chavire et c'est le drame. Victor Hugo, en voyage avec Juliette Drouet, apprend quatre jours plus tard, en lisant le journal, la mort de sa fille et de son gendre.

Ce drame marque un tournant dans la vie de Victor Hugo, il prend conscience que le bonheur est fragile. Les querelles ne l'intéressent plus et il s'engage de plus en plus dans l'action politique. S'il ne cesse d'écrire, il ne publiera plus pendant dix ans.

Auguste de Chatillon, *Léopoldine Hugo* (détail), 1re moitié du XIXe siècle, huile sur toile (73 x 60 cm), musée Victor Hugo, Paris.

« Les grands coups qui ouvrent le cœur ouvrent aussi l'esprit ; la lumière pénètre en nous en même temps que la douleur. »

Victor Hugo, 23 septembre 1843.

Texte 3 À Villequier

[…]
Hélas ! vers le passé tournant un œil d'envie,
Sans que rien ici-bas puisse m'en consoler,
Je regarde toujours ce moment de ma vie
Où je l'ai vue ouvrir son aile et s'envoler !

Je verrai cet instant jusqu'à ce que je meure,
L'instant, pleurs superflus !
Où je criai : L'enfant que j'avais tout à l'heure,
Quoi donc ! je ne l'ai plus !

Ne vous irritez pas que je sois de la sorte,
Ô mon Dieu ! cette plaie a si longtemps saigné !
L'angoisse dans mon âme est toujours la plus forte,
Et mon cœur est soumis, mais n'est pas résigné.

Ne vous irritez pas ! fronts que le deuil réclame,
Mortels sujets aux pleurs,
Il nous est malaisé de retirer notre âme
De ces grandes douleurs.

Voyez-vous, nos enfants nous sont bien nécessaires,
Seigneur ; quand on a vu dans sa vie, un matin,
Au milieu des ennuis, des peines, des misères,
Et de l'ombre que fait sur nous notre destin,

Apparaître un enfant, tête chère et sacrée,
Petit être joyeux,
Si beau, qu'on a cru voir s'ouvrir à son entrée
Une porte des cieux ;

Quand on a vu, seize ans, de cet autre soi-même
Croître la grâce aimable et la douce raison,
Lorsqu'on a reconnu que cet enfant qu'on aime
Fait le jour dans notre âme et dans notre maison,

Que c'est la seule joie ici-bas qui persiste
De tout ce qu'on rêva,
Considérez que c'est une chose bien triste
De le voir qui s'en va !

Villequier, 4 septembre 1847.

Victor Hugo, *Les Contemplations*, 1856.

Écouter un poème

Écoutez « Demain, dès l'aube… », un autre poème très célèbre de Victor Hugo lu par Michel Bouquet, et découvrez dans un reportage comment ce drame a marqué l'écrivain :

ACTIVITÉ lienmini.fr/jdl4-T205

Quels liens pouvez-vous établir entre les deux poèmes ?

Écrire sa douleur

1. Observez la date et le lieu d'écriture. Quels liens sont ainsi indiqués entre la vie et l'œuvre du poète ?

2. Relevez les marques de 1re personne dans les deux premières strophes du poème. Par quels pronoms sujets le « je » est-il ensuite remplacé ? Dans quel but ?

3. Quels sentiments pouvez-vous associer aux phrases exclamatives ?

4. À qui le poète s'adresse-t-il au vers 9 ? au vers 13 ? Pourquoi, selon vous ?

5. Comparez les vers 20 et 27-28 : que remarquez-vous ?

BILAN **6** L'élégie est un poème lyrique qui chante les plaintes et les douleurs de l'homme. Expliquez en quelques phrases pourquoi ce poème appartient à ce genre.

L'exil et le temps des grandes créations (1851-1870)

▶ La publication de « Napoléon le Petit » condamne Victor Hugo à l'exil à Jersey, puis à Guernesey. C'est là qu'en 1856, grâce au succès des *Contemplations*, il achète Hauteville House, une grande maison qui surplombe l'océan. Victor Hugo y effectue pendant de longs mois d'importants travaux et la transforme en une nouvelle œuvre hugolienne.

▶ En 1859, il refuse l'amnistie accordée par Napoléon III en déclarant: « Fidèle à l'engagement que j'ai pris vis-à-vis de ma conscience, je partagerai jusqu'au bout l'exil de la liberté. Quand la liberté rentrera, je rentrerai. »

▶ De ces années d'exil, naitront de nombreux dessins et quelques-unes de ses œuvres les plus célèbres.

1

1859

La Légende des siècles
Recueil de poèmes

1862

Les Misérables
Roman

1866

Les Travailleurs de la mer
Roman

1869

L'Homme qui rit
Roman

2

3

4

5

VIDÉO lienmini.fr/jdl4-T206

Saisissez cette adresse sur votre navigateur pour visionner l'interview de Gérard Audinet, **directeur des Maisons de Victor Hugo**.

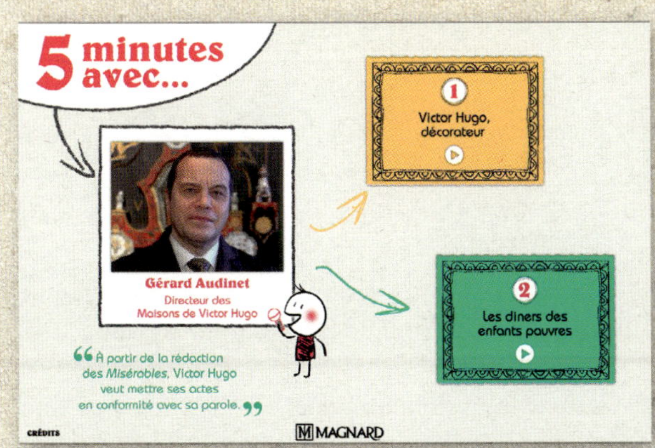

Documents : ❶ V. Hugo sur le balcon du premier étage à Hauteville House, Guernesey, ❷ **V. Hugo**, projet pour la cheminée de la salle à manger d'Hauteville House, ❸ cheminée de la salle à manger, ❹ **V. Hugo**, *Fracta Juventus*, ❺ **V. Hugo**, *Harmonia*, panneau en bois pyrogravé.

Lire les images

- Observez le dessin ❷ puis la photographie ❸. Quelle lettre est dessinée puis reproduite sur la cheminée ?
- Quel dessin de V. Hugo préférez-vous ? En un texte court, en vers ou en prose, dites ce qu'il vous inspire.

Victor Hugo, homme de tous les combats

En 1848, Victor Hugo, devenu républicain libéral, est élu député de Paris. Homme engagé, il défend ses idéaux de liberté et de justice en prononçant à l'Assemblée plusieurs discours remarqués pour dénoncer la misère sociale (▶ textes 4 et 5), défendre l'instruction obligatoire (▶ p. 92), le suffrage universel, la liberté de la presse, combattre la peine de mort (▶ p. 93)...

Portrait de V. Hugo attribué à C. Hugo, 1853-54.

En 1851, Victor Hugo s'oppose au coup d'État de Louis-Napoléon Bonaparte et appelle à la résistance. Une récompense de 25 000 francs est offerte à qui l'arrêtera ! Aidé par Juliette Drouet, sa maitresse depuis 1833 et sa compagne de tous les instants pendant un demi-siècle, il s'enfuit à Bruxelles.

> « Voici les phases successives que ma conscience a traversées en avançant sans cesse et sans reculer un jour – je me rends cette justice – vers la lumière : 1818, royaliste ; 1824, royaliste libéral ; 1827, libéral ; 1828, libéral socialiste ; 1830, libéral, socialiste et démocrate ; 1849, libéral, socialiste, démocrate et républicain. »
>
> **Victor Hugo**, *Actes et Paroles*, 1850.
>
> « Ceux qui vivent, ce sont ceux qui luttent. »
>
> **Victor Hugo,** Paris, 31 décembre 1848. Minuit.

1804-1815 Premier Empire
1815-1830 Restauration
1830-1848 Monarchie de Juillet
1848-1852 Deuxième République
1852-1870 Second Empire
1870-1940 IIIe République

1804 : sacre de Napoléon 1er
1815 : défaite de Waterloo
1830 : révolution de juillet
1848 : révolution de février, suffrage universel (masculin)
1851 : coup d'État de Napoléon Bonaparte
1864 : droit de grève
1871 : Commune de Paris

Texte 4 Discours
« On peut détruire la misère »

[…] je suis de ceux qui pensent et qui affirment qu'on peut détruire la misère.

Remarquez-le bien, messieurs, je ne dis pas diminuer, amoindrir, limiter, circonscrire, je dis détruire. Les législateurs et les gouvernants doivent y songer sans cesse ; car, en pareille matière, tant que le possible n'est pas fait, le devoir n'est pas rempli.

La misère, messieurs, j'aborde ici le vif de la question, voulez-vous savoir jusqu'où elle est, la misère ? Voulez-vous savoir jusqu'où elle peut aller, jusqu'où elle va, je ne dis pas en Irlande, je ne dis pas au Moyen Âge, je dis en France, je dis à Paris, et au temps où nous vivons ? Voulez-vous des faits ?

Il y a dans Paris, dans ces faubourgs de Paris que le vent de l'émeute soulevait naguère si aisément, il y a des rues, des maisons, des cloaques, où des familles, des familles entières, vivent pêle-mêle, hommes, femmes, jeunes filles, enfants, n'ayant pour lits, n'ayant pour couvertures, j'ai presque dit pour vêtement, que des monceaux infects de chiffons en fermentation, ramassés dans la fange du coin des bornes, espèce de fumier des villes, où des créatures s'enfouissent toutes vivantes pour échapper au froid de l'hiver. […]

Voulez-vous quelque chose de plus douloureux encore ? Le mois passé, pendant la recrudescence du choléra, on a trouvé une mère et ses quatre

Dénoncer la misère

1. Relevez plusieurs indices qui prouvent que cet extrait est un discours devant une assemblée. Quels pronoms sujets apparaissent au début de l'extrait ?

2. Quel est le rôle des phrases interrogatives dans cet extrait ?

3. Selon vous, comment Victor Hugo s'y prend-il pour émouvoir son auditoire ? Fait-il appel à la raison ou aux sentiments ?

4. Repérez les énumérations et gradations. Faites une remarque sur la longueur de la phrase du quatrième paragraphe.

BILAN **5** En quelques phrases, montrez que les tableaux exposés par Victor Hugo (l. 12-23) annoncent l'appel à l'action exprimé dans le dernier paragraphe.

enfants qui cherchaient leur nourriture dans les débris immondes et pestilentiels des charniers de Montfaucon[1] !

Eh bien, messieurs, je dis que ce sont là des choses qui ne doivent pas être ; je dis que la société doit dépenser toute sa force, toute sa sollicitude, toute son intelligence, toute sa volonté, pour que de telles choses ne soient pas ! Je dis que de tels faits, dans un pays civilisé, engagent la conscience de la société tout entière ; que je m'en sens, moi qui parle, complice et solidaire, et que de tels faits ne sont pas seulement des torts envers l'homme, que ce sont des crimes envers Dieu !

Victor Hugo, discours le 9 juillet 1849 à l'Assemblée législative.

1. **Montfaucon** : quartier de Paris où l'on accumulait, entre autres, les carcasses d'animaux débités en boucherie.

Fortuné Meaulle, *Victor Hugo à l'Assemblée le 17 juin 1851*, gravure, 1885.

Texte 5 Discours sur les caves de Lille

Figurez-vous ces caves dont rien de ce que je vous ai dit ne peut donner l'idée ; figurez-vous ces cours qu'ils appellent des courettes, resserrées entre de hautes masures, sombres, humides, glaciales, méphitiques[1], pleines de miasmes stagnants, encombrées d'immondices, les fosses d'aisance à côté des puits ! Hé mon Dieu ! ce n'est pas le moment de chercher des délicatesses de langage !

Figurez-vous ces maisons, ces masures habitées du haut en bas, jusque sous terre, les eaux croupissantes filtrant à travers les pavés dans ces tanières où il y a des créatures humaines. Quelquefois jusqu'à dix familles dans une masure, jusqu'à dix personnes dans une chambre, jusqu'à cinq ou six dans un lit, les âges et les sexes mêlés, les greniers aussi hideux que les caves, des galetas où il entre assez de froid pour grelotter et pas assez d'air pour respirer !

Victor Hugo, discours sur les caves de Lille, 30 juin 1850.

Texte 6 « Joyeuse vie »

[...]
Un jour je descendis dans les caves de Lille
Je vis ce morne enfer.
Des fantômes sont là sous terre dans des chambres,
Blêmes, courbés, ployés ; le rachis[2] tord leurs membres
Dans son poignet de fer.
Sous ces voûtes on souffre, et l'air semble un toxique ;
L'aveugle en tâtonnant donne à boire au phtisique ;
L'eau coule à longs ruisseaux ;
Presque enfant à vingt ans, déjà vieillard à trente,
Le vivant chaque jour sent la mort pénétrante
S'infiltrer dans ses os. [...]

Victor Hugo, « Joyeuse vie », *Les Châtiments*, 1853.

1. **méphitiques** : nauséabondes.
2. **rachis** : ici, maladie de carence en vitamines.

Lecture d'image

Que pensez-vous de l'attitude de Victor Hugo face à l'assemblée ?

AUDIO lienmini.fr/jdl4-T207

Saisissez cette adresse sur votre navigateur pour écouter ces discours de Victor Hugo lus par un comédien.

Comparer des textes

Textes 5 et 6

1. Repérez tous les mots qui désignent les personnes. De quoi souffrent-elles ?
2. Quel extrait vous semble le plus persuasif pour dénoncer la misère ? Justifiez votre réponse.

Défendre le droit des enfants

Enfants travaillant dans les mines de Bruay-en-Artois (Pas-de-Calais), à la fin du XIXe siècle.

Texte 7 Discours à propos de l'enseignement

Partout où il y a un esprit, partout où il y a un champ, qu'il y ait un livre! Pas une commune sans une école! pas une ville sans un collège! pas un chef-lieu sans une faculté! […] J'ai dit quel était le but à atteindre, j'ajoute qu'il faut que la France entière présente un vaste ensemble, ou, pour mieux dire, un vaste réseau d'ateliers intellectuels: gymnases, lycées, collèges, chaires, bibliothèques, échauffant partout les vocations, éveillant partout les aptitudes. En un mot, je veux que l'échelle de la science soit fermement dressée par les mains de l'État, posée dans l'ombre des masses les plus sombres et les plus obscures, et aboutisse à la lumière; je veux qu'il n'y ait aucune solution de continuité et que le cœur du peuple soit mis en communication avec le cerveau de la France. Voilà comment je comprends l'instruction. Je le répète, c'est le but auquel il faut tendre.

Victor Hugo, discours à l'Assemblée lors de la discussion du projet de loi sur l'enseignement du 15 janvier 1850.

Texte 8 Melancholia

Où vont tous ces enfants dont pas un seul ne rit?
Ces doux êtres pensifs que la fièvre maigrit?
Ces filles de huit ans qu'on voit cheminer seules?
Ils s'en vont travailler quinze heures sous des meules;
Ils vont, de l'aube au soir, faire éternellement
Dans la même prison le même mouvement.
Accroupis sous les dents d'une machine sombre,
Monstre hideux qui mâche on ne sait quoi dans l'ombre,
Innocents dans un bagne, anges dans un enfer,
Ils travaillent. Tout est d'airain, tout est de fer.
Jamais on ne s'arrête et jamais on ne joue.
Aussi quelle pâleur! la cendre est sur leur joue.
Il fait à peine jour, ils sont déjà bien las.
Ils ne comprennent rien à leur destin, hélas!
Ils semblent dire à Dieu: « Petits comme nous sommes,
Notre père, voyez ce que nous font les hommes! »
Ô servitude infâme imposée à l'enfant!

Victor Hugo, « Melancholia » (extrait), *Les Contemplations*, 1856.

▸ *Dénoncer le travail des enfants*

Texte 7

1. Pensez-vous qu'en 1850 tous les enfants avaient accès à l'enseignement? Que souhaite Victor Hugo pour tous?

Texte 8

2. Relisez les vers 1 et 11. De quoi les enfants qui travaillent sont-ils privés?

3. À quoi la machine est-elle comparée aux vers 7 à 10? Quel effet sur le lecteur V. Hugo cherche-t-il à produire par cette image?

4. Relevez les expressions qui montrent que le travail demandé est pénible. Relevez celles qui montrent l'état de santé des enfants.

5. Quels sentiments sont exprimés à travers les points d'interrogation et d'exclamation?

6. Expliquez précisément en quelques lignes ce que dénonce le poète dans ce texte.

BILAN **7** Quelle réponse Victor Hugo apporte-t-il pour améliorer la condition des enfants?

Combattre la peine de mort

Texte 9 Discours pour l'abolition de la peine de mort

Messieurs, une constitution, et surtout une constitution faite par la France et pour la France, est nécessairement un pas dans la civilisation. Si elle n'est point un pas dans la civilisation, elle n'est rien. Eh bien, songez-y, qu'est-ce que la peine de mort? La peine de mort est le signe spécial et éternel de la barbarie. *(Mouvement.)* Partout où la peine de mort est prodiguée, la barbarie domine; partout où la peine de mort est rare, la civilisation règne. Messieurs, ce sont là des faits incontestables. L'adoucissement de la pénalité est un grand et sérieux progrès. Le dix-huitième siècle, c'est là une partie de sa gloire, a aboli la torture; le dix-neuvième siècle abolira la peine de mort. Vous ne l'abolirez pas peut-être aujourd'hui; mais, n'en doutez pas, demain vous l'abolirez, ou vos successeurs l'aboliront.

Victor Hugo, discours soutenant un amendement visant à l'abolition de la peine de mort, 15 septembre 1848.

Le savez-vous ?

La peine de mort sera abolie en France en 1981, sur proposition du ministre de la justice, Robert Badinter.

« "Je vote l'abolition pure, simple et définitive de la peine de mort." (Victor Hugo, 1848) Tout est dit par cette phrase qui m'a toujours habité. »

Robert Badinter, *in Victor Hugo, l'homme océan*, catalogue de l'exposition de la BnF, © Seuil, 2002.

Refuser la peine de mort

Texte 9

1. Quel mot répété est associé à la peine de mort? À quel autre mot s'oppose-t-il?

Texte 10

2. À quoi l'échafaud est-il comparé?

3. Quelle réaction Victor Hugo cherche-t-il à produire chez le lecteur?

4. Pourquoi Hugo veut-il l'abolition de la peine de mort?

BILAN **5** L'avenir a-t-il donné raison à l'affirmation de V. Hugo? (Texte 9, l. 15 à 17). Expliquez.

Le savez-vous ?

Dès 1832, lors du procès de Claude Gueux, Victor Hugo combat la peine de mort. Un exemplaire du récit qu'il fera de ce fait divers sera envoyé à chaque député de France. Voici la dernière phrase du roman *Claude Gueux* :

« Cette tête de l'homme du peuple, cultivez-la, défrichez-la, arrosez-la, fécondez-la, éclairez-la, moralisez-la, utilisez-la; vous n'aurez pas besoin de la couper. »

Texte 10 L'échafaud

L'échafaud, en effet, quand il est là, dressé et debout, a quelque chose qui hallucine. [...] L'échafaud n'est pas une charpente, l'échafaud n'est pas une machine, l'échafaud n'est pas une mécanique inerte faite de bois, de fer et de cordes. Il semble que ce soit une sorte d'être qui a je ne sais quelle sombre initiative; on dirait que cette charpente voit, que cette machine entend, que cette mécanique comprend, que ce bois, ce fer et ces cordes veulent. [...] L'échafaud est le complice du bourreau; il dévore; il mange de la chair, il boit du sang. L'échafaud est une sorte de monstre fabriqué par le juge et par le charpentier, un spectre qui semble vivre d'une espèce de vie épouvantable faite de toute la mort qu'il a donnée.

Victor Hugo, *Les Misérables*, 1862, I, 4.

Prolongez votre découverte de l'engagement de V. Hugo contre la peine de mort dans ce parcours numérique:

ACTIVITÉ lienmini.fr/jdl4-T208

PARCOURS une vie une œuvre

Les Misérables : Jean Valjean ou le parcours d'un homme

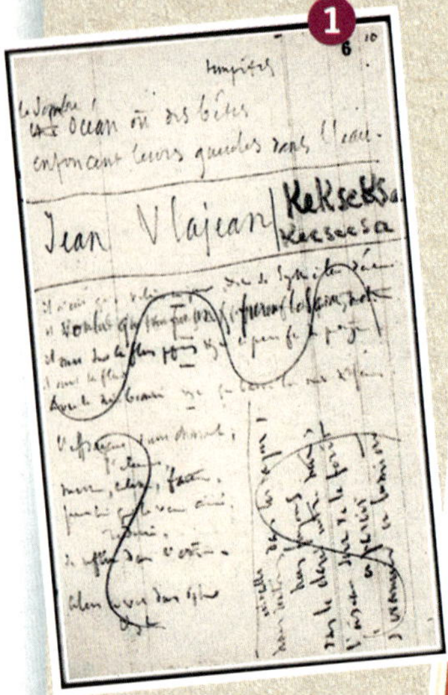

Documents : ❶ carnet de Victor Hugo (10 avril-19 mai 1860) pour travailler le manuscrit des *Misérables*, ❷ affiche d'une adaptation cinématographique des *Misérables* réalisée en 1934 par Raymond Bernard.

La genèse des *Misérables*. Dès 1845, Victor Hugo commence l'écriture d'un roman qu'il intitule d'abord *Les Misères*. Il s'agit d'une sorte d'épopée du peuple, en cinq parties, publiée en 1862 et qui comporte dix tomes dans sa première édition.

Le savez-vous ?

La première édition des *Misérables* était fort couteuse. Des lecteurs se seraient donc cotisés pour acheter un volume avant de tirer au sort pour savoir qui garderait le roman !

« Tant qu'il y aura sur la terre ignorance et misère, des livres de la nature de celui-ci pourront ne pas être inutiles. » Hauteville-House, 1862.

Victor Hugo, préface aux *Misérables*.

Texte 11 La difficile reconquête de la liberté

Jean Valjean arrive à Digne, après de longues années passées au bagne pour avoir volé du pain pour nourrir sa famille. Il frappe à la porte de Monseigneur Bienvenu. On le fait entrer.

– Voici. Je m'appelle Jean Valjean. Je suis un galérien. J'ai passé dix-neuf ans au bagne. Je suis libéré depuis quatre jours et en route pour Pontarlier qui est ma destination. Quatre jours que je marche depuis Toulon. Aujourd'hui, j'ai fait douze lieues à pied. Ce soir, en arrivant dans ce pays, j'ai été dans une auberge, on m'a renvoyé à cause de mon passeport jaune que j'avais montré à la mairie. Il avait fallu. J'ai été à une autre auberge. On m'a dit : Va-t'en ! Chez l'un, chez l'autre. Personne n'a voulu de moi. […] Là, dans la place, j'allais me coucher sur une pierre, une bonne femme m'a montré votre maison et m'a dit : Frappe là. J'ai frappé. Qu'est-ce que c'est ici ? Êtes-vous une auberge ? J'ai de l'argent. Ma masse. Cent neuf francs quinze sous que j'ai gagnés au bagne par mon travail en dix-neuf ans. Je payerai. Qu'est-ce que cela me fait ? J'ai de l'argent. Je suis très fatigué, douze lieues à pied, j'ai bien faim. Voulez-vous que je reste ?

– Madame Magloire, dit l'évêque, vous mettrez un couvert de plus.

Victor Hugo, *Les Misérables*, 1862.

Le savez-vous ?

Le bagne est une prison pour condamnés aux travaux forcés. Hugo a visité deux fois celui de Toulon où plus de 4 000 forçats et galériens vivaient dans des conditions épouvantables (voir parcours « Albert Londres, profession : grands reporter », p. 202).

ACTIVITÉ + lienmini.fr/jdl4-T209

Saisissez cette adresse sur votre navigateur et découvrez d'autres personnages importants du roman : **Cosette, Fantine, les Thénardier**…

Lire un autoportrait

1. Repérez les indices qui nous informent du passé de Jean Valjean.

2. À quoi voit-on que Jean Valjean est un homme d'une grande résistance physique et morale ?

3. Que reconnaissez-vous des idées de V. Hugo et de son style ?

BILAN **4** Pourquoi l'évêque porte-t-il bien le nom de Monseigneur Bienvenu ?

Texte 12 « Je suis un misérable ! »

Sauvé par la charité de Monseigneur Bienvenu, Jean Valjean quitte Digne. En chemin, il vole une pièce de quarante sous à un petit savoyard qui finit par s'enfuir.

Au bout de quelques instants l'enfant avait disparu.

Le soleil s'était couché.

L'ombre se faisait autour de Jean Valjean. Il n'avait pas mangé de la journée ; il est probable qu'il avait la fièvre. [...]

En ce moment il aperçut la pièce de quarante sous que son pied avait à demi enfoncée dans la terre et qui brillait parmi les cailloux. Ce fut comme une commotion galvanique[1]. – Qu'est-ce que c'est que ça ? dit-il entre ses dents. [...] Au bout de quelques minutes, il s'élança convulsivement vers la pièce d'argent, la saisit et, se redressant, se mit à regarder au loin dans la plaine, jetant à la fois ses yeux vers tous les points de l'horizon, debout et frissonnant comme une bête fauve effarée qui cherche un asile. [...] Alors il cria de toute sa force : – Petit-Gervais ! Petit-Gervais ! Il se tut et attendit. [...] Il murmura encore : Petit-Gervais ! mais d'une voix faible et presque inarticulée. Ce fut là son dernier effort ; ses jarrets fléchirent brusquement sous lui comme si une puissance invisible l'accablait tout à coup du poids de sa mauvaise conscience : il tomba épuisé sur une grosse pierre, les poings dans ses cheveux et le visage dans ses genoux, et il cria : – Je suis un misérable !

Ibid.

1. **commotion galvanique** : décharge électrique.

Un homme plein de remords

1. Repérez les indices qui montrent que Jean Valjean n'a pas agi en pleine conscience.
2. À quoi est-il comparé aux lignes 12-13 ?
3. Relevez les verbes de parole. Quels sentiments pouvez-vous leur associer ?

BILAN 4. Expliquez le sens du mot « misérable » dans la dernière phrase.

Lire de manière expressive

Exercez-vous à dire les phrases prononcées par Jean Valjean. Jouez la dernière phrase.

Bernard Capo (dessin), **Daniel Bardet** (scénario), *Les Misérables*, © Éditions Adonis/Glénat.

Texte 13 Jean Valjean face à Javert, une épreuve révélatrice

Jean Valjean, sous le nom de M. Madeleine, s'est installé à Montreuil-sur-Mer, qu'il a fait prospérer grâce à ses initiatives au service de tous. Il devient le maire de la ville. Mais Javert, un inspecteur de police, le soupçonne d'être un ancien forçat. Un jour, le père Fauchelevent tombe sous sa charrette. Alerté par le bruit que font des témoins, M. Madeleine s'approche et propose de l'argent à qui soulèvera la voiture pour le libérer.

Michel Bouquet (Javert) dans le film *Les Misérables*, réalisé par **Robert Hossein** en 1982.

– Ce n'est pas la bonne volonté qui leur manque, dit une voix.

M. Madeleine se retourna, et reconnut Javert. Il ne l'avait pas aperçu en arrivant.

Javert continua :

– C'est la force. Il faudrait être un terrible homme pour faire la chose de lever une voiture comme cela sur son dos.

Puis regardant fixement M. Madeleine, il poursuivit en appuyant sur chacun des mots qu'il prononçait :

– Monsieur Madeleine, je n'ai jamais connu qu'un seul homme capable de faire ce que vous demandez là.

Madeleine tressaillit.

Javert ajouta avec un air d'indifférence, mais sans quitter des yeux Madeleine :

– C'était un forçat.

– Ah ! dit Madeleine.

– Du bagne de Toulon.

Madeleine devint pâle.

Cependant la charrette continuait à s'enfoncer lentement. […]

Madeleine leva la tête, rencontra l'œil de faucon de Javert toujours attaché sur lui, regarda les paysans immobiles, et sourit tristement. Puis, sans dire une parole, il tomba à genoux, et avant même que la foule eût eu le temps de jeter un cri, il était sous la voiture.

[…] Tout à coup on vit l'énorme masse s'ébranler, la charrette se soulevait lentement, les roues sortaient à demi de l'ornière. On entendit une voix étouffée qui criait : Dépêchez-vous ! Aidez ! C'était Madeleine qui venait de faire un dernier effort.

Ils se précipitèrent. Le dévouement d'un seul avait donné de la force et du courage à tous. La charrette fut enlevée par vingt bras. Le vieux Fauchelevent était sauvé.

Madeleine se releva. Il était blême, quoique ruisselant de sueur. Ses habits étaient déchirés et couverts de boue. Tous pleuraient. Le vieillard lui baisait les genoux et l'appelait le bon Dieu. Lui, il avait sur le visage je ne sais quelle expression de souffrance heureuse et céleste, et il fixait son œil tranquille sur Javert qui le regardait toujours.

Ibid., « Fantine », Livre V, ch. 6.

Deux hommes qui s'opposent

1. Quelles fonctions M. Madeleine et Javert occupent-ils dans la ville ? Quels mots confirment cette fonction ?

2. Qu'insinue Javert au début de l'extrait ? Pourquoi M. Madeleine devient-il pâle ?

3. Comment la victime et les témoins réagissent-ils face à l'exploit de Jean Valjean ?

4. Quelles qualités physiques et morales de Jean Valjean sont ici mises en valeur ?

BILAN **5** Expliquez la dernière phrase, en soulignant les différents sentiments qu'éprouve Jean Valjean à cet instant.

Texte 14 Douze ans plus tard : la revanche ou le pardon ?

En juin 1832, des émeutes éclatent à Paris. Javert s'est immiscé dans un groupe de révolutionnaires qui le prennent en otage. Jean Valjean obtient la charge de l'exécuter.

Quand ils eurent enjambé ce barrage, ils se trouvèrent seuls tous les deux dans la ruelle. Personne ne les voyait plus. Le coude des maisons les cachait aux insurgés. Les cadavres retirés de la barricade faisaient un monceau terrible à quelques pas. [...]

Jean Valjean mit le pistolet sous son bras, et fixa sur Javert un regard qui n'avait pas besoin de paroles pour dire : – Javert, c'est moi.

Javert répondit :

– Prends ta revanche.

Jean Valjean tira de son gousset un couteau, et l'ouvrit.

– Un surin ! s'écria Javert. Tu as raison. Cela te convient mieux.

Jean Valjean coupa la martingale[1] que Javert avait au cou, puis il coupa les cordes qu'il avait aux poignets, puis se baissant, il coupa la ficelle qu'il avait aux pieds et, se redressant, il lui dit :

– Vous êtes libre.

Javert n'était pas facile à étonner. Cependant, tout maître qu'il était de lui, il ne put se soustraire à une commotion. Il resta béant et immobile.

Jean Valjean poursuivit :

– Je ne crois pas que je sorte d'ici. Pourtant, si, par hasard, j'en sortais, je demeure, sous le nom de Fauchelevent, rue de l'Homme-Armé, numéro sept. [...]

Javert répéta à demi-voix : – Numéro sept.

Il reboutonna sa redingote, remit de la roideur militaire entre ses deux épaules, fit demi-tour, croisa les bras en soutenant son menton dans une de ses mains, et se mit à marcher dans la direction des halles. Jean Valjean le suivait des yeux. Après quelques pas, Javert se retourna, et cria à Jean Valjean :

– Vous m'ennuyez. Tuez-moi plutôt.

Javert ne s'apercevait pas lui-même qu'il ne tutoyait plus Jean Valjean :

– Allez-vous-en, dit Jean Valjean.

Javert s'éloigna à pas lents. Un moment après, il tourna l'angle de la rue des Prêcheurs.

Quand Javert eut disparu, Jean Valjean déchargea le pistolet en l'air.

Puis il rentra dans la barricade et dit :

– C'est fait.

Ibid., « Jean Valjean », Livre I, ch. 19.

1. **martingale** : ici, courroie qui le retient par le cou.

John Malkovich (Javert) et **Gérad Depardieu** (Jean Valjean) dans *Les Misérables*, série réalisée par **Josée Dayan** en 2000.

Percevoir le changement de rapport de force

1. Quel acte Jean Valjean doit-il accomplir ?
2. Que risque-t-il en donnant à Javert les moyens de l'arrêter ?
3. Comparez ce texte avec le précédent :
   - où se trouvent les deux hommes ?
   - de quel personnage le regard est-il décrit ?
   - qui a le plus à redouter de l'autre ?
   - qui épargne qui ? Pourquoi, selon vous ?
   - quels pronoms personnels Javert utilise-t-il pour s'adresser à Jean Valjean ?
4. Comment la scène se termine-t-elle ?

BILAN
5. Relisez les extraits p. 94-95. Pourquoi Jean Valjean est-il un « misérable » ? L'est-il toujours ? Quelle morale V. Hugo veut-il nous faire comprendre ?

Un grand-père apaisé

Victor Hugo en 1881 avec ses petits-enfants Georges et Jeanne.

En 1870, la défaite de Sedan dans la guerre franco-prussienne provoque la chute de l'Empire. La République est à nouveau instaurée et Victor Hugo rentre en France où il est acclamé. Il est élu député en 1871, année pendant laquelle son fils Charles meurt brutalement. Il est élu sénateur en 1876. En 1874, il publie son dernier roman, *Quatrevingt-treize*, qui remporte un large succès malgré les critiques et, en 1877, son dernier recueil de poèmes *L'Art d'être grand-père*.

« Aujourd'hui 14 juillet 1870, à une heure de l'après-midi, mon jardinier Tourtel m'assistant en présence de mon fils Charles, petit Georges et petite Jeanne étant là, j'ai planté dans mon jardin le gland d'où sortira le chêne que je baptise : "Chêne des États-Unis d'Europe" ».

« Je voudrais signer ma vie par un grand acte, et mourir. Ainsi, la fondation des États-Unis d'Europe. »

Victor Hugo, note de 1876-1878.

Texte 15 L'art d'être grand-père

Après la mort brutale de son fils Charles en 1871, Victor Hugo recueille ses deux petits-enfants, Georges et Jeanne, alors âgés de trois et deux ans.

Jeanne était au pain sec dans le cabinet noir,
Pour un crime quelconque, et, manquant au devoir,
J'allai voir la proscrite en pleine forfaiture,
Et lui glissai dans l'ombre un pot de confiture
Contraire aux lois. Tous ceux sur qui, dans ma cité,
Repose le salut de la société
S'indignèrent, et Jeanne a dit d'une voix douce :
– Je ne toucherai plus mon nez avec mon pouce ;
Je ne me ferai plus griffer par le minet.
Mais on s'est récrié : – Cette enfant vous connaît ;
Elle sait à quel point vous êtes faible et lâche.
Elle vous voit toujours rire quand on se fâche.
Pas de gouvernement possible. À chaque instant
L'ordre est troublé par vous ; le pouvoir se détend ;
Plus de règle. L'enfant n'a plus rien qui l'arrête.
Vous démolissez tout. – Et j'ai baissé la tête,
Et j'ai dit : – Je n'ai rien à répondre à cela,
J'ai tort. Oui, c'est avec ces indulgences-là
Qu'on a toujours conduit les peuples à leur perte.
Qu'on me mette au pain sec. – Vous le méritez, certes,
On vous y mettra. – Jeanne alors, dans son coin noir,
M'a dit tout bas, levant ses yeux si beaux à voir,
Pleins de l'autorité des douces créatures :
– Eh bien moi, je t'irai porter des confitures.

21 octobre 1876.

Victor Hugo, *L'Art d'être grand-père*, 1877.

Découvrir la complicité entre deux êtres

1. De quoi Jeanne et son grand-père sont-ils respectivement accusés ? Relevez les vers qui constituent leurs aveux. Précisez le niveau de langue utilisé.

2. Qui n'est jamais nommé dans le poème ? Pourquoi selon vous ?

3. Relevez les champs lexicaux de la justice et de l'autorité.

4. De quelle qualité morale Jeanne fait-elle preuve au dernier vers ?

BILAN **5** Quel aspect de Victor Hugo est révélé ici ? Quelle émotion cela suscite-t-il en vous ?

Un homme célébré

◗ Pour son quatre-vingtième anniversaire, 600 000 personnes se rassemblent devant ses fenêtres et quelques mois plus tard, l'avenue où il réside est rebaptisée avenue Victor Hugo.

◗ Avant de mourir, le 22 mai 1885, deux ans après Juliette Drouet, il demande son carnet et note : « Aimer, c'est agir ». Près de deux millions de personnes assistent à ses funérailles. Son corps est transporté au Panthéon le 1er juin, décrété férié.

Le savez-vous ?

De 1833 à 1883, Juliette Drouet a adressé plus de 22 000 lettres à Victor Hugo !

Documents : ❶ Juliette Drouet en 1832, gravure de **Léon Noël**, ❷ cercueil de Victor Hugo sous l'Arc de triomphe, le 31 mai 1885.

« Gloire, c'est à toi que j'aspire ;
Ah ! fais que ton grand nom m'inspire,
Et mes vers pourront t'obtenir. »

Victor Hugo, « Le Désir de la gloire », 1818.

« D'ordinaire, vivre, et surtout avoir vécu, cela refroidit. Pas moi. […] Je reste exaspéré et violent. Je crie et je m'indigne et je pleure… Je ne m'apaiserai pas ! »

Victor Hugo, 1877.

Créer un panneau en vue d'une exposition

Choisissez un thème qui rende compte d'un aspect de la vie de Victor Hugo (Victor Hugo et l'enfance, Victor Hugo, défenseur des grandes causes, les personnages célèbres dans les romans de Victor Hugo…) et créez un panneau d'exposition.

piste EPI

Méthode

Concevoir un panneau d'exposition

1. Documentez-vous en utilisant plusieurs sources. Pensez à varier les supports : textes, photographies, dessins… Sélectionnez ceux qui vous semblent les plus pertinents.
2. Apportez des informations précises. Vos textes doivent rester courts.
3. Le panneau doit être visible de loin, choisissez donc une feuille de grand format et une taille de caractères adaptée. Préparez d'abord votre travail au brouillon sur une feuille A4.
4. Le panneau doit être agréable à regarder, sans être surchargé. Choisissez une police originale, utilisez un fond, des couleurs différentes pour les titres et sous-titres. Laissez environ un quart de l'affiche sans document.
5. Indiquez les références des documents et vérifiez l'orthographe.

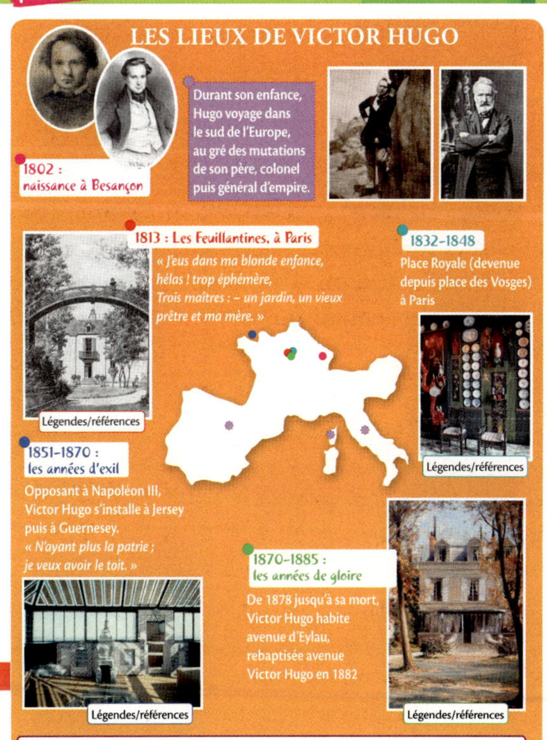

ACTIVITÉ lienmini.fr/jdl4-T210

Saisissez cette adresse sur votre navigateur et découvrez en détail cet exemple de panneau consacré aux lieux de Victor Hugo.

Atelier d'expression

Écrire une lettre ouverte

piste EPI

Dans cet atelier, vous allez apprendre à rédiger une lettre ouverte dans laquelle vous dénoncerez les injustices dont souffrent certains enfants dans le monde. Pour ce faire, vous observerez et analyserez des textes littéraires, documentaires ainsi que des œuvres picturales ou photographiques dans lesquelles s'exprime cette indignation.

À l'oral

- Exprimer ses émotions face à une injustice
- Lire de manière expressive un texte de façon à transmettre des émotions

À l'écrit

- Rédiger un texte argumentatif en réinvestissant des procédés stylistiques

Graine de savoir

L'adjectif **« épistolaire »** vient du latin *epistula* : la « lettre », la « missive ». Ce mot a donné le nom « épistolier, -ère », désignant quelqu'un qui écrit beaucoup de lettres ou qui excelle dans la façon de les rédiger.

Méthode

▸ ***Qu'est-ce qu'une lettre ouverte ?***

Il s'agit d'un texte rédigé respectant les règles de mise en forme de la lettre, adressé à une personne en particulier ou à un groupe de personnes. Cette lettre a la particularité d'être **rendue publique**, afin de toucher la population la plus large possible à travers la presse, Internet, ou sous forme d'affiches.

La lettre ouverte appartient à un genre littéraire plus vaste : **la littérature épistolaire**. Dans ce type de texte argumentatif, on écrit pour dénoncer une réalité inacceptable et convaincre les destinataires.

▸ ***Comment rédiger une lettre ouverte ?***

– Respecter les **règles de mises en page** d'une lettre
– Écrire à la **première personne** (« je » ou « nous »)
– **Structurer ses propos** en créant une introduction, des paragraphes argumentés, une conclusion
– Employer des **procédés stylistiques** permettant de donner force et émotions aux idées

Le travail des enfants au XIXe siècle

Fernand Pelez (1843-1913), *Un Martyr ou Le Petit Marchand de violettes*, 1885, huile sur toile, musée du Petit Palais, Paris.

Au XIXe siècle, en France, beaucoup d'enfants travaillaient jusqu'à l'épuisement pour des artisans, des commerçants et des marchands ambulants et ce, malgré la loi Jules Ferry du 28 mars 1882 sur l'obligation scolaire. Pour un salaire de misère, habillés de guenilles et le visage recouvert de suie, portant des hottes trop lourdes, ces enfants ont attiré le regard des artistes qui en font leur sujet principal afin de faire prendre conscience de cette aberration au sein de la société.

Comprendre et s'exprimer

1. Dans ce tableau de Fernand Pelez, de quelle manière l'artiste a-t-il exprimé les conditions de vie difficiles de l'enfant ? Commentez également le choix du titre de l'œuvre.

2. Quelles émotions ressentez-vous devant une telle œuvre ? Quelle est l'intention de l'artiste selon vous ?

3. Quelles questions vous posez-vous en regardant ce tableau ?

Effectuer une recherche

ACTIVITÉ **lienmini.fr/jdl4-T211** Saisissez cette adresse sur votre navigateur pour entrer sur le site Internet du Petit Palais. Trouvez la rubrique « Collections en ligne » puis cherchez-y deux autres œuvres de Fernand Pelez intitulées *Sans asile* (1883) et *Grimaces et misère, les saltimbanques* (1888). Vous rédigerez un court texte dans lequel vous décrirez ces tableaux et exprimerez ce que vous ressentez en les observant.

Écrire pour impliquer le destinataire

Discours aux enfants

Voici un extrait d'un discours de Victor Hugo prononcé lors d'un repas de Noël destiné aux enfants pauvres, sur l'île de Guernesey où il s'était exilé.

Je reviens à nos enfants. C'est faire aussi un acte de délivrance que d'assister l'enfance. Dans l'assainissement et dans l'éducation, il y a de la libération. Fortifions ce pauvre petit corps souffrant ; développons cette douce intelligence naissante ; que faisons-nous ? Nous affranchissons de la maladie le corps et de l'ignorance l'esprit[1]. [...] secourir les pauvres par l'assistance, ce n'est qu'un palliatif[2]. Le vrai secours aux misérables, c'est l'abolition de la misère.

Nous y arriverons.

Aidons le progrès par l'assistance à l'enfance. Assistons l'enfant par tous les moyens, par la bonne nourriture et par le bon enseignement. L'assistance à l'enfance doit être, dans nos temps troublés, une de nos principales préoccupations. L'enfant doit être notre souci. Et savez-vous pourquoi ? Savez-vous son vrai nom ? L'enfant s'appelle l'avenir.

Exerçons la sainte paternité du présent sur l'avenir. Ce que nous aurons fait pour l'enfance, l'avenir le rendra au centuple. Ce jeune esprit, l'enfant, est le champ de la moisson future. Il contient la société nouvelle. Ensemençons cet esprit, mettons-y la justice ; mettons-y la joie.

En élevant l'enfant, nous élevons l'avenir. Élever, mot profond ! En améliorant cette petite âme, nous faisons l'éducation de l'inconnu. Si l'enfant a la santé, l'avenir se portera bien ; si l'enfant est honnête, l'avenir sera bon. Éclairons et enseignons cette enfance qui est là sous nos yeux, le vingtième siècle rayonnera. Le flambeau dans l'enfant, c'est le soleil dans l'avenir.

Victor Hugo, *Actes et paroles, Pendant l'exil*, 1869.

1. nous libérons le corps de la maladie et l'esprit de l'ignorance (rappel de la maxime latine « *Mens sana in corpore sano* » signifiant « une âme saine dans un corps sain ») : la véritable éducation est celle qui contribue à l'épanouissement de l'enfant. 2. **palliatif** : remède provisoire, insuffisant.

Grammaire pour dire et pour écrire

- Les **types de phrase** doivent varier pour dynamiser le discours et mieux capter l'attention. Ainsi, des phrases **interrogatives** alternent avec les phrases **déclaratives**, **injonctives** (ordre) et **exclamatives**.
- L'auteur donne plus d'éloquence et d'énergie à son texte en variant aussi **le rythme**. Des **phrases courtes**, parfois nominales, permettent d'exprimer la pensée avec force tandis que les **phrases plus longues** développeront un raisonnement.
- **Les figures de style** : l'**énumération**, l'**anaphore** (ex. : « mettons-y » répété l. 17) ou la **métaphore** permettent de renforcer une idée. L'emploi du présentatif « c'est » met en relief une idée.

J'applique

Imaginez un(e) adolescent(e) qui aurait assisté à ce discours. Bouleversé(e) par les mots du poète, il/elle décide, le lendemain, de défendre à son tour la cause des enfants pauvres devant sa classe. Rédigez son discours en une dizaine de lignes. Vous réinvestirez les procédés étudiés précédemment.

Victor Hugo s'exprimant à l'occasion du centenaire de la mort de Voltaire en 1878.

Graine de savoir

Voltaire faisait partie des philosophes du XVIIIe siècle ayant combattu pour que l'instruction soit accessible au plus grand nombre afin d'**éclairer les esprits** et de **les libérer de l'ignorance**. Ces philosophes se faisaient appeler **les Lumières**.

Comprendre

1. Lisez cet extrait d'un discours de Victor Hugo. Par quels moyens faut-il aider les enfants pauvres ?
2. Pourquoi cette assistance est-elle essentielle selon l'auteur ? Quel mode emploie-t-il souvent afin de défendre ses idées ? Que permet cet emploi ?
3. Que signifie cet « acte de délivrance » (l. 1) ? Quel temps est employé pour souligner les conséquences d'une telle assistance ?

« Le droit de l'enfant, c'est d'être un homme : ce qui fait l'homme, c'est la lumière ; ce qui fait la lumière, c'est l'instruction. »

Victor Hugo, *Choses vues*, 1900 (publication posthume).

S'exprimer

- Lisez la citation ci-dessus. Quelle est la thèse (idée à défendre) exprimée ? Comment est-elle mise en valeur ?
- Apprenez cette citation par cœur et récitez-la en insistant sur certains mots que vous jugez importants.

Écrire pour dénoncer les inégalités

Le joujou du pauvre

Dans ce poème en prose, le poète Charles Baudelaire évoque une scène dans laquelle deux enfants de classes sociales différentes se rencontrent à travers la grille d'un château.

[...] Sur une route, derrière la grille d'un vaste jardin, au bout duquel apparaissait la blancheur d'un joli château frappé par le soleil, se tenait un enfant beau et frais, habillé de ces vêtements de campagne si pleins de coquetterie.

Le luxe, l'insouciance et le spectacle habituel de la richesse, rendent ces enfants-là si jolis, qu'on les croirait faits d'une autre pâte que les enfants de la médiocrité ou de la pauvreté.

À côté de lui, gisait sur l'herbe un joujou splendide, aussi frais que son maître, verni, doré, vêtu d'une robe pourpre, et couvert de plumets et de verroteries[1]. Mais l'enfant ne s'occupait pas de son joujou préféré, et voici ce qu'il regardait :

De l'autre côté de la grille, sur la route, entre les chardons et les orties, il y avait un autre enfant, sale, chétif, fuligineux[2], un de ces marmots-parias[3] dont un œil impartial[4] découvrirait la beauté, si, comme l'œil du connaisseur devine une peinture idéale sous un vernis de carrossier, il le nettoyait de la répugnante patine[5] de la misère.

À travers ces barreaux symboliques séparant deux mondes, la grande route et le château, l'enfant pauvre montrait à l'enfant riche son propre joujou, que celui-ci examinait avidement[6] comme un objet rare et inconnu. Or, ce joujou, que le petit souillon agaçait, agitait et secouait dans une boîte grillée[7], c'était un rat vivant ! Les parents, par économie sans doute, avaient tiré le joujou de la vie elle-même.

Et les deux enfants se riaient l'un à l'autre fraternellement, avec des dents d'une *égale* blancheur.

Charles Baudelaire, *Le Spleen de Paris*, 1869.

Fritz Von Uhde, *Chambre d'enfant*, 1889.

Comprendre

1. Lisez l'extrait du « Joujou du pauvre » de Baudelaire. Quels sont les deux mondes qui se confrontent ici ?
2. Dans un tableau comparatif, relevez tous les éléments du texte caractérisant chacun de ces mondes (lieu/enfant/joujou).
3. Est-ce seulement la grille qui sépare ces enfants ? Quelle serait la vraie cause de leur « séparation » ?
4. Comment parviennent-ils à jouer ensemble malgré leurs différences ? Pourquoi l'adjectif « égale » est-il mis en italique ?
5. Que dénonce le poète dans ce texte, selon vous ?

1. de petites plumes et de bijoux en verre. 2. maigre et crasseux. 3. enfants exclus de la société. 4. juste. 5. coloration que prennent certains objets avec le temps. 6. avec envie. 7. boite avec un grillage.

Témoignage d'une fillette de 11 ans

« Je travaille au fond de la mine depuis trois ans pour le compte de mon père. Il me faut descendre à la fosse à trois heures du matin et je remonte à une ou deux heures de l'après-midi. Je me couche à six heures du soir pour être capable de recommencer le lendemain. À l'endroit de la fosse où je travaille, le gisement est en pente raide. Avec mon fardeau, j'ai quatre pentes ou échelles à remonter, avant d'arriver à la galerie principale de la mine. Mon travail c'est de remplir quatre à cinq wagonnets de deux cents kilos chacun. J'ai vingt voyages à faire pour remplir les cinq wagonnets. Quand je n'y arrive pas, je reçois une raclée, je suis bien contente quand le travail est fini, parce que ça m'éreinte complètement. »

Enquête de la commission des Mines, « Les Débuts de l'industrie » (extrait), 1842.

Débattre

Lisez le témoignage ci-contre et observez le tableau ci-dessus. Exprimez ce qui vous semble révoltant en confrontant ces deux univers contrastés. Une **synthèse** de vos remarques sera écrite au tableau.

Grammaire pour dire et pour écrire

Pour dénoncer des inégalités et donc des injustices, vous pourrez employer des **adjectifs qualificatifs** tels que : *honteux, inacceptable, indigne, révoltant, inadmissible, inconcevable, insupportable, intolérable, injuste...*

J'applique

Rédigez une lettre d'une dizaine de lignes adressée au père de la fillette. Vous mettrez en évidence votre indignation à l'aide des outils ci-dessus et page 101.

S'indigner pour construire un monde meilleur

Enfances saccagées

Une longue marche contre le travail des enfants a été organisée en 2005 pour que soient votées des lois qui l'interdisent.

Lors de la Journée internationale des droits de l'enfant, 2 000 gamins ont défilé dans le centre de la capitale indienne. Il y avait, main dans la main, des élèves d'écoles privées, impeccables dans leur uniforme, et des enfants pauvres qui, le temps d'une manifestation, ont délaissé leur dur labeur dans des ateliers aux conditions de travail déplorables. Tous protestaient contre la persistance du travail des enfants. [...] Les métiers qu'ils exercent sont [...] tous aussi mal payés les uns que les autres : chiffonniers, serveurs dans des cafés minables, marchands ambulants de cacahuètes, tisseurs de tapis, couseurs de chaussures de sport. [...]

« [...] Il faut sensibiliser la population sur ces questions brûlantes, lui faire prendre conscience de l'importance du droit à l'éducation », [explique M. Satyarthi[1], directeur]. Pour M. Satyarthi, seule la pression internationale – sur les gouvernements, les employeurs et les collectivités locales – peut inverser le cours des choses.

Courrier International, Peter Popham, *The Independant*, Londres, 29 mars 2005.

De nombreux enfants, parmi les plus démunis, sont forcés de prendre les armes et sont envoyés sur la ligne de front pour tuer.

1. **Kailash Satyarthi** est le fondateur et le président de la Coalition de l'Asie du Sud contre la servitude des enfants (SACS).

Des millions de filles victimes du mariage forcé

En plus de violer les droits fondamentaux des filles et des femmes tout en causant des douleurs physiques et psychologiques, [les mariages forcés] détruisent des enfances [et] détournent de l'école. [...]

C'est dans cette volonté de faire disparaitre le mariage précoce [...] qu'est organisé le 22 juillet à Londres le Sommet international de la Fille. À cette occasion, l'UNICEF et le gouvernement du Royaume-Uni accueilleront des dirigeants venus du monde entier [...], dans une mobilisation dont le but est simple et unique : venir à bout de ces pratiques, pour toujours.

La lutte contre le mariage forcé [...] est essentielle et doit être menée maintenant. Si nous manquons à l'appel, des millions de filles, partout dans le monde, se marieront enfants [...]. Leur avenir est entre nos mains.

www.unicef.org, 2016.

Comprendre

1. Pour chaque document, formulez en une phrase l'injustice qu'il dénonce.
2. Dans le document 1, quel est le point commun entre les mots surlignés ?
3. D'après les trois documents, à quoi les enfants devraient-ils avoir droit ?

Activité finale

Rédigez une lettre ouverte adressée à une personnalité.

Vous dénoncerez dans cette lettre trois injustices dont sont victimes certains enfants : choisissez-en trois parmi celles qui ont été évoquées et qui vous révoltent le plus.

- **La structure. Dans un paragraphe d'introduction, vous reformulerez la thèse que vous avez à défendre : « Il est inacceptable que certains enfants se voient voler leur enfance ».**

Dans chacun des trois paragraphes suivants, vous développerez les trois injustices successivement. Dans le 5e paragraphe de conclusion, vous formulerez une demande adressée à votre destinataire, et proposerez éventuellement des idées de solutions.

- **L'intention argumentative. Pour convaincre le ou la destinataire de s'engager dans votre combat et d'agir, vous utiliserez tout au long de votre texte :**

– les procédés d'écriture identifiés p. 101-102 ;
– le vocabulaire pour exprimer votre désaccord : *je dénonce, je condamne, je désapprouve, je refuse, je m'oppose à, je proteste contre...*
– le vocabulaire des sentiments : choc, tristesse, compassion, écœurement, incompréhension, colère, indignation...

PARCOURS

une œuvre intégrale

« Écrire debout »

Michel Tournier

Texte intégral

Vous allez découvrir, à travers ce parcours, dans quelles circonstances et à qui un écrivain explique son rôle dans la société ; de quelle façon aussi son message est reçu.

Fernand Léger, *Liberté, j'écris ton nom*, 1953, lithographie, collection privée.

Le visiteur pénitentiaire du centre de Cléricourt m'avait prévenu : « Ils ont tous fait de grosses bêtises : terrorisme, prise d'otages, hold-up. Mais en dehors de leurs heures d'atelier de menuiserie, ils ont lu certains de vos livres, et ils voudraient en parler avec vous. » J'avais donc rassemblé mon courage et pris la route pour cette descente en enfer. Ce n'était pas la première fois que j'allais en prison. Comme écrivain, s'entend, et pour m'entretenir avec ces lecteurs particulièrement attentifs, des jeunes détenus. J'avais gardé de ces visites un arrière-goût d'une âpreté insupportable. Je me souvenais notamment d'une splendide journée de juin. Après deux heures d'entretien avec des êtres humains semblables à moi, j'avais repris ma voiture en me disant : « Et maintenant on les reconduit dans leur cellule, et toi tu vas dîner dans ton jardin avec une amie. Pourquoi ? »

On me confisqua mes papiers, et j'eus droit en échange à un gros jeton numéroté. On promena un détecteur de métaux sur mes vêtements. Puis des portes commandées électriquement s'ouvrirent et se refermèrent derrière moi. Je franchis des sas. J'enfilai des couloirs qui sentaient l'encaustique[1]. Je montai des escaliers aux cages tendues de filets, « pour prévenir les tentatives de suicide », m'expliqua le gardien.

1. **encaustique** : produit d'entretien, composé de cire et d'essence.

Graine de savoir

En latin, *paenitentia* signifie « regret, repentir ». Comment définissez-vous un « centre pénitentiaire » ?

▸ *La rencontre avec un univers inconnu*

Entrer dans la lecture. Où se rend le narrateur ? Quels termes le prouvent ?

l. 1 à 14

1. a. Dans quel état d'esprit le narrateur se rend-il dans ce lieu ? Pourquoi ?

b. Citez une métaphore qui confirme votre réponse.

2. Qui est désigné par le pronom « ils » dans les propos du visiteur pénitentiaire ? Comment celui-ci définit-il les personnes désignées ?

3. Le narrateur est-il reparti dans le même état d'esprit qu'à son arrivée ? Qu'est-ce qui a changé ?

4. À qui s'adresse la question qui clôt ce premier extrait ? Expliquez comment vous la comprenez.

▸ *Une série de contraintes*

l. 15 à 21

5. Qui est désigné par le pronom « on » ? Quel effet produit ici son emploi ?

6. Quel est le sujet grammatical dans la troisième phrase ? Quelle impression donne cette construction ?

7. Quelle remarque pouvez-vous faire sur la structure et la longueur des phrases ? Sur la répétition de la conjonction « et » ? Quel effet produisent-elles ?

8. Pourquoi le narrateur fait-il entendre les propos du gardien dans la dernière phrase ?

BILAN **9** Sur quoi le narrateur insiste-t-il lors de son arrivée ?

Ils étaient réunis dans la chapelle, certains très jeunes en effet. Oui, ils avaient lu certains de mes livres. Ils m'avaient entendu à la radio. « Nous travaillons le bois, me dit l'un d'eux, et nous voudrions savoir comment se fait un livre. » J'évoquai mes recherches préalables, mes voyages, puis les longs mois d'artisanat solitaire à ma table (manuscrit = écrit à la main). Un livre, cela se fait comme un meuble, par ajustement patient de pièces et de morceaux. Il y faut du temps et du soin.

– Oui, mais une table, une chaise, on sait à quoi ça sert. Un écrivain, c'est utile ?

Il fallait bien que la question fût posée. Je leur dis que la société est menacée de mort par les forces d'ordre et d'organisation qui pèsent sur elle. Tout pouvoir – politique, policier ou administratif – est conservateur. Si rien ne l'équilibre, il engendrera une société bloquée, semblable à une ruche, à une fourmilière, à une termitière. Il n'y aura plus rien d'humain, c'est-à-dire d'imprévu, de créatif parmi les hommes. L'écrivain a pour fonction naturelle d'allumer par ses livres des foyers de réflexion, de contestation, de remise en cause de l'ordre établi. Inlassablement il lance des appels à la révolte, des rappels au désordre, parce qu'il n'y a rien d'humain sans création, mais toute création dérange. C'est pourquoi il est si souvent poursuivi et persécuté. Et je citai François Villon, plus souvent en prison qu'en relaxe, Germaine de Staël, défiant le pouvoir napoléonien et se refusant à écrire l'unique phrase de soumission qui lui aurait valu la faveur du tyran, Victor Hugo, exilé vingt ans sur son îlot. Et Jules Vallès, et Soljenitsyne et bien d'autres.

– Il faut écrire debout, jamais à genoux. La vie est un travail qu'il faut toujours faire debout, dis-je enfin.

Biographie

Michel Tournier
(1924-2016)
Après des études de philosophie, Michel Tournier travaille d'abord pour la radio avant de se consacrer à la littérature. Il est l'auteur de nombreux essais et de romans, parfois réécrits *pour* la jeunesse : *Le Roi des Aulnes* (prix Goncourt 1970), *Vendredi ou la vie sauvage* (1977), *Pierrot ou les Secrets de la nuit* (1979)...

Le savez-vous ?

Les mots **« artiste »** et **« artisan »** ont la même origine : en latin, *ars, artis* signifie l'habileté, le savoir-faire et le talent.

La rencontre

1. Quels sont les points communs entre l'activité exercée par les détenus et celle de l'écrivain ? (l. 22 à 29)

2. Comment la ponctuation les met-elle en valeur ?

Le rôle de l'écrivain dans la société

3. Selon le narrateur, que deviendrait la société sans écrivains ? Citez la comparaison qu'il utilise pour justifier votre réponse.

4. Quelle métaphore le narrateur utilise-t-il pour expliquer le rôle de l'écrivain ?

5. À quelle voix sont conjugués les verbes « *poursuivre* » et « *persécuter* » (l. 43) ? Sur quoi cet emploi insiste-t-il ?

6. Selon Michel Tournier, pourquoi un écrivain est-il utile dans la société ?

BILAN **7** En vous appuyant sur l'ensemble de vos réponses précédentes, expliquez la phrase : « Il faut écrire debout, jamais à genoux. »

Écrire un dialogue

Imaginez, au discours direct, la conversation entre l'écrivain et les détenus (l. 22 à 29).

Faire des liens entre les écrivains

Faites une recherche sur l'un des auteurs cités lignes 43 à 48 : à quelle époque a-t-il vécu ? Quel « ordre établi » a-t-il contesté ? Pourquoi ? Citez une ou deux de ses œuvres qui a pu « allumer des foyers de réflexion ».

L'un d'eux désigna d'un coup de menton le mince ruban rouge de ma boutonnière.

– Et ça ? C'est pas de la soumission ?

La Légion d'honneur ? Elle récompense, selon moi, un citoyen tranquille, qui paie ses impôts et n'incommode pas ses voisins. Mais mes livres, eux, échappent à toute récompense, comme à toute loi. Et je leur citai le mot d'Erik Satie. Ce musicien obscur et pauvre détestait le glorieux Maurice Ravel qu'il accusait de lui avoir volé sa place au soleil. Un jour Satie apprend avec stupeur qu'on a offert la croix de la Légion d'honneur à Ravel, lequel l'a refusée. « Il refuse la Légion d'honneur, dit-il, mais toute son œuvre l'accepte. » Ce qui était très injuste. Je crois cependant qu'un artiste peut accepter pour sa part tous les honneurs, à condition que son œuvre, elle, les refuse.

On se sépara. Ils promirent de m'écrire. Je n'en croyais rien. Je me trompais. Ils firent mieux. Trois mois plus tard, une camionnette du pénitencier de Cléricourt s'arrêtait devant ma maison. On ouvrit les portes arrière et on en sortit un lourd pupitre de chêne massif, l'un de ces hauts meubles sur lesquels écrivaient jadis les clercs de notaires, mais aussi Balzac, Victor Hugo, Alexandre Dumas. Il sortait tout frais de l'atelier et sentait bon encore les copeaux et la cire. Un bref message l'accompagnait : « Pour écrire debout. De la part des détenus de Cléricourt ».

Michel Tournier, « Écrire debout », in *Le Médianoche amoureux*,
© Gallimard, 1989.

Le savez-vous ?

La Légion d'honneur est née en 1802, pendant le consulat de Napoléon Bonaparte. Elle est remise, au nom du chef de l'État français, à des civils ou des militaires pour « service éminent à la nation ». Les chevaliers de la Légion d'honneur portent un **ruban rouge à la boutonnière**.

Graine de savoir

Erik Satie (1866-1925) et **Maurice Ravel** (1875-1937) sont des compositeurs français. Ravel, souvent considéré comme inscrit dans la tradition, a notamment écrit le très célèbre *Boléro*. Satie, lui, rompt avec les règles de la musique classique, notamment dans ses *Gymnopédies*.

Faire des liens entre les écrivains

Quel point commun voyez-vous entre le narrateur et Victor Hugo ici devant son meuble de travail ? Tous les écrivains procèdent-ils ainsi selon vous ? Trouvez une illustration qui le prouve.

Victor Hugo dans son cabinet de travail, *Le Monde illustré*, 5 mars 1881,
© Musée d'histoire vivante (Montreuil).

L'artiste peut-il accepter les honneurs ? (l. 51 à 64)

1. Comment le prisonnier montre-t-il sa défiance à l'égard du narrateur ?

2. Montrez que, dans un premier temps, le narrateur se justifie en se distinguant de son interlocuteur.

3. Que reproche le compositeur Erik Satie à Maurice Ravel ?

4. Selon le narrateur, à quelle condition un artiste peut-il accepter les honneurs ? Quelle phrase de l'extrait précédent précise-t-il ainsi ?

Un cadeau inattendu

5. Qui est désigné par le pronom « on » ligne 65 ? Comparez votre réponse avec celle proposée pour la question 5 p. 104.

6. Quel verbe du même extrait est répété ici ligne 71 ? Selon vous, qu'a ainsi voulu montrer le narrateur ?

7. D'après vous, que montre la longueur des cinq premières phrases (l. 65-66) ?

8. Comment les détenus prouvent-ils à l'écrivain qu'ils ont compris son message ?

9. Quelle valeur symbolique peut-on attribuer à ce cadeau ?

BILAN **10** Expliquez les deux sens, propre et figuré, du titre de la nouvelle.

Texte écho Ils suivent le geste de la main

Les hommes viennent l'un après l'autre, calmement, s'accroupissent au pied de la table de l'écrivain, ils suivent le geste de la main qui écrit ligne après ligne jusqu'au dernier mot. Isabelle[1] se penche vers l'homme jeune ou vieux, l'écoute, écrit, traduit en phrases les mots épars, des mots qui hésitent, mots de la langue coloniale apprise sur les quais de marchand, une langue hybride[2] qu'elle sait déchiffrer. Et lorsqu'elle lit à voix haute et claire, pour chacun, la lettre à l'encre noire, le docker[3] regarde la page, les signes sur la page, ébloui, il trouve la lettre belle. Et tous ces hommes qui ont écrit à la maison, femmes enfants famille voisins, ces hommes sont des hommes à nouveau, corps, cœur et âme, ils ont, par le prodige de la plume et de la main de cette jeune femme, une tête, une langue qui raconte le monde à travers les mers, de la plus douce à la plus féroce, ils regardent enfin, ils ont pris avec cette femme, une magicienne, quelques minutes de liberté.

Leïla Sebbar, *Écrivain public*, © Bleu autour, 2012.

1. **Isabelle** : il s'agit d'Isabelle Eberhardt.
2. **hybride** : composée d'éléments appartenant à des langues différentes.
3. **docker** : ouvrier qui travaille au (dé)chargement des navires.

Comprendre l'engagement d'une femme

1. Qui sont les hommes qui s'adressent à l'écrivain public ? Pourquoi le font-ils ? Dans quel but ?

2. Quel nom désigne l'écrivain dans la dernière phrase ?

3. Comment comprenez-vous : « ces hommes sont des hommes à nouveau » ?

BILAN **4** Pourquoi Isabelle, écrivain public, a-t-elle été utile à tous ceux qui sont venus la trouver ?

Graine de savoir

Isabelle Eberhardt (Genève, 1877 – Aïn Sefra, 1904) est une aventurière d'origine russe qui a parcouru le sud de l'Algérie, a partagé la vie des bédouins, déguisée en homme. Elle a écrit de nombreuses nouvelles et récits de voyage et a même été reporter de guerre. Dans la nouvelle de Leïla Sebbar, le lecteur la découvre écrivain public à Marseille.

Isabelle Eberhardt en habit oriental masculin au cours de son séjour en Algérie (1897-1904), vers 1899.

Isabelle Eberhardt en habit oriental féminin au cours de son séjour en Algérie (1897-1904), vers 1900.

Le savez-vous ?

Une personne illettrée a déjà reçu un apprentissage de la lecture mais n'en a pas acquis une maîtrise suffisante pour être autonome, selon les définitions de l'Agence nationale de lutte contre l'illettrisme (ANLCI). **Une personne analphabète** n'a, elle, jamais été scolarisée.

2,5 millions, c'est, selon l'INSEE, le nombre de 18-65 ans **illettrés en 2011 en France**, soit 7 % de la population. À titre de comparaison, seulement 1 % à 2 % des Français sont concernés par l'analphabétisme. **De nombreuses mairies** font appel à **des écrivains publics** pour venir en aide à leurs concitoyens.

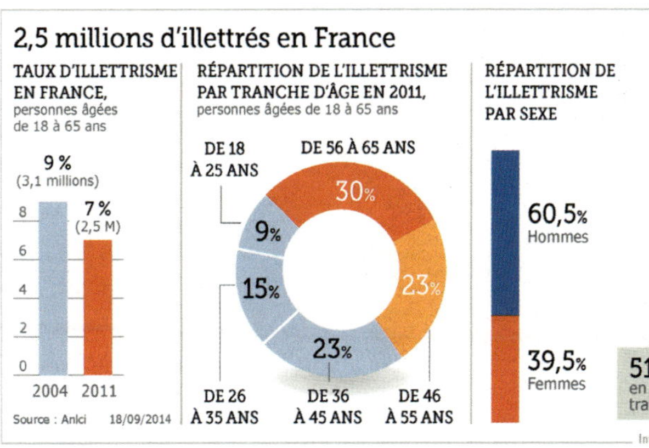

« 2,5 millions d'illettrés en France », par le service d'infographie du Figaro, publié sur lefigaro.fr le 18/09/2014.

Paul Almasy, *Un écrivain public dans une rue de Fez*, 1952, série « Écrivains publics ».

Texte écho Ouvre tes yeux et ton cœur

Une femme s'avance et me dit : Tu es trop jeune, trop citadin pour être un conteur. Tu es écrivain, tu te dis écrivain, alors écoute-moi, ouvre tes yeux et ton cœur, tends tes oreilles et écoute-nous, écoute ce que nous disons sans même parler, sans bouger les lèvres, regarde ces visages, le temps et l'époque y ont déposé un océan de mots et d'histoires, souviens-toi, mais tu as peu vécu, assieds-toi, concentre-toi, apprends à soulever les pierres du secret [...]. Nous ne savons pas lire. Nous ne savons pas écrire. Mais nous savons tellement de choses. Alors assieds-toi, non, pas par terre, tu es un homme de la ville, tu es fassi[1] je pense, prends une chaise ou un tabouret, installe-toi, nous allons t'entourer, nous rapprocher un peu plus de toi et tu vas bien te concentrer car nous avons tellement de choses à dire, pas à toi spécialement, toi, c'est un peu le hasard qui t'envoie, mais je sais que si tu es là c'est peut-être ta conscience qui te travaille, tu viens de temps en temps au pays et tu essaies de rester en contact avec la terre et les visages.

Tahar Ben Jelloun, *L'Écrivain public*, © Seuil, coll. « Points », 1983.

1. **fassi** : habitant de Fès, ville du Maroc.

Écrire et lire un mur des mots

À votre tour, vous allez montrer **l'utilité des mots**.

- À l'intérieur d'**un groupe**, chaque élève va rédiger une phrase commençant par « Les mots, ça sert à... » et une autre commençant par « Les mots, c'est utile pour/parce que... ».
- **Un autre groupe**, selon le même principe, va compléter la phrase suivante : « Mes mots servent/serviront à ... ».
- Lisez ensuite vos phrases à l'ensemble de la classe. Retenez celles qui vous plaisent le plus, vous amusent, vous font réfléchir et **inscrivez-les sur un « mur des mots »** que vous afficherez sur de grandes feuilles dans la classe.

Comprendre le rôle d'un écrivain

1. Qu'affirme la femme à l'écrivain public ? Que lui conseille-t-elle de faire ?
2. Quel savoir n'a-t-elle pas que possède l'écrivain public ?
3. Quel savoir possède-t-elle que n'a pas l'écrivain public ?

BILAN 4. Formulez avec vos propres mots le contenu des propos tenus par cette femme. Que souhaiteriez-vous lui dire ?

Méthode

Qu'est-ce qu'écrire ?

Écrire, c'est aussi ne pas parler. C'est se taire. C'est hurler sans bruit. C'est reposant, un écrivain, souvent, ça écoute beaucoup. Ça ne parle pas beaucoup car c'est impossible de parler à quelqu'un d'un livre qu'on a écrit et surtout d'un livre qu'on est en train d'écrire. C'est à l'opposé du cinéma, à l'opposé du théâtre, et autres spectacles.

Marguerite Duras, *Écrire*,
© Éditions Gallimard, 1993.

▸ *Lisez cet extrait.*

▸ *À votre tour, proposez votre définition du mot écrivain*, en utilisant :
- des présentatifs en début de phrase ;
- des négations ou expressions de l'opposition ;
- un oxymore, en rapprochant deux mots de sens éloigné.

Synthèse « Écrire debout », Michel Tournier

- La nouvelle « Écrire debout », de Michel Tournier, raconte une histoire et l'on peut la considérer comme une nouvelle réaliste (➥ p. 118-139) qui ménage l'effet de surprise finale mais elle a aussi **une dimension argumentative** : Michel Tournier y dévoile **sa vision du rôle de l'écrivain dans la société.**
- De nombreux auteurs ont évoqué **leur travail d'écrivain**, dans des essais ou des récits autobiographiques (➥ Marguerite Duras, dans *Écrire*).
- Les écrivains publics aident souvent à la rédaction de courriers officiels mais ils permettent également de **donner la parole à ceux qui ne l'ont pas** (➥ Tahar Ben Jelloun, Leïla Sebbar).

Écrire une lettre

Rédigez la lettre que Michel Tournier envoie aux détenus après avoir reçu le pupitre (➥ p. 106).

Consignes d'écriture

1. L'auteur adresse d'abord ses remerciements aux détenus. Pensez à décrire le cadeau et les sentiments de l'auteur au moment où il l'a reçu.
2. Il fait également part de l'utilité d'un tel objet pour lui, en revenant sur les deux sens de l'expression « écrire debout ».
3. N'oubliez pas que la lettre répond à des codes précis : vérifiez que vous avez rédigé les formules d'appel et de politesse, que la lettre est signée par l'expéditeur.

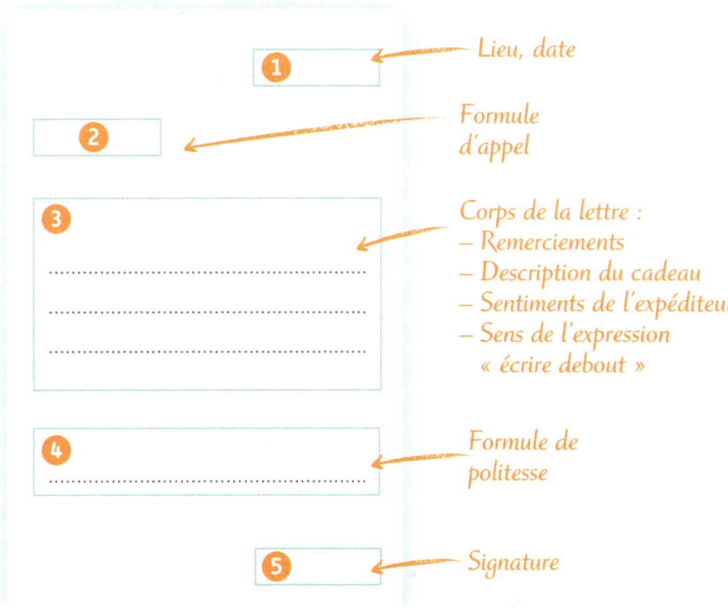

Expliquer un choix

De jeunes gars l'ayant vu écrire vinrent le voir pour lui demander de les aider dans leur correspondance : des lettres aux familles, des lettres d'amour, des demandes d'emploi, corriger des phrases, en inventer d'autres, relire des poèmes souvent naïfs mais parfois bouleversants. Il se sentait proche de ces hommes venus pour la plupart des montagnes.

Tahar Ben Jelloun, *L'Écrivain public*,
© Seuil, coll. « Points », 1997.

Écrivain public à Paris, rue Legrand, 1943.

Et vous, pour quel type de lettre aimeriez-vous devenir écrivain public ? Vous expliquerez votre choix en une vingtaine de lignes.

Argumenter à l'oral en adoptant un point de vue

Dans cet atelier, vous allez apprendre à argumenter en adoptant un point de vue. Votre travail prendra appui sur la nouvelle d'Émile Zola, « Le grand Michu ».

À l'oral

- Manifester sa pensée personnelle dans l'échange ouvert et argumenté avec d'autres points de vue

À l'écrit

- Produire des écrits structurés selon le point de vue retenu

Méthode

Pour argumenter et développer le point de vue d'un protagoniste (ici, un personnage de la nouvelle), il faut :

▸ Comprendre l'histoire et les protagonistes

- Lire la nouvelle intégrale dans l'objectif précis de comprendre l'attitude des différents personnages ;
- Vérifier sa compréhension de l'histoire à l'aide du résumé et du questionnaire ;
- Repérer les notions grammaticales utilisées par Émile Zola pour guider le lecteur.

▸ Raconter en adoptant un point de vue

- Percevoir que les évènements ne sont pas vécus de la même façon selon l'âge ou la fonction du personnage ;
- S'entrainer à raconter la même scène selon des points de vue différents.

▸ Défendre un point de vue dans un débat argumenté

- Choisir un personnage et défendre son point de vue ;
- Maitriser son argumentation pour être convaincant(e).

Comprendre l'histoire et les protagonistes

Texte intégral

Le grand Michu

– 1 –

Une après-midi, à la récréation de quatre heures, le grand Michu me prit à part, dans un coin de la cour. Il avait un air grave qui me frappa d'une certaine crainte ; car le grand Michu était un gaillard, aux poings énormes, que, pour rien au monde, je n'aurais voulu avoir pour ennemi.

« Écoute, me dit-il de sa voix grasse de paysan à peine dégrossi, écoute, veux-tu en être ? »

Je répondis carrément : « Oui ! » flatté d'être de quelque chose avec le grand Michu. Alors, il m'expliqua qu'il s'agissait d'un complot. Les confidences qu'il me fit, me causèrent une sensation délicieuse, que je n'ai jamais peut-être éprouvée depuis. Enfin, j'entrais dans les folles aventures de la vie, j'allais avoir un secret à garder, une bataille à livrer. Et, certes, l'effroi inavoué que je ressentais à l'idée de me compromettre de la sorte, comptait pour une bonne moitié dans les joies cuisantes de mon nouveau rôle de complice.

Aussi, pendant que le grand Michu parlait, étais-je en admiration devant lui. Il m'initia d'un ton un peu rude, comme un conscrit dans l'énergie duquel on a une médiocre confiance. Cependant, le frémissement d'aise, l'air d'extase enthousiaste que je devais avoir en l'écoutant, finirent par lui donner une meilleure opinion de moi.

RÉSUMÉ

Une complicité inattendue

Le grand Michu propose au narrateur de s'associer à la révolte qui aura lieu au réfectoire.

Comprendre

1. Le **narrateur** éprouve des sentiments contrastés. Pourquoi accepte-t-il le rôle que le grand Michu lui confie ?

Comme la cloche sonnait le second coup, en allant tous deux prendre nos rangs pour rentrer à l'étude :

« C'est entendu, n'est-ce pas ? me dit-il à voix basse. Tu es des nôtres… Tu n'auras pas peur, au moins ; tu ne trahiras pas ?

— Oh ! non, tu verras… C'est juré. »

Il me regarda de ses yeux gris, bien en face, avec une vraie dignité d'homme mûr, et me dit encore :

« Autrement, tu sais, je ne te battrai pas, mais je dirai partout que tu es un traître, et personne ne te parlera plus. »

Je me souviens encore du singulier effet que me produisit cette menace. Elle me donna un courage énorme. « Bast ! me disais-je, ils peuvent bien me donner deux mille vers ; du diable si je trahis Michu ! » J'attendis avec une impatience fébrile l'heure du dîner. La révolte devait éclater au réfectoire.

H. C. C. Julius, *Classe pendant une leçon de géographie* (détail), 1874, huile sur toile (84,7 x 72,5 cm), Museum der bildenden Künste, Leipzig (Allemagne).

– 2 –

Le grand Michu était du Var. Son père, un paysan qui possédait quelques bouts de terre, avait fait le coup de feu en 51, lors de l'insurrection provoquée par le coup d'État. Laissé pour mort dans la plaine d'Uchâne, il avait réussi à se cacher. Quand il reparut, on ne l'inquiéta pas. Seulement, les autorités du pays, les notables, les gros et les petits rentiers ne l'appelèrent plus que ce brigand de Michu.

Ce brigand, cet honnête homme illettré, envoya son fils au collège d'A… Sans doute il le voulait savant pour le triomphe de la cause qu'il n'avait pu défendre, lui, que les armes à la main. Nous savions vaguement cette histoire, au collège, ce qui nous faisait regarder notre camarade comme un personnage très redoutable.

Le grand Michu était, d'ailleurs, beaucoup plus âgé que nous. Il avait près de dix-huit ans, bien qu'il ne se trouvât encore qu'en quatrième. Mais on n'osait le plaisanter. C'était un de ces esprits droits, qui apprennent difficilement, qui ne devinent rien ; seulement, quand il savait une chose, il la savait à fond et pour toujours. Fort, comme taillé à coups de hache, il régnait en maître pendant les récréations. Avec cela, d'une douceur extrême. Je ne l'ai jamais vu qu'une fois en colère ; il voulait étrangler un pion qui nous enseignait que tous les républicains étaient des voleurs et des assassins. On faillit mettre le grand Michu à la porte.

Ce n'est que plus tard, lorsque j'ai revu mon ancien camarade dans mes souvenirs, que j'ai pu comprendre son attitude douce et forte. De bonne heure, son père avait dû en faire un homme.

Le grand Michu, un homme d'exception

Dans cette partie, le narrateur brosse le portrait du grand Michu et de son père républicain.

Comprendre

2. • Selon vous, qui désigne ainsi le **père du grand Michu** ?
• Que souhaite le père de Michu pour son fils ?

3. Repérez des éléments dans la partie 1 qui font du grand Michu un personnage physiquement impressionnant.

4. De quelles qualités morales fait-il preuve ? En quelles occasions le narrateur en a-t-il été le témoin ?

Grammaire pour dire et pour écrire

▸ Pour reconnaitre le cadre du récit, il faut identifier :
– les **indices spatiaux**, pour se repérer dans les lieux ;
– les **indices temporels** pour se repérer dans le temps.

J'applique

Relevez les indices qui se trouvent au début de la nouvelle.
Notez ensuite vos déductions : *L'histoire se déroule… (siècle, année ? en … jours, semaines, années ?). Elle a pour cadre… (précisez les différents lieux).*
Faites la synthèse de vos remarques.

L'objet du mécontentement

Les élèves se plaignent de la qualité ou de la quantité des plats servis au réfectoire.

Comprendre

5. De quoi le grand Michu, lui, souffre-t-il ?

Le surveillant incarne une autorité.

6. • Quelle faveur lui est accordée ?
• Quelle règle enfreint-il ?

– 3 –

Le grand Michu se plaisait au collège, ce qui n'était pas le moindre de nos étonnements. Il n'y éprouvait qu'un supplice dont il n'osait parler : la faim. Le grand Michu avait toujours faim.

Je ne me souviens pas d'avoir vu un pareil appétit. Lui qui était très fier, il allait parfois jusqu'à jouer des comédies humiliantes pour nous escroquer un morceau de pain, un déjeuner ou un goûter. Élevé en plein air, au pied de la chaîne des Maures, il souffrait encore plus cruellement que nous de la maigre cuisine du collège.

C'était là un de nos grands sujets de conversation, dans la cour, le long du mur qui nous abritait de son filet d'ombre. Nous autres, nous étions des délicats. Je me rappelle surtout une certaine morue à la sauce rousse et certains haricots à la sauce blanche qui étaient devenus le sujet d'une malédiction générale. Les jours où ces plats apparaissaient, nous ne tarissions pas. Le grand Michu, par respect humain, criait avec nous, bien qu'il eût avalé volontiers les six portions de sa table.

Le grand Michu ne se plaignait guère que de la quantité des vivres. Le hasard, comme pour l'exaspérer, l'avait placé au bout de la table, à côté du pion, un jeune gringalet qui nous laissait fumer en promenade. La règle était que les maîtres d'étude avaient droit à deux portions. Aussi, quand on servait des saucisses, fallait-il voir le grand Michu lorgner les deux bouts de saucisses qui s'allongeaient côte à côte sur l'assiette du petit pion.

« Je suis deux fois plus gros que lui, me dit-il un jour, et c'est lui qui a deux fois plus à manger que moi. Il ne laisse rien, va ; il n'en a pas de trop ! »

Le début de la révolte

Les élèves entament une grève de la faim ; seul le pain est autorisé. Le directeur intervient et laisse aux élèves une nuit pour réfléchir.

– 4 –

Or, les meneurs avaient résolu que nous devions à la fin nous révolter contre la morue à la sauce rousse et les haricots à la sauce blanche.

Naturellement, les conspirateurs offrirent au grand Michu d'être leur chef. Le plan de ces messieurs était d'une simplicité héroïque : il suffirait, pensaient-ils, de mettre leur appétit en grève, de refuser toute nourriture, jusqu'à ce que le proviseur déclarât solennellement que l'ordinaire serait amélioré. L'approbation que le grand Michu donna à ce plan, est un des plus beaux traits d'abnégation et de courage que je connaisse. Il accepta d'être le chef du mouvement, avec le tranquille héroïsme de ces anciens Romains qui se sacrifiaient pour la chose publique.

Songez donc ! lui se souciait bien de voir disparaître la morue et les haricots ; il ne souhaitait qu'une chose, en avoir davantage, à discrétion ! Et, pour comble, on lui demandait de jeûner ! Il m'a avoué depuis que jamais cette vertu républicaine que son père lui avait enseignée, la solidarité, le dévouement de l'individu aux intérêts de la communauté, n'avait été mise en lui à une plus rude épreuve.

Le soir, au réfectoire, — c'était le jour de la morue à la sauce rousse — la grève commença avec un ensemble vraiment beau. Le pain seul était permis. Les plats arrivent, nous n'y touchons pas, nous mangeons notre pain sec. Et cela gravement, sans causer à voix basse, comme nous en avions l'habitude. Il n'y avait que les petits qui riaient.

Le grand Michu fut superbe. Il alla, ce premier soir, jusqu'à ne pas même manger de pain. Il avait mis les deux coudes sur la table, il regardait dédaigneusement le petit pion qui dévorait.

Un réfectoire d'une école d'Angers, début du XXe siècle.

Cependant, le surveillant fit appeler le proviseur, qui entra dans le réfectoire comme une tempête. Il nous apostropha rudement, nous demandant ce que nous pouvions reprocher à ce dîner, auquel il goûta et qu'il déclara exquis.

Alors le grand Michu se leva.

« Monsieur, dit-il, c'est la morue qui est pourrie, nous ne parvenons pas à la digérer.

— Ah ! Bien ! cria le gringalet de pion, sans laisser au proviseur le temps de répondre, les autres soirs, vous avez pourtant mangé presque tout le plat à vous seul. »

Le grand Michu rougit extrêmement. Ce soir-là, on nous envoya simplement coucher, en nous disant que, le lendemain, nous aurions sans doute réfléchi.

– 5 –

Le lendemain et le surlendemain, le grand Michu fut terrible. Les paroles du maître d'étude l'avaient frappé au cœur. Il nous soutint, il nous dit que nous serions des lâches si nous cédions. Maintenant, il mettait tout son orgueil à montrer que, lorsqu'il le voulait, il ne mangeait pas.

Ce fut un vrai martyr. Nous autres, nous cachions tous dans nos pupitres du chocolat, des pots de confiture, jusqu'à de la charcuterie, qui nous aidèrent à ne pas manger tout à fait sec le pain dont nous emplissions nos poches. Lui, qui n'avait pas un parent dans la ville, et qui se refusait d'ailleurs de pareilles douceurs, s'en tint strictement aux quelques croûtes qu'il put trouver.

Le surlendemain, le proviseur ayant déclaré que, puisque les élèves s'entêtaient à ne pas toucher aux plats, il allait cesser de faire distribuer du pain, la révolte éclata, au déjeuner. C'était le jour des haricots à la sauce blanche.

Le grand Michu, dont une faim atroce devait troubler la tête, se leva brusquement. Il prit l'assiette du pion, qui mangeait à belles dents, pour nous narguer et nous donner envie, la jeta au milieu de la salle, puis entonna *La Marseillaise* d'une voix forte. Ce fut comme un grand souffle qui nous souleva tous. Les assiettes, les verres, les bouteilles, dansèrent une jolie danse. Et les pions, enjambant les débris, se hâtèrent de nous abandonner le réfectoire. Le gringalet, dans sa fuite, reçut sur les épaules un plat de haricots, dont la sauce lui fit une large collerette blanche.

Cependant, il s'agissait de fortifier la place. Le grand Michu fut nommé général. Il fit porter, entasser les tables devant les portes. Je me souviens que nous avions tous pris nos couteaux à la main. Et *La Marseillaise* tonnait toujours. La révolte tournait à la révolution. Heureusement, on nous laissa à nous-mêmes pendant trois grandes heures. Il paraît qu'on était allé chercher la garde. Ces trois heures de tapage suffirent pour nous calmer.

Il y avait au fond du réfectoire deux larges fenêtres qui donnaient sur la cour. Les plus timides, épouvantés de la longue impunité dans laquelle on nous laissait, ouvrirent doucement une des fenêtres et disparurent. Ils furent peu à peu suivis par les autres élèves. Bientôt le grand Michu n'eut plus qu'une dizaine d'insurgés autour de lui. Il leur dit alors d'une voix rude :

« Allez retrouver les autres, il suffit qu'il y ait un coupable. »

Puis s'adressant à moi qui hésitais, il ajouta :

« Je te rends la parole, entends-tu ! »

Lorsque la garde eut enfoncé une des portes, elle trouva le grand Michu tout seul, assis tranquillement sur le bout d'une table, au milieu de la vaisselle cassée. Le soir même, il fut renvoyé à son père. Quant à nous, nous profitâmes peu de cette révolte. On évita bien pendant quelques semaines de nous servir de la morue et des haricots. Puis, ils reparurent ; seulement la morue était à la sauce blanche, et les haricots, à la sauce rousse.

Comprendre

Le **directeur de l'établissement** incarne l'institution.

7. Qui est à l'origine de son intervention ?

8. Quelles paroles a-t-il pu prononcer devant les élèves ?

La grève tourne à la révolution

Le proviseur a maintenant interdit le pain. Devant les provocations du surveillant qui est le seul à manger, le grand Michu déclenche le soulèvement. Alors que les soldats sont appelés pour rétablir l'ordre, les élèves s'enfuient, tous, sauf le grand Michu. Le soir même, il est renvoyé du collège.

Comprendre

Les **différentes attitudes des élèves**

9. Pendant la grève, quelles différences constatez-vous entre le comportement des autres élèves et celui du grand Michu ?

10. Que font-ils quand la garde est appelée ?

Francesco Londonio, *Jeune paysan reposant sur un bâton* (détail), huile sur toile, 1750-1760, Pinacoteca Ambrosiana, Milan (Italie).

– 6 –

Longtemps après, j'ai revu le grand Michu. Il n'avait pu continuer ses études. Il cultivait à son tour les quelques bouts de terre que son père lui avait laissés en mourant.

« J'aurais fait, m'a-t-il dit, un mauvais avocat ou un mauvais médecin, car j'avais la tête bien dure. Il vaut mieux que je sois un paysan. C'est mon affaire… N'importe, vous m'avez joliment lâché. Et moi qui justement adorais la morue et les haricots ! »

Émile Zola, « Le grand Michu », *Nouveaux contes à Ninon*, 1874.

Comprendre

11. Que révèle finalement le grand Michu au narrateur ?

Grammaire pour dire et pour écrire

Les connecteurs temporels permettent de situer les évènements sur un axe chronologique.

J'applique

Identifiez les groupes nominaux et adverbes de temps que le narrateur a insérés dans les parties 5 et 6 pour ponctuer son récit.

Raconter en adoptant un point de vue

S'approprier la notion de point de vue

Plusieurs années après les faits, les « conspirateurs » devenus adultes se retrouvent et évoquent la fameuse grève.

- Rédigez leur dialogue en montrant que tous n'ont pas la même version des faits. Appuyez-vous sur la Méthode et la Grammaire pour dire et pour écrire.
- N'oubliez pas d'insérer des connecteurs temporels lorsque vous évoquez la scène.
- En conclusion, vous pourrez proposer plusieurs interprétations au titre de « grand Michu ».

Méthode

Pour envisager plusieurs points de vue, il faut :

- *choisir les personnages* dont on veut exposer le point de vue ;
  Ex. : ici, choisissez deux ou trois personnages et donnez-leur un nom ou surnom.
- *comprendre les intentions* de chaque protagoniste et sa relation aux autres ;
  Ex. : • Quelles étaient ses intentions en envisageant la révolte contre la nourriture de la cantine : obtenir d'autres plats ? contester l'autorité ?
  • Quelles relations entretenait-il avec le grand Michu : se connaissaient-ils bien ? étaient-ils amis, camarades ?
  • Quel souvenir garde-t-il de lui, physiquement, moralement ?
- *imaginer plusieurs réponses* pour montrer des points de vue différents, voire contradictoires.

Grammaire pour dire et pour écrire

Les verbes de parole permettent d'exprimer le point de vue. Pour les personnages qui sont d'accord, utiliser : *approuver, accepter, consentir, acquiescer* ou ont un avis contraire : *objecter, protester, désapprouver, répliquer.*

Le verbe ***se souvenir*** est toujours suivi de la préposition *de*. Le verbe ***se rappeler*** est suivi d'un complément d'objet direct.
Ex. : Ils se souviennent de cette journée. Ils se rappellent ce moment.

La ponctuation du dialogue répond à des règles précises : les guillemets encadrent le dialogue ; les tirets annoncent qu'un nouveau personnage prend la parole.

Défendre un point de vue dans un débat argumenté

Gustave Caillebotte, *Portrait d'un collégien*, huile sur toile, vers 1879.

Préparer une confrontation des personnages

- Créez 2 groupes dans la classe :
  – le groupe A va défendre un personnage du *Grand Michu* en adoptant son point de vue ;
  – le groupe B critiquera son comportement ou même accusera son attitude.
- À l'intérieur de chaque groupe, 2 ou 3 élèves vont incarner l'un des personnages de l'histoire :
  – le narrateur,
  – le grand Michu,
  – son père,
  – le directeur de l'établissement,
  – le surveillant.
- Commencez par relire ce qui concerne ce personnage, puis répondez ensemble au questionnaire proposé en **Méthode**. Au sein de votre groupe, choisissez qui prendra la parole.

Méthode

Pour **préparer un débat**, il faut que les rôles soient bien répartis : on peut ainsi **rédiger un questionnaire préparatoire** pour chaque groupe.

Ex. : pour le débat entre les personnages de la nouvelle « Le Grand Michu », recopiez et remplissez ce questionnaire avec votre groupe.

GROUPE A
Nous incarnons le rôle du ....

✓ Quelles étaient ou sont encore vos relations avec les différents personnages ?
✓ Quel est votre point de vue sur les évènements qui se sont déroulés ?
✓ Quels sont les faits dont vous avez eu connaissance ?
✓ Quel a été votre comportement durant les faits ?
✓ Comment le justifiez-vous ?
✓ Quel est votre point de vue sur les autres personnages, notamment le grand Michu ?
✓ Approuvez-vous leur attitude ?
✓ Que pensez-vous de la décision prise concernant le grand Michu ?
✓ Quelle leçon tirez-vous de cette expérience ?

GROUPE B
Nous incarnons le rôle du ....

✓ Quelles étaient ou sont encore vos relations avec les différents personnages ?
✓ Quel est votre point de vue sur les évènements qui se sont déroulés ?
✓ Quels sont les faits dont vous avez eu connaissance ?
✓ Quel a été votre comportement durant les faits ?
✓ Comment le jugez-vous ?
✓ Quel est votre point de vue sur les autres personnages, notamment le grand Michu ?
✓ Condamnez-vous leur attitude ?
✓ Que pensez-vous de la décision prise concernant le grand Michu ?
✓ Quelle leçon tirez-vous de cette expérience ?

Pour montrer que vous acceptez les arguments de votre interlocuteur, utilisez des tournures comme : « Il est vrai que…, j'admets que…, je concède que… »

Pour exprimer votre désaccord, utilisez des connecteurs logiques tels que : « mais, pourtant, cependant, toutefois, au contraire… »

→ si vous n'incarnez pas son rôle (le grand Michu, première mention)

→ y compris si vous incarnez son rôle (le grand Michu, seconde mention)

Activité finale

Menez un débat argumenté

- **Le débat peut commencer : chaque personnage du groupe A expose, en trois minutes maximum, ses arguments puis son contradicteur du groupe B lui répond en présentant ses contre-arguments.**
- **Les élèves qui n'auront pas pris la parole seront chargés de recueillir l'ensemble des arguments pour présenter une synthèse.**
- **Pour finir, ensemble, déterminez quel groupe et/ou quel personnage s'est montré le plus convaincant.**

Thème 3 La fiction pour interroger

le réel

Regarder le monde, inventer des mondes

Jean Béraud (1849-1935), *Le Boulevard des Capucines, devant le théâtre du Vaudeville*, 1889, huile sur toile (35 x 51 cm), musée Carnavalet, Paris.

PARCOURS un genre

Le récit réaliste, miroir de la réalité

Le réalisme et l'enfance

Gustave Courbet (1819 -1877), *Pierre-Joseph Proudhon et ses enfants en 1853*, 1865, huile sur toile (147 x 198 cm), musée du Petit Palais, Paris.

Le savez-vous ?

Courbet et **Proudhon** se rencontrent souvent à partir de la révolution de 1848. Fondateur du **socialisme**, soucieux du sort des plus démunis, le journaliste et écrivain impressionnait le jeune peintre. À sa mort, en 1865, Courbet peint cette toile qui rend hommage au penseur et au père que son ami a été.

Peindre un penseur et défendre l'instruction des enfants

1. Dans quelle posture Proudhon est-il peint ? Quels sont les éléments qui l'entourent ?
2. Dans quelle mesure cela rend-il à la fois hommage au penseur et au père de famille ?
3. Proudhon était issu d'un milieu populaire. À quoi le voit-on ici ?
4. Quels éléments de cette toile montrent que l'instruction est un accès au bonheur ?

Le savez-vous ?

Dès 1840, **la photographie** gagne différents domaines : portraits de famille, clichés officiels, reportages, cartes postales…
Pour certains, elle permet de reproduire l'exacte vérité ; pour d'autres, elle nuit à l'art. Les réalistes tenteront d'égaler son exactitude tout en dépassant sa dimension mécanique.

Charles Nègre (1820-1880), *Les Ramoneurs en marche* (avant mai 1852), épreuve sur papier albuminé (15,9 x 21,7 cm), musée Carnavalet, Paris.

▸ *Photographier le travail des enfants au XIXe siècle*

1. Après avoir fait une recherche, expliquez ce qu'est un ramoneur.

2. Observez plus attentivement le ramoneur de droite. Quel âge semble-t-il avoir ? Pourquoi cela nous choque-t-il aujourd'hui ?

3. Comparez le petit ramoneur aux filles de Proudhon. Dans quelle mesure photographe et peintre, de manières différentes, défendent-ils l'instruction des enfants ?

Une singulière sortie d'école

Dans ce roman, le narrateur raconte les malheurs d'une jeune paysanne « montée » à Paris. Après la mort de sa petite fille, Germinie prend l'habitude, malgré elle, de se rendre à la sortie d'une école pour y « retrouver » celle qu'elle a perdue, à jamais.

Souvent elle se trouvait devant la porte à l'heure de la sortie ; elle voulait se sauver, – et s'arrêtait. C'était d'abord le bruit d'un essaim, un bourdonnement, une envolée, une de ces grandes joies d'enfants qui font gazouiller la rue à Paris. De l'allée étroite et noire qui suivait la classe, les petites se sauvaient comme d'une cage ouverte, s'échappaient pêle-mêle, couraient en avant, gaminaient au soleil. Elles se poussaient, se bousculaient, faisaient sauter au-dessus de leurs têtes leurs paniers vides. Puis les groupes s'appelaient et se formaient ; les petites mains allaient à d'autres petites mains ; les amies se donnaient le bras, des couples se prenaient par la taille, se tenaient par le cou, et se mettaient à aller en mordant à la même tartine. La bande bientôt marchait, et toutes remontaient la rue sale, lentement, en musardant[1]. Les plus grandes, qui avaient dix ans, s'arrêtaient pour causer, comme de petites femmes, aux portes cochères. D'autres faisaient halte pour boire à la bouteille de leur goûter. Les plus petites s'amusaient à mouiller dans le ruisseau la semelle de leurs souliers. Et il y en avait qui se coiffaient d'une feuille de chou ramassée par terre, vert bonnet du bon Dieu sous lequel riait leur frais petit visage.

Germinie les regardait toutes et marchait avec elles : elle se mettait dans les rangs pour avoir le frôlement de leurs tabliers. Elle ne pouvait quitter des yeux ces petits bras sous lesquels sautait le carton de l'école, ces petites robes brunes à pois, ces petits pantalons noirs, ces petites jambes dans ces petits bas de laine. Il y avait pour elle comme un jour divin sur toutes ces petites têtes de blondines aux doux cheveux d'enfant Jésus.

Edmond et Jules de Goncourt, *Germinie Lacerteux*, 1865.

1. **en musardant** : en prenant leur temps.

▸ *Le bonheur de petites écolières*

1. Quelles sont les différentes images qui expriment la vivacité de ces écolières ? À quoi sont-elles associées ?

2 Montrez que ce texte retranscrit avec fidélité la vision d'une mère en deuil, fascinée par la vitalité de ces petites filles.

Aux origines, le refus du romantisme

Biographie

Guy de Maupassant
(1850-1893)

Comme Gustave Flaubert, son modèle et ami, Guy de Maupassant est un excellent conteur du réel. Avec *Boule de Suif* (1880) puis *Une vie* (1883), il démontre au grand public qu'il maitrise aussi bien l'art de la nouvelle que celui du roman. Les dernières années de sa vie sont assombries par des crises de folie qui l'amènent à se tourner vers le fantastique.

Texte 1 Les pêcheurs vus par un écrivain réaliste

Une vie raconte les mésaventures de Jeanne, fille d'un baron. Celle-ci sort du couvent emplie d'espoirs mais perd ses illusions, rattrapée par la réalité d'un mariage malheureux. Dans cet extrait, elle se promène avec son père à Yport, village de pêcheurs.

La mer grise et froide avec son éternelle et grondante écume commençait à descendre, découvrant, vers Fécamp, les rochers verdâtres au pied des falaises. Et le long de la plage les grosses barques échouées sur le flanc semblaient de vastes poissons morts. Le soir tombait et les pêcheurs s'en venaient par groupes au perret[1], marchant lourdement avec leurs grandes bottes marines, le cou enveloppé de laine, un litre d'eau-de-vie d'une main, la lanterne du bateau de l'autre. Longtemps ils tournèrent autour des embarcations inclinées ; ils mettaient à bord, avec la lenteur normande, leurs filets, leurs bouées, un gros pain, un pot de beurre, un verre et la bouteille de trois-six[2]. Puis ils poussaient vers l'eau la barque redressée qui dévalait à grand bruit sur le galet, fendait l'écume, montait sur la vague, se balançait quelques instants, ouvrait ses ailes brunes et disparaissait dans la nuit avec son petit feu au bout du mât.

Et les grandes femmes des matelots dont les dures carcasses saillaient sous les robes minces, restées jusqu'au départ du dernier pêcheur, rentraient dans le village assoupi, troublant de leurs voix criardes le lourd sommeil des rues noires.

Le baron et Jeanne, immobiles, contemplaient l'éloignement dans l'ombre de ces hommes qui s'en allaient ainsi chaque nuit risquer la mort pour ne point crever de faim, et si misérables cependant qu'ils ne mangeaient jamais de viande.

Le baron, s'exaltant devant l'océan, murmura : « C'est terrible et beau. Comme cette mer sur qui tombent les ténèbres, sur qui tant d'existences sont en péril, est superbe ! n'est-ce pas, Jeannette ? »

Guy de Maupassant, *Une vie*, 1883.

1. **perret** : bord de mer recouvert de pierres ou de galets.
2. **trois-six** : alcool fort.

Texte écho Les docks vus par un écrivain romantique

François-René de Chateaubriand évoque ici le plaisir qu'il avait, enfant, à se rendre au port de Brest pour y contempler l'animation qui y régnait.

Cette mer que je devais rencontrer sur tant de rivages baignait à Brest l'extrémité de la péninsule armoricaine : après ce cap avancé, il n'y avait plus rien qu'un océan sans bornes et des mondes inconnus ; mon imagination se jouait dans ces espaces. Souvent, assis sur quelque mât qui gisait le long du quai de Recouvrance, je regardais les mouvements de la foule : constructeurs, matelots, militaires, douaniers, forçats, passaient et repassaient devant moi. Des voyageurs débarquaient et s'embarquaient, des pilotes commandaient la manœuvre, des charpentiers équarissaient des pièces de bois, des cordiers filaient des câbles, des mousses[1] allumaient des feux sous des chaudières d'où sortaient une épaisse fumée et la saine odeur du goudron.

François-René de Chateaubriand, *Mémoires d'outre-tombe*, 1849.

1. **mousses** : jeunes marins.

La vie des marins

1. D'après ces textes, en quoi la vie des marins consistait-elle au XIXe siècle ?

2. À quelle catégorie sociale le père de Jeanne appartient-il ? À quelle phrase de l'extrait des *Mémoires d'outre-tombe* (texte écho) son observation renvoie-t-elle ? Sa remarque tient-elle compte de la réalité de vie des pêcheurs ?

3. Lequel des deux textes reflète le mieux les conditions de vie des marins (précision des informations, registres de langue) ?

BILAN **4** Dites auquel des deux textes ces expressions correspondent : **a.** un témoignage de la vérité brute, **b.** une vision idéalisée de la vie en mer.
Justifiez votre réponse en prenant appui sur les figures de style.

Gustave Courbet (1819-1877), *La Vague*, 1870, huile sur toile (117 x 160,5 cm), musée d'Orsay, Paris.

Joseph Mallord William Turner (1775-1851), *Pêcheurs en mer*, 1796, huile sur toile (91 x 122 cm), Tate Gallery, Londres.

Comparer deux tableaux sur un même sujet : la mer houleuse

1. Comment expliquez-vous l'absence de pêcheurs dans le tableau de G. Courbet ?

2. Laquelle des deux toiles évoque la vie des pêcheurs de la manière la plus vraisemblable ? Laquelle offre, au contraire, une vision plus théâtralisée de la pêche en mer ?

Exprimer un avis

Lequel des deux tableaux préférez-vous ? Justifiez votre choix.

L'amour, victime de la réalité sociale

Texte 2 La rempailleuse

Texte intégral

Cette nouvelle, fondée sur un récit enchâssé, évoque le sort d'une misérable rempailleuse qui sacrifia sa vie à réparer des chaises pour un pharmacien qui la regardait à peine.

À Léon Hennique.

C'était la fin du dîner d'ouverture de chasse chez le marquis de Bertrans. Onze chasseurs, huit jeunes femmes et le médecin du pays étaient assis autour de la grande table illuminée, couverte de fruits et de fleurs.

On vint à parler d'amour, et une grande discussion s'éleva, l'éternelle discussion, pour savoir si on pouvait aimer vraiment une fois ou plusieurs fois. On cita des exemples de gens n'ayant jamais eu qu'un amour sérieux ; on cita aussi d'autres exemples de gens ayant aimé souvent, avec violence. Les hommes, en général, prétendaient que la passion, comme les maladies, peut frapper plusieurs fois le même être, et le frapper à le tuer si quelque obstacle se dresse devant lui. Bien que cette manière de voir ne fût pas contestable, les femmes, dont l'opinion s'appuyait sur la poésie bien plus que sur l'observation, affirmaient que l'amour, l'amour vrai, le grand amour, ne pouvait tomber qu'une seule fois sur un mortel, qu'il était semblable à la foudre, cet amour, et qu'un cœur touché par lui demeurait ensuite tellement vidé, ravagé, incendié, qu'aucun autre sentiment puissant, même aucun rêve, n'y pouvait germer de nouveau.

« Avez-vous des chaises à rempailler ! », carton publicitaire, lithographie, vers 1900.

Le marquis, ayant aimé beaucoup, combattait vivement cette croyance :

– Je vous dis, moi, qu'on peut aimer plusieurs fois avec toutes ses forces et toute son âme. Vous me citez des gens qui se sont tués par amour, comme preuve de l'impossibilité d'une seconde passion. Je vous répondrai que, s'ils n'avaient pas commis cette bêtise de se suicider, ce qui leur enlevait toute chance de rechute, ils se seraient guéris ; et ils auraient recommencé, et toujours, jusqu'à leur mort naturelle. Il en est des amoureux comme des ivrognes. Qui a bu boira – qui a aimé aimera. C'est une affaire de tempérament, cela.

On prit pour arbitre le docteur, vieux médecin parisien retiré aux champs, et on le pria de donner son avis.

Justement il n'en avait pas :

– Comme l'a dit le marquis, c'est une affaire de tempérament ; quant à moi, j'ai eu connaissance d'une passion qui dura cinquante-cinq ans sans un jour de répit, et qui ne se termina que par la mort.

La marquise battit des mains.

– Est-ce beau cela ! Et quel rêve d'être aimé ainsi ! Quel bonheur de vivre cinquante-cinq ans tout enveloppé de cette affection acharnée et pénétrante ! Comme il a dû être heureux, et bénir la vie, celui qu'on adora de la sorte !

Le médecin sourit :

– En effet, Madame, vous ne vous trompez pas sur ce point, que l'être aimé fut un homme. Vous le connaissez, c'est M. Chouquet, le pharmacien du bourg. Quant à elle, la femme, vous l'avez connue aussi, c'est la vieille rempailleuse de chaises qui venait tous les ans au château. Mais je vais me faire mieux comprendre.

L'enthousiasme des femmes était tombé ; et leur visage dégoûté disait : « Pouah ! » comme si l'amour n'eût dû frapper que des êtres fins et distingués, seuls dignes de l'intérêt des gens comme il faut.

Le médecin reprit :

– J'ai été appelé, il y a trois mois, auprès de cette vieille femme, à son lit de mort. Elle était arrivée la veille, dans la voiture qui lui servait de maison, traînée par la rosse[1] que vous avez vue, et accompagnée de ses deux grands chiens noirs, ses amis et ses gardiens. Le curé était déjà là. Elle nous fit ses exécuteurs testamentaires[2], et, pour nous dévoiler le sens de ses volontés dernières, elle nous raconta toute sa vie. Je ne sais rien de plus singulier et de plus poignant.

Son père était rempailleur et sa mère rempailleuse. Elle n'a jamais eu de logis planté en terre.

Toute petite, elle errait, haillonneuse[3], vermineuse[4], sordide. On s'arrêtait à l'entrée des villages, le long des fossés ; on dételait la voiture ; le cheval broutait ; le chien dormait, le museau sur ses pattes ; et la petite se roulait dans l'herbe pendant que le père et la mère rafistolaient[5], à l'ombre des ormes du chemin, tous les vieux sièges de la commune. On ne parlait guère, dans cette demeure ambulante. Après les quelques mots nécessaires pour décider qui ferait le tour des maisons en poussant le cri bien connu : « Remmmpailleur de chaises ! » on se mettait à tortiller la paille, face à face ou côte à côte. Quand l'enfant allait trop loin ou tentait d'entrer en relations avec quelque galopin du village, la voix colère du père la rappelait : « Veux-tu bien revenir ici, crapule ! » C'étaient les seuls mots de tendresse qu'elle entendait.

Quand elle devint plus grande, on l'envoya faire la récolte des fonds de sièges avariés. Alors elle ébaucha quelques connaissances de place en place avec les gamins ; mais c'étaient les parents de ses nouveaux amis qui rappelaient brutalement leurs enfants : « Veux-tu bien venir ici, polisson ! Que je te voie causer avec les va-nu-pieds !... »

Souvent les petits gars lui jetaient des pierres.

Des dames lui ayant donné quelques sous, elle les garda soigneusement.

Un jour – elle avait alors onze ans – comme elle passait par ce pays, elle rencontra derrière le cimetière le petit Chouquet qui pleurait parce qu'un camarade lui avait volé deux liards[6]. Ces larmes d'un petit bourgeois, d'un de ces petits qu'elle s'imaginait dans sa frêle caboche[7] de déshéritée, être toujours contents et joyeux, la bouleversèrent. Elle s'approcha, et, quand elle connut la raison de sa peine, elle versa entre ses mains toutes ses économies, sept sous, qu'il prit naturellement, en essuyant ses larmes. Alors, folle de joie, elle eut l'audace de l'embrasser. Comme il considérait attentivement sa monnaie, il se laissa faire. Ne se voyant ni repoussée ni battue, elle recommença ; elle l'embrassa à pleins bras, à plein cœur. Puis elle se sauva.

Que se passa-t-il dans cette misérable tête ? S'est-elle attachée à ce mioche[8] parce qu'elle lui avait sacrifié sa fortune de vagabonde, ou parce qu'elle lui avait donné son premier baiser tendre ? Le mystère est le même pour les petits que pour les grands.

Pendant des mois, elle rêva de ce coin de cimetière et de ce gamin. Dans l'espérance de le revoir, elle vola ses parents, grappillant un sou par-ci, un sou par-là, sur un rempaillage, ou sur les provisions qu'elle allait acheter.

Quand elle revint, elle avait deux francs dans sa poche, mais elle ne put qu'apercevoir le petit pharmacien, bien propre,

Biographie

Guy de Maupassant (1830-1893) est célèbre pour ses nouvelles. Encouragé par Gustave Flaubert, il cherche à reproduire dans ses récits réalistes différents pans de la société. Il a l'art de conter des anecdotes révélant les caractères.

Une remise en cause de l'amour idéal

1. De quoi les convives débattent-ils ? Résumez le point de vue des hommes et celui des femmes.

2. Comment comprenez-vous la réaction des femmes quand elles découvrent que l'amoureuse est une rempailleuse ?

3. Expliquez ce commentaire du médecin : « C'étaient les seuls mots de tendresse qu'elle entendait » (l. 102).

BILAN **4** Montrez que Guy de Maupassant dévoile une société inégalitaire, cruelle, même quand il est question d'amour.

Aidez-vous des passages surlignés pour répondre aux questionnaires sur cette nouvelle.

Exprimer un avis

Expliquez les raisons pour lesquelles la jeune et pauvre rempailleuse a pu tomber amoureuse du petit Chouquet, le fils du pharmacien. Justifiez votre réponse en citant le texte.

1. **rosse** : vieux cheval.
2. **exécuteurs testamentaires** : personnes chargées de l'exécution du testament d'un défunt.
3. **haillonneuse** : vêtue de haillons, de morceaux de vêtements très usés.
4. **vermineuse** : couverte de vermine.
5. **rafistolaient** : réparaient (familier).
6. **liards** : petite monnaie de l'époque.
7. **caboche** : tête (familier).
8. **mioche** : enfant (familier).

derrière les carreaux de la boutique paternelle, entre un bocal rouge et un ténia[9].

Elle ne l'en aima que davantage, séduite, émue, extasiée par cette gloire de l'eau colorée, cette apothéose des cristaux luisants.

Elle garda en elle son souvenir ineffaçable, et, quand elle le rencontra, l'an suivant, derrière l'école, jouant aux billes avec ses camarades, elle se jeta sur lui, le saisit dans ses bras, et le baisa avec tant de violence qu'il se mit à hurler de peur. Alors, pour l'apaiser, elle lui donna son argent : trois francs vingt, un vrai trésor, qu'il regardait avec des yeux agrandis.

Il le prit et se laissa caresser tant qu'elle voulut.

Pendant quatre ans encore, elle versa entre ses mains toutes ses réserves, qu'il empochait avec conscience en échange de baisers consentis. Ce fut une fois trente sous, une fois deux francs, une fois douze sous (elle en pleura de peine et d'humiliation, mais l'année avait été mauvaise) et la dernière fois, cinq francs, une grosse pièce ronde, qui le fit rire d'un rire content.

Elle ne pensait plus qu'à lui ; et il attendait son retour avec une certaine impatience, courait au-devant d'elle en la voyant, ce qui faisait bondir le cœur de la fillette.

Puis il disparut. On l'avait mis au collège. Elle le sut en interrogeant habilement. Alors elle usa d'une diplomatie infinie pour changer l'itinéraire de ses parents et les faire passer par ici au moment des vacances. Elle y réussit, mais après un an de ruses. Elle était donc restée deux ans sans le revoir ; et elle le reconnut à peine, tant il était changé, grandi, embelli, imposant dans sa tunique à boutons d'or. Il feignit de ne pas la voir et passa fièrement près d'elle.

Elle en pleura pendant deux jours ; et depuis lors elle souffrit sans fin.

Tous les ans elle revenait ; passait devant lui sans oser le saluer et sans qu'il daignât même tourner les yeux vers elle. Elle l'aimait éperdument. Elle me dit : « C'est le seul homme que j'aie vu sur la terre, monsieur le médecin ; je ne sais pas si les autres existaient seulement. »

Ses parents moururent. Elle continua leur métier, mais elle prit deux chiens au lieu d'un, deux terribles chiens qu'on n'aurait pas osé braver.

Un jour, en revenant dans ce village où son cœur était resté, elle aperçut une jeune femme qui sortait de la boutique Chouquet au bras de son bien-aimé. C'était sa femme. Il était marié.

Le soir même, elle se jeta dans la mare qui est sur la place de la Mairie. Un ivrogne attardé la repêcha, et la porta à la pharmacie. Le fils Chouquet descendit en robe de chambre, pour la soigner, et, sans paraître la reconnaître, la déshabilla, la frictionna, puis il lui dit d'une voix dure : « Mais vous êtes folle ! Il ne faut pas être bête comme ça ! »

Cela suffit pour la guérir. Il lui avait parlé ! Elle était heureuse pour longtemps.

Il ne voulut rien recevoir en rémunération de ses soins, bien qu'elle insistât vivement pour le payer.

Et toute sa vie s'écoula ainsi. Elle rempaillait en songeant à Chouquet. Tous les ans, elle l'apercevait derrière ses vitraux. Elle prit l'habitude d'acheter chez lui des provisions de menus médicaments. De la sorte elle le voyait de près, et lui parlait, et lui donnait encore de l'argent.

Comme je vous l'ai dit en commençant, elle est morte ce printemps. Après m'avoir raconté toute cette triste histoire, elle me pria de remettre à celui qu'elle avait si patiemment aimé toutes les économies de son existence, car elle n'avait travaillé que pour lui, disait-elle, jeûnant même pour mettre de côté, et être sûre qu'il penserait à elle, au moins une fois, quand elle serait morte.

Elle me donna donc deux mille trois cent vingt-sept francs. Je laissai à M. le curé les vingt-sept francs pour l'enterrement, et j'emportai le reste quand elle eut rendu le dernier soupir.

Le lendemain, je me rendis chez les Chouquet. Ils achevaient de déjeuner, en face l'un de l'autre, gros et rouges, fleurant les produits pharmaceutiques, importants et satisfaits.

On me fit asseoir ; on m'offrit un kirsch, que j'acceptai ; et je commençai mon discours d'une voix émue, persuadé qu'ils allaient pleurer.

Dès qu'il eut compris qu'il avait été aimé de cette vagabonde, de cette rempailleuse, de cette rouleuse[10], Chouquet bondit d'indignation, comme si elle lui avait volé sa réputation, l'estime des honnêtes gens, son honneur intime, quelque chose de délicat qui lui était plus cher que la vie.

Sa femme, aussi exaspérée que lui, répétait : « Cette gueuse[11] ! cette gueuse ! cette gueuse !... » Sans pouvoir trouver autre chose.

Il s'était levé ; il marchait à grands pas derrière la table, le bonnet grec chaviré sur une oreille. Il balbutiait : « Comprend-on ça, docteur ? Voilà de ces choses horribles pour un homme ! Que faire ? Oh ! si je l'avais su de son vivant, je l'aurais fait arrêter par la gendarmerie et flanquer en prison. Et elle n'en serait pas sortie, je vous en réponds ! »

Je demeurais stupéfait du résultat de ma démarche pieuse[12]. Je ne savais que dire ni que faire. Mais j'avais à compléter ma mission. Je repris : « Elle m'a chargé de vous remettre ses économies, qui montent à deux mille trois cents francs. Comme ce que je viens de vous apprendre semble vous être fort désagréable, le mieux serait peut-être de donner cet argent aux pauvres. »

Carl Kunz, Johann Geiger, *Une pharmacie autrichienne* (détail), 1838, gravure.

Ils me regardaient, l'homme et la femme, perclus[13] de saisissement.

Je tirai l'argent de ma poche, du misérable argent de tous pays et de toutes les marques, de l'or et de sous mêlés. Puis je demandai : « Que décidez-vous ? »

Madame Chouquet parla la première : « Mais, puisque c'était sa dernière volonté, à cette femme... il me semble qu'il nous est bien difficile de refuser. »

Le mari, vaguement confus, reprit : « Nous pourrions toujours acheter avec ça quelque chose pour nos enfants. »

Je dis d'un air sec : « Comme vous voudrez. »

Il reprit : « Donnez toujours, puisqu'elle vous en a chargé ; nous trouverons bien moyen de l'employer à quelque bonne œuvre. »

Je remis l'argent, je saluai, et je partis.

Le lendemain Chouquet vient me trouver et, brusquement : « Mais elle a laissé ici sa voiture, cette... cette femme. Qu'est-ce que vous en faites, de cette voiture ?

– Rien, prenez-la si vous voulez.

– Parfait ; cela me va ; j'en ferai une cabane pour mon potager. »

Il s'en allait. Je le rappelai. « Elle a laissé aussi son vieux cheval et ses deux chiens. Les voulez-vous ? » Il s'arrêta, surpris : « Ah ! non, par exemple ; que voulez-vous que j'en fasse ? Disposez-en comme vous voudrez. » Et il riait. Puis il me tendit sa main que je serrai. Que voulez-vous ? Il ne faut pas dans un pays, que le médecin et le pharmacien soient ennemis.

J'ai gardé les chiens chez moi. Le curé, qui a une grande cour, a pris le cheval. La voiture sert de cabane à Chouquet ; et il a acheté cinq obligations de chemin de fer avec l'argent.

Voilà le seul amour profond que j'aie rencontré, dans ma vie. »

Le médecin se tut.

Alors la marquise, qui avait des larmes dans les yeux, soupira : « Décidément, il n'y a que les femmes pour savoir aimer ! »

Guy de Maupassant, « La rempailleuse », *Contes de la Bécasse*, 1883.

9. **ténia** : ver solitaire.
10. **cette rouleuse** : cette voleuse.
11. **cette gueuse** : cette misérable.
12. **pieuse** : empreinte de sentiments religieux.
13. **perclus de saisissement** : immobilisés par l'étonnement.

L'amour miné par l'argent

1. Faites les portraits physiques et moraux de la rempailleuse et du jeune Chouquet. Que constatez-vous ?
2. Sur quel élément leur relation s'établit-elle ? Dans quelle mesure peut-on parler de « monde à l'envers » ?
3. Comment les Chouquet réagissent-ils quand ils apprennent l'amour de la rempailleuse ? À quels autres personnages de la nouvelle font-ils penser ? Quel est leur point commun ?
4. Quelle image le pharmacien, mais aussi le médecin, donnent-ils de la bourgeoisie de province ?

BILAN 5. Selon vous, la marquise a-t-elle compris le sens de ce récit (l. 282-288) ? Le narrateur vous semble-t-il avoir pris parti pour un personnage ?

Le mariage dans le viseur des réalistes

Pascal Adolphe Jean Dagnan-Bouveret (1852-1929), *Une noce chez le photographe*, 1879, huile sur toile (85 x 122 cm), musée des Beaux-Arts de Lyon.

Jeunes mariés vers 1910.

Le savez-vous ?

Nicéphore Niepce tire **le premier cliché photographique en 1826** mais c'est **Louis Daguerre** qui, **en 1839**, présente une version plus élaborée de cette invention à l'Académie des Sciences : **le daguerréotype**. C'est le début d'une nouvelle ère qui évoluera jusqu'à la photographie numérique actuelle.

Montrer l'envers du décor d'une photographie officielle

1. En observant la composition du tableau, justifiez son titre.
2. À quelle catégorie sociale les mariés appartiennent-ils ?
3. Comparez cette toile à la photographie. Comment le peintre montre-t-il l'envers du décor ? Expliquez pourquoi.

Comprendre une mise en scène de la réalité

Donnez un nouveau titre au tableau en tenant compte des intentions réalistes du peintre.

L'objet révélateur

Dans Madame Bovary *(1857), G. Flaubert raconte la vie d'Emma, petite bourgeoise de province, qui s'ennuie à mourir avec son mari, Charles, veuf d'un premier mariage. Ces deux extraits sont centrés sur les deux bouquets de mariée du roman, celui de la première épouse de Charles et celui d'Emma. La jeune épouse semble apporter au sien peu d'attention…*

Texte 3 Le bouquet de l'autre mariée…

Emma monta dans les chambres. La première n'était point meublée ; mais la seconde, qui était la chambre conjugale, avait un lit d'acajou dans une alcôve[1] à draperie rouge. Une boîte en coquillages décorait la commode ; et, sur le secrétaire[2], près de la fenêtre, il y avait, dans une carafe, un bouquet de fleurs d'oranger, noué par des rubans de satin blanc. C'était un bouquet de mariée, le bouquet de l'autre ! Elle le regarda. Charles s'en aperçut, il le prit et l'alla porter au grenier, tandis qu'assise dans un fauteuil (on disposait ses affaires autour d'elle), Emma songeait à son bouquet de mariage, qui était emballé dans un carton, et se demandait, en rêvant, ce qu'on en ferait, si par hasard elle venait à mourir.

Gustave Flaubert, *Madame Bovary*, I, chap. 5, 1857.

1. **alcôve** : enfoncement aménagé dans une pièce pour accueillir un lit. 2. **secrétaire :** meuble à tiroirs pouvant servir de table pour écrire.

Texte 4 Un bouquet de mariée jeté au feu

Un jour qu'en prévision de son départ[3] elle faisait des rangements dans un tiroir, elle se piqua les doigts à quelque chose. C'était un fil de fer de son bouquet de mariage. Les boutons d'oranger étaient jaunes de poussière, et les rubans de satin, à liséré d'argent, s'effiloquaient par le bord. Elle le jeta dans le feu. Il s'enflamma plus vite qu'une paille sèche. Puis ce fut comme un buisson rouge sur les cendres, et qui se rongeait lentement. Elle le regarda brûler. Les petites baies de carton éclataient, les fils d'archal[4] se tordaient, le galon[5] se fondait ; et les corolles[6] de papier, racornies, se balançant le long de la plaque comme des papillons noirs, enfin s'envolèrent par la cheminée.

Gustave Flaubert, *Madame Bovary*, I, chap. 9, 1857.

3. À la fin de la première partie du roman, le couple décide de quitter Tostes dans l'espoir de jours meilleurs. 4. **fils d'archal :** fils en métal (laiton). 5. **galon :** bande de tissu. 6. **corolles de papier :** papier découpé dont la forme circulaire rappelle l'ensemble des pétales d'une fleur ouverte.

Comprendre la valeur symbolique d'un objet

1. Montrez que ces bouquets sont décrits avec une attention portée aux détails matériels.

2. Que représente habituellement un bouquet de mariée ?

3. Dans quel texte sait-on ce que ressent Emma ? Grâce à quels éléments ?

4. Dans quelle circonstance le bouquet d'Emma réapparait-il ? Dégagez les mots soulignant le passage du temps.

BILAN **5** Selon vous, en brulant, de quoi le bouquet de mariée d'Emma devient-il le symbole ?

Lire une nouvelle intégrale

ACTIVITÉ **lienmini.fr/jdl4-T301** Saisissez cette adresse dans votre navigateur et lisez ou écoutez « Première neige », nouvelle de Guy de Maupassant publiée en 1900 dans *Le Colporteur et autres nouvelles*. Expliquez le rôle fondamental de l'objet dans ce récit.

« Première neige », *in* **M. Gagella, J.-P. Joblin**, *Contes de Maupassant en bandes dessinées*, © Petit à petit, 2002.

PARCOURS un genre

Le réalisme, témoin de la réalité de la guerre

Texte 5 Deux amis

Texte intégral

« Deux amis » est une nouvelle de Guy de Maupassant qui a pour cadre historique la guerre franco-prussienne de 1870. Paris est alors assiégé.

Paris était bloqué, affamé et râlant. Les moineaux se faisaient bien rares sur les toits, et les égouts se dépeuplaient. On mangeait n'importe quoi.

Comme il se promenait tristement par un clair matin de janvier le long du boulevard extérieur, les mains dans les poches de sa culotte d'uniforme et le ventre vide, M. Morissot, horloger de son état et pantouflard par occasion, s'arrêta net devant un confrère qu'il reconnut pour un ami. C'était M. Sauvage, une connaissance du bord de l'eau.

Chaque dimanche, avant la guerre, Morissot partait dès l'aurore, une canne en bambou d'une main, une boîte en fer-blanc sur le dos. Il prenait le chemin de fer d'Argenteuil, descendait à Colombes, puis gagnait à pied l'île Marante. À peine arrivé en ce lieu de ses rêves, il se mettait à pêcher ; il pêchait jusqu'à la nuit.

Chaque dimanche, il rencontrait là un petit homme replet[1] et jovial, M. Sauvage, mercier, rue Notre-Dame-de-Lorette, autre pêcheur fanatique. Ils passaient souvent une demi-journée côte à côte, la ligne à la main et les pieds ballants au-dessus du courant ; et ils s'étaient pris d'amitié l'un pour l'autre.

En certains jours, ils ne parlaient pas. Quelquefois ils causaient ; mais ils s'entendaient admirablement sans rien dire, ayant des goûts semblables et des sensations identiques.

Au printemps, le matin, vers dix heures, quand le soleil rajeuni faisait flotter sur le fleuve tranquille cette petite buée qui coule avec l'eau, et versait dans le dos des deux enragés pêcheurs une bonne chaleur de saison nouvelle, Morissot parfois disait à son voisin : « Hein ! quelle douceur ! » et M. Sauvage répondait : « Je ne connais rien de meilleur. » Et cela leur suffisait pour se comprendre et s'estimer.

À l'automne, vers la fin du jour, quand le ciel, ensanglanté par le soleil couchant jetait dans l'eau des figures de nuages écarlates, empourprait le fleuve entier, enflammait l'horizon, faisait rouges comme du feu entre les deux amis, et dorait les arbres roussis déjà, frémissants d'un frisson d'hiver, M. Sauvage regardait en souriant Morissot et prononçait : « Quel spectacle ! » Et Morissot émerveillé répondait, sans quitter des yeux son flotteur : « Cela vaut mieux que le boulevard, hein ? »

Dès qu'ils se furent reconnus, ils se serrèrent les mains énergiquement, tout émus de se retrouver en des circonstances si différentes. M. Sauvage, poussant un soupir, murmura : « En voilà des événements ! » Morissot, très morne, gémit : « Et quel temps ! c'est aujourd'hui le premier beau jour de l'année. »

Le ciel était, en effet, tout bleu et plein de lumière.

Ils se mirent à marcher côte à côte, rêveurs et tristes, Morissot reprit : « Et la pêche ? hein ! quel bon souvenir ? »

M. Sauvage demanda : « Quand y retournerons-nous ? »

Ils entrèrent dans un petit café et burent ensemble une absinthe[2] ; puis ils se remirent à se promener sur les trottoirs.

Morissot s'arrêta soudain : « Une seconde verte[3], hein ? » M. Sauvage y consentit : « À votre disposition. » Et ils pénétrèrent chez un autre marchand de vins.

Ils étaient fort étourdis en sortant, troublés comme des gens à jeun dont le ventre est plein d'alcool. Il faisait doux. Une brise caressante leur chatouillait le visage.

M. Sauvage, que l'air tiède achevait de griser, s'arrêta : « Si on y allait ?

– Où ça ?

– À la pêche, donc.

– Mais où ?

– Mais à notre île. Les avant-postes français sont auprès de Colombes. Je connais le colonel Dumoulin ; on nous laissera passer facilement. »

Morissot frémit de désir : « C'est dit. J'en suis. » Et ils se séparèrent pour prendre leurs instruments.

Une heure après, ils marchaient côte à côte, sur la grand'route. Puis ils gagnèrent la villa qu'occupait le colonel. Il sourit de leur demande et consentit à leur fantaisie. Ils se remirent en marche, munis d'un laisser-passer.

Bientôt ils franchirent les avant-postes, traversèrent Colombes abandonné, et se retrouvèrent au bord des petits champs de vigne qui descendent vers la Seine. Il était environ onze heures.

En face, le village d'Argenteuil semblait mort. Les hauteurs d'Orgemont et de Sannois dominaient tout le pays. La grande plaine qui va jusqu'à Nanterre était vide, toute vide, avec ses cerisiers nus et ses terres grises.

M. Sauvage, montrant du doigt les sommets, murmura : « Les Prussiens sont là-haut ! » Et une inquiétude paralysait les deux amis devant ce pays désert.

« Les Prussiens ! » Ils n'en avaient jamais aperçu, mais il les sentaient là depuis des mois, autour de Paris, ruinant la France, pillant, massacrant, affamant, invisibles et tout-puissants.

Et une sorte de terreur superstitieuse s'ajoutait à la haine qu'ils avaient pour ce peuple inconnu et victorieux.

Morissot balbutia : « Hein ! si nous allions en rencontrer ? »

M. Sauvage répondit, avec cette gouaillerie parisienne reparaissant malgré tout : « Nous leur offririons une friture[4]. »

Mais ils hésitaient à s'aventurer dans la campagne, intimidés par le silence de tout l'horizon.

À la fin M. Sauvage se décida : « Allons, en route ! mais avec précaution. » Et ils descendirent dans un champ de vigne, courbés en deux, rampant, profitant des buissons pour se couvrir, l'œil inquiet, l'oreille tendue.

Une bande de terre nue restait à traverser pour gagner le bord du fleuve. Ils se mirent à courir ; et dès qu'ils eurent atteint la berge, ils se blottirent dans les roseaux secs.

Morissot colla sa joue par terre pour écouter si on ne marchait pas dans les environs. Il n'entendit rien. Ils étaient bien seuls, tout seuls.

Ils se rassurèrent et se mirent à pêcher.

En face d'eux l'île Marante abandonnée les cachait à l'autre berge. La petite maison du restaurant était close, semblait délaissée depuis des années.

M. Sauvage prit le premier goujon. Morissot attrapa le second ; et d'instant en instant ils levaient leurs lignes avec une petite bête argentée frétillant au bout du fil : une vraie pêche miraculeuse.

Ils introduisaient délicatement les poissons dans une poche de filet à mailles très serrées, qui trempait à leurs pieds. Et une joie délicieuse les pénétrait, cette joie qui vous saisit quand on retrouve un plaisir dont on est privé depuis longtemps.

Le bon soleil leur coulait sa chaleur entre les épaules ; ils n'écoutaient plus rien ; ils ne pensaient plus à rien ; ils ignoraient le reste du monde ; ils pêchaient.

Mais soudain un bruit sourd qui semblait venir de sous terre fit trembler le sol. Le canon se remettait à tonner.

Morissot tourna la tête, et par-dessus la berge il aperçut, là-bas,

Bruno Putzulu et **Philippe Torreton** dans *Deux Amis* de Gérard Jourd'hui (2007).

1. **replet** : grassouillet.
2. **absinthe** : liqueur alcoolique de couleur verte.
3. **une seconde verte** : un second verre d'absinthe (par métonymie).
4. **une friture** : poisson frit.

Repérer la structure d'une nouvelle

Les passages surlignés indiquent le début des différentes parties de la nouvelle. Lisez-les et donnez un titre à chacune d'elles.

Une guerre que l'on refuse de voir

1. De la ligne 1 à la ligne 48, quelles sont les informations données au lecteur ? Quel intérêt le point de vue omniscient a-t-il en ce début de récit ?

2. Par la suite (l. 116 à 122), quel autre point de vue rend compte, au contraire, de l'inconscience des deux amis ? Justifiez.

3. Relevez les éléments qui évoquent progressivement la présence de la guerre dans un cadre apparamment paisible.

BILAN **4** Morissot, Sauvage : quelle est la syllabe commune aux deux noms ? En reliant celle-ci au comportement imprudent des deux amis, comment l'interprétez-vous ? Par ce choix, le narrateur est-il neutre ?

sur la gauche, la grande silhouette du mont Valérien, qui portait au front une aigrette blanche, une buée de poudre qu'il venait de cracher.

Et aussitôt un second jet de fumée partit du sommet de la forteresse ; et quelques instants après une nouvelle détonation gronda.

Puis d'autres suivirent, et de moment en moment, la montagne jetait son haleine de mort, soufflait ses vapeurs laiteuses qui s'élevaient lentement dans le ciel calme, faisaient un nuage au-dessus d'elle.

M. Sauvage haussa les épaules : « Voilà qu'ils recommencent », dit-il.

Morissot, qui regardait anxieusement plonger coup sur coup la plume de son flotteur, fut pris soudain d'une colère d'homme paisible contre ces enragés qui se battaient ainsi, et il grommela : « Faut-il être stupide pour se tuer comme ça ! »

M. Sauvage reprit : « C'est pis que des bêtes. »

Et Morissot qui venait de saisir une ablette[5], déclara : « Et dire que ce sera toujours ainsi tant qu'il y aura des gouvernements. »

M. Sauvage l'arrêta : « La République n'aurait pas déclaré la guerre… »

Morissot l'interrompit : « Avec les rois on a la guerre au dehors ; avec la République on a la guerre au dedans. »

Et tranquillement ils se mirent à discuter, débrouillant les grands problèmes politiques avec une raison saine d'hommes doux et bornés, tombant d'accord sur ce point, qu'on ne serait jamais libres. Et le mont Valérien tonnait sans repos, démolissant à coups de boulet des maisons françaises, broyant des vies, écrasant des êtres, mettant fin à bien des rêves, à bien des joies attendues, à bien des bonheurs espérés, ouvrant en des cœurs de femmes, en des cœurs de filles, en des cœurs de mères, là-bas, en d'autres pays, des souffrances qui ne finiraient plus.

« C'est la vie », déclara M. Sauvage.

« Dites plutôt que c'est la mort », reprit en riant Morissot.

Mais ils tressaillirent effarés, sentant bien qu'on venait de marcher derrière eux ; et ayant tourné les yeux, ils aperçurent, debout contre leurs épaules, quatre grands hommes armés et barbus, vêtus comme des domestiques en livrée et coiffés de casquettes plates, les tenant en joue au bout de leurs fusils.

Les deux lignes s'échappèrent de leurs mains et se mirent à descendre la rivière.

En quelques secondes, ils furent saisis, attachés, emportés, jetés dans une barque et passés dans l'île.

Et derrière la maison qu'ils avaient crue abandonnée, ils aperçurent une vingtaine de soldats allemands.

Une sorte de géant velu, qui fumait, à cheval sur une chaise, une grande pipe de porcelaine, leur demanda, en excellent français : « Eh bien, messieurs, avez-vous fait bonne pêche ? »

Alors un soldat déposa aux pieds de l'officier le filet plein de poissons, qu'il avait eu soin d'emporter. Le Prussien sourit : « Eh ! eh ! je vois que ça n'allait pas mal. Mais il s'agit d'autre chose. Écoutez-moi et ne vous troublez pas.

Pour moi, vous êtes deux espions envoyés pour me guetter. Je vous prends et je vous fusille. Vous faisiez semblant de pêcher, afin de mieux dissimuler vos projets. Vous êtes tombés entre mes mains, tant pis pour vous ; c'est la guerre.

Mais, comme vous êtes sortis par les avant-postes, vous avez assurément un mot d'ordre pour rentrer. Donnez-moi ce mot d'ordre et je vous fais grâce. »

Les deux amis, livides, côte à côte, les mains agitées d'un léger tremblement nerveux, se taisaient.

L'officier reprit : « Personne ne le saura jamais, vous rentrerez paisiblement. Le secret disparaîtra avec vous. Si vous refusez, c'est la mort, et tout de suite. Choisissez ? »

Ils demeuraient immobiles sans ouvrir la bouche.

Le Prussien, toujours calme, reprit en étendant la main vers la rivière : « Songez que dans cinq minutes vous serez au fond de cette eau. Dans cinq minutes ! Vous devez avoir des parents ? »

Le mont Valérien tonnait toujours.

Les deux pêcheurs restaient debout et silencieux. L'Allemand donna des ordres dans sa langue. Puis il changea sa chaise de place pour ne pas se trouver trop près des prisonniers, et douze hommes vinrent se placer à vingt pas, le fusil au pied.

L'officier reprit : « Je vous donne une minute, pas deux secondes de plus. »

Puis il se leva brusquement, s'approcha des deux Français, prit Morissot sous le bras, l'entraîna plus loin, lui dit à voix basse : « Vite, ce mot d'ordre ? votre camarade ne saura rien, j'aurai l'air de m'attendrir. »

Morissot ne répondit rien.

Le Prussien entraîna alors M. Sauvage et lui posa la même question.

M. Sauvage ne répondit pas.

Ils se retrouvèrent côte à côte.

Et l'officier se mit à commander. Les soldats élevèrent leurs armes.

Alors le regard de Morissot tomba par hasard sur le filet plein de goujons, resté dans l'herbe, à quelques pas de lui.

Un rayon de soleil faisait briller le tas de poisson qui s'agitaient encore. Et une défaillance l'envahit. Malgré ses efforts, ses yeux s'emplirent de larmes.

Il balbutia : « Adieu, monsieur Sauvage. »

M. Sauvage répondit : « Adieu, monsieur Morissot. »

Ils se serrèrent la main, secoués des pieds à la tête par d'invincibles tremblements.

L'officier cria : « Feu ! »

Les douze coups n'en firent qu'un.

M. Sauvage tomba d'un bloc sur le nez. Morissot, plus grand, oscilla, pivota et s'abattit en travers sur son camarade, le visage au ciel, tandis que des bouillons de sang s'échappaient de sa tunique crevée à la poitrine.

L'Allemand donna de nouveaux ordres.

Ses hommes se dispersèrent, puis revinrent avec des cordes et des pierres qu'ils attachèrent aux pieds des deux morts ; puis ils les portèrent sur la berge.

Le mont Valérien ne cessait pas de gronder, coiffé maintenant d'une montagne de fumée.

Deux soldats prirent Morissot par la tête et par les jambes ; deux autres saisirent M. Sauvage de la même façon. Les corps, un instant balancés avec force, furent lancés au loin, décrivirent une courbe, puis plongèrent, debout, dans le fleuve, les pierres entraînant les pieds d'abord.

L'eau rejaillit, bouillonna, frissonna, puis se calma, tandis que de toutes petites vagues s'en venaient jusqu'aux rives.

Un peu de sang flottait.

L'officier, toujours serein, dit à mi-voix : « C'est le tour des poissons maintenant. »

Puis il revint vers la maison.

Et soudain il aperçut le filet aux goujons dans l'herbe. Il le ramassa, l'examina, sourit, cria : « Wilhelm ! »

Un soldat accourut, en tablier blanc. Et le Prussien, lui jetant la pêche des deux fusillés, commanda : « Fais-moi frire tout de suite ces petits animaux-là pendant qu'ils sont encore vivants. Ce sera délicieux. »

Puis il se remit à fumer.

5 février 1883

Guy de Maupassant, « Deux amis », *in Mademoiselle Fifi*, 1883.

Jean Émile Laboureur, illustration pour « Deux amis », 1935, similigravure.

5. **ablette** : poisson d'eau douce difficile à pêcher.

Les pouvoirs de dévoilement du réalisme

1. Des lignes 133 à 147, à travers quelles figures de style la bataille qui fait rage au loin est-elle évoquée ? Quelle impression cela donne-t-il ?

2. Dans les lignes 179 à 190, quelle phrase montre que les deux hommes ont enfin pris conscience de la guerre ? Quelle nouvelle dimension cela leur apporte par la suite ? Expliquez.

3. Quelle image de l'ennemi l'officier allemand donne-t-il ? Relevez les éléments qui disent son indifférente cruauté.

4. Quelle vision de la guerre le narrateur donne-t-il ?

BILAN **5** Pour quelles raisons aurait-on pu appeler aussi cette nouvelle « Deux héros si ordinaires » ?

AUDIO lienmini.fr/jdl4-T302

Saisissez cette adresse et écoutez attentivement cette lecture de « Deux amis ». Comment la lectrice lit-elle les paroles du Prussien ? Afin **d'accentuer le caractère réaliste** de la nouvelle, de quelle autre manière pourrait-on les lire ? Lancez-vous.

PARCOURS un genre

Dire la réalité des humbles

AUDIO lienmini.fr/jdl4-T303

Saisissez cette adresse dans votre navigateur pour **écouter la nouvelle « Le donneur d'eau bénite »**.

Le savez-vous ?

Guy de Maupassant a publié plus de trois cents nouvelles. Nombre d'entre elles paraissent dans la presse sous différents pseudonymes. « Le donneur d'eau bénite » parait ainsi sous le nom de Guy de Valmont.

Repère littéraire

Le narrateur choisit parfois de raconter en quelques lignes, ou même en quelques mots, une très longue période. Ce résumé s'appelle une ellipse.

Résumer une vie humble

1. En vous aidant des indicateurs temporels surlignés, calculez l'âge approximatif de Jean quand ses parents vont le retrouver.

2. De la disparition de Jean à sa recherche (l. 30 à 38), combien de temps s'est-il passé ? Combien de temps la scène de reconnaissance dure-t-elle (l. 102 à 133) ? Comparez le nombre de lignes et la durée de ces deux moments, justifiez un tel choix.

3. De quoi le couple a-t-il vécu ? Expliquez l'expression « alors ils se louèrent à la journée » (l. 39).

Texte 6 Le donneur d'eau bénite

Texte intégral

Il habitait autrefois une petite maison, près d'une grande route, à l'entrée d'un village. Il s'était établi charron[1] après avoir épousé la fille d'un fermier du pays, et comme ils travaillaient beaucoup tous les deux, ils amassèrent une petite fortune. Seulement, ils n'avaient pas d'enfants, ce qui les chagrinait énormément. Enfin un fils leur vint ; ils l'appelèrent Jean, et ils le caressaient l'un après l'autre, l'enveloppant de leur amour, le chérissant tellement qu'ils ne pouvaient rester une heure sans le regarder.

Comme il avait cinq ans, des saltimbanques[2] passèrent dans le pays et établirent une baraque sur la place de la Mairie.

Jean, qui les avait vus, s'échappa de la maison, et son père, après l'avoir cherché bien longtemps, le retrouva au milieu des chèvres savantes et des chiens faiseurs de tours, qui poussait de grands éclats de rire sur les genoux d'un vieux paillasse[3].

Trois jours après, à l'heure du dîner, au moment de se mettre à table, le charron et sa femme s'aperçurent que leur fils n'était plus dans la maison. Ils le cherchèrent dans leur jardin, et comme ils ne le trouvaient pas, le père sur le bord de la route, cria de toute sa force : « Jean ! » – La nuit venait ; l'horizon s'emplissait d'une vapeur brune qui reculait les objets dans un lointain sombre et effrayant. Trois grands sapins, tout près de là, semblaient pleurer. Aucune voix ne répondit ; mais il y avait dans l'air comme des gémissements indistincts. Le père écouta longtemps, croyant toujours entendre quelque chose, tantôt à droite, tantôt à gauche, et la tête perdue, il s'enfonçait dans la nuit en appelant sans cesse : « Jean ! Jean ! »

Il courut ainsi jusqu'au jour, emplissant les ténèbres de ses cris, épouvantant les bêtes rôdeuses, ravagé par une angoisse terrible et se croyant fou par moments. Sa femme, assise sur la pierre de sa porte, sanglota jusqu'au matin.

On ne retrouva pas leur fils.

Alors ils vieillirent rapidement dans une tristesse inconsolable.

Enfin ils vendirent leur maison et ils partirent pour chercher eux-mêmes.

Ils questionnèrent les bergers sur les côtes, les marchands qui passaient, les paysans dans les villages et les autorités des villes. Mais il y avait longtemps que leur fils était perdu ; personne ne savait rien ; lui-même avait sans doute oublié son nom maintenant et celui de son pays ; et ils pleuraient, n'espérant plus.

Bientôt ils n'eurent plus d'argent ; alors ils se louèrent à la journée dans les fermes et dans les hôtelleries, accomplissant les besognes les plus humbles, vivant des restes des autres, couchant sur la dure[4] et souffrant du froid. Mais comme ils devenaient très faibles à force de fatigues, on n'en voulut plus pour travailler, et ils furent obligés de mendier sur les routes. Ils accostaient les voyageurs avec des figures tristes et

Fernand Pelez (1848-1913), *Grimaces et misère, les saltimbanques* (détail), 1888, huile sur toile (6,25 x 2,22 m), musée des Beaux-Arts de la ville de Paris, Petit Palais.

des voix suppliantes ; imploraient un morceau de pain des moissonneurs qui dînent autour d'un arbre, à midi, dans la plaine ; et ils mangeaient silencieusement, assis sur le bord des fossés.

Un hôtelier, auquel ils racontaient leur malheur, leur dit un jour :

« J'ai connu aussi quelqu'un qui avait perdu sa fille ; c'est à Paris qu'il l'a retrouvée. »

Ils se mirent tout de suite en route pour Paris.

Lorsqu'ils entrèrent dans la grande ville, ils furent effrayés par son immensité et par les multitudes qui passaient.

Ils comprirent cependant qu'il devait être au milieu de tous ces hommes, mais ils ne savaient comment s'y prendre pour le chercher. Puis ils craignaient de ne pas le reconnaître, car il y avait alors quinze ans qu'ils ne l'avaient vu.

Ils visitèrent toutes les places, toutes les rues, s'arrêtèrent à tous les attroupements qu'ils voyaient, espérant une rencontre providentielle, quelque prodigieux hasard, une pitié de la destinée.

Souvent ils marchaient à l'aventure devant eux, l'un contre l'autre, ayant l'air si tristes et si pauvres qu'on leur faisait l'aumône sans qu'ils l'eussent demandée.

Chaque dimanche ils passaient leur journée à la porte des églises, regardant entrer et sortir les foules et cherchant sur les figures quelque ressemblance lointaine. Plusieurs fois ils crurent le reconnaître, mais toujours ils s'étaient trompés.

Il y avait, au seuil d'une des églises où ils revenaient le plus souvent, un vieux donneur[5] d'eau bénite qui était devenu leur ami. Son histoire était aussi fort triste, et la commisération[6] qu'ils avaient pour lui fit naître entre eux une grande amitié. Ils finirent par habiter ensemble tous les trois dans un pauvre taudis, tout en haut d'une grande maison, située très loin, auprès des champs ; et le charron quelquefois rempla-

1. **charron** : celui qui fabrique des charrettes.
2. **saltimbanques** : personnes qui vont de ville en ville pour proposer des spectacles, des acrobaties.
3. **un vieux paillasse** : un vieil acrobate.
4. **la dure** : la terre nue.
5. **donneur d'eau bénite** : personne chargée de distribuer de l'eau bénite par le prêtre.
6. **commisération** : sentiment de pitié pour les malheureux.

çait à l'église son nouvel ami, lorsque celui-ci se trouvait malade. Un hiver vint, qui fut très dur. Le pauvre porteur de goupillon[7] mourut, et le curé de la paroisse désigna pour le remplacer le charron dont il avait appris les malheurs.

Alors il vint chaque matin s'asseoir au même endroit, sur la même chaise, usant continuellement du frottement de son dos la vieille colonne de pierre contre laquelle il s'appuyait. Il regardait fixement tous les hommes qu'il voyait entrer, et il attendait les dimanches avec autant d'impatience qu'un collégien, parce que l'église, ce jour-là, était sans cesse pleine de monde.

Il devint très vieux, s'affaiblissant encore sous l'humidité des voûtes ; et son espoir s'émiettait tous les jours.

Il connaissait à présent tous ceux qui venaient aux offices ; il savait leurs heures, leurs habitudes ; distinguait leurs pas sur les dalles.

Son existence était tellement rétrécie que l'entrée d'un étranger dans l'église était pour lui un grand événement. Un jour deux dames vinrent. L'une était vieille et l'autre jeune. C'était la mère et la fille probablement. Derrière elles un homme se présenta qui les suivit. Il les salua à la sortie, et, après leur avoir offert de l'eau bénite, il prit le bras de la plus vieille.

« Ce doit être le fiancé de la jeune », pensa le charron.

Et il chercha jusqu'au soir dans ses souvenirs où il avait pu voir autrefois un homme qui ressemblât à celui-là. Mais celui qu'il se rappelait devait être à présent un vieillard, car il lui semblait l'avoir connu là-bas, dans sa jeunesse.

Ce même homme revint souvent accompagner les deux dames, et cette ressemblance vague, éloignée et familière qu'il ne pouvait retrouver importunait tellement le vieux donneur d'eau bénite, qu'il fit venir sa femme avec lui pour aider sa mémoire affaiblie.

Un soir, comme le jour baissait, les étrangers entrèrent tous les trois. Lorsqu'ils furent passés :

« Eh bien ! le connais-tu ? » dit le mari.

La femme inquiète cherchait à se rappeler aussi. Tout à coup elle dit tout bas :

« Oui... oui... mais il est plus noir, plus grand, plus fort et habillé comme un monsieur ; pourtant, père, vois-tu, c'est ta figure quand tu étais jeune. »

Le vieux fit un soubresaut.

C'était vrai ; il lui ressemblait, et il ressemblait aussi à son frère qui était mort, et à son père qu'il avait connu jeune encore. Ils étaient tellement émus qu'ils ne trouvaient rien à dire. Les trois personnes redescendaient, allaient sortir. L'homme touchait le goupillon du doigt. Alors le vieux, dont la main tremblait tellement qu'elle faisait par terre une pluie d'eau bénite, s'écria : « Jean ? »

L'homme s'arrêta, le regardant.

Il reprit plus bas :

« Jean ? »

Les deux femmes l'examinaient sans comprendre.

Alors il dit pour la troisième fois en sanglotant :

« Jean ? »

L'homme se pencha de sa figure, et illuminé par un souvenir d'enfance, il répondit :

Nicolas Toussaint-Charlet (1792-1845), *Le Donneur d'eau bénite* (détail), vers 1830, huile sur toile (26 x 35 cm), Palais des Beaux-Arts, Lille.

7. **goupillon** : manche surmonté d'une touffe de poils qui sert à asperger d'eau bénite.

T. S. Boys, *Église Saint Séverin*, Paris, vers 1860, Musée de la Ville de Paris, Musée Carnavalet.

« Papa Pierre, maman Jeanne ! »

Il avait tout oublié, l'autre nom de son père et celui de son pays ; mais il se rappelait toujours ces deux mots qu'il avait tant répétés : papa Pierre, maman Jeanne !

Il tomba, la figure sur les genoux du vieux, et il pleurait, et il embrassait l'un après l'autre son père et sa mère, qui suffoquaient d'une joie démesurée.

Les deux dames pleuraient aussi, comprenant qu'un grand bonheur était arrivé.

Alors ils allèrent tous chez le jeune homme et il leur raconta son histoire.

Les saltimbanques l'avaient enlevé. Pendant trois ans il parcourut avec eux bien des pays. Puis la troupe s'était dispersée, et une vieille dame, un jour, dans un château, avait donné de l'argent pour le garder, parce qu'elle l'avait trouvé gentil. Comme il était intelligent, on le mit à l'école, puis au collège, et la vieille dame n'ayant pas d'enfants lui avait laissé sa fortune. Lui aussi avait cherché ses parents ; mais comme il ne se rappelait que ces deux noms : « papa Pierre, maman Jeanne », il n'avait pu les retrouver. Maintenant, il allait se marier, et il présenta sa fiancée qui était très bonne et très jolie.

Quand les deux vieux eurent dit à leur tour leurs chagrins et leurs fatigues, ils l'embrassèrent encore une fois ; et ils veillèrent fort tard ce soir-là, n'osant pas se coucher, de crainte que le bonheur qui les fuyait depuis si longtemps ne les abandonnât de nouveau pendant leur sommeil.

Mais ils avaient usé la ténacité du malheur, car ils furent heureux jusqu'à leur mort.

Guy de Maupassant, texte publié pour la première fois dans le journal *La Mosaïque*, le 10 novembre 1877.

Jean Béraud (1848-1935), *Le Rendez-vous* (détail), 1890, huile sur toile (38 x 55 cm), musée des Arts décoratifs, Paris.

Expliquer un caractère et un comportement

Après avoir recherché le mot « ténacité » dans le dictionnaire, expliquez dans quelle mesure ces parents qui ont « usé la ténacité du malheur » (l. 151) ont été tenaces.

Un conte de fée réaliste

1. L. 102 à 109, à travers quel point de vue la reconnaissance se fait-elle ? Quel effet cela produit-il ?

2. D'après la mère, quels éléments ont retardé celle-ci ?

3. Par quels moyens le narrateur rend-il ces retrouvailles émouvantes ?

4. Résumez ce qu'a été la vie de Jean. Quel rôle la vieille dame aristocrate a-t-elle joué ?

BILAN **5** Dans quelle mesure peut-on assimiler cette nouvelle à un conte de fée réaliste ?

Graine de savoir

Les écrivains réalistes ont l'art de choisir des prénoms, des noms qui jouent sur les sonorités, l'étymologie. Parfois, au contraire, **ils ne nomment pas leurs personnages**.

- Listez les noms des différents personnages de ce parcours. Lesquels n'en ont pas ? Puis remarquez ce que ces noms ou ces absences de nom soulignent.

ACTIVITÉ lienmini.fr/jdl4-T304

Saisissez cette adresse dans votre navigateur et découvrez dans ce parcours numérique **une autre nouvelle intégrale de Guy de Maupassant : « Aux champs »**.

PARCOURS un genre

Le réalisme poétique d'« Un cœur simple »

Biographie

Gustave Flaubert

(1821-1880)

Normand d'origine, cet écrivain aime à évoquer les « mœurs de province », comme il le fait dans *Madame Bovary* (1857) ou dans *Un cœur simple* (1877). Travailleur inlassable, il a toujours cherché à dépeindre fidèlement la réalité, tout en se montrant soucieux de la beauté de ses textes.

Camille Pissarro (1830-1903), *La Petite Bonne de campagne*, 1882, huile sur toile (53 x 63,5 cm), Tate Gallery, Londres.

« Un cœur simple », récit réaliste de Gustave Flaubert, présente l'humble vie de Félicité, une paysanne normande au service de Mme Aubain et de ses deux enfants, Paul et Virginie.

Texte 7 Une humble servante

Elle se levait dès l'aube, pour ne pas manquer la messe, et travaillait jusqu'au soir sans interruption ; puis le dîner étant fini, la vaisselle en ordre et la porte bien close, elle enfouissait la bûche sous les cendres et s'endormait devant l'âtre[1], son rosaire[2] à la main. Personne, dans les marchandages, ne montrait plus d'entêtement. Quant à la propreté, le poli de ses casseroles faisait le désespoir des autres servantes. Économe, elle mangeait avec lenteur, et recueillait du doigt sur la table les miettes de son pain, – un pain de douze livres, cuit exprès pour elle, et qui durait vingt jours.

En toute saison elle portait un mouchoir d'indienne[3] fixé dans le dos par une épingle, un bonnet lui cachant les cheveux, des bas gris, un jupon rouge, et par-dessus sa camisole un tablier à bavette, comme les infirmières d'hôpital.

Son visage était maigre et sa voix aiguë. À vingt-cinq ans, on lui en donnait quarante ; dès la cinquantaine, elle ne marqua plus aucun âge ; – et, toujours silencieuse, la taille droite et les gestes mesurés, semblait une femme en bois, fonctionnant d'une manière automatique.

Gustave Flaubert, « Un cœur simple », 1877, chap. I.

1. **âtre :** cheminée. 2. **rosaire :** dans la religion catholique, collier fait pour réciter ses prières. 3. **mouchoir d'indienne :** toile de coton imprimée.

Un portrait révélateur de la simplicité de la servante

1. Par quoi commence ce portrait ? Qu'est-il évoqué par la suite ? Sur quoi s'achève-t-il ? Quel est l'effet créé par cette progression ?

2. Quelles sont les qualités de Félicité ? À quel domaine appartiennent-elles ?

3. D'après le texte écho, pourquoi Félicité a-t-elle toujours paru plus âgée ?

BILAN **4** Quels éléments du texte 7 contribuent à faire de la servante « une femme en bois, fonctionnant d'une manière automatique » (l. 20-21) ? Observez le mode, le temps, l'ordre des verbes utilisés ainsi que les indications temporelles.

Texte écho Une vie sacrifiée

Lorsque Loulou, le perroquet qu'elle a adopté, meurt, Félicité décide d'aller le faire empailler à Honfleur. Mais sur le chemin, elle se fait renverser. Blessée à la joue, elle se laisse tout à coup aller à l'émotion.

Arrivée au sommet d'Ecquemauville, elle aperçut les lumières de Honfleur qui scintillaient dans la nuit comme une quantité d'étoiles ; la mer, plus loin, s'étalait confusément. Alors, une faiblesse l'arrêta ; et la misère de son enfance, la déception du premier amour, le départ de son neveu, la mort de Virginie, comme les flots d'une marée, revinrent à la fois, et, lui montant à la gorge, l'étouffaient.

Ibid., chap. IV.

Texte 8 Une héroïne qui s'ignore

AUDIO lienmini.fr/jdl4-T305

Saisissez cette adresse sur votre navigateur pour écouter cet extrait d'« Un cœur simple » lu par Marie-Christine Barrault. Vous pouvez également télécharger le texte.

Illustrer un épisode narratif

Après avoir lu et/ou écouté ce texte, observez l'illustration proposée par Émile Adan.

1. Comment le courage de Félicité est-il mis en valeur ?

2. Quels personnages se trouvent sur la ligne verticale centrale ? Quelles images contrastées cela donne-t-il de ces deux figures ?

BILAN **3** À vous d'illustrer, en couleur ou en noir et blanc, une telle péripétie. Vous veillerez à mettre en valeur l'héroïsme humble de la servante.

Émile Adan (1839-1937), illustration pour « Un cœur simple », 1894, BnF, Paris.

Texte 9 Un cœur pur transfiguré

À la mort de Mme Aubain, son fils Paul vient avec sa femme pour profiter de l'héritage et se montre très intéressé. Félicité n'a plus alors qu'à prier devant Loulou empaillé.

Dix jours après (le temps d'accourir de Besançon), les héritiers survinrent. La bru[1] fouilla les tiroirs, choisit des meubles, vendit les autres, puis ils regagnèrent l'enregistrement[2].

Le fauteuil de Madame, son guéridon[3], sa chaufferette[4], les huit chaises, étaient partis ! La place des gravures se dessinait en carrés jaunes au milieu des cloisons. Ils avaient emporté les deux couchettes, avec leurs matelas, et dans le placard on ne voyait plus rien de toutes les affaires de Virginie ! Félicité remonta les étages, ivre de tristesse.

Le lendemain il y avait sur la porte une affiche ; l'apothicaire lui cria dans l'oreille que la maison était à vendre.

Elle chancela, et fut obligée de s'asseoir.

Ce qui la désolait principalement, c'était d'abandonner sa chambre, – si commode pour le pauvre Loulou ! En l'enveloppant d'un regard d'angoisse, elle implorait le Saint-Esprit[5], et contracta l'habitude idolâtre[6] de dire ses oraisons[7] agenouillée devant le perroquet. Quelquefois, le soleil entrant par la lucarne frappait son œil de verre[8], et en faisait jaillir un grand rayon lumineux qui la mettait en extase.

[…]

Une vapeur d'azur monta dans la chambre de Félicité. Elle avança les narines, en la humant avec une sensualité mystique[9] ; puis ferma les paupières. Ses lèvres souriaient. Les mouvements du cœur se ralentirent un à un, plus vagues chaque fois, plus doux, comme une fontaine s'épuise, comme un écho disparaît ; et, quand elle exhala son dernier souffle, elle crut voir, dans les cieux entrouverts, un perroquet gigantesque, planant au-dessus de sa tête.

Ibid., chap. IV et V.

1. belle-fille. 2. endroit où l'on enregistrait ses billets et bagages avant un voyage. 3. petite table, souvent ronde. 4. petit appareil permettant de se chauffer. 5. pour les chrétiens, une des trois formes que prend Dieu. 6. qui voue une adoration digne d'un culte. 7. prières. 8. celui de Loulou empaillé. 9. religieuse.

Un cœur pur face à la cupidité des bourgeois

Lignes 1 à 15

1. À quel champ lexical le mot employé pour désigner Paul et sa femme appartient-il ?

2. Comment le narrateur met-il en avant leur empressement intéressé ?

3. Expliquez la figure de style « ivre de tristesse » (l. 8) qui vient qualifier le chagrin de la servante.

4. Comment Félicité finit-elle par se consoler ?

Lignes 16 à 25

5. Donnez un exemple de la capacité d'un cœur simple à percevoir la beauté du réel.

BILAN **6** Par quels moyens le narrateur rend-il la mort de la servante poétique ? Observez le rythme des phrases, les figures de style.

Justifier un choix

Le prénom Félicité vient d'un mot latin signifiant « bonheur ». À la lecture des trois textes de cette double-page, que pensez-vous d'un tel choix ? Organisez un débat.

Méthode

Lire et écrire un texte réaliste…

… c'est être attentif(ve) aux éléments permettant une représentation fidèle de la réalité :

- description minutieuse des visages, vêtements, objets qui reflètent l'appartenance à un groupe social
- langage des personnages souvent rapporté au discours direct
- point de vue omniscient apportant des informations d'ordre historique et/ou point de vue interne qui fait connaitre les pensées des personnages rendant l'intrigue plus vraisemblable
- narration apparemment objective du narrateur qui se montre témoin impartial de son temps

… c'est aussi repérer les éléments dénonçant les injustices sociales :

- composition du récit qui souligne des oppositions mettant en évidence les différences sociales
- dimension moqueuse de certains mots qui permet une critique des travers sociaux

Lisez cet extrait et choisissez l'un des deux sujets d'écriture.

Déçue par un mari qu'elle trouve fade et rustre, déception après déception, Emma Bovary se met à faire de nombreux et couteux achats. Dans cet extrait, Lheureux, le commerçant du village, lui présente, parmi d'autres articles, des cols brodés et de somptueux tissus.

Madame Bovary les examina.
– Je n'ai besoin de rien, dit-elle.
Alors M. Lheureux exhiba délicatement trois écharpes algériennes, plusieurs paquets d'aiguilles anglaises, une paire de pantoufles en paille, et, enfin, quatre coquetiers en coco, ciselés à jour par des forçats. Puis, les deux mains sur la table, le cou tendu, la taille penchée, il suivait, bouche béante, le regard d'Emma, qui se promenait indécis parmi ces marchandises. De temps à autre, comme pour en chasser la poussière, il donnait un coup d'ongle sur la soie des écharpes, dépliées dans toute leur longueur ; et elles frémissaient avec un bruit léger, en faisant, à la lumière verdâtre du crépuscule, scintiller, comme de petites étoiles, les paillettes d'or de leur tissu.
– Combien coûtent-elles ?
– Une misère, répondit-il, une misère ; mais rien ne presse ; quand vous voudrez […] !

Gustave Flaubert, *Madame Bovary*, II, chap. 5, 1857.

Sujet 1

Écrire la suite d'un dialogue réaliste

Emma cèdera-t-elle à la tentation de la consommation ?
Imaginez en une vingtaine de lignes la suite du dialogue ci-dessous. M. Lheureux, faisant mine de ranger sa marchandise, argumente et Emma se montre de plus en plus curieuse.

Sujet 2

Décrire un objet à travers le regard d'un personnage

Emma est fascinée par les écharpes de soie que Lheureux lui présente. Faites la description de l'une d'elles en ayant recours au point de vue interne. Matière, couleur, luminosité, faites voir et sentir au lecteur l'écharpe qui fera céder Emma.

Synthèse

Le récit réaliste au XIXe siècle

- En réaction au romantisme, dans **une société en pleine révolution agricole et industrielle** et face à **l'apparition de la photographie**, des écrivains s'interrogent sur une nouvelle manière de représenter le réel.
- Il s'agit de **dire la réalité le plus fidèlement possible**, même quand celle-ci est violente. Si les réussites sociales sont dépeintes, des franges de la société jusque là délaissées sont aussi évoquées : paysans, ouvriers... La thématique sociale et économique de **l'argent** est au cœur de ces récits.
- Témoin de son temps, le récit réaliste reflète **l'ensemble de la société** pour mieux en souligner les travers.
- Ce souci de vraisemblance n'empêche pas l'expression d'une vision poétique. Loin d'être un « copiste », l'écrivain réaliste est **un « illusionniste »** qui fait des choix d'écriture en fonction de sa sensibilité, de son point de vue sur le monde.

Dégager les caractéristiques réalistes d'un tableau

Par binôme, imaginez l'échange que pourrait avoir à propos de cette toile un ou une guide du musée avec une personne la découvrant. Interprétez cet échange devant la classe.

Consignes pour le travail préparatoire

1. Observez attentivement la composition du tableau.
2. Où la scène se déroule-t-elle ? D'après le titre, que s'y passe-t-il ? Quels sont les personnages mis en valeur ? De quoi, traditionnellement, la faux est-elle le symbole ? Quel décalage cela crée-t-il avec le nouveau-né ?
3. À quelle réflexion la représentation de cette scène engage-t-elle ?
4. Commencez par lister les informations que pourrait d'abord donner le(la) guide. À l'aide du travail précédent, imaginez les questions et les réponses entre guide et visiteur.

Léon Augustin Lhermitte (1844-1925), *La Paye des moissonneurs*, 1882, huile sur toile (215 x 272 cm), musée d'Orsay, Paris.

Exprimer son avis personnel sur un genre

Relisez les différents textes et documents de ce parcours.
Lequel vous a le plus touché(e) ? Est-ce une des nouvelles de Maupassant, le conte réaliste de Flaubert, un extrait de roman ou un des tableaux ? Justifiez votre réponse en une dizaine de lignes.

Dossier Les métiers vus par les peintres

Les artistes de la deuxième moitié du XIXe siècle ont innové en représentant **les hommes et les femmes au travail**. Ils ont ainsi souvent heurté la critique qui jugeait le sujet sans intérêt et peu esthétique.
Partons à la découverte d'œuvres qui nous révèlent **une réalité parfois disparue**, d'hommes et de femmes anonymes, immortalisés par les plus grands peintres.

Le marteau-pilon

Le saviez-vous ?

James Nasmyth (1808-1890), le peintre de ce tableau, est un astronome écossais. Il est aussi mécanicien. En 1841, il met au point le marteau-pilon.

James Nasmyth, *Le Marteau-pilon*, 1871, huile sur toile (40 x 50 cm), Science Museum, Londres.

Prendre la mesure de l'homme face à la machine

Le **marteau-pilon** sert à forger des pièces de métal. Il est constitué d'un réservoir d'eau que l'on fait chauffer. La vapeur obtenue est dirigée vers un piston qui soulève le marteau. Lorsqu'on fait s'échapper la vapeur, le marteau frappe, pilonne la pièce de métal.

- **Quelle place la machine et les hommes occupent-ils respectivement sur ce tableau ?**
- **Quelles sont les couleurs dominantes ?**
- **Quels adjectifs utiliseriez-vous pour qualifier le travail des ouvriers ?**

Écho littéraire

On eût dit la respiration du monstre, les poussières, les vapeurs, qui s'exhalaient sans cesse de lui, qui lui faisaient une continuelle nuée de la sueur de sa besogne. Puis, il y avait le battement de ses organes, les chocs et les grondements qui sortaient de son effort, la trépidation des machines, la cadence claire des marteaux-cingleurs, les grands coups rythmés des marteaux-pilons, résonnant comme des cloches, et dont la terre tremblait.

Émile Zola, *Travail*, 1901.

- **À quoi Zola compare-t-il la machine ? Lequel des cinq sens est mis en valeur ?**

À l'oral, proposez une phrase commençant par : « Le marteau-pilon du tableau est comme... ».

Les déchargeurs de charbon

Claude Monet, *Les Déchargeurs de charbon*, 1875, huile sur toile (54 x 66 cm), musée d'Orsay, Paris.

Entrez dans la composition du tableau

- **Quels sont les éléments verticaux représentés ?**
- **Quels éléments vous permettent de reconnaitre les personnages qui rejoignent la péniche ? Ceux qui la quittent ?**
- **Lesquels sont placés au premier plan ?**

Observez l'ensemble des lignes verticales, horizontales et obliques.

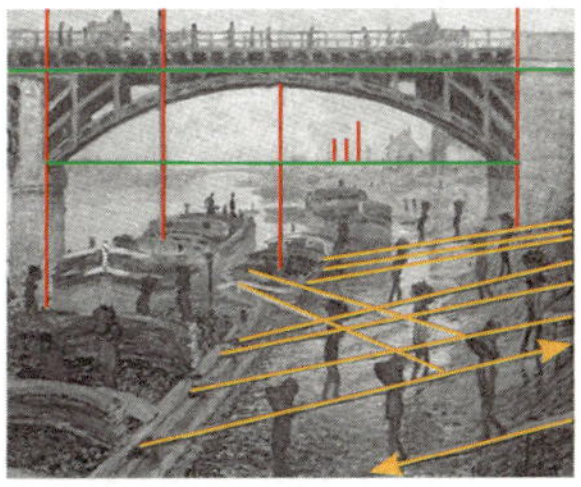

- **Donnent-elles l'impression que les charbonniers sont :**
  a. libres de leurs mouvements ?
  b. autonomes ?
  c. prisonniers de leur tâche ?
- **À quoi l'ensemble de ces lignes peut-il faire penser ?**

À vous d'interpréter : *pourquoi ne distingue-t-on pas le visage des déchargeurs ?*

Coltineurs et charbonniers

Les **charbonniers** travaillent dans les mines, les **déchargeurs de charbon** ou **coltineurs** sont les ouvriers qui portent le charbon.

« **Coltiner** », signifie porter une charge sur l'épaule en s'aidant du **coltin**, un vêtement qui protège les épaules et le dos. Dans le langage populaire, « **se coltiner quelque chose** » signifie, au sens propre, porter quelque chose de lourd ; au sens figuré : effectuer un travail pénible ou sans intérêt.

Les repasseuses

Edgar Degas, *Les Repasseuses*, 1884-1886,
huile sur toile (76 x 81,5 cm), musée d'Orsay, Paris.

Le savez-vous ?

Les maitresses laveuses dirigent plusieurs laveuses et rendent le linge mouillé. Les blanchisseuses occupent plusieurs laveuses. Une laveuse se paie 3,50 francs par jour, avec café le midi et vin à 4 heures.

Les premiers fers à repasser électriques apparaissent en France en 1917.

À vous d'écrire : transformez la phrase suivante pour qu'elle s'applique totalement à l'une des femmes du tableau.

« En jupon blanc, la camisole retroussée aux manches et glissée des épaules, elle avait les bras nus, le cou nu, toute rose, si suante, que des petites mèches blondes de ses cheveux ébouriffés se collaient à sa peau. »

Émile Zola, *L'Assommoir*, 1877.

Recréez l'atmosphère de l'atelier de repassage

Clémence achevait de plisser au fer sa trente-cinquième chemise d'homme. L'ouvrage débordait ; on avait calculé qu'il faudrait veiller jusqu'à onze heures, en se dépêchant. Tout l'atelier, maintenant, n'ayant plus de distraction, bûchait ferme, tapait dur. Les bras nus allaient, venaient, éclairaient de leurs taches roses la blancheur des linges. On avait encore empli de coke[1] la mécanique,/ et comme le soleil,/ glissant entre les draps,/ frappait en plein sur le fourneau,/ on voyait la grosse chaleur monter dans le rayon,/ une flamme invisible dont le frisson secouait l'air.

Émile Zola, *L'Assommoir*, 1877.

1. **coke** : variété de charbon.

Pour mieux percevoir l'atmosphère de travail présente dans la toile d'E. Degas, lisez cet autre extrait de *L'Assommoir* en groupe, à haute voix, selon le principe suivant :

– un(e) élève lit les passages en rose ;
– deux élèves lisent, en même temps, les passages en vert ;
– trois lisent les phrases 3 et 4, en rythmant la prononciation des verbes et en faisant les gestes appropriés ;
– quatre lisent la fin du passage, en marquant les pauses indiquées par les virgules et en accentuant l'effet sonore en fin de phrase.

Les raboteurs de parquet

Gustave Caillebotte, *Raboteurs de parquet*, 1875, huile sur toile (102 x 146 cm), musée d'Orsay, Paris.

Montrez que le peintre a voulu représenter des ouvriers en action

- **L'appartement se situe-t-il en hauteur ou au rez-de-chaussée ? Quels éléments vous ont permis de répondre ?**
- **Où se trouvent les outils des raboteurs ?**
- **Sur quels différents éléments la lumière se reflète-t-elle ?**
- **Vers quelle partie de la pièce le raboteur du milieu se déplace-t-il ? celui de droite ?**
- **Quel effet le peintre réussit-il ainsi à créer ?**

ACTIVITÉ lienmini.fr/jdl4-T306 Saisissez cette adresse dans votre navigateur pour découvrir ce tableau en détails.

Les casseurs de pierre

- **Où se trouve la partie la plus sombre du tableau ? Quels éléments très clairs sont ainsi mis en valeur ? Pourquoi selon vous ?**
- **Retrouvez au moins trois détails prouvant que le travail est pénible.**
- **Quels éléments permettent d'imaginer l'âge des personnages alors que l'on ne voit pas leur visage ?**

ACTIVITÉ lienmini.fr/jdl4-T307 Saisissez cette adresse pour découvrir le commentaire que Jules Vallès a fait de ce tableau.

- **Et vous, que diriez-vous à propos de ce tableau ?**

Gustave Courbet, *Les Casseurs de pierre*, 1849, huile sur toile (165 x 257 cm), tableau détruit lors des bombardements de la ville de Dresde en 1945.

PARCOURS

une vie
une œuvre

Émile ZOLA,

écrivain témoin

.... *Vous allez comprendre, à travers ce parcours, comment un écrivain rend compte des* ***grandes mutations économiques, industrielles et sociales du XIXᵉ siècle****.*
Pour comprendre sa démarche, vous allez lire sa biographie, observer des photographies et des documents qui le concernent.
En parallèle, vous lirez plusieurs extraits de ses livres et vous ***ferez des liens entre sa vie et son œuvre****.*

« Le romancier est fait d'un observateur et d'un expérimentateur »
Émile Zola, *Le Roman expérimental,* 1880.

« Pour mon compte, ma méthode n'a jamais varié depuis le premier roman que j'ai écrit. J'admets trois sources d'informations : les livres, qui me donnent le passé ; les témoins, qui me fournissent, soit par des œuvres écrites, soit par la conversation, des documents sur ce qu'ils ont vu ou sur ce qu'ils savent ; et enfin l'observation personnelle, directe, ce qu'on va voir, entendre ou sentir sur place. »
Émile Zola, *Nouvelle campagne*, 1896.

« C'est par le livre, et non par l'épée, que l'humanité vaincra le mensonge et l'injustice, conquerra la paix finale de la fraternité entre les peuples... »
Émile Zola, *Rome,* 1896.

À gauche : portrait d'Émile Zola en 1862 par **Étienne Carjat** (1828-1906).

❶ **Édouard Manet**, *Émile Zola*, 1868, huile sur toile (1,46 x 1,14 m), musée d'Orsay, Paris.
❷ Le 15 avril 1889, É. Zola obtient l'autorisation de la Compagnie des chemins de fer de l'Ouest d'effectuer un voyage sur une locomotive. Il se servira de cette expérience pour la rédaction de *La Bête humaine*.

Faire connaissance avec l'auteur

Citations

1. À quel champ lexical appartiennent habituellement les mots « observateur » et « expérimentateur » ?

2. Selon Émile Zola, un romancier se contente-t-il d'inventer ?

3. Identifiez les trois sources de la méthode proposée par Émile Zola. Quel est l'intérêt de chacune d'elles ?

4. Pour lui, le rôle de l'écrivain dans la société est de combattre l'injustice et porter un message humaniste. Quelle citation le prouve ?

Portraits

5. Observez les portraits d'Émile Zola proposés sur cette double page. Pour chacun, choisissez un adjectif qui décrit l'attitude de l'auteur.

BILAN **6** À l'aide de vos différentes réponses, présentez à l'oral un court portrait d'Émile Zola écrivain.

Une jeunesse pleine de contrastes

Une enfance préservée en Provence. Émile Zola nait à Paris le 2 avril 1840. Orphelin de père à sept ans, il grandit à Aix-en-Provence entouré de sa mère et de sa grand-mère. Au collège, il écrit déjà des vers, une comédie, un roman. En 1859, malgré des difficultés financières, sa mère fait le choix de l'envoyer à Paris pour suivre de très bonnes études.

L'entrée dans le milieu littéraire. Les années 1860-1861 sont difficiles pour Émile Zola. Menant une vie de bohème presque misérable, il lit beaucoup et écrit des poèmes. En 1862, il entre chez l'éditeur Hachette où il découvre des auteurs qui le marqueront à jamais, en particulier Charles Dickens, l'auteur de *David Copperfield*. Assez vite, il devient le directeur de la publicité. Grâce à cette activité, Émile Zola rencontre nombre d'écrivains. En 1864, sort son premier livre inspiré de sa vie de collégien : *Contes à Ninon*.

Premiers pas dans le journalisme. En 1866, Émile Zola quitte Hachette et travaille pour le journal *L'Événement*. Ami d'enfance de Paul Cézanne, il fréquente de nombreux maitres de la peinture impressionniste : Renoir, Monet, Pissarro. Leur peinture bouscule le style académique des salons : il s'en fait le fervent défenseur dans ses articles, rassemblés dans les recueils *Mes Haines* et *Mon Salon*.

Des débuts d'écrivain remarqués. En 1867, la carrière du jeune écrivain prend un tournant soudain : en décembre, parait *Thérèse Raquin*. Considéré par certains comme un chef-d'œuvre, l'ouvrage fait également scandale. Face aux réactions critiques, Émile Zola s'explique. Dans la préface de la deuxième édition, il revendique pour le romancier « le droit de fouiller l'humanité à son aise ». C'est également à cette époque qu'il lit des ouvrages scientifiques sur l'hérédité, la physiologie, et qu'il jette les bases d'un vaste projet littéraire.

> « Le tableau que je préfère parmi ceux que je viens de nommer est la *Chanteuse des rues*. [...] L'œuvre entière est d'un gris doux et blond ; la nature m'y a semblé analysée avec une simplicité et une exactitude extrêmes. Une pareille page a, en dehors du sujet, une austérité qui en agrandit le cadre ; on y sent la recherche âpre de la vérité, le labeur consciencieux d'un homme qui veut, avant tout, dire franchement ce qu'il voit. »
>
> **Émile Zola**, *Édouard Manet, étude biographique et critique*, 1867.

1

2

3

Documents : 1 É. Zola à 6 ans, 2 couverture des *Contes à Ninon*, 3 **Édouard Manet**, *La Chanteuse des rues*, vers 1862, huile sur toile (175 x 118,5 cm), Museum of Fine Arts, Boston (États-Unis).

Comprendre la biographie

1. Pourquoi Émile Zola est-il élevé par sa mère et sa grand-mère ?
2. Quelles sont ses principales activités lorsqu'il est collégien ?
3. Quelle influence son travail chez Hachette a-t-il sur sa vocation ?
4. Selon vous, quel a été le rôle de la lecture et des livres dans la jeunesse d'Émile Zola ?
5. Comment Émile Zola réagit-il aux critiques que suscite son roman *Thérèse Raquin* ?

BILAN 6. À quel domaine appartiennent les ouvrages lus par Émile Zola au moment de l'écriture de *Thérèse Raquin* ? Pourquoi cela peut-il surprendre ?

Un premier roman entre succès et scandale

Texte 1 *Thérèse Raquin*

Orpheline de mère, Thérèse est élevée avec son cousin Camille, un être fragile et malade qui devient son mari. Thérèse souffre de cette vie entre son époux souffreteux et sa belle-mère. Un jour, Camille présente à Thérèse son vieil ami d'enfance : Laurent.

Elle contemplait avec une sorte d'admiration son front bas, planté d'une rude chevelure noire, ses joues pleines, ses lèvres rouges, sa face régulière, d'une beauté sanguine. Elle arrêta un instant ses regards sur son cou ; ce cou était large et court, gras et puissant. Puis elle s'oublia à considérer les grosses mains qu'il tenait étalées sur ses genoux ; les doigts en étaient carrés ; le poing fermé devait être énorme et aurait pu assommer un bœuf. [...] Et Thérèse l'examinait avec curiosité, allant de ses poings à sa face, éprouvant de petits frissons lorsque ses yeux rencontraient son cou de taureau.

Avec Laurent, Thérèse va vivre, dans l'adultère, la passion des sens. Camille devient alors un époux gênant. Les deux amants décident de s'en débarrasser lors d'une promenade en barque. Avant de se noyer, Camille parvient à mordre au cou Laurent. Cette morsure, qui ne cicatrise pas, devient la marque de la culpabilité des amants.

Tout à coup Laurent crut avoir une hallucination. Comme il se tournait, revenant de la fenêtre au lit, il vit Camille dans un coin plein d'ombre, entre la cheminée et l'armoire à glace. La face de sa victime était verdâtre et convulsionnée, telle qu'il l'avait aperçue sur une dalle de la Morgue. Il demeura cloué sur le tapis, défaillant, s'appuyant contre un meuble. Au râle sourd qu'il poussa, Thérèse leva la tête.

– Là, là, disait Laurent d'une voix terrifiée.

Le bras tendu, il montrait le coin d'ombre dans lequel il apercevait le visage sinistre de Camille. Thérèse, gagnée par l'épouvante, vint se serrer contre lui.

– C'est son portrait, murmura-t-elle à voix basse, comme si la figure peinte de son ancien mari eût pu l'entendre.

Émile Zola, *Thérèse Raquin*, 1867.

Texte 2 Un projet d'écriture

« Dans *Thérèse Raquin*, j'ai voulu étudier des tempéraments et non des caractères. Là est le livre entier. J'ai choisi des personnages souverainement dominés par leurs nerfs et leur sang, dépourvus de libre arbitre, entraînés à chaque acte de leur vie par les fatalités de leur chair. [...] On commence, j'espère, à comprendre que mon but a été un but scientifique avant tout. »

Émile Zola, Préface à *Thérèse Raquin*, 1867.

Affiche du film *Thérèse Raquin*, de Marcel Carné, 1953.

Comprendre l'influence des sens et de l'instinct

Texte 1 (l. 1-10)

1. Relevez les indices de la force virile de Laurent.

2. À travers le regard de quel personnage ce portrait est-il fait ?

3. Pourquoi ce portrait permet-il de deviner celui de Camille ?

Texte 1 (l. 11-23)

4. Pourquoi Laurent est-il effrayé ?

5. À l'aide de cet extrait, expliquez l'expression « hanté par la culpabilité ».

Texte 2

BILAN **6** Quel est le projet d'Émile Zola en écrivant *Thérèse Raquin* ? Pourquoi les textes 1 et 2 illustrent-ils bien les propos de la préface ?

Les Rougon-Macquart, le projet d'une vie

Voici les romans dont ce parcours et votre manuel présentent des extraits :

1873

1877

1883

1885
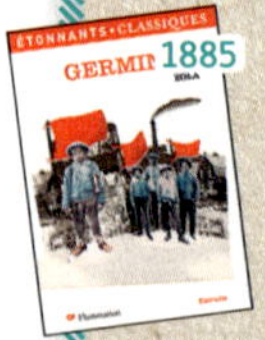

1890

1897

Une démarche littéraire et scientifique. Encouragé par ce premier succès, Émile Zola rêve d'un vaste projet à l'image de *La Comédie Humaine* de Balzac, l'écrivain qu'il admire le plus. La lecture de *L'Introduction à l'étude de la médecine expérimentale* de Claude Bernard sera la révélation qu'É. Zola attendait. Désormais, l'écrivain va adopter une démarche et une rigueur scientifiques. Ses objets d'étude porteront sur les passions et les milieux sociaux.

Les bases d'un projet. Dès 1869, É. Zola travaille à son projet : les *Rougon-Macquart*. Il élabore un arbre généalogique dont chaque rameau sera un roman, puis il présente son immense projet à l'éditeur Charpentier. Le contrat est signé. É. Zola reçoit désormais cinq cents francs par mois et peut travailler au grand projet de sa vie. Pendant plus de vingt ans, de 1871 à 1893, É. Zola se consacre à l'écriture des vingt romans qui composent les *Rougon-Macquart*. Présentée comme *l'Histoire naturelle et sociale d'une famille sous le Second Empire*, cette œuvre étudie sur cinq générations les influences de l'hérédité, de la société et de l'histoire.

> « Je veux expliquer comment une famille, un petit groupe d'êtres, se comporte dans une société, en s'épanouissant pour donner naissance à dix, à vingt individus, qui paraissent, au premier coup d'œil, profondément dissemblables, mais que l'analyse montre intimement liés les uns aux autres. L'hérédité a ses lois, comme la pesanteur. »
>
> **Émile Zola**, Préface de *La Fortune des Rougon*, 1871.

Émile Zola, arbre généalogique des Rougon-Macquart.

Le savez-vous ?

La Comédie Humaine qui a inspiré É. Zola est une œuvre immense constituée de 95 romans. Honoré de Balzac explique dans l'avant-propos vouloir « faire concurrence à l'état civil ». Son ambition est de montrer la totalité et la réalité de la société à travers la fiction.

Comprendre la démarche scientifique d'Émile Zola

1. Comment se lit un arbre généalogique ?

2. ACTIVITÉ lienmini.fr/jdl4-T308 Saisissez cette adresse dans votre navigateur pour observer les détails de l'arbre généalogique des Rougon-Macquart. Quels éléments permettent de comprendre l'influence de l'hérédité ?

3. Quelle phrase de la citation peut servir de légende à l'arbre généalogique des Rougon-Macquart ?

4. Pourquoi la méthode scientifique est-elle au cœur de ce projet ?

L'affrontement de deux mondes piste EPI

Une période troublée. Alors qu'Émile Zola rédige les premiers volumes des *Rougon-Macquart*, la France connait des troubles politiques. Des révoltes populaires sont violemment réprimées par le gouvernement. Pour Émile Zola, l'Histoire est toujours la même : les riches se méfient des pauvres et maintiennent leurs privilèges par la force.

Une ville en mutation. Cette époque est également celle de la transformation de Paris. Sous la direction du baron Haussmann, la capitale se dote de gares, d'hôpitaux, d'égouts et de grandes avenues. Tout un monde disparait au profit d'une modernisation et d'un assainissement de la ville. En 1872, fasciné par les structures métalliques de Baltard et la quantité de nourriture exposée, É. Zola passe des jours et des nuits aux Halles. Il a trouvé le cadre de son prochain roman, *Le Ventre de Paris*.

Félicien Myrbach, *Le Carreau des Halles*, lithographie publiée dans *Paris illustré*, 1886.

Le savez-vous ?

À la demande de Napoléon III, Victor Baltard (1805-1874) imagine une structure entièrement métallique pour le nouveau quartier des Halles de Paris. En quinze ans, dix pavillons seront édifiés pour abriter la principale source d'approvisionnement de Paris.

Les Halles centrales, photographie aérienne de **Roger Henrard**, 1952.

Texte 3 *Le Ventre de Paris*

Florent, jeune républicain, est arrêté par erreur. Déporté au bagne de Cayenne, il parvient à s'évader au bout de sept ans. Quand il revient à Paris, il ne reconnait plus le quartier des Halles, métamorphosé par les travaux du baron Haussmann.

Il leva une dernière fois les yeux, il regarda les Halles. Elles flambaient dans le soleil. Un grand rayon entrait par le bout de la rue couverte, au fond, trouant la masse des pavillons d'un portique de lumière ; et, battant la nappe des toitures, une pluie ardente tombait. L'énorme charpente de fonte se noyait, bleuissait, n'était plus qu'un profil sombre sur les flammes d'incendie du levant. En haut, une vitre s'allumait, une goutte de clarté roulait jusqu'aux gouttières, le long de la pente des larges plaques de zinc. Ce fut alors une cité tumultueuse dans une poussière d'or volante.

Claude Lantier, peintre sans succès, expose sa théorie sociale.

– Est-ce que vous connaissez la bataille des Gras et des Maigres ? demanda [Claude].

Florent, surpris, dit que non. Alors Claude s'enthousiasma, parla de cette série d'estampes avec beaucoup d'éloges. Il cita certains épisodes : les Gras, énormes à crever, préparant la goinfrerie du soir, tandis que les Maigres, pliés par le jeûne, regardent de la rue avec la mine d'échalas envieux ; et encore les Gras, à table, les joues débordantes, chassant un Maigre qui a eu l'audace de s'introduire humblement, et qui ressemble à une quille au milieu d'un peuple de boules. Il voyait là tout le drame humain ; il finit par classer les hommes en Maigres et en Gras, en deux groupes hostiles dont l'un dévore l'autre, s'arrondit le ventre et jouit.

Émile Zola, *Le Ventre de Paris*, 1873.

Comprendre la portée politique du roman

l. 1 à 10

1. Quel champ lexical domine cet extrait ?

2. Selon vous, quels sentiments envahissent Florent ? Justifiez votre réponse.

l. 11 à 23

3. Quelle catégorie de la société représentent les Maigres ? les Gras ?

4. Selon vous, à laquelle de ces catégories chaque personnage appartient-il ?

5. Le roman se termine par ces mots : « Quels gredins que les honnêtes gens. » Expliquez cette phrase.

BILAN **6** Pourquoi *Le Ventre de Paris* peut-il être considéré comme une métaphore des appétits politiques et financiers ?

La misère sociale

Alexandre Steinlen, affiche illustrée de *L'Assommoir* adapté au théâtre en 1879.

Au cœur de la société. En 1876, *L'Assommoir* est publié en feuilleton. Émile Zola y décrit la misère morale et sociale dans une langue nouvelle, celle du peuple. Ce roman raconte la lente déchéance de Gervaise Macquart, une simple blanchisseuse, qui sombre dans l'alcoolisme. Comme dans la vie, les personnages parlent, avec leur argot, de faim, de plaisir et de souffrance. Cette réalité crue et cette écriture témoignage bouleversent la théorie académique. Avec Émile Zola, la littérature ne dit pas le Beau mais le Vrai.

Un nouveau succès. Une nouvelle fois après *Thérèse Raquin*, l'œuvre scandalise autant qu'elle enchante. Quoiqu'il en soit, Émile Zola est désormais un écrivain célèbre. Avec les droits d'auteur de *L'Assommoir*, il acquiert une maison dans les Yvelines, à Médan. Un petit groupe d'écrivains, dont Maupassant, s'y réunit régulièrement, ce qui donne même lieu à un recueil de nouvelles, *Les soirées de Médan*.

Le savez-vous ?

L'exemplaire de *L'Assommoir* que possède Flaubert porte la dédicace : « À Gustave Flaubert, en haine du goût ». Derrière ces mots, c'est toute une tradition littéraire qu'Émile Zola rejette.

Texte 4 *L'Assommoir*

Alors qu'elle est au lavoir, Gervaise apprend que son compagnon, Lantier, la quitte pour une autre femme. Elle rencontre Virginie, la sœur de sa rivale, qui la provoque. Les deux femmes en viennent aux mains.

Un moment, elles restèrent là, agenouillées, à se menacer. Les cheveux dans la face, la poitrine soufflante, boueuses, tuméfiées, elles se guettaient, attendant, reprenant haleine. Gervaise porta le première coup ; son battoir glissa sur l'épaule de Virginie. Et elle se jeta de côté pour éviter le battoir de celle-ci, qui l'effleura à la hanche. Alors, mises en train, elle se tapèrent comme les laveuses tapent leur linge, rudement, en cadence.

Gervaise a sombré dans l'alcoolisme. Négligeant son travail et sa santé, elle connait une rapide déchéance. À l'Assommoir, le bistrot du père Colombe, Gervaise s'enivre.

Elle rigolait toute seule, les coudes sur la table, les yeux perdus, très amusée par deux clients, un gros mastoc et un nabot, à une table voisine, en train de s'embrasser comme du pain, tant ils étaient gris. Oui, elle riait à l'Assommoir, à la pleine lune du père Colombe, une vraie vessie de saindoux, aux consommateurs fumant leur brûle-gueule, criant et crachant, aux grandes flammes du gaz qui allumaient les glaces et les bouteilles de liqueur. L'odeur ne la gênait plus ; au contraire, elle avait des chatouilles dans le nez, elle trouvait que ça sentait bon ; ses paupières se fermaient un peu, tandis qu'elle respirait très court, sans étouffement, goûtant la jouissance du lent sommeil dont elle était prise.

Émile Zola, *L'Assommoir*, 1877.

Donner à lire une réalité qu'on ne veut pas voir

l. 1 à 7

1. Quelle est la raison de cette « bataille du lavoir » ?

2. Pourquoi cette représentation de l'héroïne a-t-elle pu choquer les lecteurs de l'époque ?

l. 8 à 18

3. Relevez les termes de vocabulaire argotique. À quel personnage peut-on attribuer leur emploi ?

4. Quelle phrase montre que le comportement de Gervaise vis-à-vis de l'alcool a changé ?

BILAN **5** Pourquoi cette scène a-t-elle pu scandaliser le public de l'époque ?

Débattre d'une lecture

Comment réagissez-vous à la lecture de cette scène ? Expliquez votre point de vue et vos arguments.

Les bouleversements de l'économie

La révolution des grands magasins. Au XIXe siècle, les petits commerces vont subir la terrible concurrence des grands magasins dont les pratiques commerciales sont inédites : prix fixes et affichés, entrée libre. Ces temples dédiés à la consommation préfèrent vendre moins cher pour vendre plus et proposent des marchandises abondantes qui évoluent au gré de la mode. En même temps, les grands magasins développent la publicité pour attirer une clientèle toujours plus nombreuse. Émile Zola veut écrire sur ce phénomène.

Une méthode efficace. Pour son roman *Au Bonheur des Dames*, il s'inspire du grand magasin *Le Bon marché* fondé en 1852 et agrandi en 1869. Fidèle à sa méthode de travail, il visite tous les services du magasin, interroge les employés et prend beaucoup de notes.

Vue intérieure du hall central du Printemps, XIXe siècle.

Texte 5 *Au Bonheur des Dames*

C'était la cathédrale du commerce moderne, solide et légère, faite pour un peuple de clientes. En bas, dans la galerie centrale, après les soldes de la porte, il y avait les cravates, la ganterie, la soie ; la galerie Monsigny était occupée par le blanc et la rouennerie[1], la galerie Michodière par la mercerie, la bonneterie, la draperie et les lainages. Puis, au premier, se trouvaient les confections, la lingerie, les châles, les dentelles, d'autres rayons nouveaux ; tandis qu'on avait relégué au second étage la literie, les tapis, les étoffes d'ameublement, tous les articles encombrants et d'un maniement difficile. À cette heure, le nombre des rayons était de trente-neuf, et l'on comptait dix-huit cents employés, dont deux cents femmes. Un monde poussait là, dans la vie sonore des hautes nefs métalliques.

1. Toile en laine ou en coton.

Octave Mouret, le patron du Bonheur des Dames, part à la conquête de toutes les Parisiennes.

Mais son idée la plus profonde était, chez la femme sans coquetterie, de conquérir la mère par l'enfant ; il ne perdait aucune force, spéculait sur tous les sentiments, créait des rayons pour petits garçons et fillettes, arrêtait les mamans au passage, en offrant aux bébés des images et des ballons. Un trait de génie que cette prime des ballons, distribuée à chaque acheteuse, des ballons rouges, à la fine peau de caoutchouc, portant en grosses lettres le nom du magasin, et qui, tenus au bout d'un fil, voyageant en l'air, promenaient par les rues une réclame vivante !

Émile Zola, *Au Bonheur des Dames*, 1883.

Raconter un monde qui change

l. 1 à 15

1. Quelle figure de style domine le premier extrait ? Quel est l'effet produit ?

2. Quel est le rôle joué par les données chiffrées ?

3. Relevez, au début et à la fin de cet extrait, deux mots appartenant au champ lexical de la religion. Comment pouvez-vous expliquer le choix de ces termes ?

l. 16 à 26

4. Quelles impressions se dégagent de l'illustration montrant l'intérieur du hall central du Printemps ?

5. Qu'imagine Octave Mouret pour séduire les femmes « sans coquetterie » ?

6. Donnez un synonyme du mot « réclame ».

BILAN **7** Ce texte vous parait-il éloigné de la réalité actuelle ? Expliquez votre réponse.

ACTIVITÉ + **lienmini.fr/jdl4-T309**

Saisissez cette adresse dans votre navigateur et prolongez votre découverte d'***Au Bonheur des Dames*** dans ce parcours numérique.

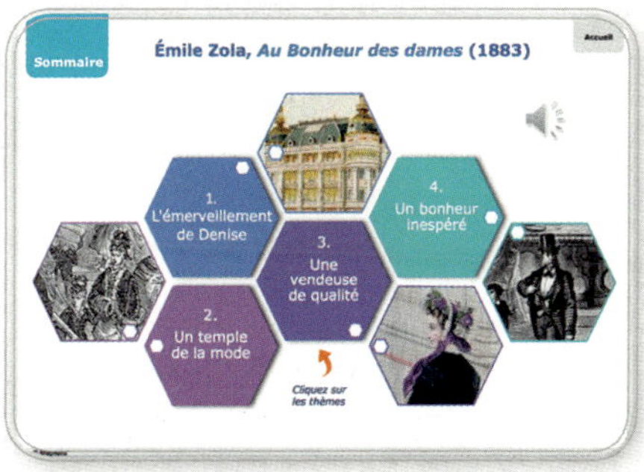

Une plongée dans le monde ouvrier

Un nouveau projet. En 1884, Émile Zola commence la rédaction de son roman sur le monde ouvrier : *Germinal*. C'est une œuvre qui a déjà longtemps germé dans son esprit. Il a lu de nombreux ouvrages consacrés à la condition des ouvriers mineurs et aux grèves, comme *La Vie souterraine* de l'ingénieur Louis Simonin (1867), *Les Indes noires* de Jules Verne (1877) ou encore *Sans famille* d'Hector Malot (1878).

Le monde de la mine. Les conséquences de l'industrialisation et du capitalisme sur les conditions de travail des ouvriers se font de plus en plus sentir : salaires misérables, chômage, pauvreté extrême. Quand, en février 1884, une grève de douze-mille hommes éclate dans le nord de la France, Émile Zola se rend sur place. Il mène alors une véritable enquête : il interroge les travailleurs, les hommes comme les femmes, visite les maisons, les cafés. Pour comprendre ce monde de la houille, et ce, malgré sa claustrophobie, il descend même au fond d'une galerie de mine.

Avec *Germinal*, une dure réalité sociale se révèle au lecteur. En 1890, c'est le monde ferroviaire, autre grand bouleversement du XIXe siècle, qu'Émile Zola met en scène dans *La Bête humaine* (voir atelier p. 156).

1

2

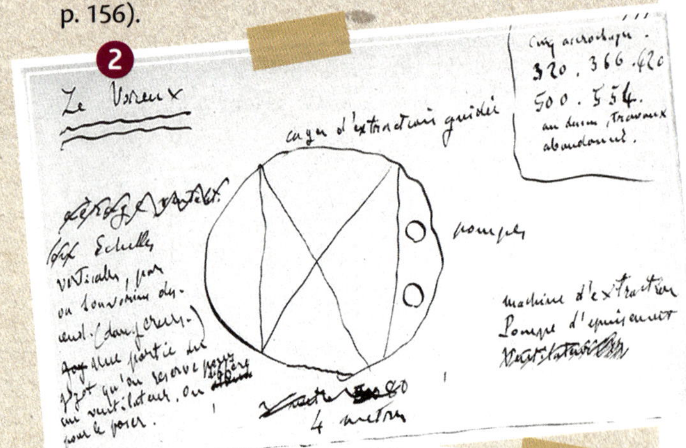

3

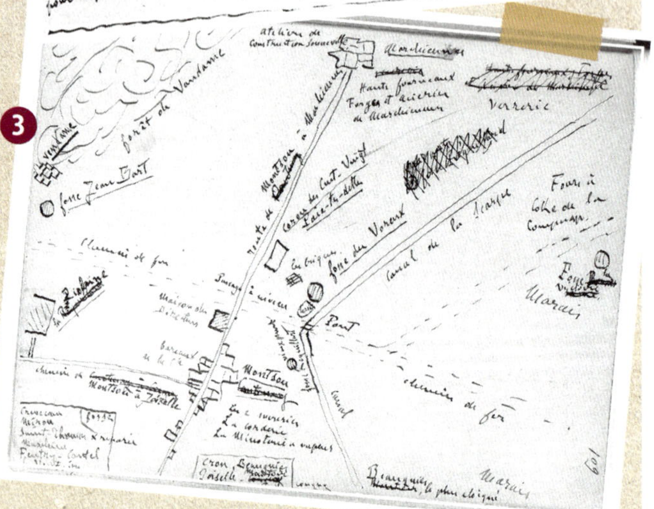

> « Le roman est le soulèvement des salariés, le coup d'épaule donné à la société, qui craque un instant : en un mot, la lutte du capital et du travail. C'est là qu'est l'importance du livre, je le veux prédisant l'avenir, posant la question la plus importante du XXe siècle. »
>
> **Émile Zola**, ébauche de *Germinal*.

Documents : 1 photogramme du film *Germinal*, de Claude Berri (1993), 2 croquis du « Voreux » réalisé par Émile Zola dans ses notes préparatoires, 3 topographie générale de *Germinal* réalisée par Émile Zola.

Le savez-vous ?

La méthode de travail

Pour tous les romans qui demandent de la documentation, Émile Zola travaille par étapes, trois essentiellement :
- **une ébauche**, l'intention générale du roman ;
- **des notes et des croquis**, parfois sur des carnets entiers (lectures, observations de terrain...) ;
- **un projet**, le plan d'ensemble du roman.

Comprendre le rôle du travail préparatoire

1. Quels sont les deux camps qui s'affrontent dans *Germinal* ?
2. Pourquoi cette lutte est-elle la conséquence d'un nouveau système économique ?
3. Émile Zola avait-il raison en déclarant que ce roman était visionnaire ?
4. Observez le croquis du « Voreux » réalisé par Émile Zola. Selon vous, pourquoi a-t-il aidé l'écrivain à préparer son roman ?

BILAN
5. Pourquoi ces documents illustrent-ils parfaitement la méthode d'Émile Zola ?

Texte 6 *Germinal*

Dès quatre heures, la descente des ouvriers commençait. Ils arrivaient de la baraque, pieds nus, la lampe à la main, attendant par petits groupes d'être en nombre suffisant. Sans un bruit, d'un jaillissement doux de bête nocturne, la cage de fer montait du noir, se calait sur les verrous, avec ses quatre étages contenant chacun deux berlines pleines de charbon. Des moulineurs, aux différents paliers, sortaient les berlines, les remplaçaient par d'autres, vides ou chargées à l'avance des bois de taille. Et c'était dans les berlines vides que s'empilaient les ouvriers, cinq par cinq, jusqu'à quarante d'un coup, lorsqu'ils tenaient toutes les cases. Un ordre partait du porte-voix, un beuglement sourd et indistinct, pendant qu'on tirait quatre fois la corde du signal d'en bas, « sonnant à la viande », pour prévenir de ce chargement de chair humaine. Puis, après un léger sursaut, la cage plongeait silencieuse, tombait comme une pierre, ne laissait derrière elle que la fuite vibrante du câble.

Le héros, Étienne Lantier, regarde un mineur descendre.

Son tour était arrivé, la cage avait reparu, de son mouvement aisé et sans fatigue. Il s'y accroupit avec des camarades, elle replongea, puis jaillit de nouveau au bout de quatre minutes à peine, pour engloutir une autre charge d'hommes. Pendant une demi-heure, le puits en dévora de la sorte, d'une gueule plus ou moins gloutonne, selon la profondeur de l'accrochage où ils descendaient, mais sans un arrêt, toujours affamé, de boyaux géants capables de digérer un peuple. Cela s'emplissait, s'emplissait encore, et les ténèbres restaient mortes, la cage montait du vide dans le même silence vorace.

Émile Zola, *Germinal*, 1885, Ire partie, chapitre 3.

Remontée des ouvriers, mines de Carvin, 1902, photographie de **Corriol**.

Comprendre le travail de l'écrivain

1. L. 1 à 15, relevez le vocabulaire technique utilisé par Émile Zola. Pourquoi est-il la preuve de son enquête documentaire ?

2. Observez la photographie : quels éléments retrouvez-vous dans le texte ?

3. L. 16 à 25, quels éléments rendent compte de la cadence de travail ?

4. Relevez le champ lexical de la faim. Quel effet produit-il dans cet extrait ?

BILAN **5** Comment É. Zola parvient-il à dépasser le simple reportage sur le monde ouvrier ?

Une issue à la fatalité

En 1893, Émile Zola publie *Le Docteur Pascal*. Ce dernier roman des *Rougon-Macquart* met en scène un médecin, Pascal Rougon, dont la mission humaniste et la foi dans la recherche scientifique offrent une issue heureuse à la fatalité que représente l'hérédité familiale. Cet optimisme est né des avancées médicales qui ont vu le jour au XIXe siècle et dont Émile Zola s'est informé par ses nombreuses lectures, notamment celle de Claude Bernard. Le cycle des *Rougon-Macquart* s'achève. En 22 ans, Émile Zola a écrit 20 romans, inventé 1 200 personnages et a traité de toutes les réalités de son siècle.

Texte 7 *Le Docteur Pascal*

En somme, le docteur Pascal n'avait qu'une croyance, la croyance à la vie. [...] Et la vie n'avait d'autre instrument que l'hérédité, l'hérédité faisait le monde ; de sorte que, si l'on avait pu la connaître, la capter pour disposer d'elle, on aurait fait le monde à son gré. Chez lui, qui avait vu de près la maladie, la souffrance et la mort, une pitié militante de médecin s'éveillait. Ah ! ne plus être malade, ne plus souffrir, mourir le moins possible ! Son rêve aboutissait à cette pensée qu'on pourrait hâter le bonheur universel, la cité future de perfection et de félicité, en intervenant, en assurant de la santé à tous. Lorsque tous seraient sains, forts, intelligents, il n'y aurait plus qu'un peuple supérieur, infiniment sage et heureux.

Émile Zola, *Le Docteur Pascal*, chapitre 2, 1893.

Expliquer les raisons d'espérer

1. Sur quel sujet le docteur Pascal travaille-t-il ? Quelle remarque pouvez-vous faire ?

2. En tant que médecin, le docteur Pascal a été confronté à la maladie et à la mort. Malgré cela, pourquoi peut-on dire qu'il garde espoir ? D'où lui vient cette confiance en l'avenir ?

La force de l'engagement

Une injustice judiciaire. En 1894, Émile Zola est en Italie. La même année en France, les services secrets français découvrent des documents confidentiels destinés à l'Allemagne. Le capitaine Dreyfus, officier juif d'origine alsacienne, est accusé sur une simple ressemblance d'écriture. Il est déporté à vie en Guyane. Quand É. Zola revient de son séjour italien, il prend connaissance de l'affaire Dreyfus. Le capitaine ne cesse de crier son innocence et sa famille cherche à faire réviser le procès. É. Zola enquête et fin 1897, il est convaincu qu'il s'agit d'une erreur judiciaire sur fond d'antisémitisme.

L'affaire Dreyfus. Révolté, É. Zola décide de s'engager pour défendre le capitaine Dreyfus. Il publie dans le quotidien *L'Aurore* du 13 janvier 1898, une lettre ouverte intitulée : « J'accuse... ! ». Ce combat va lui couter cher : l'écrivain va être condamné, pour diffamation, c'est-à-dire pour propos mensongers, à un an de prison ferme et à une amende. Quant au capitaine, il est à nouveau jugé, à nouveau condamné mais sera enfin gracié en 1899 et réhabilité en 1906. É. Zola a gagné son combat pour la justice, mais à quel prix ! Le 30 septembre 1902, É. Zola est retrouvé dans son appartement, asphyxié par une cheminée qui tire mal. L'enquête conclut à un accident mais il est vrai que, suite à l'affaire Dreyfus, É. Zola recevait souvent des menaces. Sa mort reste un mystère.

Cinq Centimes

ERNEST VAUGHAN

L'AURORE

Littéraire, Artistique, Sociale

J'Accuse...!

LETTRE AU PRÉSIDENT DE LA RÉPUBLIQUE

Par ÉMILE ZOLA

LETTRE

Documents : 1 caricacutre de Caran d'Ache, « Ils en ont parlé », illustration du *Figaro*, 14 février 1898, 2 Une de *L'Aurore* du 13 janvier 1898.

Texte 8 « *J'accuse… !* »

[…] Je le répète avec une certitude plus véhémente : la vérité est en marche et rien ne l'arrêtera. C'est d'aujourd'hui seulement que l'affaire commence, puisque aujourd'hui seulement les positions sont nettes : d'une part, les coupables qui ne veulent pas que la lumière se fasse ; de l'autre, les justiciers qui donneront leur vie pour qu'elle soit faite. Je l'ai dit ailleurs, et je le répète ici : quand on enferme la vérité sous terre, elle s'y amasse, elle y prend une force telle d'explosion, que, le jour où elle éclate, elle fait tout sauter avec elle. On verra bien si l'on ne vient pas de préparer, pour plus tard, le plus retentissant des désastres.

Mais cette lettre est longue, monsieur le Président, et il est temps de conclure. […]

Je n'ai qu'une passion, celle de la lumière, au nom de l'humanité qui a tant souffert et qui a droit au bonheur. Ma protestation enflammée n'est que le cri de mon âme. Qu'on ose donc me traduire en cour d'assises et que l'enquête ait lieu au grand jour !

J'attends.

Veuillez agréer, monsieur le Président, l'assurance de mon profond respect.

Émile Zola

Comprendre les enjeux de l'engagement

1. Observez le dessin de Caran d'Ache. Comment comprenez-vous la deuxième vignette ? Pourquoi ce « diner en famille » symbolise-t-il la France divisée par l'affaire Dreyfus ?

2. Pour Émile Zola, quels sont les deux camps qui s'affrontent ? Auquel appartient-il ?

3. Expliquez la phrase « la vérité est en marche, rien de l'arrêtera ».

BILAN **4** Quel effet produit la courte phrase « J'attends » à la fin de la lettre ?

Synthèse — Émile Zola, écrivain témoin

Le père du naturalisme

- Émile Zola est souvent désigné comme le « chef de file du naturalisme ». En adoptant **une démarche scientifique** pour écrire une œuvre hors-norme, il trouve une forme d'écriture qui correspond aux bouleversements sociaux, scientifiques et techniques que traverse son siècle. La lecture de l'œuvre du scientifique Claude Bernard influence la méthode de travail et l'approche littéraire d'Émile Zola. En 1880, l'écrivain rassemble dans *Le Roman expérimental* les articles qui exposent sa théorie. « Le plus souvent, il me suffira de remplacer le mot "médecin" par le mot "romancier", pour rendre ma pensée claire et lui apporter la rigueur d'une vérité scientifique », y écrit-il.

« La vérité est en marche et rien ne l'arrêtera »

- **Les *Rougon-Macquart*** constituent un immense tableau de **la société du XIXe siècle**. Si la qualité des recherches documentaires d'Émile Zola est évidente, elle ne doit pas faire oublier le talent d'écrivain qui a su transformer en mythes littéraires certains de ses personnages.
- **La recherche de la vérité** est aussi au cœur de son engagement dans l'affaire Dreyfus. É. Zola fera éclater cette vérité « au nom de l'humanité qui a tant souffert et qui a droit au bonheur ».

Rédiger une description à la manière d'Émile Zola

En appliquant la méthode de travail d'Émile Zola expliquée ci-dessous, rédigez la description d'un lieu consacré à une activité artistique ou sportive.

Émile Zola a mis au point une méthode de travail dès la rédaction du premier roman des Rougon-Macquart. Il commence par définir son sujet dans **l'ébauche**. Puis il rassemble dans **les notes**, tout ce qu'il a pu lire, observer, entendre. Ces deux étapes lui permettent de maitriser son sujet.

Dans l'extrait suivant, Émile Zola décrit un atelier d'artiste.

La vaste salle s'étendait, avec ses quatre longues tables, perpendiculaires aux fenêtres, des tables doubles, très larges, occupées des deux côtés par des files d'élèves, encombrées d'éponges mouillées, de godets, de vases d'eau, de chandeliers de fer, de caisses de bois, les caisses où chacun serrait sa blouse de toile blanche, ses compas et ses couleurs. [...] Et, au milieu de cette nudité de halle mal soignée, les murs surtout tiraient l'œil, alignant en haut, sur des étagères, une débandade de moulages, disparaissant plus bas sous une forêt de tés et d'équerres, sous un amas de planches à laver, retenues en paquets par des bretelles. Peu à peu, tous les pans restés libres s'étaient salis d'inscriptions, de dessins, d'une écume montante, jetée là, comme sur les marges d'un livre toujours ouvert.

Émile Zola, *L'Œuvre,* chapitre III, 1886.

La description est organisée de l'ensemble aux détails.
Les adjectifs permettent d'apporter des précisions et des informations.
Les indices de lieu permettent d'organiser la description.
L'énumération permet d'accumuler des détails réalistes.
Le vocabulaire est précis et technique. Il rend compte des recherches lexicales de l'écrivain. Exemple : un *té* est une règle plate en forme de T utilisée pour le dessin.
L'emploi de figures de style permet de rendre compte d'une réalité d'une manière imagée :
– la comparaison associe, à l'aide d'un outil (« comme »), deux éléments qui ont un ou des points communs ;
– la métaphore fait voir une réalité à travers une expression imagée, sans utiliser de termes de comparaison.

Consignes d'écriture

1. Commencez par écrire une ébauche de votre sujet.
2. Cherchez le vocabulaire spécifique à cette activité.
3. Documentez-vous sur ce qui fait la particularité de ce lieu.
4. Choisissez un ordre pour présenter votre description.
5. Ajoutez des adjectifs choisis, une figure de style pour éviter de rédiger un texte uniquement documentaire.

Atelier d'expression

La Bête humaine, *de l'écrit à l'écran*

Dans cet atelier, vous allez **découvrir deux œuvres intitulées** *La Bête humaine* :
le roman d'Émile Zola écrit en 1890 et son adaptation cinématographique réalisée par Jean Renoir en 1938.
Pour cela, vous êtes invité(e)s à :
– lire des extraits du roman ;
– observer des photogrammes du film ;
– comparer le récit littéraire et le récit filmique.

À l'oral
- Décrire des images
- Jouer une scène
- Émettre des hypothèses

À l'écrit
- Écrire le texte d'une bande-son
- Réaliser un storyboard

Méthode

À la fin de l'atelier, vous réaliserez **un court-métrage.** Pour cela, il vous faut :
- ***acquérir des connaissances sur certains procédés cinématographiques*** (on peut les comparer aux figures de style dans la littérature) ;
- ***découvrir la langue du cinéma*** qui utilise à la fois des mots et des images pour raconter ;
- ***utiliser ce que vous aurez appris des personnages*** pour écrire et tourner une scène inédite.

Les personnages de *La Bête humaine*

Étienne Roubaud, Sous-chef de gare

époux

Séverine Roubaud

Jacques Lantier, Mécanicien de locomotive

parrain/filleule

Grandmorin, Président de la compagnie de chemin de fer

Vocabulaire du cinéma

Parmi les métiers suivants, lesquels reconnaissez-vous sur l'image ?
Chef opérateur, costumier, scripte, monteur, réalisateur, décorateur, acteur.

ACTIVITÉ lienmini.fr/jdl4-T310
Découvrez à cette adresse la définition de ces métiers.

Découvrir

1. Décrivez oralement la photographie du premier plan à l'arrière-plan. Est-ce une image du film ? Justifiez.
2. À votre avis, quels sont les personnages incarnés par l'homme et la femme au centre ? Où se trouvent-ils ?
3. En utilisant la présentation des personnages en haut de page, dites quels sont les deux points communs entre les trois personnages masculins. Repérez ces points communs sur l'image ci-contre.

Jacques Lantier et la Lison

Jacques Lantier est un homme marqué dès son plus jeune âge par des accès de violence qu'il pense héréditaires. Il ne se sent bien que sur la Lison, la locomotive à vapeur sur laquelle il effectue la ligne Paris-Le Havre en compagnie de Pecqueux, le chauffeur.

1 2 3 4

Photogrammes extraits du film *La Bête humaine*, réalisé par **Jean Renoir** en 1938.

Vocabulaire du cinéma

On parle de **caméra subjective** lorsque les images qu'elle filme correspondent à ce que voit l'un des personnages de la scène.

VIDÉO lienmini.fr/jdl4-T311

Saisissez cette adresse sur votre navigateur pour visionner cette scène.

Analyser

1. À la place de quel personnage Jean Renoir met-il le spectateur sur le photogramme 1 ? et sur le photogramme 4 ? Aidez-vous de l'extrait vidéo pour répondre.

2. Quelle place la locomotive occupe-t-elle sur les images ? Pourquoi à votre avis ?

3. Lisez l'extrait suivant. Selon vous, quels sont les photogrammes qui traduisent le mieux l'expression soulignée ?

Un chauffeur du dépôt venait de charger le foyer, des escarbilles rouges tombaient dessous, dans la fosse à piquer le feu. C'était une de ces machines d'express, à deux essieux couplés, d'une élégance fine et géante, avec ses grandes roues légères réunies par des bras d'acier, son poitrail large, ses reins allongés et puissants, toute cette logique et toute cette certitude qui font la beauté souveraine des êtres de métal, la précision dans la force. Ainsi que les autres machines de la Compagnie de l'Ouest, en dehors du numéro qui la désignait, elle portait le nom d'une gare, celui de Lison, une station du Cotentin. Mais Jacques, par tendresse, en avait fait un nom de femme, la Lison, comme il disait, avec une douceur caressante.

Émile Zola, *La Bête humaine*, 1890, chapitre 5.

Voici un extrait des dialogues du film. Dans cette scène, Lantier présente la Lison à Séverine.

JACQUES – Voilà !
SÉVERINE – C'est drôle ce nom que vous lui donnez… la Lison.
JACQUES – Ah bah quand on aime quelqu'un, on n'a pas idée de l'appeler avec un numéro, hein ?

4. Quel rapport Lantier entretient-il avec sa machine ? Relevez dans les deux extraits des expressions qui évoquent cette relation.

5. Comment appelle-t-on cette figure de style ? Pourquoi se justifie-t-elle ici ?

Plus tard, un accident spectaculaire rend la Lison hors d'usage. Lantier ne s'en remettra pas.

ACTIVITÉ + lienmini.fr/jdl4-T312

Saisissez cette adresse sur votre navigateur et découvrez **l'histoire de la Lison**.

Le meurtre de Grandmorin

Lorsqu'il apprend que Grandmorin a agressé Séverine quelques années auparavant, Roubaud décide de le tuer. Le meurtre est commis à bord du train Paris-Le Havre.

AUDIO lienmini.fr/jdl4-T313

Saisissez cette adresse dans votre navigateur et **écoutez la bande-son de l'extrait**.

• Comment, sans les images, peut-on deviner qu'un évènement tragique va se produire ?

Vocabulaire du cinéma

Les sons au cinéma

• **Le son in :** on voit à l'image la source du bruit, comme lorsqu'un personnage parle.

• **Le son hors-champ** : il provient de la scène mais ce qui le produit n'est pas filmé.

• **Le son off** : il est ajouté à la scène, comme une voix off ou une musique.

1

2

3

4

Analyser

1. Quelle est l'attitude de Séverine sur le photogramme ❶ ? Quel rôle joue-t-elle dans cette scène ? (photogrammes ❸ à ❺)

2. Photogramme ❷ : où la caméra est-elle placée par rapport à l'acteur qui joue Roubaud ? Quel effet cela produit-il ?

3. Que se passe-t-il entre les photogrammes ❹ et ❻ ? Comment le spectateur le devine-t-il ? Selon vous, qu'est-ce qui justifie ce choix de mise en scène ?

4. Photogramme ❻ : que découvrent les agents du chemin de fer ? Pourquoi Jean Renoir choisit-il de montrer d'abord la réaction des deux hommes avant de montrer ce qu'ils voient ?

Vocabulaire du cinéma

Le hors-champ

Ce terme désigne ce qui n'est pas dans le champ de la caméra et n'est donc pas filmé. **Le hors-champ** peut cependant être imaginé ou reconstitué par le spectateur au moyen de différents indices (lien avec ce qui précède, réaction du personnage à l'écran, son, etc.).

5

6

Un témoin inattendu

Mais c'était une apparition en coup de foudre : tout de suite les wagons se succédèrent, les petites vitres carrées des portières, violemment éclairées, firent défiler les compartiments pleins de voyageurs, dans un tel vertige de vitesse que l'œil doutait ensuite des images entrevues. Et Jacques, très distinctement, à ce quart précis de seconde, aperçut, par les glaces flambantes d'un coupé, un homme qui en tenait un autre renversé sur la banquette et qui lui plantait un couteau dans la gorge, tandis qu'une masse noire, peut-être une troisième personne, peut-être un écroulement de bagages, pesait de tout son poids sur les jambes convulsives de l'assassiné. Déjà, le train fuyait, se perdait vers la Croix-de-Maufras, en ne montrant plus de lui, dans les ténèbres, que les trois feux de l'arrière, le triangle rouge.

Cloué sur place, le jeune homme suivait des yeux le train, dont le grondement s'éteignait, au fond de la grande paix morte de la campagne. Avait-il bien vu ?

Émile Zola, *La Bête humaine*, 1890, chapitre 2.

Le savez-vous ?

Le réalisateur qui adapte une œuvre littéraire produit **une œuvre personnelle** : il respecte généralement les grandes lignes de l'intrigue, mais fait des choix. Ainsi peut-il décider d'écarter ou d'ajouter des scènes et des personnages, de transposer l'œuvre à une autre époque, etc.

Comprendre les choix d'un réalisateur

- Selon quel point de vue la scène est-elle présentée ? Justifiez.
- Quel passage du texte Jean Renoir n'a-t-il pas mis en image ? Lisez à voix haute.

Les visages de Séverine

Jacques Lantier sait les Roubaud coupables, pourtant il ne dit rien de ce qu'il a vu à la justice : il est tombé sous le charme de Séverine dont il devient l'amant. Séverine tente de donner à Lantier le courage de les débarrasser de ce mari devenu gênant.

Un regard bouleversant

Mais, à cette minute, ainsi pleurante et pâle, avec la douceur effarée de ses yeux bleus sous l'écrasement noir de sa chevelure, elle le frappa. Il ne la quittait plus du regard, et il eut une absence, il se demanda, étourdi, pourquoi les Roubaud et lui étaient là, comment les faits avaient pu les réunir dans cette voiture du crime, eux de retour de Paris, la veille, lui revenu de Barentin à l'instant même. [...]

Elle avait brusquement écarté son mouchoir, pour fixer sur lui ses yeux en larmes, qui s'agrandissaient encore. [...]

Et, comme il la quittait enfin, il rencontra de nouveau ses larges yeux, dont la douceur terrifiée et suppliante l'avait si profondément remué.

Ibid., chapitre 3.

Analyser

1. Comment Lantier et Séverine communiquent-ils dans cette scène ? Répondez à l'aide du photogramme et du texte.
2. Par quels mots Émile Zola montre-t-il que :
– Séverine est un personnage pathétique ?
– Lantier est troublé ?
3. Par un zoom avant, Jean Renoir fait un gros plan sur le visage de Séverine : que veut-il mettre en valeur avec ce procédé ?

La naissance de l'amour

– Vous me croyez coupable ?

Il frémit légèrement, il arrêta ses yeux dans les siens.

– Oui, répondit-il, de la même voix basse et émue. [...]

– Vous vous trompez, je ne suis pas coupable.

Et elle disait cela, non pour le convaincre, lui, mais uniquement pour l'avertir qu'elle devait être innocente, aux yeux des autres. [...]

– Je ne suis pas coupable... Vous ne me ferez plus la peine de croire que je suis coupable.

Et elle était très heureuse, en voyant qu'il laissait ses yeux dans les siens, profondément. [...] Mais <u>le lien était noué entre eux</u>, indissoluble : elle le défiait bien de parler maintenant, il était à elle comme elle était à lui. L'aveu les avait unis.

Ibid., chapitre 5.

Analyser

1. Séverine est-elle coupable, complice ou innocente du meurtre de Grandmorin ?
2. Comment Séverine se comporte-t-elle avec Lantier ? Faites des relevés précis dans le texte.
3. Quel détail du photogramme illustre bien l'expression soulignée ?
4. Sur quoi la liaison naissante entre Lantier et Séverine repose-t-elle ?

Une intention diabolique

– Encore, si j'étais libre, si mon mari n'était pas là !... Ah comme nous oublierions vite !

Il eut un geste violent, il pensa tout haut.

– Nous ne pouvons pourtant pas le tuer.

Fixement, elle le regarda, et lui tressaillit, étonné d'avoir dit cette chose, à laquelle il n'avait pas songé. Puisqu'il voulait le tuer, pourquoi donc ne le tuait-il pas, cet homme gênant ? Et, comme il la quittait enfin, pour courir au dépôt, elle le reprit entre ses bras, le couvrit de baisers.

– Oh ! mon chéri, aime-moi bien. Je t'aimerai plus fort, plus fort encore... Va, nous serons heureux.

Ibid., chapitre 8.

Vocabulaire du cinéma

Le plan américain

Il consiste à cadrer un personnage à mi-cuisse. Il est très utilisé dans les westerns car il permet d'attirer l'attention sur le pistolet porté à la ceinture.

Analyser

1. Quelle phrase de l'extrait nous fait entrer dans la conscience de Séverine ?
2. Dans le roman, quel moyen Séverine utilise-t-elle pour encourager Lantier à commettre le crime ?
3. Décrivez précisément le premier plan du photogramme. Repérez l'ombre portée à l'arrière-plan : quel personnage va entrer dans le champ de la caméra ?
4. Pourquoi Jean Renoir utilise-t-il un plan américain ?
5. Sur le photogramme, comment perçoit-on la détermination de Séverine ?

Graine de savoir

L'adjectif **« fatal »** (du latin *fatum*, le destin) sert à qualifier ce à quoi on ne peut pas échapper et qui entraine la mort. L'expression « femme fatale » fait référence à un personnage féminin qui utilise son pouvoir de séduction pour manipuler son entourage et parvenir à ses fins.

- Cet adjectif convient-il bien à Séverine ?

À l'oral

Selon vous, le lecteur va-t-il assister à une *happy end* ? Par groupe, faites des hypothèses sur ce qui va se passer ensuite et confrontez vos propositions. Rendez-vous au CDI pour lire les derniers chapitres du roman...

Activité finale

Écrivez et tournez une scène inédite

Lantier n'a pas le courage de tuer Roubaud. Plus tard, Séverine tente une seconde fois de le convaincre de les débarrasser de son mari. Mais Lantier, de nouveau, se montre incapable de commettre le crime. On vous confie le tournage de la scène suivante.

Quelques heures plus tard, Lantier se retire seul dans sa chambre ; par la fenêtre lui parviennent les bruits de la gare, il se rappelle avec nostalgie les voyages sur la Lison. Il songe à ce qui vient de se passer et se remémore les moments de bonheur passés avec Séverine dont il tente de comprendre le comportement.

Faites le découpage de la scène en plans, dessinez le storyboard et écrivez la bande-son en suivant les étapes données à l'adresse ACTIVITÉ lienmini.fr/jdl4-T314

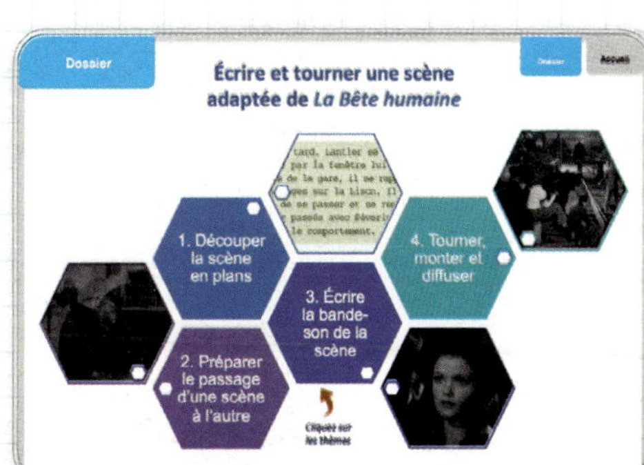

PARCOURS un genre

Le fantastique, un autre regard sur le réel

La littérature fantastique prend son plein essor dans la première moitié du XIXe siècle. Elle s'inspire du mouvement du romantisme noir venu d'Angleterre.

Johann Heinrich Füssli (1741-1825), *Le Rêve du berger*, 1793, huile sur toile (1,54 m x 2,15 m), Tate Britain, Londres (Royaume-Uni).

Le rêve aux frontières du rationnel

1. En observant la composition du tableau, justifiez son titre.

2. Quelles sont les créatures qui peuplent les rêves du berger ?

3. Pourquoi ces créatures semblent-elles tourbillonner au-dessus de sa tête ?

BILAN **4** Quels éléments du tableau font du rêve un monde relevant à la fois du rationnel et du surnaturel ?

Fantastique et merveilleux : des mondes différents

« La dame pâle » est une nouvelle d'Alexandre Dumas relevant du romantisme noir, parue en 1849 dans le recueil Mille et un fantômes. *Dans un château, les princes Grégoriska et Kostaki, demi-frères, s'affrontent pour le cœur de la belle Hedwige.*

Texte 1 Un prince cruel

*Kostaki offre, au début de la nouvelle, **une vision inquiétante que le trouble fantastique** vient accentuer. Hedwige, la dame pâle, raconte comment il l'a enlevée lors d'une embuscade.*

Quant à leur chef, c'était un jeune homme de vingt-deux ans à peine, au teint pâle, aux longs yeux noirs, aux cheveux tombant bouclés sur ses épaules.

[…]

Je baissai mes paupières, mais ce fut inutilement ; à travers leur voile, je continuais à voir ce regard lancinant qui pénétrait jusqu'au fond de ma poitrine et me perçait le cœur. Alors une étrange hallucination s'empara de moi ; il me sembla être la Lénore de la ballade de Bürger[1], emportée par le cheval et le cavalier fantômes, et, lorsque je sentis que nous nous arrêtions, ce ne fut qu'avec terreur que j'ouvris les yeux, tant j'étais convaincue que je n'allais voir autour de moi que croix brisées et tombes ouvertes. Ce que je vis n'était guère plus gai, c'était la cour intérieure d'un château moldave, bâti au XIVe siècle.

*Ce n'est qu'à la fin de la nouvelle que le récit **bascule dans le merveilleux maléfique : plus aucun doute n'est laissé** à Hedwige et au lecteur, Kostaki est un être surnaturel, un fantôme assoiffé de sang.*

– Et alors, continua-t-elle avec un effort, j'aperçus Kostaki, pâle comme je l'avais vu sur la litière[2]. […]

Tout était mort, tout était cadavre… chair, habits, démarche… les yeux seuls, ces yeux terribles, étaient vivants. […]

Nous étions ainsi en face, le fantôme et moi, sans que mes yeux pussent se détacher des siens, lorsque je vis, sans avoir besoin de tourner la tête de son côté, Grégoriska sortir de derrière la stalle[3] de bois, semblable à l'ange exterminateur et tenant son épée à la main. Il fit le signe de la croix de la main gauche et s'avança lentement l'épée tendue vers le fantôme ; celui-ci, à l'aspect de son frère, avait à son tour tiré son sabre avec un éclat de rire terrible ; mais, à peine le sabre eut-il touché le fer béni, que le bras du fantôme retomba inerte près de son corps.

Alexandre Dumas, « La dame pâle », *Mille et un fantômes*, 1849, extraits chap. I, « Les monts carpathes », et IV, « Le monastère de Hango ».

Graine de savoir

Les écrivains du **romantisme noir** aiment peupler leurs récits de créatures surnaturelles et maléfiques : spectres, vampires… On peut aussi parler de **merveilleux noir**.

• D'après vos souvenirs de contes, quels autres personnages, qu'il s'agisse d'adjuvants ou d'opposants, peut-on rencontrer dans la littérature merveilleuse ?

Du doute fantastique… (l. 1 à 15)

1. Dégagez les éléments faisant de Kostaki un être étrange et inquiétant.

2. Quelles raisons semblent expliquer le trouble de la jeune femme ? Comment le lecteur est-il ramené à la réalité ?

… à l'affirmation du merveilleux (l. 16 à 26)

3. Quels éléments font de Kostaki une créature surnaturelle ? Par quels mots est-il désigné à la fin du texte ?

4. En se fondant sur l'apparition indiscutable du surnaturel, à quel type de récit peut-on dire que cette nouvelle appartient ?

1. **ballade de Bürger** : poème allemand (1773) de G. A. Bürger. Le personnage principal, Lénore, revenant d'entre les morts, a fortement inspiré les récits romantiques sur les vampires.
2. **litière** : lit portatif surmonté d'un baldaquin et muni de brancards.
3. **stalle** : siège.

Du rêve au fantastique

Le savez-vous ?

C'est à Paris, en 1876, que **Ivan Tourgueniev** (1818-1883) écrit « Un rêve » qui paraitra, en janvier 1877, à Saint-Pétersbourg. Les lecteurs français découvriront simultanément la nouvelle à travers une traduction de l'auteur lui-même.

Texte 2 Révélation ?

« Un rêve » est une nouvelle fantastique de l'écrivain russe Ivan Tourgueniev. Comme le titre l'indique, le personnage-narrateur, un jeune homme de dix-sept ans, est un rêveur. Orphelin de père depuis l'âge de sept ans, il mène une vie mélancolique aux côtés de sa mère, rongée par une tristesse dont il ne connait pas la cause. Il fait souvent le même rêve étrange…

Je marchais le long d'une ruelle étroite et mal pavée, encadrée de maisons vétustes, à toits pointus. J'étais à la recherche de mon père, qui n'était pas mort et se cachait dans une de ces étranges bâtisses. Je pénétrais sous un porche bas et sombre, traversais une courette encombrée de planches et de bûches et entrais enfin dans une sorte de mansarde[1], chichement éclairée par deux lucarnes rondes. Mon père se tenait debout au milieu de la pièce, vêtu d'une robe de chambre, et fumait la pipe. Mais il ne ressemblait nullement à mon vrai père : il était grand, maigre, brun, avec un nez aquilin[2], des yeux sombres et perçants, âgé de quelque quarante ans. Il m'en voulait de l'avoir retrouvé, et moi, de mon côté, je n'étais nullement heureux de la rencontre : je n'éprouvais qu'un sentiment de surprise, voire de stupéfaction. L'homme se détournait de moi et commençait à grommeler quelque chose, en arpentant la pièce à pas menus… Ensuite, il s'éloignait petit à petit, sans s'arrêter de grommeler et en jetant des regards en arrière, par dessus l'épaule… Les murs de la pièce s'écartaient et se fondaient dans un brouillard… […] Tout le jour suivant, je pensais à ce rêve et ne lui trouvais évidemment pas d'explication satisfaisante.

Le jeune homme aime à se promener le long des quais de sa ville.

Au cours d'une de ces promenades, un homme, assis à la terrasse d'un café, attira irrésistiblement mon attention. Il se tenait immobile sur sa chaise, les bras croisés sur sa poitrine, drapé dans une longue houppelande[3] noire, coiffé d'un chapeau de paille. Des mèches de cheveux rares et frisés descendaient bas sur son front, presque au niveau du nez ; ses lèvres se crispaient sur l'embouchoir d'une courte pipe. Sa silhouette, ses traits, son teint jaunâtre, basané, tout cela me sembla tellement familier que je ne pus m'empêcher de m'arrêter devant lui et de me demander qui il était, où je l'avais déjà vu. Ayant senti mon regard peser sur lui, il leva ses yeux sombres et perçants… J'étouffai un cri…

Cet homme était mon autre père, celui que je cherchais en rêve !

Je ne pouvais pas me tromper, car la ressemblance était vraiment trop frappante. Sa houppelande elle-même évoquait par sa couleur et ses plis la robe de chambre dans laquelle il m'était apparu.

« Est-ce que je ne dors pas ? », me demandai-je… Non… Il fait jour, la foule des passants gronde autour de moi, le soleil brille haut dans le ciel bleu… Et cet être n'est pas un fantôme, mais un homme comme moi.

Ivan Tourgueniev, « Un rêve », 1877, extraits des chapitres III et IV.

Un rêve étrange

Extrait 1 (l. 1 à 19)

1. Quels détails de la description ancrent ce rêve dans un monde vraisemblable ?

2. Quels éléments relèvent d'un monde fantasmagorique, contraire à la réalité ?

3. Le personnage ne trouve pas d'« explication satisfaisante » à ce rêve. Pouvez-vous en formuler une ?

Une rencontre bouleversante

Extrait 2 (l. 20 à 38)

4. Pour quelles raisons le personnage reconnait-il un « autre père » en cet inconnu ?

5. Montrez comment les types de phrase des lignes 35 à 38 prouvent que le jeune homme cherche à se convaincre lui-même.

1. **mansarde** : chambre sous les toits.
2. **nez aquilin** : nez fin et courbé en bec d'aigle.
3. **houppelande** : vêtement de dessus ample et long.

Après avoir donné son adresse à l'inconnu, le jeune homme revient quelques heures plus tard chez lui. Il y retrouve une mère bouleversée qui dit avoir été visitée par un fantôme. D'après la description d'un serviteur, il s'agirait plutôt de son « autre père »... Le lendemain soir, la mère du jeune homme se confie enfin : jeune mariée, alors qu'elle était seule dans sa chambre, elle aurait reçu la visite d'un homme qu'elle prit d'abord pour un fantôme et qui la malmena. Quelques mois après naissait son fils.
Devant ces terribles révélations, le personnage-narrateur n'y tenant plus se lance à la recherche de l'inconnu qu'il considère désormais comme son véritable père. Il le retrouve au bord de la mer, mort, l'alliance qu'il avait volée autrefois au doigt.

Tout à coup, une terreur sans nom s'empara de moi. Il me sembla que ce cadavre savait que je viendrais, qu'il avait organisé lui-même cette ultime rencontre, je crus entendre un ronchonnement sourd et familier… Je m'éloignai de quelques pas… jetai un dernier regard sur mon père… Quelque chose brillait à un doigt de la main gauche… L'alliance de ma mère. Je me souviens encore de ce qu'il m'en coûta de revenir sur mes pas, de subir le contact glacé des doigts immobiles, d'arracher l'anneau, en fermant les yeux, et serrant les dents…

De retour à la maison, il raconte sa découverte à sa mère qui veut aller voir le corps de ses propres yeux. Mais mère et fils ne le retrouvent pas, ils ne peuvent que constater sa trace dans le sable.

Je n'ai plus revu le songe qui m'effrayait tant et ne « cherche » plus mon père. Toutefois, il m'arrive encore d'entendre, quand je dors, de lointains gémissements, des plaintes lancinantes, qui retentissent derrière un mur, que je ne puis escalader, et me déchirent le cœur. Je pleure, les yeux fermés, et ne puis comprendre si c'est un homme qui sanglote ou la mer qui hurle à la mort, irritée… Soudain, le son devient un ronchonnement grognon – et je me réveille, la terreur dans l'âme.

Ibid., chap. XV et XVIII.

L'angoisse fantastique

1. Lors de l'épisode du cadavre, quels éléments laissent à penser que le jeune homme perd l'esprit ? Quels éléments tangibles lui donnent, au contraire, raison ?

2. Quel temps verbal est utilisé à la fin de la nouvelle ? Quelle impression cela donne-t-il ?

3. Pourquoi le « ronchonnement » entendu par le personnage-narrateur dans son sommeil est-il si terrifiant ?

BILAN **4** Expliquez le caractère fantastique de cette fin : « [je] ne puis comprendre si c'est un homme qui sanglote ou la mer qui hurle à la mort […] et je me réveille, la terreur dans l'âme » (l. 14-16).

Graine de savoir

Edvard Munch (1863-1944) est un peintre norvégien qui, très tôt confronté à divers décès familiaux, fait de la peinture un réceptacle à ses angoisses.

- Quel point commun le jeune homme a-t-il avec le personnage-narrateur de la nouvelle ?

Edvard Munch, *Mélancolie* (1894-1895), huile sur toile (81 x 100,5 cm), Bergen Art Museum (Norvège).

Texte intégral

George Sand (1804-1876), *Château fantastique sous la lune*, gouache.

Lire la description d'un château et d'un portrait mystérieux

l. 1 à 75

1. Dans quel état, physique et moral, le personnage-narrateur se trouve-t-il ? Relevez les éléments faisant tout de même de lui un être réfléchi, soucieux d'exactitude.

2. Observez la description des lieux (état du château, lumière, objets) : pourquoi, bien que vraisemblable et décrit de manière minutieuse, ce décor parait-il si mystérieux ?

BILAN **3** Quelles réactions le personnage-narrateur a-t-il à la vue du portrait ?

Texte 3 « Le portrait ovale »

Edgar Allan Poe est un auteur américain passé maitre dans l'art du fantastique dont on connait l'œuvre grâce au poète Charles Baudelaire qui l'admirait et qui a traduit un grand nombre de ses nouvelles. Dans « Le portrait ovale », le personnage-narrateur, blessé, trouve refuge dans un château abandonné.

Le château dans lequel mon domestique s'était avisé de pénétrer de force, plutôt que de me permettre, déplorablement blessé comme je l'étais, de passer une nuit en plein air, était un de ces bâtiments, mélange de grandeur et de mélancolie, qui ont si longtemps dressé leurs fronts sourcilleux au milieu des Apennins[1], aussi bien dans la réalité que dans l'imagination de mistress Radcliffe[2]. Selon toute apparence, il avait été temporairement et tout récemment abandonné. Nous nous installâmes dans une des chambres les plus petites et les moins somptueusement meublées. Elle était située dans une tour écartée du bâtiment. Sa décoration était riche, mais antique et délabrée. Les murs étaient tendus de tapisseries et décorés de nombreux trophées héraldiques[3] de toute forme, ainsi que d'une quantité vraiment prodigieuse de peintures modernes, pleines de style, dans de riches cadres d'or d'un goût arabesque. Je pris un profond intérêt, ce fut peut-être mon délire qui commençait qui en fut cause, je pris un profond intérêt à ces peintures qui étaient suspendues non seulement sur les faces principales des murs, mais aussi dans une foule de recoins que la bizarre architecture du château rendait inévitables ; si bien que j'ordonnai à Pedro de fermer les lourds volets de la chambre, puisqu'il faisait déjà nuit, d'allumer un grand candélabre[4] à plusieurs branches placé près de son chevet, et d'ouvrir tout grands les rideaux de velours noir garnis de crépines[5] qui entouraient le lit. Je désirais que cela fût ainsi, pour que je pusse au moins, si je ne pouvais pas dormir, me consoler alternativement par la contemplation de ces peintures et par la lecture d'un petit volume que j'avais trouvé sur l'oreiller et qui en contenait l'appréciation et l'analyse.

Je lus longtemps, longtemps ; je contemplai religieusement, dévotement ; les heures s'envolèrent, rapides et glorieuses, et le profond minuit arriva. La position du candélabre me déplaisait, et, étendant la main avec difficulté pour ne pas déranger mon valet assoupi, je plaçai l'objet de manière à jeter les rayons en plein sur le livre.

Mais l'action produisit un effet absolument inattendu. Les rayons des nombreuses bougies (car il y en avait beaucoup) tombèrent alors sur une niche[6] de la chambre que l'une des colonnes du lit avait jusque-là couverte d'une ombre profonde. J'aperçus dans une vive lumière une peinture qui m'avait d'abord échappé. C'était le portrait d'une jeune fille déjà mûrissante et presque femme. Je jetai sur la peinture un coup d'œil rapide, et je fermai les yeux. Pourquoi, je ne le compris pas moi-même tout d'abord. Mais, pendant que mes paupières restaient closes, j'analysai rapidement la raison qui me les faisait fermer ainsi. C'était un mouvement involontaire pour gagner du temps et pour penser, pour m'assurer que ma vue ne m'avait pas

1. **Appenins** : chaine de montagnes de l'Italie du Nord.
2. **mistress Radcliffe** : Ann Radcliffe (1764-1823), romancière anglaise, connue pour ses récits fantastiques.
3. **trophées héraldiques** : objets, écussons portant les armoiries de grandes familles nobles.
4. **candélabre** : chandelier à plusieurs branches.
5. **crépines** : ornement à franges ou à glands.
6. **niche** : renfoncement aménagé dans un mur.

trompé, pour calmer et préparer mon esprit à une contemplation plus froide et plus sûre. Au bout de quelques instants, je regardai de nouveau la peinture fixement.

Je ne pouvais pas douter, quand même je l'aurais voulu, que je n'y visse alors très nettement ; car le premier éclair du flambeau sur cette toile avait dissipé la stupeur rêveuse dont mes sens étaient possédés, et m'avait appelé tout d'un coup à la vie réelle.

Le portrait, je l'ai déjà dit, était celui d'une jeune fille. C'était une simple tête, avec des épaules, le tout dans ce style qu'on appelle, en langage technique, style de *vignette* ; beaucoup de la manière de Sully[7] dans ses têtes de prédilection. Les bras, le sein, et même les bouts des cheveux rayonnants, se fondaient insaisissablement dans l'ombre vague, mais profonde, qui servait de fond à l'ensemble. Le cadre était ovale, magnifiquement doré et guilloché[8] dans le goût moresque[9]. Comme œuvre d'art, on ne pouvait rien trouver de plus admirable que la peinture elle-même. Mais il se peut bien que ce ne fût ni l'exécution de l'œuvre, ni l'immortelle beauté de la physionomie qui m'impressionna si soudainement et si fortement. Encore moins devais-je croire que mon imagination, sortant d'un demi-sommeil, eût pris la tête pour celle d'une personne vivante. Je vis tout d'abord que les détails du dessin, le style de vignette et l'aspect du cadre auraient immédiatement dissipé un pareil charme, et m'auraient préservé de toute illusion même momentanée. Tout en faisant ces réflexions, et très vivement, je restai, à demi étendu, à demi assis, une heure entière peut-être, les yeux rivés à ce portrait. À la longue, ayant découvert le vrai secret de son effet, je me laissai retomber sur le lit. J'avais deviné que le *charme* de la peinture était une expression vitale absolument adéquate à la vie elle-même, qui d'abord m'avait fait tressaillir, et finalement m'avait confondu, subjugué, épouvanté. Avec une terreur profonde et respectueuse, je replaçai le candélabre dans sa position première.

Ayant ainsi dérobé à ma vue la cause de ma profonde agitation, je cherchai vivement le volume qui contenait l'analyse des tableaux et leur histoire. Allant droit au numéro qui désignait le portrait ovale, j'y lus le vague et singulier récit qui suit :

« C'était une jeune fille d'une très rare beauté, et qui n'était pas moins aimable que pleine de gaieté. Et maudite fut l'heure où elle vit, et aima, et épousa le peintre. Lui, passionné, studieux, austère, et ayant déjà trouvé une épouse dans son Art ; elle, une jeune fille d'une très rare beauté, et non moins aimable que pleine de gaieté : rien que lumière et sourires, et la folâtrerie[10] d'un jeune faon ; aimant et chérissant toutes choses ; ne haïssant que l'Art qui était son rival ; ne redoutant que la palette et les brosses, et les autres instruments fâcheux qui la privaient de la figure de son adoré. Ce fut une terrible chose pour cette dame que d'entendre le peintre parler du désir de peindre sa jeune épouse. Mais elle était humble et obéissante, et elle s'assit avec douceur pendant de longues semaines dans la sombre et haute chambre de la tour, où la lumière filtrait sur la pâle toile seulement par le plafond. Mais lui, le peintre, mettait sa gloire dans son

Thomas Sully (1783-1872), portrait de Frances Keeling Valentine, huile sur bois.

Le savez-vous ?

Le portrait de Frances Keeling Valentine par Thomas Sully est très certainement **le tableau qui a inspiré à Edgar Allan Poe** cette nouvelle.

7. **Sully** : peintre américain du XIXe siècle.
8. **guilloché** : orné de lignes qui s'entrelacent.
9. **moresque** : orné dans un style oriental, de lignes droites et courbes entrelacées.
10. **folâtrerie** : gaité.

œuvre, qui avançait d'heure en heure et de jour en jour. Et c'était un homme passionné, et étrange, et pensif, qui se perdait en rêveries ; si bien qu'il ne *voulait* pas voir que la lumière qui tombait si lugubrement dans cette tour isolée desséchait la santé et les esprits de sa femme, qui languissait[11] visiblement pour tout le monde, excepté pour lui. Cependant, elle souriait toujours, et toujours sans se plaindre, parce qu'elle voyait que le peintre (qui avait un grand renom) prenait un plaisir vif et brûlant dans sa tâche, et travaillait nuit et jour pour peindre celle qui l'aimait si fort, mais qui devenait de jour en jour plus languissante et plus faible. Et, en vérité, ceux qui contemplaient le portrait parlaient à voix basse de sa ressemblance, comme d'une puissante merveille et comme d'une preuve non moins grande de la puissance du peintre que de son profond amour pour celle qu'il peignait si miraculeusement bien. Mais, à la longue, comme la besogne approchait de sa fin, personne ne fut plus admis dans la tour ; car le peintre était devenu fou par l'ardeur de son travail, et il détournait rarement ses yeux de la toile, même pour regarder la figure de sa femme. Et il ne *voulait* pas voir que les couleurs qu'il étalait sur la toile étaient *tirées* des joues de celle qui était assise près de lui. Et, quand bien des semaines furent passées et qu'il ne restait plus que peu de chose à faire, rien qu'une touche sur la bouche et un glacis[12] sur l'œil, l'esprit de la dame palpita encore comme la flamme dans le bec d'une lampe. Et alors la touche fut donnée, et alors le glacis fut placé ; et pendant un moment le peintre se tint en extase devant le travail qu'il avait travaillé ; mais, une minute après, comme il contemplait encore, il trembla, et il fut frappé d'effroi ; et, criant d'une voix éclatante : "En vérité, c'est la *Vie* elle-même !" il se retourna brusquement pour regarder sa bien-aimée : elle était morte ! »

Edgar Allan Poe, « Le portrait ovale », *in Nouvelles Histoires extraordinaires*, traduit de l'anglais par Charles Baudelaire, 1857.

Illustration pour « Le portrait ovale », XIXe siècle.

11. **languissait** : perdait peu à peu ses forces.
12. **glacis** : fine couche de peinture transparente appliquée comme un vernis.

Lire le récit d'une mort étrange

l. 76 à la fin

1. Dégagez les éléments du récit qui pourraient apporter une raison médicale à la mort de la jeune femme.

2. Quels éléments de la fin du récit semblent faire basculer la nouvelle dans le surnaturel ?

BILAN **3** D'après la réaction du personnage-narrateur à la vue du portrait, à quelle interprétation le lecteur est-il invité ? Est-ce pour autant une certitude ?

Résumer un récit

Résumez la nouvelle : « *Le Portrait ovale* raconte l'histoire de ... ».

Enrichir son vocabulaire

Dites ce que signifie « merveille » à la l. 106 après être allé(e) consulter la définition du mot dans un dictionnaire.

Mesmer, à l'image du fantastique, entre raison et élucubration

Au XIXe siècle, des auteurs romantiques de nouvelles fantastiques furent séduits par les études d'un médecin allemand, Franz-Anton Mesmer (1734-1815), qui prétendait expliquer, par le magnétisme, des données naturelles restées jusque-là inexplicables. Faire circuler des fluides entre magnétiseur et patients était ainsi en vogue. Mesmer, charlatan ou précurseur de l'hypnose, reconnue aujourd'hui comme moyen thérapeutique ?

Ebenezer Sibly, gravure représentant une séance de « magnétisme animal », fin du du XVIIIe siècle.

« Le doigt magique », caricature de la gravure ci-contre, vers 1795.

Mesmer ou l'explication de l'inexplicable

1. Comment la circulation des fluides magnétiques est-elle représentée dans la gravure et dans la caricature ? Montrez que, comme dans toute caricature, il y a bien grossissement du trait dans le but de se moquer.

2. En quel animal le magnétiseur est-il caricaturé ? Quelle est la signification d'un tel choix ?
Dans quel état physique la patiente de la caricature se trouve-t-elle ?

3. D'après vous pourquoi ? Quel sens donner à cette représentation ?

BILAN **4** Les écrivains des nouvelles fantastiques ont-ils pu être inspirés par les expériences de Mesmer ?

Le savez-vous ?

L'artiste québécois **Messmer** (1971), de son vrai nom Éric Normandin, qui pratique l'hypnose sur scène ou sur des plateaux de télévision depuis les années 1970, a emprunté son nom de scène au médecin allemand.

Le fantastique et le doute

Cette nouvelle de Guy de Maupassant repose sur un récit enchâssé. Au cours d'une traversée, un homme raconte deux aventures qui l'ont terrifié. Le personnage-narrateur rapporte ses paroles.

Le savez-vous ?

Guy de Maupassant, écrivain réaliste, a aussi écrit de nombreuses nouvelles fantastiques. Il exprimait ainsi les angoisses que suscitaient certainement en lui les crises de démence provoquées par l'avancée de sa maladie à la fin de sa vie.

Les passages surlignés mettent en évidence la structure de ce récit enchâssé.

Texte 4 « La peur »

Texte intégral

À J.-K. Huysmans

On remonta sur le pont après dîner. Devant nous, la Méditerranée n'avait pas un frisson sur toute sa surface qu'une grande lune calme moirait[1]. Le vaste bateau glissait, jetant sur le ciel, qui semblait ensemencé d'étoiles, un gros serpent de fumée noire ; et, derrière nous, l'eau toute blanche, agitée par le passage rapide du lourd bâtiment, battue par l'hélice, moussait, semblait se tordre, remuait tant de clartés qu'on eût dit de la lumière de lune bouillonnant.

Nous étions là, six ou huit, silencieux, admirant, l'œil tourné vers l'Afrique lointaine où nous allions. Le commandant, qui fumait un cigare au milieu de nous, reprit soudain la conversation du dîner.

– Oui, j'ai eu peur ce jour-là. Mon navire est resté six heures avec ce rocher dans le ventre, battu par la mer. Heureusement que nous avons été recueillis, vers le soir, par un charbonnier anglais qui nous aperçut.

Alors un grand homme à figure brûlée, à l'aspect grave, un de ces hommes qu'on sent avoir traversé de longs pays inconnus, au milieu de dangers incessants, et dont l'œil tranquille semble garder, dans sa profondeur, quelque chose des paysages étranges qu'il a vus ; un de ces hommes qu'on devine trempés dans le courage, parla pour la première fois :

– Vous dites, commandant, que vous avez eu peur ; je n'en crois rien. Vous vous trompez sur le mot et sur la sensation que vous avez éprouvée. Un homme énergique n'a jamais peur en face du danger pressant. Il est ému, agité, anxieux ; mais la peur, c'est autre chose. Le commandant reprit en riant :

– Fichtre ! je vous réponds bien que j'ai eu peur, moi.

Alors l'homme au teint bronzé prononça d'une voix lente :

– Permettez-moi de m'expliquer ! La peur (et les hommes les plus hardis peuvent avoir peur), c'est quelque chose d'effroyable, une sensation atroce, comme une décomposition de l'âme, un spasme affreux de la pensée et du cœur, dont le souvenir seul donne des frissons d'angoisse. Mais cela n'a lieu, quand on est brave, ni devant une attaque, ni devant la mort inévitable, ni devant toutes les formes connues du péril : cela a lieu dans certaines circonstances anormales, sous certaines influences mystérieuses en face de risques vagues. La vraie peur, c'est quelque chose comme une réminiscence[2] des terreurs fantastiques d'autrefois. Un homme qui croit aux revenants, et qui s'imagine apercevoir un spectre dans la nuit, doit éprouver la peur en toute son épouvantable horreur.

Moi, j'ai deviné la peur en plein jour, il y a dix ans environ. Je l'ai ressentie, l'hiver dernier, par une nuit de décembre.

Introduire trouble et peur dans l'esprit du lecteur

1. Dans les lignes 1 à 12, quels éléments de la description créent un cadre rassurant et vraisemblable ? Quels sont ceux qui créent une atmosphère étrange ?

2. Quelles sont les principales caractéristiques du voyageur inconnu ? Quelle impression ce dernier donne-t-il au lecteur ?

3. D'après cet homme, dans quelles circonstances connait-on la peur ?

BILAN **4** Relisez l'exemple que donne finalement le voyageur (l. 40-42). Comment comprenez-vous l'expression « une réminiscence des terreurs fantastiques » (l. 39-40) ?

1. **moirait** : donnait des reflets chatoyants.
2. **réminiscence** : souvenir.

Et, pourtant, j'ai traversé bien des hasards, bien des aventures qui semblaient mortelles. Je me suis battu souvent. J'ai été laissé pour mort par des voleurs. J'ai été condamné, comme insurgé, à être pendu, en Amérique, et jeté à la mer du pont d'un bâtiment sur les côtes de Chine. Chaque fois je me suis cru perdu, j'en ai pris immédiatement mon parti, sans attendrissement et même sans regrets.

Mais la peur, ce n'est pas cela.

Je l'ai pressentie en Afrique. Et pourtant elle est fille du Nord ; le soleil la dissipe comme un brouillard. Remarquez bien ceci, Messieurs. Chez les Orientaux, la vie ne compte pour rien ; on est résigné tout de suite ; les nuits sont claires et vides des inquiétudes sombres qui hantent les cerveaux dans les pays froids. En Orient, on peut connaître la panique, on ignore la peur.

Eh bien ! voici ce qui m'est arrivé sur cette terre d'Afrique :

Je traversais les grandes dunes au sud de Ouargla. C'est là un des plus étranges pays du monde. Vous connaissez le sable uni, le sable droit des interminables plages de l'Océan. Eh bien ! figurez-vous l'Océan lui-même devenu sable au milieu d'un ouragan ; imaginez une tempête silencieuse de vagues immobiles en poussière jaune. Elles sont hautes comme des montagnes, ces vagues inégales, différentes, soulevées tout à fait comme des flots déchaînés, mais plus grandes encore, et striées comme de la moire[3]. Sur cette mer furieuse, muette et sans mouvement, le dévorant soleil du sud verse sa flamme implacable et directe. Il faut gravir ces lames de cendre d'or, redescendre, gravir encore, gravir sans cesse, sans repos et sans ombre. Les chevaux râlent, enfoncent jusqu'aux genoux, et glissent en dévalant l'autre versant des surprenantes collines.

Nous étions deux amis suivis de huit spahis[4] et de quatre chameaux avec leurs chameliers. Nous ne parlions plus, accablés de chaleur, de fatigue, et desséchés de soif comme ce désert ardent. Soudain un de nos hommes poussa une sorte de cri ; tous s'arrêtèrent ; et nous demeurâmes immobiles, surpris par un inexplicable phénomène, connu des voyageurs en ces contrées perdues.

Quelque part, près de nous, dans une direction indéterminée, un tambour battait, le mystérieux tambour des dunes ; il battait distinctement, tantôt plus vibrant, tantôt affaibli, arrêtant, puis reprenant son roulement fantastique.

Les Arabes, épouvantés, se regardaient ; et l'un dit, en sa langue : « La mort est sur nous. » Et voilà que tout à coup mon compagnon, mon ami, presque mon frère, tomba de cheval, la tête en avant, foudroyé par une insolation.

Et pendant deux heures, pendant que j'essayais en vain de le sauver, toujours ce tambour insaisissable m'emplissait l'oreille de son bruit monotone, intermittent et incom-

Découvrir une vidéo d'art

VIDÉO lienmini.fr/jdl4-T315 Saisissez cette adresse dans votre navigateur et découvrez la vidéo d'Agnès Guillaume, *My Nights*, 2014.

- Quels sont les éléments qui se superposent dans cette vidéo ?
- Qu'est-ce qui rend les pigeons si inquiétants ?
- Comment comprenez-vous le titre de cette vidéo, *My Nights* ?

Edvard Munch, *Le Cri*, 1893, tempera sur carton (83,5 x 66 cm), musée Munch, Oslo (Norvège).

3. **moire** : étoffe à reflets changeants.
4. **spahis** : soldats africains sous les ordres de l'armée de terre française.

préhensible ; et je sentais glisser dans mes os la peur, la vraie peur, la hideuse peur, en face de ce cadavre aimé, dans ce trou incendié par le soleil entre quatre monts de sable, tandis que l'écho inconnu nous jetait, à deux cents lieues de tout village français, le battement rapide du tambour.

Ce jour-là, je compris ce que c'était que d'avoir peur ; je l'ai su mieux encore une autre fois...

Le commandant interrompit le conteur :

– Pardon, Monsieur, mais ce tambour ? Qu'était-ce ?

Le voyageur répondit :

– Je n'en sais rien. Personne ne sait. Les officiers, surpris souvent par ce bruit singulier, l'attribuent généralement à l'écho grossi, multiplié, démesurément enflé par les vallonnements des dunes, d'une grêle de grains de sable emportés dans le vent et heurtant une touffe d'herbes sèches ; car on a toujours remarqué que le phénomène se produit dans le voisinage de petites plantes brûlées par le soleil, et dures comme du parchemin.

Ce tambour ne serait donc qu'une sorte de mirage du son. Voilà tout. Mais je n'appris cela que plus tard.

J'arrive à ma seconde émotion.

C'était l'hiver dernier, dans une forêt du nord-est de la France. La nuit vint deux heures plus tôt, tant le ciel était sombre. J'avais pour guide un paysan qui marchait à mon côté, par un tout petit chemin, sous une voûte de sapins dont le vent déchaîné tirait des hurlements. Entre les cimes, je voyais courir des nuages en déroute, des nuages éperdus qui semblaient fuir devant une épouvante. Parfois, sous une immense rafale, toute la forêt s'inclinait dans le même sens avec un gémissement de souffrance ; et le froid m'envahissait, malgré mon pas rapide et mon lourd vêtement.

Nous devions souper et coucher chez un garde forestier dont la maison n'était plus éloignée de nous. J'allais là pour chasser.

Mon guide, parfois, levait les yeux et murmurait : « Triste temps ! » Puis il me parla des gens chez qui nous arrivions. Le père avait tué un braconnier deux ans auparavant, et, depuis ce temps, il semblait sombre, comme hanté d'un souvenir. Ses deux fils, mariés, vivaient avec lui.

Les ténèbres étaient profondes. Je ne voyais rien devant moi, ni autour de moi, et toute la branchure des arbres entre-choqués emplissait la nuit d'une rumeur incessante. Enfin, j'aperçus une lumière, et bientôt mon compagnon heurtait une porte. Des cris aigus de femmes nous répondirent. Puis, une voix d'homme, une voix étranglée, demanda : « Qui va là ? » Mon guide se nomma. Nous entrâmes. Ce fut un inoubliable tableau.

Un vieil homme à cheveux blancs, à l'œil fou, le fusil chargé dans la main, nous attendait debout au milieu de la cuisine, tandis que deux grands gaillards, armés de haches, gardaient la porte. Je distinguai dans les coins sombres deux femmes à genoux, le visage caché contre le mur.

On s'expliqua. Le vieux remit son arme contre le mur et ordonna de préparer ma chambre ; puis, comme les femmes ne bougeaient point, il me dit brusquement :

« La peur » de Guy de Maupassant, lithographie, 1886.

Vignettes (p. 173-174) extraites de « La peur », adaptation en bande dessinée de **Cédric Pérez**, *in Histoires et légendes normandes*, tome 2, © Association L'Eure du terroir, 2009.

– Voyez-vous, Monsieur, j'ai tué un homme, voilà deux ans, cette nuit. L'autre année, il est revenu m'appeler. Je l'attends encore ce soir.

Puis il ajouta d'un ton qui me fit sourire :

– Aussi, nous ne sommes pas tranquilles.

Je le rassurai comme je pus, heureux d'être venu justement ce soir-là, et d'assister au spectacle de cette terreur superstitieuse.

Je racontai des histoires, et je parvins à calmer à peu près tout le monde.

Près du foyer, un vieux chien, presque aveugle et moustachu, un de ces chiens qui ressemblent à des gens qu'on connaît, dormait le nez dans ses pattes.

Au-dehors, la tempête acharnée battait la petite maison, et, par un étroit carreau, une sorte de judas placé près de la porte, je voyais soudain tout un fouillis d'arbres bousculés par le vent à la lueur de grands éclairs.

Malgré mes efforts, je sentais bien qu'une terreur profonde tenait ces gens, et chaque fois que je cessais de parler, toutes les oreilles écoutaient au loin. Las d'assister à ces craintes imbéciles, j'allais demander à me coucher, quand le vieux garde tout à coup fit un bond de sa chaise, saisit de nouveau son fusil, en bégayant d'une voix égarée : « Le voilà ! le voilà ! Je l'entends ! » Les deux femmes retombèrent à genoux dans leurs coins en se cachant le visage ; et les fils reprirent leurs haches. J'allais tenter encore de les apaiser, quand le chien endormi s'éveilla brusquement et, levant sa tête, tendant le cou, regardant vers le feu de son œil presque éteint, il poussa un de ces lugubres hurlements qui font tressaillir les voyageurs, le soir, dans la campagne. Tous les yeux se portèrent sur lui, il restait maintenant immobile, dressé sur ses pattes comme hanté d'une vision, et il se remit à hurler vers quelque chose d'invisible, d'inconnu, d'affreux sans doute, car tout son poil se hérissait. Le garde, livide cria : « Il le sent ! il le sent ! il était là quand je l'ai tué. » Et les deux femmes égarées se mirent, toutes les deux, à hurler avec le chien.

Malgré moi, un grand frisson me courut entre les épaules. Cette vision de l'animal dans ce lieu, à cette heure, au milieu de ces gens éperdus, était effrayante à voir.

Alors, pendant une heure, le chien hurla sans bouger ; il hurla comme dans l'angoisse d'un rêve ; et la peur, l'épouvantable peur entrait en moi ; la peur de quoi ? Le sais-je ? C'était la peur, voilà tout.

Enrichir son vocabulaire

Relisez la nouvelle et dégagez les mots et expressions se rapportant à la peur afin d'en constituer un champ lexical.

Nous restions immobiles, livides, dans l'attente d'un événement affreux, l'oreille tendue, le cœur battant, bouleversés au moindre bruit. Et le chien se mit à tourner autour de la pièce, en sentant les murs et gémissant toujours. Cette bête nous rendait fous ! Alors, le paysan qui m'avait amené, se jeta sur elle, dans une sorte de paroxysme[5] de terreur furieuse, et, ouvrant une porte donnant sur une petite cour jeta l'animal dehors.

Il se tut aussitôt ; et nous restâmes plongés dans un silence plus terrifiant encore. Et soudain tous ensemble, nous eûmes une sorte de sursaut : un être glissait contre le mur du dehors vers la forêt ; puis il passa contre la porte, qu'il sembla tâter, d'une main hésitante ; puis on n'entendit plus rien pendant deux minutes qui firent de nous des insensés ; puis il revint, frôlant toujours la muraille ; et il gratta légèrement, comme ferait un enfant avec son ongle ; puis soudain une tête apparut contre la vitre du judas, une tête blanche avec des yeux lumineux comme ceux des fauves. Et un son sortit de sa bouche, un son indistinct, un murmure plaintif.

Alors un bruit formidable éclata dans la cuisine. Le vieux garde avait tiré. Et aussitôt les fils se précipitèrent, bouchèrent le judas en dressant la grande table qu'ils assujettirent avec le buffet.

Et je vous jure qu'au fracas du coup de fusil que je n'attendais point, j'eus une telle angoisse du cœur, de l'âme et du corps, que je me sentis défaillir, prêt à mourir de peur.

Nous restâmes là jusqu'à l'aurore, incapables de bouger, de dire un mot, crispés dans un affolement indicible.

On n'osa débarricader la sortie qu'en apercevant, par la fente d'un auvent, un mince rayon de jour.

Au pied du mur, contre la porte, le vieux chien gisait, la gueule brisée d'une balle.

Il était sorti de la cour en creusant un trou sous une palissade.

L'homme au visage brun se tut ; puis il ajouta :

– Cette nuit-là pourtant, je ne courus aucun danger ; mais j'aimerais mieux recommencer toutes les heures où j'ai affronté les plus terribles périls, que la seule minute du coup de fusil sur la tête barbue du judas.

Guy de Maupassant, « La peur », 1882.

5. **paroxysme de terreur** : terreur à son plus haut degré.

Le récit de deux aventures terrifiantes

Une atmosphère inquiétante

1. Quel champ lexical inattendu évoque les dunes de sable ? Quel effet cela produit-il ?

2. Quel temps fait-il la nuit de la seconde aventure ?

Un élément étrange

3. Quels termes qualifient le tambour ?

4. Quelles sont les caractéristiques du chien ?

La peur et l'inexplicable

5. Dans le désert, quelle circonstance précise et incroyable est à l'origine de la peur ?

6. Dans la seconde aventure, les personnages savent-ils de quoi ils ont peur ?

Des explications peu convaincantes

BILAN **7** Dans chacune des deux aventures, quelles sont les explications rationnelles données ? Quels éléments laissent tout de même planer le doute ?

Synthèse

Le fantastique, un autre regard sur le réel

- **La nouvelle fantastique du XIXe siècle**, en rupture avec les œuvres des Lumières fondées sur la foi en la puissance de la raison, exprime **le trouble que chaque individu peut ressentir face à un monde parfois inexplicable**.
- Devant l'incompréhensible, hésitant entre explication rationnelle et présence du surnaturel, les personnages et les lecteurs sont en proie à **un doute qui provoque la peur**.
- Le caractère étrange et déstabilisant du réel est d'autant plus marqué que la nouvelle fantastique propose dans ses premières lignes **un cadre familier**, rassurant ou, du moins, vraisemblable. C'est pourquoi des artistes réalistes tels que Gustave Courbet ou encore Guy de Maupassant ont aussi produit des œuvres fantastiques qui partent de la réalité, mais brouillent les frontières avec le rêve et le surnaturel.

Décrire à l'écrit le monstre d'une nouvelle fantastique

Voici les premières lignes de la nouvelle « Le monstre » (1949) de Dino Buzzatti.

« Au fond d'un sombre cagibi dans le grenier où les bonnes des habitants avaient l'habitude de jeter les objets hors d'usage et trop volumineux pour subir le sort réservé habituellement aux détritus, par un bel après-midi de juin, une certaine Ghitta Freilaber, domestique et préceptrice auprès de la famille Goggi, alors qu'elle était montée au grenier pour s'y délester d'un paquet de vieux journaux qui encombrait sa chambre, découvrit un monstre horrible. »

Faites la description du monstre que Ghitta Freilaber, employée de la famille Goggi, croit apercevoir dans le grenier de son immeuble.

Consignes d'écriture

1. Repérez ce qui crée d'emblée le doute dans l'esprit du lecteur : quels éléments pourraient expliquer que la jeune femme n'a pas bien vu ce qu'elle croit être un monstre ? Quels autres créent, au contraire, une atmosphère surnaturelle ?
2. Le narrateur d'une nouvelle fantastique joue sur ce trouble : il s'agit peut-être d'un monstre ou d'un objet qui en aurait la forme. Prenez soin de maintenir ce doute.

Écrire un texte fantastique à partir d'un tableau

***L'Apparition* est un tableau d'Odilon Redon représentant un guerrier nu face à une créature recroquevillée sur elle-même, suspendue dans les airs.**
Vient-elle véritablement de surgir devant lui ? Est-elle le fruit de son imagination ?
Imaginez la scène que ce tableau pourrait illustrer. Vous veillerez à maintenir l'hésitation propre au fantastique.

Odilon Redon (1840-1916), *L'Apparition*, vers 1890, huile sur papier, musée Kröller-Müller, Otello (Pays-Bas).

Écrire une nouvelle fantastique

À travers cet atelier, vous allez apprendre à écrire une nouvelle fantastique.
Étape par étape, vous allez en découvrir les procédés d'écriture.

À l'oral
- Lire à voix haute

À l'écrit
- Rédiger une nouvelle fantastique étape par étape

Méthode

▶ ***Lire une nouvelle intégrale***, « La photographie » de Jacques Sternberg, pour comprendre comment le fantastique s'installe dans le récit.

▶ ***Réfléchir sur différents éléments :***
- l'incipit et le choix du narrateur ;
- l'espace et le temps du fantastique ;
- la description d'éléments fantastiques ;
- l'expression de la peur ;
- la chute de la nouvelle.

Lire une nouvelle intégrale

Comprendre

L'incipit et le choix du narrateur

Dans cette nouvelle, le narrateur est le protagoniste de l'histoire. La narration se fait selon son point de vue.

1. Quel est le point de vue adopté dans cette nouvelle ?

La description d'un élément fantastique

Dès le début de la nouvelle, le narrateur insiste sur le caractère « ordinaire » de la photo qu'il a acquise.

2. Quels éléments la décrivant confirment ce caractère ?
3. Tout est-il si ordinaire cependant ? Justifiez votre réponse.
4. Jour après jour, le narrateur doit se rendre à l'évidence : la barque de la photographie avance.
Pourquoi le narrateur prend-il des précautions pour en parler ?

Le temps de la nouvelle

Le récit progresse au rythme où la barque avance sur la photographie.
Les détails se précisent : le récit zoome comme un appareil photo.

5. Que traduit cette progression dans l'esprit du narrateur ?

La photographie

Texte intégral

Il y avait quelques mois que j'avais acquis cette photographie. Collée sur un morceau de contre-plaqué, elle envahissait presque tout un mur et, bien souvent, je me demandais pourquoi je ne la remplaçais pas ; je ne lui trouvais rien de bien remarquable et en général je n'appréciais guère la photo.

À la rigueur, on pouvait lui trouver quelque chose d'insolite, une impression diffuse qui me dérangeait parce que, justement, je ne voyais pas exactement pourquoi je jugeais cette image insolite. Elle représentait un grand lac, vraiment très banal, avec en arrière-plan une colline déserte pas moins banale. La photo était en noir et blanc, le ciel uniformément gris sale. Sur le lac, on voyait une barque, perdue au loin, minuscule.

Je mis un certain temps à me rendre à l'évidence, même si elle me paraissait difficile à accepter : la barque, de semaine en semaine, avançait. C'est ainsi. Inexorablement, se déplaçant dans un espace temps impossible à définir, la barque grandissait parce qu'elle avançait sur le lac, venue de quelque lointain rivage pour se diriger vers le bord extérieur du cliché. Autant dire vers moi.

Un jour, je pus distinguer deux personnages dans la barque. L'un ramait, l'autre assis plus en avant semblait ne rien faire. Quelque temps plus tard, d'autres détails me rentrèrent dans le regard. C'était un homme aux bras nus qui ramait et le personnage placé à la proue ne pouvait être qu'une femme.

Comme la barque se dirigeait vers moi, chaque jour qui passait donnait du poids, de la présence aux deux personnages. Mais seule la femme m'intéressait. Jusqu'au moment où l'inquiétude, puis l'effroi s'en mêlèrent parce que je la reconnaissais.

Impossible de la confondre avec une autre : ses longs cheveux raides et blonds, ses yeux si froids qu'ils paraissaient éteints, son corps trop massif et menaçant dans son immobilité, tout en elle me donnait froid dans le dos. Surtout qu'elle me dévisageait les yeux dans les yeux, sans aucune trace de sentiment, et sur ses genoux il y avait un fusil dont le canon également me lorgnait de son œil de cyclope meurtrier. Une de ses mains semblait caresser tendrement la gâchette.

Comment ne pas la reconnaître et me souvenir de tout sans trembler ? J'avais eu une brève liaison avec elle, l'hiver dernier ; au printemps, excédé, je rompais, emporté par une brutalité qui ne me ressemblait pas et, dès cet instant, avec une froideur sauvage, elle s'était juré d'avoir un jour ma peau.

Jacques Sternberg, *Histoires à mourir de vous*,

Comprendre

L'expression de la peur

Malgré le caractère invraisemblable de la situation, le narrateur parvient à identifier le personnage qui s'approche de lui.

6. De qui s'agit-il ?

De nombreux éléments insistent sur la menace que représente ce personnage.

7. Quels termes montrent la peur ressentie par le narrateur ?
8. Dans quel ordre sont-ils donnés dans le texte ?

La chute de la nouvelle

Le personnage accepte comme une évidence le fait que la femme de la photographie désire le tuer. Les limites du rationnel sont franchies par le personnage, mais le lecteur s'interroge sur son état mental.

9. Quelle explication le narrateur donne-t-il à cette apparition ?
10. La chute de la nouvelle donne-t-elle une réponse complète à ce mystère ?

Cette nouvelle illustre l'enjeu du fantastique : un évènement extraordinaire, que le narrateur ne parvient pas à expliquer de manière satisfaisante, fait son apparition dans son quotidien.

Proposer une nouvelle chute

Réécrivez le dernier paragraphe en imaginant une autre fin à la nouvelle respectant les codes du fantastique. Vous lirez ensuite à la classe votre nouvelle chute.

Consignes d'écriture :
– votre texte sera rédigé à la première personne (« je ») ;
– vous respecterez les temps du récit au passé (imparfait, passé simple).

Étape 1 : l'incipit d'une nouvelle fantastique

À travers des extraits de nouvelles fantastiques célèbres, vous allez étudier, étape par étape, les principales caractéristiques du genre.

Texte 1 Qui sait ?

Mon Dieu ! Mon Dieu ! Je vais donc écrire enfin ce qui m'est arrivé ! Mais le pourrai-je ? l'oserai-je ? Cela est si **bizarre**, si **inexplicable**, si **incompréhensible**, si **fou** !

Si je n'étais sûr de ce que j'ai vu, sûr qu'il n'y a eu, dans mes raisonnements aucune défaillance, aucune erreur dans mes constatations, pas de lacune dans la suite inflexible de mes observations, je me croirais un simple halluciné, le jouet d'une étrange vision. Après tout, qui sait ?

Je suis aujourd'hui dans une maison de santé ; mais j'y suis entré volontairement, par prudence, par peur ! Un seul être connaît mon histoire. Le médecin d'ici. Je vais l'écrire. Je ne sais trop pourquoi ? Pour m'en débarrasser, car je la sens en moi comme un intolérable cauchemar.

La voici : [...]

Guy de Maupassant, « Qui sait ? » dans *L'Inutile Beauté*, 1890.

Comprendre

1. En vous aidant des éléments surlignés en bleu, dites quel est le point de vue adopté dans cet extrait.
2. Observez les mots en gras : qu'expriment-ils ?
3. Quels types de phrase sont utilisés au début de l'extrait ? Comment pouvez-vous l'expliquer ?
4. Quels propos du narrateur affirment qu'il n'a pas perdu la raison ?
5. Pourquoi le narrateur désire-t-il écrire son histoire ?

Astuce de rédaction

La chronologie du récit peut être bouleversée par un retour en arrière. En effet, dans cet incipit, le narrateur dit qu'il va raconter son histoire, qui a déjà eu lieu.

Repères littéraires

- **Le choix du narrateur** est essentiel dans une nouvelle fantastique. En choisissant un narrateur-personnage, l'auteur raconte l'histoire selon un point de vue interne.
- Le début d'un récit fantastique est souvent **ancré** dans **la réalité quotidienne**. Par exemple, la lettre et le journal intime peuvent renforcer cette impression de réel.

Étape 2 : le temps et l'espace du fantastique

Texte 2 La morte

Après la mort de son aimée, le narrateur se rend au cimetière dans l'espoir d'y retrouver sa tombe.

Quand la nuit fut noire, très noire, je quittai mon refuge et me mis à marcher doucement, à pas lents, à pas sourds, sur cette terre pleine de morts.

J'errai longtemps, longtemps, longtemps. Je ne la retrouvais pas. Les bras étendus, les yeux ouverts, heurtant des tombes <u>avec mes mains, avec mes pieds, avec mes genoux, avec ma poitrine, avec ma tête elle-même</u>, j'allais sans la trouver. Je touchais, je palpais comme un aveugle qui cherche sa route, je palpais des pierres, des croix, des grilles de fer, des couronnes de verre, des couronnes de fleurs fanées ! Je lisais les noms avec mes doigts, en les promenant sur les lettres. Quelle nuit ! quelle nuit ! Je ne la retrouvais pas !

Pas de lune ! Quelle nuit ! J'avais peur, une peur affreuse dans ces étroits sentiers, entre deux lignes de tombes ! Des tombes ! des tombes ! des tombes. Toujours des tombes ! À droite, à gauche, devant moi, autour de moi, partout, des tombes !

Guy de Maupassant, « La morte », paru dans *Gil Blas*, le 31 mai 1887.

Comprendre

1. À quel moment cette scène se déroule-t-elle ? Qu'a-t-il de particulier ?
2. Comment la figure de style soulignée se nomme-t-elle ? Comment le narrateur, malgré l'obscurité, parvient-il à explorer le lieu ?
3. Comment l'aveuglement du chagrin est-il rendu physique ici ? Parmi les cinq sens, lequel est sollicité ici ? Avec quelle figure de style la partie soulignée le montre-t-elle ?
4. Que prouve l'acharnement du narrateur à propos des sentiments qu'il éprouve encore pour la femme aimée ?
5. Quel type de phrase insiste sur cet effet d'égarement ?

Astuce de rédaction

N'hésitez pas à introduire des détails qui rendent particulier le moment de votre nouvelle (une chaleur d'été étouffante, une terrible nuit d'orage, le cœur de la nuit...).

Texte 3 Je suis d'ailleurs

Point ne sais où je suis né, mais le château était infiniment affreux, plein de passages obscurs et de hautes voûtes où l'œil, lorsqu'il se hasardait vers elles, ne décelait que nuit et toiles d'araignée. Les pierres dans les couloirs gauchis semblaient toujours atrocement humides, et il régnait une odeur maudite, odeur de charniers toujours renouvelés par les générations qui meurent.

H. P. Lovecraft, incipit de « Je suis d'ailleurs », 1921.

Comprendre

1. Quel est le lieu décrit ?
2. Parmi les cinq sens, deux sont évoqués dans cet extrait. Lesquels ? Justifiez en citant le texte.
3. Quel rôle jouent-ils dans cette description ?

Astuce de rédaction

Le choix des adjectifs associés à des adverbes permet d'enrichir la description du château. Exemples : « infiniment affreux », « atrocement humides ».

Repère littéraire

L'espace et le temps de la nouvelle fantastique doivent être choisis avec soin. Ils peuvent être **ordinaires** (comme dans « La photographie » de Jacques Sternberg) ou **inquiétants**.

Étape 3 : la description d'un élément fantastique

Texte 4 La Vénus[1] d'Ille

Le narrateur décrit une statue découverte dans la terre. Son expression est à la fois fascinante et inquiétante.

La chevelure, relevée sur le front, paraissait avoir été dorée autrefois. La tête, petite comme celle de presque toutes les statues grecques, était légèrement inclinée en avant. Quant à la figure, jamais je ne parviendrai à exprimer son caractère étrange, et dont le type ne se rapprochait de celui d'aucune statue antique dont il me souvienne. Ce n'était point cette beauté calme et sévère des sculpteurs grecs, qui, par système, donnaient à tous les traits une majestueuse immobilité. Ici, **au contraire**, j'observais **avec surprise** l'intention marquée de l'artiste de rendre la malice arrivant jusqu'à la méchanceté. Tous les traits étaient contractés **légèrement** : les yeux un peu obliques, la bouche relevée des coins, les narines quelque peu gonflées. Dédain, ironie, cruauté, se lisaient sur ce visage d'une incroyable beauté **cependant**. **En vérité**, plus on regardait cette admirable statue, et plus on éprouvait le sentiment pénible qu'une si merveilleuse beauté pût s'allier à l'absence de toute sensibilité.

Prosper Mérimée, extrait de « La Vénus d'Ille », 1845.

1. statue représentant Vénus, la déesse de l'amour.

Comprendre

1. Quelle partie de la statue intrigue le narrateur ? Pourquoi ?
2. Quel rôle les éléments en gras jouent-ils associés aux mots surlignés en vert ? Comment renforcent-ils le climat d'étrangeté ?
3. Que pouvez-vous dire du choix des mots surlignés en gris ? Que ressent le narrateur après avoir bien observé la Vénus ?
4. Selon vous, quel rôle une telle description peut-elle jouer dans une nouvelle fantastique ?

Astuces de rédaction

- *Le narrateur compare la statue découverte avec des statues grecques. Cette comparaison permet de montrer combien elle est différente des autres sculptures. Ainsi, le lecteur s'interroge sur ce qui fait son exception.*
- *Comme dans « La photographie », l'observation de plus en plus précise dessine le caractère étrange de la statue.*

Grammaire pour dire et pour écrire

Le fantastique s'appuie sur des **descriptions** où le narrateur hésite entre rêve et réalité, réel et surnaturel. Ces descriptions permettent d'installer une atmosphère inquiétante.

J'applique

À partir de l'image ci-contre, rédigez une description fantastique où l'araignée doit paraitre à la fois ordinaire et étrange. Vous pouvez utiliser le vocabulaire étudié dans le texte 4.

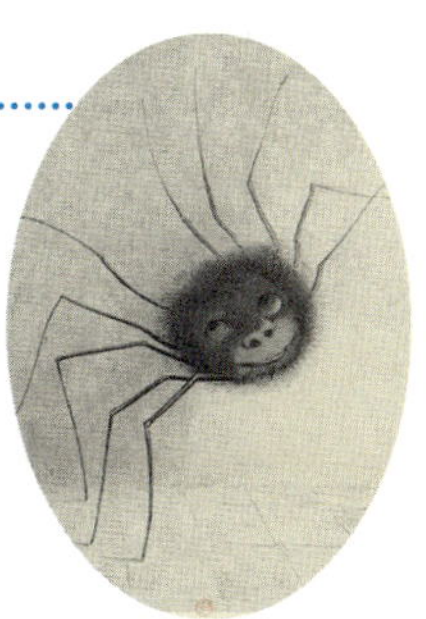

Odilon Redon, *L'Araignée qui rit* (détail), 1887, lithographie, BnF.

Étape 4 : l'expression de la peur

Texte 5

Une terreur insurmontable s'empara de moi, mes cheveux se hérissèrent sur mon front, mes dents s'entrechoquèrent à se briser, une sueur froide inonda mon corps.

Théophile Gautier, « La cafetière », 1831.

Texte 6

14 août. – Je suis perdu ! Quelqu'un possède mon âme et la gouverne ! quelqu'un ordonne **tous mes actes, tous mes mouvements, toutes mes pensées**. Je ne suis plus rien en moi, rien qu'un spectateur esclave et terrifié de toutes les choses que j'accomplis. Je désire sortir. Je ne peux pas. Il ne veut pas ; et je reste, éperdu, tremblant, dans le fauteuil où il me tient assis.

Guy de Maupassant, *Le Horla*, 1887.

Astuces de rédaction

- *Dans l'extrait de « La cafetière », les effets de la peur sont décrits par les manifestations physiques du narrateur.*
- *Dans cet extrait du* Horla*, la peur paralyse le narrateur : son incapacité à agir est décrite avec soin ainsi que l'effet produit sur son esprit.*

Repère littéraire

Dans la nouvelle fantastique, les évènements étranges viennent peu à peu **faire douter le personnage** de ses certitudes. L'épouvante le gagne ensuite, allant jusqu'à l'hallucination et à la folie.

Comprendre

1. Quels effets la peur provoque-t-elle sur les personnages ?

Texte 6

2. Quel est le rôle de l'énumération à la ligne 2 ?
3. Pouvez-vous déterminer quelle menace plane sur le narrateur ? Quel effet cette indétermination produit-elle ?

Gustave Courbet, *Le Désespéré*, 1843-1849, huile sur toile (46 x 53 cm), collection privée.

Comprendre

1. Quels sentiments se dégagent de ce tableau ?

VIDÉO lienmini.fr/jdl4-T316

Saisissez cette adresse sur votre navigateur et visionnez un reportage consacré à Gustave Courbet, le peintre de ce tableau.

2. Pouvez-vous identifier le personnage représenté ?
3. Pourquoi peut-on parler de « révolution du regard » ? Justifiez votre réponse.

Étape 5 : la chute de la nouvelle

Texte 7 Véra

Voici l'incipit de la nouvelle. Le Comte d'Athol assiste aux obsèques de son épouse Véra.

En renfermant le sépulcre, il avait arraché de la serrure la clef d'argent, et, se haussant sur la dernière marche du seuil, il l'avait jetée doucement dans l'intérieur du tombeau. Il l'avait lancée sur les dalles intérieures par le trèfle qui surmontait le portail. – Pourquoi ceci ?... À coup sûr d'après quelque résolution mystérieuse de ne plus revenir.

Le Comte continue à vivre comme si Véra était encore à ses côtés. Mais un an après sa mort, le charme semble se briser. Voici la chute de la nouvelle.

– Oh ! murmura-t-il, c'est donc fini ! – Perdue !... Toute seule ! – Quelle est la route, maintenant, pour parvenir jusqu'à toi ? Indique-moi le chemin qui peut me conduire vers toi !...

Soudain, comme une réponse, un objet brillant tomba du lit nuptial sur la noire fourrure, avec un bruit métallique : un rayon de l'affreux jour terrestre l'éclaira !... L'abandonné se baissa, le saisit, et un sourire sublime illumina son visage en reconnaissant cet objet : c'était la clef du tombeau.

Villiers de l'Isle-Adam, « Véra », 1893.

Astuces de rédaction

- *Dans cette nouvelle, la clef du tombeau est jetée dès le début dans le caveau. Le lecteur oublie donc cet objet.*
- *La réapparition de cette clef à la fin de la nouvelle confirme la dimension fantastique du récit et maintient le mystère. Le lecteur peut se demander si Véra est revenue ou non la lui rapporter.*

Comprendre

L'élément surligné en mauve constitue les derniers mots de la nouvelle. Comment l'auteur parvient-il à créer un effet de surprise ?

Méthode

La fin de la nouvelle, que l'on appelle **la chute**, doit laisser le lecteur dans une incertitude et dans une incapacité à choisir entre une explication rationnelle et l'existence du surnaturel.

Activité finale

Inventez une nouvelle fantastique à partir d'une image

À partir de cette image, vous allez inventer une nouvelle fantastique.

- **Premièrement (en classe entière), déterminez la trame de votre nouvelle. Choisissez le narrateur ainsi que le cadre (temps et lieu) de votre récit.**
- **Deuxièmement (en groupe), chaque groupe est chargé de rédiger une description parmi celles-ci :**

– l'espace et le temps de la nouvelle (aidez-vous de l'arrière plan de la photographie) ➥ étape 2 ;
– le portrait de la femme ➥ étape 3 ;
– la rencontre du narrateur et de l'apparition ;
– les sentiments du narrateur ➥ étape 4.

- **Troisièmement (de manière individuelle), chacun(e) d'entre vous rédige la chute de la nouvelle ➥ étape 5. Après lecture à voix haute, vous déterminerez ensemble celle qui vous semble correspondre le mieux au genre fantastique.**

R. Child Bayley, *Photo Spirit*, trucage photographique, 1910.

Thème 4 Informer, s'informer,

déformer ?

Agir sur le monde

PJ Crook (née en 1945), *Deadline*, XXe siècle, acrylique sur toile (127 x 177,8 cm), Morohashi Museum of Modern Art, Koriyama-Shi (Japon).

PARCOURS

une œuvre intégrale

Les illusions perdues du journalisme

Illusions perdues, *d'Honoré de Balzac*

Benjamin Robert Haydon (1786-1846), *En attendant le* Times, 1831, huile sur toile (30,4 x 33 cm), collection privée.

Lucien de Rubempré, un jeune homme issu d'une famille pauvre habitant la province, se distingue des jeunes gens de son âge par sa beauté et son talent : il est poète. Après avoir été admiré à Angoulême, il décide de monter à Paris pour devenir riche et célèbre. À l'époque, Paris et la province étaient deux mondes complètement différents : les jeunes gens venant de province avaient de grandes difficultés à s'y faire accepter. Le jeune héros va l'apprendre à ses dépens.

Extrait 1 Une mise en garde contre le journalisme

À Paris, Lucien mène une vie studieuse et sobre, dans l'espoir d'écrire une grande œuvre qui le rendrait célèbre. Il s'est lié d'amitié avec des jeunes gens exceptionnels, qui partagent son sort et son ambition, tels Daniel d'Arthez et Fulgence Ridal. Cependant Lucien songe à se lancer dans une nouvelle carrière.

À plusieurs reprises il parla de se jeter dans les journaux, et toujours ses amis lui dirent :

– Gardez-vous-en bien.

– Là serait la tombe du beau, du suave Lucien que nous aimons et connaissons, dit d'Arthez.

– Tu ne résisterais pas à la constante opposition de plaisir et de travail qui se trouve dans la vie des journalistes ; et, résister, c'est le fond de la vertu. Tu serais si enchanté d'exercer le pouvoir, d'avoir droit de vie et de mort sur les œuvres de la pensée, que tu serais journaliste en deux mois. Être journaliste, c'est passer proconsul[1] dans la république des lettres. Qui peut tout dire, arrive à tout faire ! Cette maxime est de Napoléon et se comprend.

– Ne serez-vous pas près de moi ? dit Lucien.

– Nous n'y serons plus, s'écria Fulgence. Journaliste, tu ne penserais pas plus à nous que la fille d'Opéra brillante, adorée, ne pense, dans sa voiture doublée de soie, à son village, à ses vaches, à ses sabots. Tu n'as que trop les qualités du journaliste : le brillant et la soudaineté de la pensée. Tu ne te refuserais jamais à un trait d'esprit, dût-il faire pleurer ton ami. Je vois les journalistes aux foyers de théâtre[2], ils me font horreur. Le journalisme est un enfer, un abîme d'iniquités, de mensonges, de trahisons, que l'on ne peut traverser et d'où l'on ne peut sortir pur, que protégé comme Dante par le divin laurier de Virgile[3].

Plus le Cénacle[4] défendait cette voie à Lucien, plus son désir de connaître le péril l'invitait à s'y risquer, et il commençait à discuter en lui-même : n'était-il pas ridicule de se laisser encore une fois surprendre par la détresse sans avoir rien fait contre elle ? En voyant l'insuccès de ses démarches à propos de son premier roman, Lucien était peu tenté d'en composer un second.

Biographie

Honoré de Balzac (1799-1850)
Ce romancier est l'un des plus célèbres du XIXe siècle. Il a rassemblé tous ses romans et nouvelles dans une œuvre monumentale, *La Comédie humaine*. Cette œuvre, qui s'inscrit dans le courant du réalisme, constitue une peinture saisissante de la société de son temps.

1. **proconsul** : dans la République romaine, c'était l'un des magistrats qui avait le plus de pouvoir.
2. **foyer de théâtre** : salle où les spectateurs se retrouvent pendant l'entracte pour discuter et boire un verre.
3. **Dante** (1265-1321) : poète et écrivain italien. Dans son œuvre la *Divine Comédie*, le poète traverse l'enfer guidé par Virgile.
4. **le Cénacle** : nom du groupe d'amis que fréquente Lucien.
5. **héraut** : messager qui proclame les nouvelles importantes sur la place publique.

Edgar Degas, *Jeantaud, Linet et Lainé*, 1871, huile sur toile (38 x 46 cm), musée d'Orsay, Paris.

D'ailleurs, de quoi vivrait-il pendant le temps de l'écrire ? Il avait épuisé sa dose de patience durant un mois de privations. Ne pourrait-il faire noblement ce que les journalistes faisaient sans conscience ni dignité ? Ses amis l'insultaient avec leurs défiances, il voulait leur prouver sa force d'esprit. Il les aiderait peut-être un jour, il serait le héraut[5] de leurs gloires !

Honoré de Balzac, *Illusions perdues*, 1843.

Comprendre les contradictions du métier de journaliste

Entrer dans la lecture. Quel est le choix qui s'offre à Lucien dans ce texte ?

1. « Être journaliste, c'est passer proconsul » (l. 10-11) : quelles caractéristiques du métier de journaliste sont révélées par cette image ?

2. Observez les deux phrases surlignées. Pourquoi peut-on dire que la seconde est le développement de la première ? Par quels procédés l'auteur y souligne-t-il les dangers du journalisme ?

3. Selon ses amis, quelles qualités de Lucien le prédisposent au journalisme ? Ces qualités sont-elles positives ou négatives selon eux ? Justifiez votre réponse.

4. Quelles sont les raisons présentées par les amis de Lucien pour le persuader d'abandonner le journalisme ? Qu'est-ce qui le pousse malgré tout à devenir journaliste ?

BILAN **5** Que représente le journalisme pour les jeunes gens du Cénacle ?

Expliquer le sens d'un mot

Michel Chrestien, un autre ami de Lucien, définit ainsi le journalisme : « trafiquer de son âme, de son esprit, de sa pensée ». Expliquez le sens du verbe « trafiquer » dans cette expression.

Extrait 2 Les regrets d'un journaliste

Lucien, toujours fortement attiré par le journalisme, recherche l'amitié d'Étienne Lousteau, un jeune journaliste. Au cours d'une conversation au jardin du Luxembourg, Étienne lui révèle tous les malheurs qu'il endure en exerçant ce métier.

Je rends compte aujourd'hui des théâtres du boulevard, presque gratis, dans le journal qui appartient à Finot, ce gros garçon qui déjeune encore deux ou trois fois par mois au café Voltaire (mais vous n'y allez pas !). Finot est rédacteur en chef. Je vis en vendant les billets que me donnent les directeurs de ces théâtres pour solder ma sous-bienveillance au journal, les livres que m'envoient les libraires et dont je dois parler. Enfin je trafique, une fois Finot satisfait, des tributs en nature qu'apportent les Industries pour lesquelles ou contre lesquelles il me permet de lancer des articles. […] C'est ignoble, mais je vis de ce métier, moi comme cent autres ! Ne croyez pas le monde politique beaucoup plus beau que ce monde littéraire : tout dans ces deux mondes est corruption. Chaque homme y est ou corrupteur ou corrompu. Quand il s'agit d'une entreprise de librairie un peu considérable, le libraire me paye, de peur d'être attaqué. […] (Il releva sa tête humiliée, jeta vers le feuillage un regard de désespoir accusateur et terrible.) Et j'ai une belle tragédie reçue ! Et j'ai dans mes papiers un poème qui mourra ! Et j'étais bon ! J'avais le cœur pur : j'ai pour maîtresse une actrice du Panorama-Dramatique, moi qui rêvais de belles amours parmi les femmes les plus distinguées du grand monde ! Enfin, pour un exemplaire refusé par le libraire à mon journal, je dis du mal d'un livre que je trouve beau !

Ibid.

Comprendre le désespoir d'un jeune journaliste

Entrer dans la lecture. Étudiez la ponctuation du texte : quel type de phrases est particulièrement fréquent dans la deuxième partie du texte ? Quelle émotion exprime-t-il ?

1. Comment Étienne gagne-t-il de l'argent pour vivre ? Que pensez-vous de la façon dont il exerce son métier ?

2. Repérez trois mots de la même famille qui se suivent de près dans le texte. Sur quoi l'auteur insiste-t-il ?

3. Diriez-vous que les propos d'Étienne sont optimistes, objectifs, pessimistes ? Citez précisément le texte.

BILAN **4** Quel regard Étienne porte-t-il sur le monde des journalistes ?

Débattre

Si vous aviez, comme Lucien, entendu ce monologue au moment où vous vous apprêtiez à entrer dans le journalisme, auriez-vous persisté dans votre résolution ? Pourquoi ?
Donnez chacun(e) votre point de vue à l'oral dans un débat de classe.

Vincent van Gogh (1853-1890), *Lane au jardin du Luxembourg*, 1886, huile sur toile (27,1 x 46,1 cm), S & F Clark Art Institute, Williamstown (États-Unis).

Extrait 3 Le pouvoir du journalisme

Lucien a malgré tout décidé de se lancer dans le journalisme. Il se rend avec Étienne chez Dauriat, un célèbre libraire parisien de l'époque. Il y rencontre Finot, le rédacteur en chef du journal pour lequel travaille Étienne, mais aussi de nombreux journalistes influents, notamment Émile Blondet et Félicien Vernout.

Devanture de la Librairie Nouvelle sur le boulevard des Italiens à Paris, gravure de la fin du XIXe siècle.

En ce moment un jeune homme entra, qui venait de faire paraître un magnifique roman, vendu rapidement et couronné par le plus beau succès, un roman dont la seconde édition s'imprimait pour Dauriat. Ce jeune homme, doué de cette tournure extraordinaire et bizarre qui signale les natures artistes, frappa vivement Lucien.

– Voilà Nathan, dit Lousteau à l'oreille du poète de province.

Nathan, malgré la sauvage fierté de sa physionomie, alors dans toute sa jeunesse, aborda les journalistes chapeau bas, et se tint presque humble devant Blondet qu'il ne connaissait encore que de vue. Blondet et Finot gardèrent leurs chapeaux sur la tête.

– Monsieur, je suis heureux de l'occasion que me présente le hasard…

– Il est si troublé, qu'il fait un pléonasme[1], dit Félicien à Lousteau.

– … de vous peindre ma reconnaissance pour le bel article que vous avez bien voulu me faire au *Journal des Débats*. Vous êtes pour la moitié dans le succès de mon livre.

– Non, mon cher, non, dit Blondet d'un air où la protection se cachait sous la bonhomie. Vous avez du talent, le diable m'emporte, et je suis enchanté de faire votre connaissance. […]

Lucien, qui se trouvait là comme un embryon, avait admiré le livre de Nathan, il révérait l'auteur à l'égal d'un Dieu, et il fut stupide[2] de tant de lâcheté devant ce critique dont le nom et la portée lui étaient inconnus.

– Me conduirais-je jamais ainsi ? faut-il donc abdiquer sa dignité ! se dit-il. Mets donc ton chapeau, Nathan ? tu as fait un beau livre et le critique n'a fait qu'un article. Ces pensées lui fouettaient le sang dans les veines.

Ibid.

1. **pléonasme** : ajout d'un mot qui ne fait que répéter le sens d'un mot précédent.
2. **stupide :** stupéfait.

Interpréter les signes du pouvoir des journalistes

1. Pourquoi peut-on dire que la manière dont Nathan s'exprime et porte son chapeau prouve qu'il se considère comme inférieur aux journalistes ? Citez deux passages du texte à l'appui de votre réponse.

2. Pourquoi adopte-t-il cette attitude face à eux ?

3. Quels termes montrent que Lucien se parle à lui-même à la fin de l'extrait ?

4. Quelle émotion Lucien ressent-il en voyant cette scène ? La trouve-t-il juste ? Pourquoi ?

BILAN **4** Le monde du journalisme que découvre Lucien correspond-il à l'idée qu'il s'en faisait ? Expliquez.

Lire à plusieurs voix

Faites une lecture à plusieurs voix de ce passage : comme au théâtre, répartissez les paroles des différents personnages entre différents lecteurs (n'oubliez pas d'en prévoir un pour les passages narratifs). Faites en sorte que votre lecture se rapproche le plus possible d'un dialogue théâtral.

PARCOURS une œuvre intégrale

Extrait 4 Le premier article de Lucien

Lucien s'est fait accepter dans le cercle des journalistes. Il va au théâtre avec eux puis, au beau milieu d'une soirée, il est chargé de faire le compte-rendu de la pièce qu'il a vue pour le journal de Finot : c'est son premier article.

AUDIO lienmini.fr/jdl4-T401

Saisissez cette adresse sur votre navigateur et **écoutez l'article de Lucien avant de le lire**.

PANORAMA DRAMATIQUE.

Première représentation de l'Alcade dans l'embarras, imbroglio en trois actes. [...]

On entre, on sort, on parle, on se promène, on cherche quelque chose et l'on ne trouve rien, tout est en rumeur. L'alcade[1] a perdu sa fille et retrouve son bonnet ; mais le bonnet ne lui va pas, ce doit être le bonnet d'un voleur. Où est le voleur ? On entre, on sort, on parle, on se promène, on cherche de plus belle. L'alcade finit par trouver un homme sans sa fille, et sa fille sans un homme, ce qui est satisfaisant pour le magistrat, et non pour le public. Le calme renaît, l'alcade veut interroger l'homme. Ce vieil alcade s'assied dans un grand fauteuil d'alcade en arrangeant ses manches d'alcade. [...] Tout le monde est d'accord, mais je suis hors d'état de vous dire ce qui est clair et ce qui est obscur : la fille de l'alcade était là, représentée par une véritable Andalouse, une Espagnole, aux yeux espagnols, au teint espagnol, à la taille espagnole, à la démarche espagnole, une Espagnole de pied en cap, avec son poignard dans sa jarretière, son amour au cœur, sa croix au bout d'un ruban sur la gorge. À la fin de l'acte, quelqu'un m'a demandé comment allait la pièce, je lui ai dit : Elle a des bas rouges à coins verts, un pied grand comme ça, dans des souliers vernis, et la plus belle jambe de l'Andalousie ! Ah ! cette fille d'alcade, elle fait venir l'amour à la bouche, elle vous donne des désirs horribles, on a envie de sauter dessus la scène et de lui offrir sa chaumière et son cœur, ou trente mille livres de rente et sa plume. Cette Andalouse est la plus belle actrice de Paris.

Ibid.

1. **alcade :** nom de certains juges espagnols.

John Singer Sargent (1856-1925), *El Jaleo*, 1882, huile sur toile (232 x 348 cm), Isabella Stewart Gardner Museum, Boston (États-Unis).

Jean Béraud (1849-1936), *La Sortie de théâtre*, XIXe siècle, crayon, encre et gouache (56,5 x 72 cm), musée d'Orsay, conservé au musée du Louvre, Paris.

Comprendre les qualités d'un journaliste au XIXe siècle

Entrer dans la lecture. Qu'appelle-t-on aujourd'hui un « imbroglio » ? Ce terme vous semble-t-il convenir à la pièce décrite par Lucien ? Pourquoi ?

1. Quelle est la figure de style présente dans la première phrase ? Quel effet produit-elle ? Comment cet effet est-il renforcé ?

2. « L'alcade a perdu ... le bonnet d'un voleur » (l. 4 à 7). Pourquoi cette phrase produit-elle un effet comique ?

3. Qui est désignée par le pronom « Elle » à la ligne 32 (« Elle a des bas rouges à coins verts ») ? Lucien répond-il vraiment à la question qui lui est posée ?

BILAN **4** Lucien donne-t-il des informations précises à son lecteur sur la pièce qu'il a vue ? Lui donne-t-il malgré tout envie d'aller la voir ?

Réécrire un texte

Vous aidez Lucien à reprendre son article en supprimant les répétitions. Que lui auriez-vous suggéré pour la phrase suivante : « la fille de l'alcade était là, représentée par une véritable Andalouse, une Espagnole, aux yeux espagnols, au teint espagnol, à la taille espagnole, à la démarche espagnole, une Espagnole de pied en cap » ? Attention : vous ne devez pas supprimer des mots mais les remplacer par d'autres mots, qui soient cohérents avec la situation.

Extrait 5 Le journalisme emporte les convictions de Lucien

Lucien s'est couvert de gloire avec son premier article. Cependant le libraire Dauriat refuse d'éditer le recueil de poèmes qu'il a écrit. Étienne Lousteau lui propose un moyen de se venger.

Le poète sortit brusquement dans les Galeries pour ne pas éclater, il était furieux. – Eh ! bien, enfant, dit Lousteau qui le suivit, sois donc calme, accepte les hommes pour ce qu'ils sont, des moyens. Veux-tu prendre ta revanche ?

– À tout prix, dit le poète.

– Voici un exemplaire du livre de Nathan que Dauriat vient de me donner, et dont la seconde édition paraît demain ; relis cet ouvrage et fais un article qui le démolisse. Félicien Vernou ne peut souffrir Nathan dont le succès nuit, à ce qu'il croit, au futur succès de son ouvrage. Une des manies de ces petits esprits est d'imaginer que, sous le soleil, il n'y a pas de place pour deux succès. Aussi fera-t-il mettre ton article dans le grand journal auquel il travaille.

– Mais que peut-on dire contre ce livre ? il est beau, s'écria Lucien.

– Ha ! çà, mon cher, apprends ton métier, dit en riant Lousteau. Le livre, fût-il un chef-d'œuvre, doit devenir sous ta plume une stupide niaiserie, une œuvre dangereuse et malsaine.

– Mais comment ?

– Tu changeras les beautés en défauts.

– Je suis incapable d'opérer une pareille métamorphose.

– Mon cher, un journaliste est un acrobate, il faut t'habituer aux inconvénients de l'état.

Quelques jours plus tard, Lousteau demande à Lucien d'écrire un nouvel article, cette fois-ci en faisant l'éloge du livre de Nathan. Lucien commence par trouver l'idée scandaleuse : tous les journalistes se moquent de lui et le persuadent de renoncer à ses nobles idées.

– Vous tenez donc à ce que vous écrivez ? lui dit Vernou d'un air railleur. Mais nous sommes des marchands de phrases, et nous vivons de notre commerce. Quand vous voudrez faire une grande et belle œuvre, un livre enfin, vous pourrez y jeter vos pensées, votre âme, vous y attacher, le défendre ; mais des articles lus aujourd'hui, oubliés demain, ça ne vaut à mes yeux que ce qu'on les paye.

Ibid.

Wilhelm Leibl (1844-1900), *Une critique*, 1868, huile sur toile (67 x 55 cm), collection privée.

Comprendre comment un journaliste sans scrupules emploie le langage

1. Quelles sont les raisons pour lesquelles Lousteau propose à Lucien de « démolir » le livre de Nathan ? Sont-elles liées à la qualité de ce livre ?

2. Quel argument Lucien lui oppose-t-il ? Selon lui, sur quoi un journaliste doit-il se fonder pour décrire un livre ?

3. Expliquez l'image employée par Lousteau dans sa dernière réplique (l. 20-21).

BILAN **4** Pour les journalistes que fréquente Lucien, peut-on s'autoriser à écrire le contraire de ce que l'on pense ? Justifiez votre réponse.

Débattre

À votre avis, a-t-on le droit par intérêt de dire le contraire de ce que l'on pense ? Justifiez votre point de vue.

Extrait 6 Lucien change

Lucien est au sommet de sa gloire. Il mène une vie luxueuse avec son amante Coralie. Lors d'une fête qu'il donne pour ses nouveaux amis journalistes, il décide d'inviter ses anciens compagnons du Cénacle, Michel, Fulgence et Joseph. L'écrivain Nathan est présent lui aussi.

Julius LeBlanc Stewart (1855-1919), *Salle de danse*, XIXe siècle.

En ce moment Raoul Nathan se précipita sur Lucien avec une furie d'amitié, lui prit les mains et les lui serra.

– Mon bon ami, non seulement vous êtes un grand homme, mais encore vous avez du cœur, ce qui est aujourd'hui plus rare que le génie, dit-il. Vous êtes dévoué à vos amis. Enfin, je suis à vous à la vie, à la mort, et n'oublierai jamais ce que vous avez fait cette semaine pour moi.

Lucien, au comble de la joie en se voyant pateliné[1] par un homme dont s'occupait la Renommée, regarda ses trois amis du Cénacle avec une sorte de supériorité. Cette entrée de Nathan était due à la communication que Merlin lui avait faite de l'épreuve[2] de l'article en faveur de son livre, et qui paraissait dans le journal du lendemain.

– Je n'ai consenti à écrire l'attaque, répondit Lucien à l'oreille de Nathan, qu'à la condition d'y répondre moi-même. Je suis des vôtres.

Il revint à ses trois amis du Cénacle, enchanté d'une circonstance qui justifiait la phrase de laquelle avait ri Fulgence[3].

– Vienne le livre de d'Arthez, et je suis en position de lui être utile. Cette chance seule m'engagerait à rester dans les journaux.

– Y es-tu libre ? dit Michel.

– Autant qu'on peut l'être quand on est indispensable, répondit Lucien avec une fausse modestie.

Les journalistes qui prennent part à la fête de Lucien se conduisent d'une façon si grossière que les trois jeunes gens du Cénacle décident de partir.

En ce moment Lucien aperçut les visages attristés de Michel Chrestien, de Joseph Bridau et de Fulgence Ridal qui prirent leurs chapeaux et sortirent au milieu d'un hurrah d'imprécations.

– Voilà de singuliers chrétiens ? dit Merlin.

– Fulgence était un bon garçon, reprit Lousteau ; mais *ils* l'ont perverti de morale.

Ibid.

1. **pateliné** : flatté.
2. **épreuve** : première version d'un article, que l'on envoie à son auteur pour qu'il en corrige les fautes, avant son impression.
3. Lucien vient de dire à ses amis qu'il n'a pas changé.

Comprendre les changements qui se sont opérés en Lucien

1. Quelle est la figure de style principale dans la réplique de Nathan au début de l'extrait ? Quel sentiment exprime-t-elle ? Ce sentiment est-il sincère ?

2. Relisez la réponse que lui fait Lucien et confrontez-la à l'extrait 5. Quelle remarque pouvez-vous faire ?

3. Quel sentiment Lucien ressent-il par rapport à ses anciens amis du Cénacle ? Par quels éléments du texte ce sentiment se révèle-t-il ?

4. Quel paradoxe la dernière phrase contient-elle ? À qui s'applique en réalité le reproche formulé par Lousteau ?

BILAN **5** Quels traits du caractère de Lucien se sont affirmés au fil des mois ?

Extrait 7 Le déclin

La vie de plaisir que mène Lucien, grâce à l'argent que lui procurent ses articles, finit par lui enlever l'envie et même la capacité de travailler.

Gavarni (1804-1866), « Au Casino », illustration pour Émile de La Bédollière, *Londres et les Anglais*, 1826.

Pendant tout l'hiver, la vie de Lucien fut donc une longue ivresse coupée par les faciles travaux du journalisme ; il continua la série de ses petits articles, et fit des efforts énormes pour produire de temps en temps quelques belles pages de critique fortement pensée. Mais l'étude était une exception, le poète ne s'y adonnait que contraint par la nécessité : les déjeuners, les dîners, les parties de plaisir, les soirées du monde, le jeu prenaient tout son temps, et Coralie dévorait le reste. Lucien se défendait de songer au lendemain. Il voyait d'ailleurs ses prétendus amis se conduisant tous comme lui, défrayés[1] par des prospectus de librairie chèrement payés, par des primes données à certains articles nécessaires aux spéculations hasardées, mangeant à même et peu soucieux de l'avenir. Une fois admis dans le journalisme et dans la littérature sur un pied d'égalité, Lucien aperçut des difficultés énormes à vaincre au cas où il voudrait s'élever : chacun consentait à l'avoir pour égal, nul ne le voulait pour supérieur. Insensiblement il renonça donc à la gloire littéraire en croyant la fortune politique plus facile à obtenir. [...]

Ainsi le ressort de sa volonté, sans cesse assoupli par une paresse qui le rendait indifférent aux belles résolutions prises dans les moments où il entrevoyait sa position sous son vrai jour, devint nul, et ne répondit bientôt plus aux plus fortes pressions de la misère. Après avoir été très heureuse de voir Lucien s'amusant, après l'avoir encouragé en voyant dans cette dissipation des gages[2] pour la durée de son attachement et des liens dans les nécessités qu'elle créait, la douce et tendre Coralie eut le courage de recommander à son amant de ne pas oublier le travail, et fut plusieurs fois obligée de lui rappeler qu'il avait gagné peu de chose dans son mois. L'amant et la maîtresse s'endettèrent avec une effrayante rapidité.

Ibid.

1. **défrayés** : être défrayé signifie recevoir suffisamment d'argent pour payer toutes ses dettes.
2. **des gages** : des garanties. Coralie pense que plus Lucien dépensera d'argent, plus il aura besoin d'elle, et plus leur relation sera durable.

Comprendre les raisons d'une décadence

1. Expliquez l'image présente dans la première ligne du texte.

2. Quelles qualités de Lucien sont étouffées par la vie facile de journaliste ? Quel vice au contraire apparait chez lui ?

3. Quelle catastrophe future peut-on prévoir en lisant la dernière phrase du texte ?

BILAN **4** De quoi Lucien est-il la victime ? Qu'est-ce qui, finalement, l'entraine à sa perte ?

Débattre

Pensez-vous qu'une vie matérielle trop facile puisse présenter des risques pour l'individu ? Justifiez votre point de vue.

Extrait 8 La chute

La vie de Lucien est de plus en plus difficile. Il se tourne vers un nouveau journal et tous ses amis l'abandonnent. Il a cruellement besoin d'argent. Un jour, le livre de son ancien ami Daniel d'Arthez parait. Il est chargé par son journal d'en faire une critique acerbe.

Lucien refusa de faire l'article. Ce refus excita le plus violent scandale parmi les hommes considérables du parti royaliste venus à ce rendez-vous. On déclara nettement à Lucien qu'un nouveau converti n'avait pas de volonté ; s'il ne lui convenait pas d'appartenir à la monarchie et à la religion, il pouvait retourner à son premier camp : Merlin et Martinville le prirent à part et lui firent amicalement observer qu'il livrait Coralie à la haine que les journaux libéraux lui avaient vouée, et qu'elle n'aurait plus les journaux royalistes et ministériels pour se défendre. L'actrice allait donner lieu sans doute à une polémique ardente qui lui vaudrait cette renommée après laquelle soupirent toutes les femmes de théâtre.

– Vous n'y connaissez rien, lui dit Martinville, elle jouera pendant trois mois au milieu des feux croisés de nos articles, et trouvera trente mille francs en province dans ses trois mois de congé. Pour un de ces scrupules qui vous empêcheront d'être un homme politique, et qu'on doit fouler aux pieds, vous allez tuer Coralie et votre avenir, vous jetez votre gagne-pain.

Lucien se vit forcé d'opter entre d'Arthez et Coralie : sa maîtresse était perdue s'il n'égorgeait pas d'Arthez dans le grand journal et dans le *Réveil*. Le pauvre poète revint chez lui, la mort dans

Santiago Rusiñol i Prats (1861-1931), *Ma chambre à Paris*, 1896, collection privée.

Gravure d'**Émile Lassalle**, « Lucien dans un fauteuil, accablé d'une douleur vraie », illustration pour *Illusions perdues*, XIXe siècle.

l'âme ; il s'assit au coin du feu dans sa chambre et lut ce livre, l'un des plus beaux de la littérature moderne. Il laissa des larmes de page en page, il hésita longtemps, mais enfin il écrivit un article moqueur, comme il savait si bien en faire, il prit ce livre comme les enfants prennent un bel oiseau pour le déplumer et le martyriser. Sa terrible plaisanterie était de nature à nuire au livre. En relisant cette belle œuvre, tous les bons sentiments de Lucien se réveillèrent : il traversa Paris à minuit, arriva chez d'Arthez, vit à travers les vitres trembler la chaste et timide lueur qu'il avait si souvent regardée avec les sentiments d'admiration que méritait la noble constance de ce vrai grand homme ; il ne se sentit pas la force de monter, il demeura sur une borne pendant quelques instants. Enfin poussé par son bon ange, il frappa, trouva d'Arthez lisant et sans feu.

– Que vous arrive-t-il ? dit le jeune écrivain en apercevant Lucien et devinant qu'un horrible malheur pouvait seul le lui amener.

– Ton livre est sublime, s'écria Lucien les yeux pleins de larmes, et ils m'ont commandé de l'attaquer.

– Pauvre enfant, tu manges un pain bien dur, dit d'Arthez.

– Je ne vous demande qu'une grâce, gardez-moi le secret sur ma visite, et laissez-moi dans mon enfer à mes occupations de damné. Peut-être ne parvient-on à rien sans s'être fait des calus aux endroits les plus sensibles du cœur.

Ibid.

Comprendre l'enjeu d'un texte

AUDIO lienmini.fr/jdl4-T402

Saisissez cette adresse dans votre navigateur pour écouter une plus grande partie de ce passage.

• En vous fondant à la fois sur votre lecture et sur le passage écouté, expliquez pourquoi cette scène constitue un moment particulièrement déchirant pour Lucien.

Comprendre l'« enfer » dans lequel vit Lucien

Entrer dans la lecture. Quel adjectif peut qualifier la situation de Lucien à ce moment de l'intrigue ?

1. Que cherchent à faire les journalistes Merlin et Martinville en adressant une observation « amicale » à Lucien ? Par quel terme pouvez-vous définir une telle conduite ?

2. Lors de la fête donnée par Lucien (extrait 6, p. 191), Michel Chrestien avait demandé à Lucien s'il était libre dans le journalisme. Répondez à cette question à la lumière du texte que vous venez de lire.

3. Quel est le véritable avis de Lucien sur le livre de Daniel d'Arthez ? Comment se manifeste-t-il ?

4. « Pauvre enfant, tu manges un pain bien dur » (l. 42). Comment comprenez-vous cette réplique de Daniel ? Accuse-t-il son ancien camarade ?

BILAN **5** Comparez les personnages de Lucien et de Daniel : expliquez ce qui les rapproche, ce qui les sépare et étudiez leur évolution. Vous pouvez présenter votre réponse sous la forme d'un tableau.

Synthèse

Les illusions du journalisme au XIXe siècle

- Dans la première moitié du XIXe siècle, **le journalisme se développe** fortement en France. Ce mouvement s'accompagne d'une importance croissante des **libraires** qui favorisent le commerce du livre.
- **Les journalistes occupent une place particulière dans les milieux littéraires** parisiens : ils ne créent pas d'œuvre d'art, qui demandent un travail long et exigeant, et pourtant ils sont plus riches et plus respectés que les romanciers et les poètes. Cela vient du fait que **tout le monde craint leurs jugements**. Grâce aux tirages importants des journaux, leur parole a un grand retentissement.
- **Dans *Illusions perdues*, Honoré de Balzac a montré à la fois le pouvoir des journalistes et l'absence de scrupules de la plupart d'entre eux :** beaucoup se laissent corrompre et calomnient leurs amis. Lucien de Rubempré en est à la fois le complice et la victime : possédant un vrai talent et un cœur pur, il n'a pas su rester ferme face aux séductions du journalisme. Le pauvre poète l'a payé très cher.
- **Honoré de Balzac parodie avec insistance la façon de parler des journalistes,** qui exprime parfaitement leur vision du monde : ils affirment avec la même assurance une chose et son contraire, au point de perdre toute notion de la vérité. Bien entendu, cette vision pessimiste est à lire comme une mise en garde et ne reflète pas la réalité actuelle.

Raconter un spectacle à la manière de Lucien de Rubempré

En vous inspirant de l'article de Lucien (extrait 4, p. 188), racontez une pièce comique ou tout autre divertissement auquel vous avez assisté.

Consignes d'écriture

1. L'article doit insister sur l'atmosphère de la salle de spectacle.
2. Le ton de l'article doit être en harmonie avec le sujet.
3. L'article devra s'efforcer de donner envie au lecteur d'aller voir la pièce.
4. Vous pourrez employer toutes les figures de style qui se trouvent dans l'article de Lucien, notamment des comparaisons, des métaphores, des accumulations, des répétitions.

Exprimer une conception du journalisme

Exprimez en une ou deux phrases la vision du monde des journalistes tels que le décrit Balzac.

Honoré Daumier (1808-1879), « Oh elle est délicieuse… », avis de réabonnement pour le journal *Charivari*, estampe, 1840.

Atelier d'expression

Écrire une brochure pour votre médiathèque

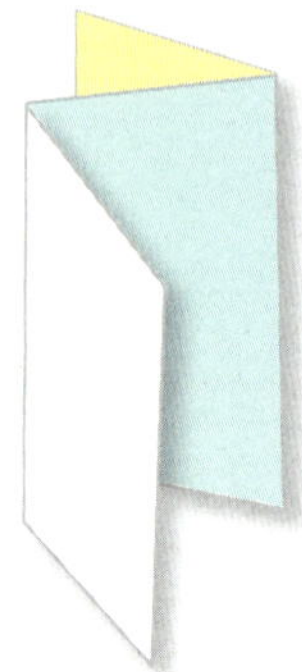

À l'oral

- Raconter
- Argumenter
- Poser des questions

À l'écrit

- Prendre des notes
- Rédiger une description, une explication, un poème, des titres

Dans cet atelier, vous allez apprendre à **écrire une brochure d'information qui présentera la médiathèque de votre quartier**, à votre manière.

Pour réaliser ce projet, vous vous rendrez dans ce lieu avec votre classe et y mènerez des enquêtes : vous le visiterez, échangerez avec les bibliothécaires et apprendrez à faire une recherche documentaire.

« La première fois que je suis allé dans une bibliothèque publique, j'ai eu l'impression d'être un gamin qui rentre dans une confiserie où tous les bonbons seraient gratuits. »

Craig Thompson, *Blankets, manteau de neige*, © Casterman, 2004.

JM Ucciani, illustration pour la couverture d'un magazine municipal, 2012.

« Les bibliothèques ne servent qu'à cela : offrir des occasions de méditer, penser, réfléchir sa vie, son existence. »

Michel Onfray, *Contre-histoire de la philosophie*, II, © Grasset, 2006.

« La bibliothèque est une chambre d'amis. »

Tahar Ben Jelloun, *Éloge de l'amitié, ombre de la trahison*, © Seuil, 1996.

Lire une image

Observez ce dessin qui représente l'intérieur d'une médiathèque.

1. Racontez ce que font les multiples personnages, en commençant vos phrases, par exemple, par « Les uns », « Les autres », « Certains », « Un groupe de personnes », « Un enfant à genoux »...
2. Pourquoi peut-on dire que les médiathèques sont des lieux « ouverts » ?

S'initier à l'univers de la bibliothèque

Comme la plupart des amours, l'amour des bibliothèques s'apprend. Nul ne peut savoir d'instinct[1], lorsqu'il fait ses premiers pas dans une salle peuplée de livres, comment se comporter, ce qu'on attend de lui, ce qui est promis, ce qui est autorisé. On peut se sentir horrifié – face à ce fouillis, cette ampleur[2], ce silence, ce rappel moqueur de tout ce qu'on ne sait pas, cette surveillance – et un peu de cette sensation écrasante peut demeurer encore après qu'on a appris les rites[3] et les conventions[4], qu'on s'est fait une idée de la géographie et que les indigènes se sont révélés amicaux.

Alberto Manguel, *La Bibliothèque, la nuit*,
trad. de Christine Le Bœuf, © Actes Sud, 2006.

1. **d'instinct :** de manière naturelle et spontanée. 2. **ampleur :** immensité, abondance. 3. **rites :** coutumes, habitudes. 4. **conventions :** règles.

Comprendre

1. D'après cet extrait, quels sentiments peut-on éprouver lorsqu'on pénètre dans une bibliothèque ? Pour quelles raisons ?
2. Quelles images la fin du texte donne-t-elle d'une bibliothèque ?
3. Reformulez la thèse, c'est-à-dire l'idée défendue par l'auteur.

Graine de savoir

De la bibliothèque à la médiathèque

Le mot « médiathèque » a été créé dans les années 1970 pour renommer les « bibliothèques » où étaient rassemblés jusque-là uniquement des livres (ainsi que des journaux, des revues et des dictionnaires), car elles commençaient à accueillir dans leurs murs des disques (« discothèques ») et des films (« vidéothèques »).

Par la suite, de nouveaux types de **documents**, appelés aussi **« supports »** ou **« médias »**, ont également pris place dans les bibliothèques à mesure qu'ils sont apparus : les CD, les DVD, puis les ressources numériques liées à l'apparition d'Internet dans les années 1990.

Étymologie

- Cherchez dans un dictionnaire l'étymologie du mot « bibliothèque ».
- Connaissez-vous d'autres mots qui commencent par la racine « bibl- » ? Que signifient-ils ?
- Décomposez le mot « médiathèque » et trouvez le sens de chacune de ses parties grâce au texte qui précède. Rédigez ainsi sa définition, sans le chercher dans le dictionnaire.

Se repérer dans les différents espaces

Vous allez **faire la connaissance des locaux** de la médiathèque, puis **les décrire**.

Méthode

Pour rédiger cette description, vous allez **visiter la médiathèque par groupe de deux en prenant des notes** à partir de vos observations.

Conseils pour la prise de notes

- *Organisez vos traces écrites en consacrant une page à chaque espace* (l'espace jeunesse, la salle de travail...).
- *Chuchotez pour partager vos impressions* avec votre camarade et trouver ensemble les mots justes permettant de nommer et de qualifier les différents lieux.
- *Soyez attentifs(ves) à ce qui peut en faire un lieu agréable à vos yeux :* écrivez en vert le vocabulaire mélioratif. Vous pouvez vous aider des textes de cette double page pour trouver du vocabulaire mélioratif.

Grammaire pour dire et pour écrire

- Quand on décrit un lieu avec précision, on emploie des **compléments circonstanciels de lieu** (par ex. : *dans le hall d'entrée, au premier étage, sur les murs...*), ainsi que des adjectifs, des compléments du nom et des propositions subordonnées relatives.
- Quand on veut donner une image positive de ce que l'on décrit, on utilise un vocabulaire mélioratif.

Ex. : *beau, agréable, calme, lumineux, convivial, spacieux...*

Écrire une description

Rédigez votre description à partir des notes que vous avez prises. Soyez précis(e). Organisez votre texte en créant un paragraphe par espace.

Trouver les documents que l'on cherche

Vous allez apprendre **les bases de la recherche documentaire**, puis les expliquer.

La médiathèque, un centre de ressources fondamental

Quand on recherche des informations, par exemple pour préparer un exposé, on ne peut pas se contenter d'Internet, qui n'a pas remplacé les sources d'information plus anciennes que l'on trouve sur les autres supports (papier imprimé, audiovisuel...). Internet est une source parmi beaucoup d'autres qui coexistent dans la médiathèque !
Mais comment l'immensité des ressources qu'offre une médiathèque est-elle organisée ?

Méthode

Vous allez apprendre à **trouver des documents**, ce qu'on appelle faire une « recherche documentaire », en suivant trois étapes.

▸ ***Étape 1. Comment sont rangés et classés tous les documents ?***

À l'oral, faites part de vos idées concernant d'une part des critères de classement (romans...), d'autre part des ordres de classement (alphabétique...). Associez un exemple à chaque catégorie, dans la mesure du possible.

▸ ***Étape 2. Comment mener une recherche documentaire sur le catalogue ?***

a. Rendez-vous sur le site de votre médiathèque (soit à partir d'un poste de la médiathèque, soit depuis chez vous par Internet) et cliquez sur « Catalogue » ou « Recherche ».
À l'écrit, énumérez tous les critères de recherche que l'on vous propose.

b. Pour apprendre à faire une recherche plus complexe et à exploiter les résultats de cette recherche, saisissez cette adresse sur votre navigateur :

ACTIVITÉ + lienmini.fr/jdl4-T403

▸ ***Étape 3. Comment trouver l'emplacement d'un document dans les rayonnages ?***

À l'aide du/de la bibliothécaire, cherchez des livres que vous avez lus par le passé.
Observez la tranche de ces livres : les inscriptions qui y figurent s'appellent la **« cote »**.
À votre avis, à quoi ces cotes renvoient-elles ?

Vocabulaire

Le **« sujet »**, ou **« thème »**, est ce dont on « parle ».

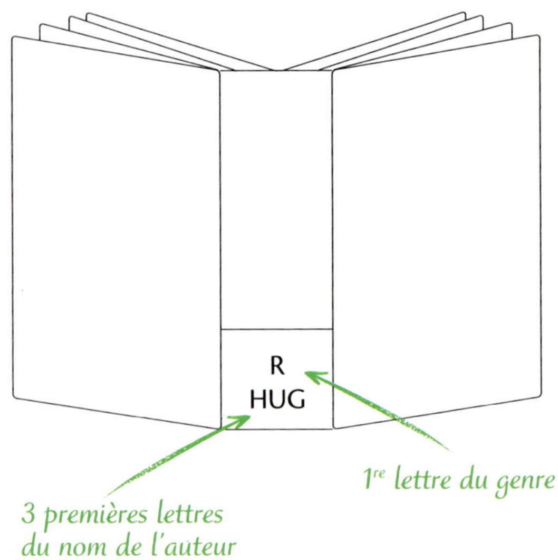

Comprendre

1. La cote du livre *Les Misérables* est : R HUG
Que signifie « R » ? Que signifie « HUG » ?

2. À votre tour, devinez les cotes des ouvrages suivants : *Cendrillon* de Charles Perrault, *Vendredi ou la vie sauvage* de Michel Tournier, *Les Fourberies de Scapin* de Molière, les *Fables* de La Fontaine.
Écrivez leur cote dans un carré.

Écrire une explication

Expliquez comment on fait une recherche documentaire.
Pour faire comprendre clairement la méthode :
– utilisez des exemples et des schémas ;
– écrivez en rouge les mots-clés qui appartiennent au champ lexical de la médiathèque (cote, catalogue, critères...).

Distinguer fiction et documentaire

Qu'appelle-t-on un ouvrage de « fiction » ? Par opposition qu'appelle-t-on un ouvrage « documentaire » ?

Graine de savoir

Le mot « ouvrage » est polysémique. Ici, il signifie « livre ».

- Que peut-il signifier d'autre ?

Le savez-vous ?

Une cote spécifique pour les ouvrages dits « documentaires »

Les ouvrages « documentaires » sont classés par thème, et non par genre. Le thème est indiqué par un chiffre.

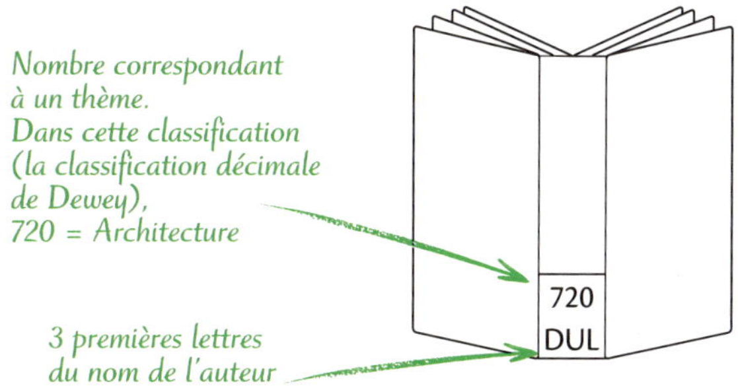

Identifier différents types d'ouvrages

Recopiez ce tableau et classez-y ces dix livres en fonction des critères indiqués. Pour ce faire, recopiez-le et inscrivez leur titre dans la colonne correspondante. Vous pouvez compléter le tableau avec les titres d'autres livres que vous avez déjà lus ou que l'on vous présentera.

FICTION				DOCUMENTAIRE
BD	Roman	Manga	Album	

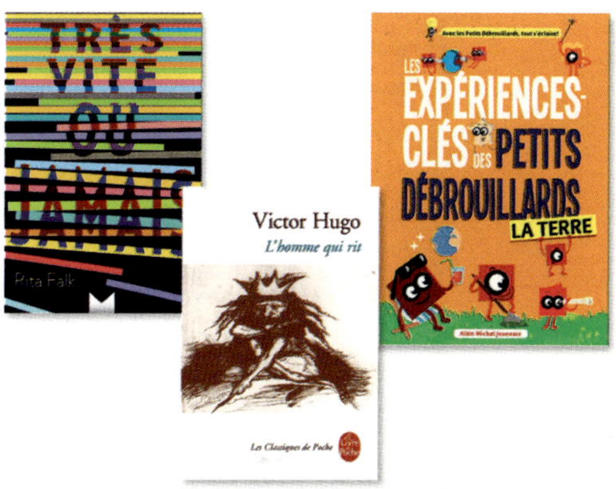

Faire une recherche pour soi et emprunter un document

- Choisissez un de vos centres d'intérêt (un thème, un évènement, une question de société...). Faites les recherches nécessaires selon la méthode que vous avez exposée pour trouver des documents qui s'y rapportent. Inscrivez sur votre cahier de bord ou sur une feuille les titres et les cotes de trois de ces documents, les plus pertinents.
- Enregistrez le prêt d'au moins un de ces documents auprès des bibliothécaires ou grâce à la borne d'enregistrement... Ainsi vous pouvez l'emporter chez vous et le lire en toute liberté !

Découvrir diverses activités culturelles proposées

Vous allez **vous informer sur les multiples activités** qu'offre la médiathèque, puis en **rendre compte sous la forme d'un poème**. En effet, la plupart des médiathèques ne se limitent pas à la consultation sur place et à l'emprunt de documents.

Méthode

Pour connaitre tout ce que l'on peut faire dans ce lieu et ainsi pouvoir écrire votre poème, vous avez besoin de **récolter des informations.**

C'est auprès des bibliothécaires que vous allez mener votre enquête !

▸ ***Constituez des groupes de deux élèves. Chaque binôme préparera à l'écrit une question*** portant sur l'une des activités possibles suivantes : exposition, conférence, débat, rencontre, lecture de contes, atelier d'écriture, initiation au multimédia, spectacle de danse, concert, représentation théâtrale, formation...

Exemple : l'activité « expositions » peut déboucher sur les questions : « Est-ce que votre médiathèque accueille des expositions ? Comment choisissez-vous les artistes qui vont exposer leurs œuvres ? »...

- Vous pouvez vous inspirer des grandes questions qui permettent aux journalistes de mener des interviews : qui ? quoi ? où ? quand ? pourquoi ? comment ? combien ?
- Formulez des phrases interrogatives dans un niveau de langue non familier.

▸ ***L'un(e) des élèves de chaque groupe apprendra par cœur la question et la posera aux bibliothécaires.*** En fonction de la réponse, il/elle pourra improviser d'autres questions sur l'activité qu'il/elle a abordée pour obtenir des éclaircissements ou des précisions. L'élève qui ne pose pas la question à l'oral sera chargé(e) de prendre en notes les réponses.

▸ ***De retour en classe, mettez en commun les notes*** que vous avez prises en les inscrivant au tableau.

Supports de communication de trois médiathèques.
1 Calvisson (30) 2 La Seyne-sur-mer (83)
3 Granville (50)

Comprendre

Identifiez les trois types d'activités proposées en établissant les correspondances appropriées :

a. « Ciné surprise »
b. « Une médiathèque, ça se fête ! »
c. « Volcans et séismes »

1. journée portes ouvertes
2. exposition scientifique
3. séance de cinéma

Grammaire pour dire et pour écrire

Une **phrase interrogative** est un des 4 types de phrase, celui qui pose une question, c'est-à-dire qui demande une information.

- Formulée dans le niveau de langue **courant**, elle débute par « Est-ce que » : « Est-ce que vous organisez...? »
- Formulée dans le niveau de langue **soutenu**, elle débute par une inversion de l'ordre sujet-verbe : « Organisez-vous...? »
- Dans le niveau de langue familier, l'ordre sujet-verbe est respecté : « Vous organisez...? »

Écrire un poème

Vous allez écrire un poème « à la manière de » Georges Perec en imitant son poème ci-contre intitulé « Déménager ».

- Identifiez les particularités de ce poème.
- En vous inspirant de ses principes, écrivez votre poème personnel qui s'intitulera « **Fréquenter la médiathèque** ». Énumérez les diverses activités qu'offre votre médiathèque, parmi lesquelles devront apparaitre les activités culturelles qui auront été sélectionnées. Les verbes d'action de votre choix pourront être suivis de compléments (COD, COI, compléments circonstanciels).

Déménager

Quitter un appartement. Vider les lieux.
Décamper. Faire place nette. Débarrasser le
plancher.
Inventorier ranger classer trier
Éliminer jeter fourguer
Casser
Brûler
Descendre desceller déclouer décoller dévisser
décrocher
Débrancher détacher couper tirer démonter
plier couper
Rouler
Empaqueter emballer sangler nouer empiler
rassembler entasser ficeler envelopper protéger
recouvrir entourer serrer
Enlever porter soulever
Balayer
Fermer
Partir

Georges Perec, *Espèces d'espaces*,
© Éditions Galilée, 1974/2000.

Activité finale

Fabriquez votre brochure d'information personnalisée

- **Construisez votre dépliant en collant deux feuilles A4 et en les pliant en trois parties égales dans le sens de la longueur.**
- **Organisez-le selon le modèle suivant :**

RECTO

Trouver un document que l'on cherche : faire une recherche documentaire		NOM DE LA MEDIATHEQUE Adresse Téléphone mail – blog ; Une citation de votre choix + illustration Comment s'inscrire ?
p. 5	p. 6	p. 1 (couverture)

VERSO

Se repérer dans les différents espaces		Découvrir les différentes activités culturelles proposées
p. 2	p. 3	p. 4 (4e de couverture)

- **Rédigez vous-même les titres qui résument les trois grandes parties (pages 2, 4 et 5), à la place des titres indiqués en couleur : formulez-les, soit avec des phrases interrogatives, soit avec des groupes nominaux.**
- **Recopiez dans ces trois parties la description, l'explication et le poème que vous avez rédigés au cours de cet atelier.**
- **Créez librement votre illustration de la page de couverture (page 1), à laquelle vous joindrez une citation de votre choix parmi celles qui sont proposées p. 196.**
- **Pliez votre feuille en trois parties de façon à construire votre dépliant en accordéon (➡ schéma p. 196).**
- **Publiez votre brochure d'information sur papier, en l'imprimant et en la photocopiant, ou en ligne sur le site Internet de votre collège. Vous pourrez aussi la glisser dans une enveloppe, rassembler toutes les enveloppes et les distribuer à des classes de 6e pour les informer.**

PARCOURS

une vie
une œuvre

Albert LONDRES,

profession : grand reporter

Vous allez découvrir à travers ce parcours comment un grand reporter aux valeurs humanistes parvient à ***faire changer la société grâce à des enquêtes inédites****. Pour cela, vous allez lire sa biographie, observer des photographies et des documents qui le concernent. En parallèle, vous lirez plusieurs extraits de ses articles et vous ferez* ***des liens entre sa vie et son œuvre****.*

« Mon but n'est pas d'envoyer souvent de petites choses. [...] Pour mon compte personnel, je préfère envoyer un ou deux articles par mois, mais que ces articles soient réellement intéressants, plutôt que dix papiers secondaires. [...] Notre rôle consiste à être là pour le grand jour. Ce grand jour se fait parfois attendre un mois. »

Lettre d'**Albert Londres à ses parents**, 13 novembre 1915, archives A.A.L.

« Notre métier n'est pas de faire plaisir, non plus de faire du tort, il est de porter la plume dans la plaie. »

Albert Londres, *Terre d'ébène*, 1929.

« Nous touchons à une grave erreur du bagne[1]. C'est la loi, mais la loi s'est trompée. »

Albert Londres, *Au bagne*, 1923.

1. **bagne** : bâtiment où vivaient les condamnés aux travaux forcés.

« Un fou ne doit pas être brimé, mais soigné. De plus, l'asile doit être l'étape dernière. Aujourd'hui, c'est l'étape première. [...] L'heure est peut-être venue de nous montrer moins primitifs. »

Albert Londres, « Réflexions », *Chez les fous*, 1925.

❶ Albert Londres en reportage à Biribi (Afrique du Nord), 1924.

❷ Albert Londres à sa table de travail.

Faire connaissance avec le reporter

1. Identifiez Albert Londres sur la photographie ❶. Expliquez l'expression « journaliste de terrain ».
2. Dans quels domaines Albert Londres considère-t-il que des changements sont nécessaires ?
3. Quelles doivent être les qualités d'un journaliste, d'après lui ?
4. Selon vous, un journaliste peut-il avoir un rôle social ?

BILAN 5. Que pensez-vous de la définition du rôle de journaliste donnée par Albert Londres ?

À gauche : Albert Londres en 1923.

PARCOURS

une vie une œuvre

Les premiers pas dans le métier

Un jeune homme passionné. Albert Londres nait à Vichy, en 1884. Après le lycée, il est envoyé par ses parents à Lyon pour y occuper un poste de comptable. Mais ce métier ne plait guère au jeune homme qui est passionné de poésie. Dès 1904, il publie son premier recueil de vers, *Suivant les heures*. Très vite, il se sent à l'étroit à Lyon et décide de venir vivre à Paris.

Une entrée remarquée dans le métier. En septembre, lors de la Première Guerre mondiale, Albert Londres se rend à Reims. Il y est correspondant de guerre pour le journal lyonnais *Le Salut Public*. Il assiste au bombardement de la cathédrale par les Allemands et écrit un article qu'il titre « L'agonie de la basilique ». Cet évènement sera déterminant pour le jeune journaliste qui va se lancer dans une carrière de reporter sans frontières.

Documents : 1 Albert Londres à 20 ans, 2 maison natale d'Albert Londres à Vichy, 1 rue Besse.

« Achetés chez Lefeubre, au Faubourg Montmartre, [les carnets d'Albert Londres] sont noirs et retenus par une bande élastique. Les pages de gauche sont généralement vierges. Elles sont réservées aux notes des notes : adresses, traduction de termes étrangers… Celles de droite sont recouvertes d'une quinzaine de lignes, inscrites au crayon gras, dans un style souvent télégraphique, en tout cas très rapide. »

Pierre Assouline, *Albert Londres*, © Gallimard, 1990.

L'AGONIE DE LA BASILIQUE

EN HAUT : Vue prise sur les toits de la cathédrale Phot. Matin.
EN BAS : Fragments de statues retrouvés dans les décombres

Elle est debout, mais pantelante.
Nous suivions la même route que le jour où nous la vîmes entière. Nous comptions la distance, guettant le talus d'où elle se montre aux voyageurs, nous avancions, la tête tendue comme à la portière d'un wagon lorsqu'en marche on cherche à reconnaitre un visage. Avait-elle conservé le sien ?

saints qu'elles abritaient sont pour toujours défaits ; c'est chaque clocheton, dont les lignes arrachées se désespèrent de ne plus former un sommet ; c'est chaque motif qui a perdu l'âme de son sculpteur. Et nous montons sans pouvoir chasser de nous cette impression que nous tournons dans quelque chose qui se fond tout autour.

Texte 1 L'agonie de la basilique

Voici les dernières lignes de cet article de journal.

Le canon continue de jeter sa foudre dans la ville. Les coups se déchirent plus violemment qu'au début. Que cela peut-il faire maintenant ? La cathédrale de Reims n'est plus qu'une plaie.

Albert Londres, « L'agonie de la basilique », *Le Matin*, 29 septembre 1914.

Comprendre le style journalistique

Citation de P. Assouline

1. Que vous apprend la citation de P. Assouline sur la méthode de travail d'Albert Londres ?

2. Pourquoi son style doit-il être rapide lorsqu'il enquête sur le terrain ?

Texte 1

3. Comment le journaliste laisse-t-il transparaitre son émotion ?

BILAN 4 Le style d'Albert Londres est souvent qualifié d'« incisif ». À l'aide de l'extrait de son article « L'agonie de la basilique », donnez la définition de ce mot.

Une enquête au bout du monde

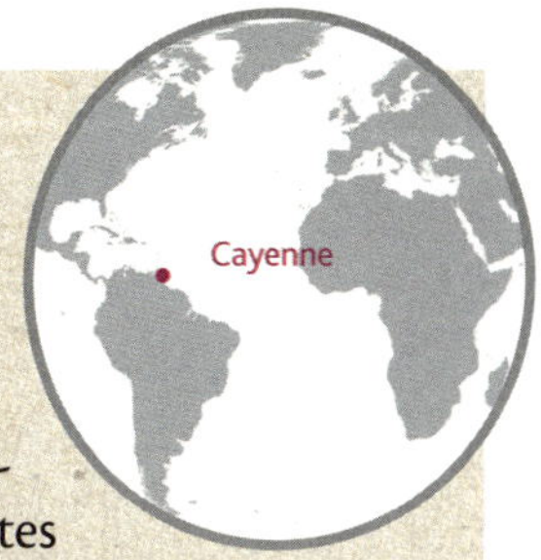

Enquêter pour révéler. En 1923, Albert Londres se rend en Guyane française, à Cayenne. Il a l'idée de commencer une vaste enquête sur les condamnés au bagne, que l'on appelle la « guillotine sèche ». Son reportage va révéler les terribles conditions de vie des prisonniers. Albert Londres y dénonce également le « doublage », doublement de la peine (➡ texte 3).

Un journaliste engagé. L'enquête d'Albert Londres a un immense retentissement auprès du public et des autorités. En effet, il publie ses textes sous forme de feuilletons qui maintiennent le lecteur en haleine. À l'issue de son enquête, il adresse une lettre ouverte au ministre des Colonies pour lui demander de prendre des mesures afin de transformer radicalement les conditions de détention à Cayenne. Il participe ainsi à la prise de conscience qui aboutira à la fermeture du bagne en 1938.

Documents :
1 embarquement de forçats pour la Guyane française, illustration pour *Le Petit Journal*, 1926, 2 corvée de forçats sortant du pénitencier de Cayenne, début du XXe siècle.

Texte 2 Survivre dans un cachot

L'île Saint-Joseph n'est pas plus grande qu'une pochette de dame[1]. Les locaux disciplinaires et le silence l'écrasent. Ici, morts vivants, dans des cercueils – je veux dire dans des cellules – des hommes expient, solitairement.

La peine de cachot est infligée pour fautes commises au bagne. À la première évasion, généralement, on acquitte. La seconde coûte de deux à cinq ans. Ils passent vingt jours du mois dans un cachot complètement noir et dix jours – autrement ils deviendraient aveugles – dans un cachot demi-clair. Leur régime est le pain sec pendant deux jours et la ration le troisième. Une planche, deux petits pots, aux fers[2] la nuit et le silence. [...] Dans ce lieu, on est plus effaré par le châtiment que par le crime.

Albert Londres, « Dans les cachots », *Au bagne*, 1923.

1. **pochette de dame** : petit sac à main sans bride.
2. **fers** : chaines, menottes.

Cellules du bagne de Cayenne (Guyane française).

Percevoir l'engagement du reporter

1. De quoi est-il question dans cet extrait ?
2. Relevez les interventions du journaliste. Quel est leur rôle ?
3. À qui le « on » renvoie-t-il à la ligne 6 ? à la ligne 13 ?
4. Expliquez la dernière phrase. Quel est l'effet produit sur le lecteur ?

BILAN
5. Lisez la biographie. Comment A. Londres publie-t-il ses textes ? Pourquoi ?

PARCOURS une vie une œuvre

Texte 3 La double peine

Le *doublage* ? Quand un homme est condamné à cinq ou à sept ans de travaux forcés, cette peine achevée, il doit rester un même nombre d'années en Guyane. S'il est condamné à plus de sept ans, c'est la résidence perpétuelle. Combien de jurés savent cela ? C'est la grosse question du bagne : Pour ou contre le doublage. Le jury, ignorant, condamne un homme à deux peines. Le but de la loi était noble : amendement et colonisation, le résultat est pitoyable : le bagne commence à la libération.

Tant qu'ils sont en cours de peine, on les nourrit (mal), on les couche (mal), on les habille (mal). Brillant minimum quand on regarde la suite. Leurs cinq ou sept ans achevés, on les met à la porte du camp. S'ils n'ont pas un proche parent sénateur, l'accès de Cayenne leur est interdit. Ils doivent aller au kilomètre sept. Le kilomètre sept, c'est une borne et la brousse.

Albert Londres, *Au bagne*, 1923.

1. **fers** : chaines, menottes.

Texte 4 Une lettre au ministre

Voici un extrait de la lettre qu'Albert Londres adressa au ministre des Colonies, après son enquête sur Cayenne.

Lettre ouverte de M. Albert Londres
à M. Albert Sarraut, ministre des Colonies

Monsieur le Ministre,

J'ai fini.
Au gouvernement de commencer.
Vous êtes un grand voyageur, M. Sarraut. Peut-être un jour irez-vous à la Guyane. Et je vois d'ici l'homme qui, en Indochine, a fait ce que vous avez fait. Vous lèverez les bras au ciel, et d'un mot bien senti, vous laisserez, du premier coup, tomber votre réprobation[1].
Ce n'est pas des réformes qu'il faut en Guyane, c'est un chambardement général. [...]
La Justice ne réclame que des coupables, et non des innocents, même s'ils sont étrangers.
Veuillez croire, monsieur le ministre...

Albert Londres.

1. **réprobation :** condamnation (par opposition à approbation).

Alerter l'opinion et le pouvoir

Texte 3

1. Expliquez la phrase « le bagne commence à la libération » (l. 10-11).

2. Comment comprenez-vous l'adjectif « pitoyable » ?

Texte 4

3. Expliquez les deux premières phrases de cette lettre.

4. Pourquoi Albert Londres souhaite-t-il que le Ministre se rende en Guyane ?

5. Cherchez dans une même phrase, deux mots qui s'opposent. Que veut dénoncer Albert Londres par le rapprochement de ces termes ?

BILAN **6** Quelle remarque pouvez-vous faire sur la dernière ponctuation de la lettre ?

DERNIÈRE ÉDITION DE PARIS
Le Petit Parisien
LE PLUS FORT TIRAGE DES JOURNAUX DU MONDE ENTIER
JEUDI 6 SEPTEMBRE 1923
LE CONFLIT ITALO-GREC SERA-T-IL RENVOYÉ À LA CONFÉRENCE DES AMBASSADEURS ?
QUATRE CENT MILLE TUÉS, SIX CENT MILLE BLESSÉS
Quatre à cinq millions de sinistrés que menace la faim
tel paraît devoir être le bilan exact de la terrible catastrophe du Japon
Notre ambassadeur à Tokio est en sûreté, mais on a à déplorer la mort de M. Paul Déjardin, notre consul à Yokohama
QUELQUES SUGGESTIONS

ACTIVITÉ + lienmini.fr/jdl4-T404

Saisissez cette adresse dans votre navigateur et observez la une du journal *Le Petit Parisien* du 6 septembre 1923. Sur la colonne de droite, vous **découvrirez les « Quelques suggestions » d'Albert Londres au ministre des Colonies**.

Témoigner de son époque

Après *Au bagne*, Albert Londres met sa plume au service d'une nouvelle cause, ceux qu'on appelle les « fous ». Alors qu'il souhaite enquêter sur les conditions de vie des malades dans les hôpitaux psychiatriques, il se heurte au refus des autorités administratives.
Albert Londres conclut son enquête par les mots suivants : *« Notre devoir n'est pas de nous débarrasser du fou, mais de débarrasser le fou de sa folie ».*

Rouquayrol, illustration pour *Chez les fous*, 1925.

Texte 5 Un univers gardé secret

Je ne suis pas fou, du moins visiblement, mais j'ai désiré voir la vie des fous. Et l'administration française ne fut pas contente. Elle me dit : « Loi de 38, secret professionnel, vous ne verrez pas la vie des fous. » Je suis allé trouver des ministres, les ministres n'ont pas voulu m'aider. Cependant, l'un d'eux eut une idée : « Je ferai quelque chose pour vous, si vous faites quelque chose pour moi : soumettez vos articles à la censure. » Je cours encore.

Albert Londres, « Où l'on n'a pas voulu de moi », *Chez les fous*, 1925.

Texte 6 Un sinistre état des lieux

Albert Londres découvre ce que l'on nomme la « Salle de la paille ».

Salle de la Paille ? parce que la literie est remplacée par la paille. Les lits sont des cercueils sans couvercle. Quand l'occupant meurt, on n'aurait pas besoin de le déranger, si l'on voulait. On clouerait dessus la quatrième planche, il serait tout de suite chez lui. C'est le lot des « démences séniles ». Les familles se débarrassent volontiers de ces vieillards. Les familles riches aussi !

Albert Londres dénonce le fait que les personnes guéries de leur folie ne puissent sortir de l'hôpital : on les soupçonne de pouvoir rechuter.

Si ce malade l'eût été du foie, des bronches, du ventre, sitôt guéri il serait sorti de l'hôpital. C'est que la chose est dans les habitudes et que la médecine générale est plus vieille que la psychiatrie[1]. [...]

Il est préférable pour un homme d'être bandit que fou. Quand le bandit a purgé sa peine, on lui ouvre la porte de la prison sans lui demander s'il recommencera !

Albert Londres, « Une nuit » et « Ô psychiatrie », *Chez les fous,* 1925.

1. **psychiatrie :** branche de la médecine qui étudie les maladies mentales.

Comprendre l'enjeu d'une enquête

Texte 5

1. Comment l'administration justifie-t-elle son refus de laisser Albert Londres enquêter ?

2. Cherchez la définition de « censure ». Un journaliste d'investigation peut-il s'y soumettre ?

Texte 6 (l. 1 à 7)

3. Pourquoi la réalité décrite par Albert Londres a-t-elle pu choquer les lecteurs ?

4. Met-il en cause uniquement les institutions ? Justifiez votre réponse.

Texte 6 (l. 8 à 14)

5. Quelle pratique dénoncée par Albert Londres est propre à la psychiatrie de son époque ?

6. Quels éléments renvoient directement à son enquête *Au Bagne* ?

BILAN **7** Que dénonce A. Londres par la phrase : « Il est préférable pour un homme d'être bandit que fou » ?

PARCOURS une vie une œuvre

« Porter la plume dans la plaie »

Albert Londres est de tous les combats, dénonçant la traite des Blanches dans *Le Chemin de Buenos Aires* (1927) ou encore les dérives de la colonisation dans *Terre d'Ébène* (1929). En 1931, il publie *Pêcheurs de perles*, une enquête sur ces hommes qui risquent leur vie en plongeant pour extraire du fond des mers des perles destinées aux riches occidentaux. À travers ses enquêtes, ce « prince des journalistes » interroge ce qui fait le cœur de son métier.

Albert Londres disparait le 16 mai 1932, lors du mystérieux naufrage du paquebot Georges Philippar dans la mer Rouge. Sa dernière enquête en Chine lui aura sans doute couté la vie.

Documents : 1 couverture de *Terre d'ébène*, éditions Arléa, 2 le paquebot Georges Philippar, en 1932, 3 « Le Navire en flammes », Une de *L'Illustré*, petit journal du 29 mai 1932.

Texte 7 Voyager au bout du monde

Le porteur de ce passeport a été vacciné aujourd'hui pour la petite vérole et la peste. Il a pris, en même temps, une première dose pour le choléra et la typhoïde, et devra, pour ces deux derniers, recevoir une seconde dose à son arrivée à Djebbah.

P. H. I. Suez, 3 mai 1930.

Docteur *illisible*.

Albert Londres, *Pêcheurs de perles*, © Albin Michel,1931.

Le savez-vous ?

Le prix Albert Londres a été créé en 1933 par Florise Martinet-Londres en mémoire de son père. Il récompense chaque année le meilleur **« Grand reporter de la presse écrite »**.
En 1985, le jury crée un second prix Albert Londres consacré au reportage audiovisuel.

Comprendre les risques du métier

1. Texte 7, selon vous, pourquoi Albert Londres a-t-il présenté ce certificat médical au début de son livre *Pêcheurs de perles* qui se déroule sur les côtes du Golfe persique ?

2. Quelle image se dégage du « grand reporter » ?

VIDÉO lienmini.fr/jdl4-T405
Saisissez cette adresse dans votre navigateur et écoutez l'émission « Un livre, un jour » d'Olivier Barrot consacrée à *Pêcheurs de perles*.

3. Quelle périphrase Olivier Barrot utilise-t-il pour désigner Albert Londres ?

4. Relevez trois adjectifs qui décrivent le style d'Albert Londres.

BILAN **5** Avec vos propres mots, dites quel est l'enjeu de son reportage sur l'ile de Bahreïn.

Synthèse

Albert Londres, profession : grand reporter

- À travers le monde, **Albert Londres est parti à la découverte de ceux qui souffrent, de ceux qui sont exploités, de ceux qui n'ont pas la parole**. Son travail de journaliste a d'abord été de **mettre des mots sur les maux**.
- Conscient du rôle que peut jouer un journaliste auprès de l'opinion publique, il a interpellé les pouvoirs politiques pour **faire évoluer l'univers carcéral et le monde hospitalier** vers plus de justice et plus d'humanité. ➡ p. 205-207

Rencontrer une journaliste du XXIe siècle

Visionnez l'interview de Florence Aubenas et lisez l'extrait retranscrit ci-dessous puis répondez aux questions suivantes.

a. Comparez la définition de « grand reporter » donnée par Florence Aubenas avec celle d'Albert Londres p. 203. Quelles remarques pouvez-vous faire ?

b. Expliquez la métaphore « amener les gens avec nous dans nos valises » avec vos propres mots.

c. En vous aidant de la dernière phrase, dites quel est le rôle d'un grand reporter.

d. Expliquez avec vos mots, ce qu'est une déontologie. ▶ (1)

e. Pourquoi, selon Florence Aubenas, informer sur la vie en prison est une responsabilité de journaliste et de citoyen ? ▶ (3)

Dans cette interview, Florence Aubenas aborde son métier de grand reporter.

Vous avez été grand reporter pour des quotidiens nationaux, comment définiriez-vous votre métier ?

Le métier de grand reporter ? Quand on est grand reporter, notre mission, c'est de partir sur le terrain. Il y a autant de journalismes que de journalistes, presque. C'est-à-dire que certains vont faire des interviews politiques, d'autres vont être des journalistes sportifs et suivre les matchs de football, d'autres encore vont aller à l'Assemblée nationale et rendre compte des débats. Moi je suis grand reporter, donc quand il se passe quelque chose, en général d'inattendu, un tremblement de terre, le tsunami, quand il se passe une guerre, une révolution, on est envoyé à l'étranger, ou en France d'ailleurs, et on rend compte de ce qui se passe. Et donc, nous, notre but quand on est grand reporter, c'est d'amener les gens avec nous dans nos valises, j'allais dire. On arrive quelque part et on dit : « Regardez, ici, la terre a tremblé, la guerre a éclaté, et voilà la situation telle qu'elle est ». Et moi, c'est ça mon but, c'est de dire aux gens : « Je suis vos yeux, je suis vos oreilles et je vous raconte ce qui se passe. »

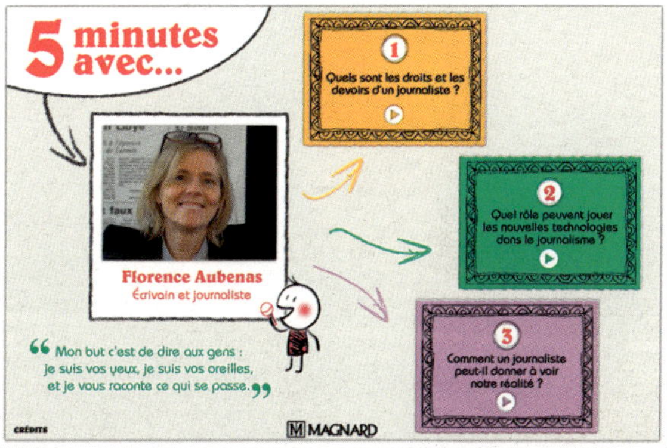

VIDÉO lienmini.fr/jdl4-T406

Saisissez cette adresse dans votre navigateur et visionnez l'interview de **Florence Aubenas, grand reporter**.

Biographie

Florence Aubenas (née en 1961) est une journaliste française qui a travaillé pour différents journaux comme *Le Monde*. En 2005, lors d'un reportage en Irak, elle a été enlevée puis retenue prisonnière durant plusieurs mois.

Dossier Le dessin de presse

piste EPI

Comme tout travail de journaliste, **le dessin de presse informe** et ne se contente pas d'illustrer. Il reflète l'opinion du dessinateur, manifeste ses réactions, comme un article écrit. Mais il ne fait pas seulement réagir le lecteur par des arguments ou des exemples, il dénonce une situation **en frappant son imagination**, en **faisant appel à sa sensibilité** et, même pour des sujets graves, à **son sens de l'humour**.

Dans ce dossier, vous allez découvrir deux types de document : **le premier est objectif**, de type scientifique, statistique ou géographique ; **le deuxième est humoristique**, sous forme de dessin de presse.

Sujet : La Terre, dimension politique et environnementale

Doc 1 Infographie scientifique

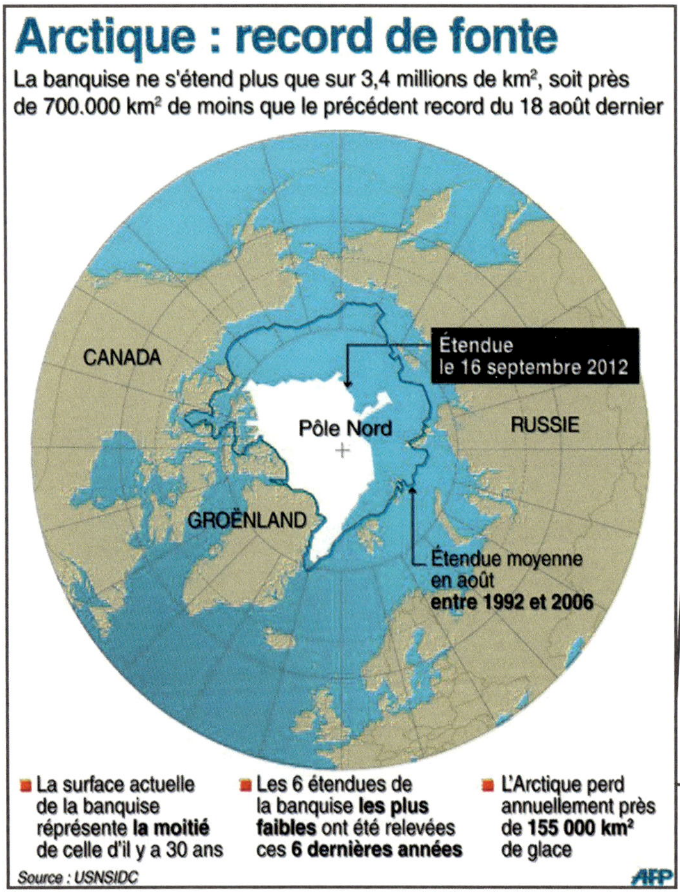

Périmètre du nouveau record de l'étendue de banquise fondue, AFP, le 19 septembre 2012.

Doc 2 Dessin humoristique

Schvartz, dessin publié dans La Gazette de la COP, le 29 novembre 2015.

Comparer deux types d'information

- **Soyez convaincant(e)s : développez la demande formulée par l'animal, en utilisant les informations données par la carte.**
- **Lequel de ces deux documents vous semble le plus efficace pour faire comprendre ce qu'est le réchauffement climatique ?**

Interpréter un dessin de presse

Les paroles de l'animal expriment :
a. l'impatience ?
b. l'ennui ?
c. l'urgence ?
d. la colère ?
Selon vous, à qui s'adressent-elles ?

Sujet : Les inégalités, dimension politique et sociale

Doc 1 Infographie statistique

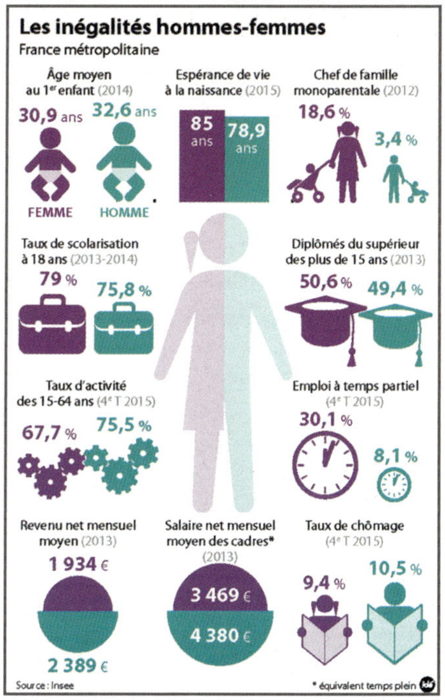

Infographie réalisée par Idé pour www.francebleu.fr, 2015.

Doc 2 Dessin satirique avec humour

Plantu, dessin publié dans *Le Monde*, le 11 mars 1999.

Comparer deux types d'information

- À votre avis, qui sont les hommes autour de la table ? Pourquoi sont-ils réunis ? Que montre leur visage ?
- Où se trouve la seule femme présente ? Que fait-elle ? Quel est le seul personnage qui la regarde ?
- Que dénonce ce dessin ?
- Expliquez le décalage entre le titre et le dessin.

Repère historique

La Journée Internationale des Femmes obtient un statut officiel en France en 1982. Elle a pour but de « revaloriser (ou simplement rappeler) l'importance du rôle des femmes dans la société française », déclare alors la première ministre chargée des Droits de la femme, Yvette Roudy.

Sélectionner une information

Quelle information du document ci-dessus vous semble être la plus pertinente pour illustrer le dessin de Plantu ?

Sujet : L'eau, dimension politique et économique

Doc 1 Infographie géographique

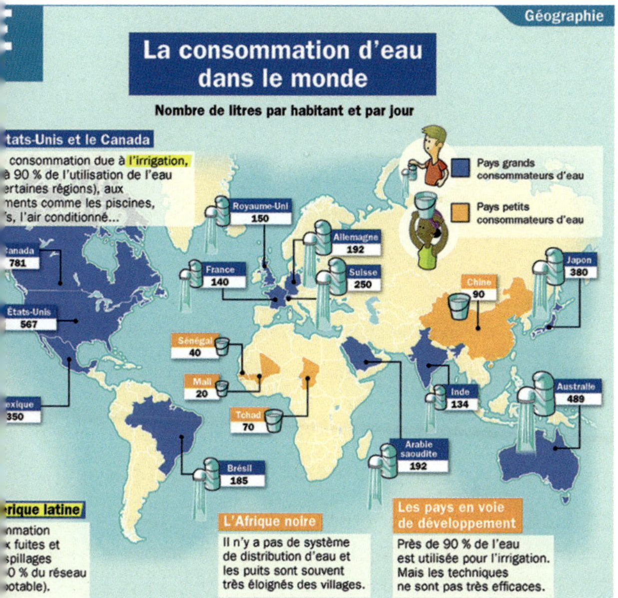

Dossier publié dans *Mon Quotidien* n° 5036, pour les 10-14 ans, www.monquotidien.fr, 2016.

Doc 2 Dessin satirique dramatique

Plantu, dessin publié dans *Le Monde*, le 11 décembre 1983.

Être sensibilisé(e) à un problème mondial

- **Quel continent Plantu a-t-il représenté ?**
- **Quelle figure de style reconnaissez-vous ? Comment comprenez-vous la goutte et  ?**
- **D'où vient la force du dessin ? Que dénonce-t-il ?**
- **Lisez la fiche-exposé de « Mon Quotidien » : lequel des deux documents vous touche le plus ? Pourquoi ?**
- **Proposez un titre au dessin.**

PARCOURS un thème

L'intention des images

piste EPI

À travers ce parcours, vous allez découvrir comment les images peuvent être modifiées à des fins commerciales ou politiques. De la retouche d'image aux affiches de propagande, vous étudierez les images et leur pouvoir.

Barack Obama sur une plage de Louisiane atteinte par une marée noire, 28 mai 2010.

Document 1

Le 19 juin 2010, *The Economist*, hebdomadaire britannique, fait sa une avec une photographie de Barack Obama, président des États-Unis. On le voit pensif sur une plage de Louisiane souillée par une marée noire. La photographie originale a été prise le 28 mai par Larry Downing, photographe de l'agence Reuters. B. Obama était accompagné d'une habitante de la région et d'un garde-côte.

The damage beyond the spill : « Plus qu'une simple marée noire ».

Comprendre l'utilisation d'une image

Entrer dans l'analyse. Quelles modifications ont été réalisées sur cette photographie pour la couverture du magazine ?

- **a.** un recadrage
- **b.** un ajout
- **c.** une suppression

1. Selon vous, sur quoi la couverture du magazine veut-elle mettre l'accent ?

2. Expliquez en quelques lignes l'intention de cette couverture en la comparant à la photographie originale.

Imaginer un dialogue et un monologue

Imaginez les paroles que peuvent échanger les personnages sur la photographie originale, puis imaginez ce que le président Barack Obama pourrait se dire à lui-même.

Le pouvoir mis en scène

Document 2

Benito Mussolini (1883-1945) est un chef d'État italien fasciste. En 1939, il signe le Pacte d'acier avec le dictateur Hitler et s'engage aux côtés de l'Allemagne nazie dans la Seconde Guerre mondiale.

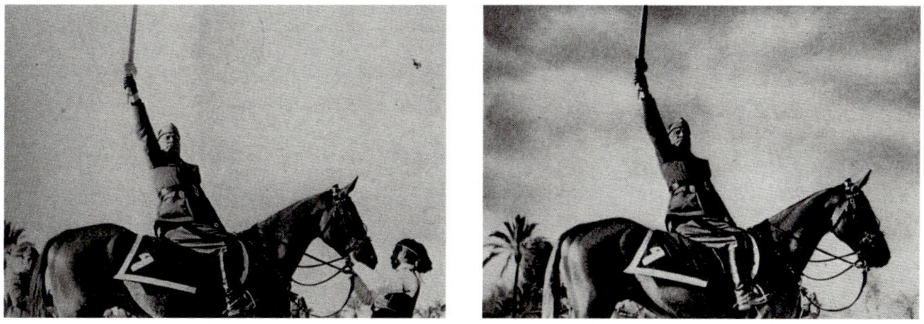

Mussolini, en 1942.

Le culte de la personnalité

Entrer dans l'analyse. Quelle différence observez-vous entre ces deux photographies ?

1. Quelle est l'intention de la nouvelle mise en scène ?
2. À qui, selon vous, Mussolini cherche-t-il à ressembler ?

Créer une galerie d'images

Cherchez sur Internet une représentation d'un chef d'État, d'un empereur mis en scène sur un cheval (statues antiques, peintures...).

Document 3

En 1672, Louis XIV décide de mener une guerre contre les Provinces-Unies (les Pays-Bas actuels) devenues une puissance commerciale qui concurrence la France. Mais cette guerre est également un moyen pour le monarque absolu de renforcer son pouvoir en s'attaquant à un pays où règne la liberté d'expression. Ce tableau représente Louis XIV lors du siège de Maastricht. En juin 1673, le roi participe en personne aux opérations militaires.

Pierre Mignard (1616-1695), *Louis XIV vêtu à la romaine, couronné par la Victoire devant une vue de la ville de Maastricht en 1673*, 1673, huile sur toile (311 x 304 cm), musée national du château de Versailles.

Repère littéraire

Une allégorie permet de représenter une idée, une notion sous les traits d'une personne. Ici, la femme ailée portant une couronne de lauriers représente la Victoire.

ACTIVITÉ + lienmini.fr/jdl4-T407

Saisissez cette adresse sur votre navigateur et découvrez ce tableau en détail.

Étudier les symboles d'un tableau

Document 3

1. Quelles sont les dimensions de ce tableau ? Expliquez le choix de ce format.
2. Étudiez les différents plans qui composent ce tableau. Pourquoi le roi est-il mis en valeur par l'organisation des plans ?
3. Observez les vêtements portés par le roi Louis XIV. Qu'ont-ils d'original ?
4. En vous aidant du contexte, dites si le personnage ailé est :
   a. un ange
   b. une fée
   c. une victoire
5. Que représentent les deux éléments tenus par ce personnage ?

Documents 2 et 3

6. Quelle est l'intention de ces mises en scène ?
7. À quels grands chefs militaires ces documents peuvent-ils faire penser ?
8. BILAN Que révèlent ces représentations sur l'intention de ces deux chefs ?

La propagande d'hier à aujourd'hui

On appelle « propagande » le fait de propager, de répandre une opinion par des moyens de communication le plus souvent visuels. La propagande utilise tous les supports de communication.

Document 4

Avec la Première Guerre mondiale (1914-1918), l'utilisation d'affiches permet de véhiculer des messages contre l'ennemi.

Affiche de 1917, archives départementales de l'Ardèche.

Document 5

« C'est à la lueur tremblotante d'une bougie que les poilus lisent les lettres, boueux et las, mais les mots ont un pouvoir magique et comme un conte de fées ils transforment l'humide réduit en palais enchanté. »

Dictée d'école primaire, vendredi 7 mai 1915.

Résister en image

Document 4

Entrer dans l'analyse. Décrivez les différents plans de cette affiche.

1. Par quel élément la France est-elle symbolisée ?
2. Comment l'expression « mère patrie » est-elle mise en scène ?
3. Quelles remarques pouvez-vous faire sur la légende de l'affiche ? Qui est censé la prononcer ?
4. Par quels procédés la légende est-elle facile à mémoriser ?

BILAN **5** Quel effet cette affiche devait-elle produire sur le peuple français ?

Document 5

6. Dans la citation, comment voit-on que l'évocation de la guerre est idéalisée ?
7. Pourquoi dicter ce texte à des enfants, en 1915 ?

Document 6

En 1919, le traité de Versailles déclare l'Allemagne et ses alliés responsables des dommages causés pendant la Première Guerre mondiale. Par conséquent, les vaincus doivent payer les reconstructions. En 1923, la riche région industrielle de la Ruhr, en Allemagne, est occupée par les Français.

Combattre par l'image

1. À qui cette affiche s'adresse-t-elle ?
2. Comment la Marianne française est-elle représentée ?
3. Que symbolise-t-elle ici ?

BILAN **4** Quelle image de la France cette affiche véhicule-t-elle ?

Théo Matejko, « *Hände weg vom Ruhrgebiet* » (« Ne touchez pas à la Ruhr »), 1923.

Document 7

Lors de la Seconde Guerre mondiale (1939-1945), la propagande devient le mode de communication du régime nazi. Tous les médias sont impliqués (affiches, photographies, discours, films).

Affiche pour le recrutement de SS dans la France occupée, vers 1941.

Le savez-vous ?

Lors de la Seconde Guerre mondiale, la Waffen-SS (« armée de l'escadron de protection ») était la branche militaire des nazis. À partir de 1942, elle intégra des membres appartenant non seulement au Reich mais également aux pays occupés par l'Allemagne nazie.

Analyser une affiche de propagande

Entrer dans l'analyse. Observez cette affiche de propagande, qui devait encourager les volontaires français à s'engager dans la Waffen-SS.

1. Comment la composition de l'image rend-elle l'effet de multitude ?
2. Où se trouve le spectateur par rapport aux soldats : en dessous, à la même hauteur, au-dessus ? Quel est l'effet produit ?
3. Pourquoi le tutoiement a-t-il été choisi ?
4. Quel mot est mis en valeur ? Par quel moyen ?

BILAN 5 Selon vous, comment le signe de ralliement pouvait-il donner l'illusion d'une force invincible (par l'image et par le texte) ?

Document 8

Cette photographie a été prise par une journaliste envoyée en reportage en Corée du Nord. Elle révèle la démesure militaire et la docilité d'un peuple vivant sous un régime totalitaire.

Comprendre l'enjeu d'une photographie

1. Comparez cette photographie avec le document 7. Quelles remarques pouvez-vous faire ?
2. Quelles sont les intentions de cette mise en scène ?

BILAN 3 Que révèle cette photographie ?

Le savez-vous ?

Actuellement, la Corée du Nord vit sous un régime totalitaire. Les célébrations politiques et militaires obéissent toujours au même cérémonial, mettant en scène une puissance militaire qu'il est difficile d'évaluer.

Défilé de soldats nord-coréens à Pyongyang (Corée du Nord) le 10 octobre 2015 pour le 70e anniversaire de la création du Parti des travailleurs, parti unique au pouvoir en Corée du Nord.

PARCOURS un thème

L'intention commerciale des images

Document 9

Mettre en valeur un produit dans la publicité

1. En une phrase, expliquez le montage réalisé sur cette photographie.

2. Quels procédés mettent le contenu de ce produit en valeur ?

Inventer un slogan

Inventez un nouveau slogan mettant en avant les qualités de ce produit.

Document 10

La publicité est omniprésente dans notre société de consommation. Détourner une publicité peut permettre d'attirer l'attention. L'agence Comed a utilisé un slogan très connu d'une grande marque (*Just do it* : « Fais-le, c'est tout ») en le transformant (*Just do eat* : « Mange, c'est tout »).

Comprendre une publicité

1. Observez bien cette publicité. Quels messages contient-elle ?

2. S'agit-il d'une publicité commerciale ? De quel type de commerce s'agit-il ?

3. Pensez-vous que l'intention de cette publicité soit seulement de faire du profit ? Justifiez.

BILAN **4** D'après vous, pourquoi l'annonceur a-t-il choisi la formule « Just do eat. » ?

Détourner une publicité

- Choisissez une cause que vous souhaitez défendre.
- Choisissez une publicité connue.
- Détournez le slogan en gardant la construction grammaticale.
- Conservez les couleurs représentatives de la marque. Modifiez comme vous le souhaitez le dessin et le symbole qui permettent de l'identifier.

Annonceur Fairtrade Lëtzebuerg, agence Comed, octobre 2013.

Synthèse L'intention des images

Les images ont toujours joué **un rôle historique, politique et commercial**, bien avant la photographie (statue, peinture...).

- **Le pouvoir des images.** Dans la presse, les images ont un pouvoir politique. Elles mettent en scène des personnalités politiques qui sont très attentives à l'image qu'elles renvoient (➡ p. 212-213). **La propagande** a largement utilisé les images pour véhiculer des messages haineux et mensongers (➡ p. 214-215). Aujourd'hui encore, certains États tentent d'intimider leurs voisins avec des images mettant en scène des armes de destruction massive (➡ p. 215).
- **Des images retouchées.** De nos jours, l'ensemble des médias utilise des images dites retouchées. De nombreux logiciels de retouches d'images existent. Ils permettent de modifier une image, de l'infime détail à la totalité (➡ p. 216).
- **De la publicité à la presse.** Les enjeux commerciaux motivent le plus souvent la retouche d'image. En effet, un produit va être mis en valeur sur une affiche afin de susciter l'envie de consommer et donc d'acheter (➡ p. 216).

Le savez-vous ?

- **En France, le droit à l'image s'exerce.** Il permet à toute personne de s'opposer à l'utilisation et la diffusion de son image au nom du respect de la vie privée. Si ce droit entre en contradiction avec la liberté d'expression, la photographie peut être floutée (rendue floue). Aujourd'hui, la loi impose au journal qui publie des photographies retouchées de l'indiquer.
- Les règles à respecter pour la retouche d'images :
  – toujours demander l'accord de la personne que vous mettez en scène ;
  – ne pas diffuser cette image dans l'espace public sans son accord ;
  – ne jamais créer de tort à autrui.

Défendre un point de vue

Vous êtes au sein de la rédaction de ce magazine. Imaginez quels ont été les arguments mis en avant pour choisir cette couverture « sans maquillage, sans retouches ».

Consignes de rédaction

- Vous êtes chargé(e) de la conception de la Une : vous adressez à la rédactrice vos intentions et vous justifiez le contenu des textes, le choix des couleurs et la disposition des mots sur la photographie.
- Développez les deux arguments mis en avant par ces « Stars sans fards ».

Le savez-vous ?

La presse de mode a régulièrement recours à des logiciels de retouche d'images. Ces outils numériques permettent de « nettoyer » une photographie. En avril 2009, le magazine *Elle* met en Une les photographies de huit femmes parmi lesquelles des actrices et des mannequins sans maquillage.

Atelier d'expression

Écrire un article de journal

Dans cet atelier, vous allez découvrir comment les informations nous parviennent et comment nait un article de journal. Ensuite, vous rédigerez un article d'actualité.

À l'oral
- Exprimer un point de vue

À l'écrit
- Écrire un article de journal

D'où viennent les informations ?

• Chaque jour, notre monde change et évolue. À l'ère d'Internet, chacun aime savoir ce qui se passe autour de lui et ailleurs. Mais comment les informations nous parviennent-elles ?
Les informations n'arrivent pas spontanément sur le bureau des journalistes.

Comment les journalistes s'informent-ils ?

• Certains journalistes vont à la source des informations. Ce sont les envoyés spéciaux des journaux, les journalistes d'investigation. Comme des détectives, ils se renseignent, enquêtent. Ce travail est long car il faut rencontrer les personnes compétentes, vérifier les informations que l'on a récoltées, les recouper avec des témoignages… Ce travail de longue haleine prend du temps.
• La plupart des journalistes obtiennent leurs informations de réseaux spécialisés : les agences de presse. Ce sont des entreprises qui embauchent des milliers de journalistes partout dans le monde. Dans chaque pays, dans chaque capitale, ces journalistes récoltent des informations. Ils doivent être rapides. Ils rédigent de courts textes que l'on appelle des dépêches. Celles-ci sont envoyées par mail aux rédactions.

Que découvrent les lecteurs dans un journal ?

Vous allez étudier comment la perception d'un évènement est différente d'un pays à l'autre. Vous allez lire deux articles publiés suite à la révélation de la mort de Cecil, un célèbre lion du Zimbabwe, qui mettent en évidence la question de la réception de l'information.

Le lion Cecil.

Un dentiste américain décapite Cecil, roi des lions du Zimbabwe

ACTIVITÉ + lienmini.fr/jdl4-T408

Saisissez cette adresse dans votre navigateur pour découvrir l'article du *Monde*, publié le 30 juillet 2015, qui présente les détails de cet évènement.

Comprendre

1. Résumez en une phrase le sujet de cet article.
2. Pourquoi la mort de ce lion dépasse-t-elle le simple fait divers ?
3. Quelles ont pu être les réactions des lecteurs à la réception de cet article ?

Grammaire pour dire et pour écrire

Dans l'article du *Monde*, relevez les verbes de tournure passive. Pour chaque verbe, rétablissez le complément d'agent. Est-ce toujours possible ?

Ex. : **Cecil, « *quasiment semi-domestiqué* », aurait été attiré hors du parc [par des gardiens complices].**

Pourquoi la mort d'un lion est-elle plus choquante que celle d'un poulet ?

Article 1 Publié le 05/08/2015 - 16:37

Le lion Cecil, tué par un dentiste du Minnesota, a déclenché une vague d'indignation à travers la planète. *« Quoi qu'on en pense,* écrit Wired Italia, *une question surgit spontanément : pourquoi l'être humain est-il plus enclin à ressentir de l'empathie pour certains animaux, et à en oublier complètement d'autres ? »*

Le site du magazine italien reprend les conclusions de l'expert en biodiversité Ernest Small, qui a publié des articles sur la question en 2011 dans la revue *Biodiversity*. Il y établissait que notre préférence se porte sur des animaux dotés de caractéristiques bien précises, notamment la taille – pas de chance pour les insectes – qui inspire le respect, mais aussi l'apparence – tant pis pour les amphibiens.

Dans une interview au site américain *ThinkProgress* fin juillet, Ernest Small a souligné un autre facteur déterminant : Cecil avait un nom, ce qui a encouragé les humains à s'y identifier.

Rubin L. Oppenheimer, www.courrierinternational.com, 5 aout 2015.

Comprendre

1. À quelle question cet article répond-il ?

De l'article à l'étude scientifique

2. Selon l'expert Ernest Small, pour quelles raisons certains animaux inspirent-ils plus de respect à l'homme que d'autres ?
3. Quel lien le journaliste fait-il entre cette étude scientifique et le cas du lion Cecil ?

Grammaire pour dire et pour écrire

Afin de gagner de la place et d'éviter les répétitions, les articles de journaux sont riches de pronoms.

1 Que reprend le pronom « en », ligne 3 ?
- **a. le lion Cecil, tué par un dentiste**
- **b. une vague d'indignation**
- **c. la planète**

2 À la ligne 6, quel groupe nominal est repris par le pronom « en » ?

3 Par quel GN peut-on remplacer le pronom « y », ligne 10 ?
- **a. le site du magazine italien**
- **b. dans la revue *Biodiversity***
- **c. sur des animaux**
- **d. au site américain *ThinkProgress***

4 Par quel GN peut-on remplacer le pronom « y », ligne 18 ?

Vu du Zimbabwe. Le battage suscité par la mort du lion Cecil laisse les Zimbabwéens perplexes

Article 2 Publié le 31/07/2015 - 10:47

[...] *New Zimbabwe*[1] rapporte que la plupart des gens interrogés au sujet du lion dans le centre-ville d'Harare n'avaient même pas entendu parler de cette histoire. Le Zimbabwe, présidé par Robert Mugabe depuis 1987, traverse une grave crise économique. De nombreuses entreprises ont fermé ces dernières années, les deux tiers de la population survivent grâce au travail au noir, et le pays fait face à de graves pénuries d'eau et à de fréquentes coupures d'électricité.

« Les autorités zimbabwéennes n'ont pas annoncé de poursuites contre le dentiste Walter Palmer. Elles ont simplement déclaré vouloir s'entretenir avec lui. L'ambassade américaine n'a pas été informée d'une quelconque demande d'extradition », conclut le site.

Sondron, www.courrierinternational.com, 31 juillet 2015.

1. ***New Zimbabwe*** : journal du Zimbabwe.

Comprendre

1. Est-il toujours question du lion Cecil ?

La réception en question

2. Pourquoi cet évènement est-il passé inaperçu ?
3. Selon vous, les autorités zimbabwéennes ne portent pas plainte contre le dentiste :
   - a. pour ne pas se brouiller avec les États-Unis
   - b. parce que le dentiste avait payé pour tuer un lion
   - c. parce que le pays a d'autres problèmes à gérer

Exprimer un point de vue

La nouvelle de la mort du lion Cecil a suscité de nombreux débats de société : lesquels selon vous ?

Grammaire pour dire et pour écrire

Un journaliste cite très fréquemment des propos de spécialistes ou de témoins. Ce sont des paroles rapportées. Pour distinguer ces citations du reste de l'article, une typographie particulière est utilisée.

J'applique

1 Dans l'article du *Monde* ou ceux de *Courrier International*, comment les citations sont-elles présentées ?

2 Dans ces articles, repérez la place de chaque verbe introducteur de paroles :
- **a. avant les paroles rapportées**
- **b. en incise, c'est-à-dire au milieu des paroles rapportées**
- **c. après les paroles rapportées**

Le parcours de l'information

Avant d'être diffusée sous forme d'article, **l'information parcourt un véritable circuit.**

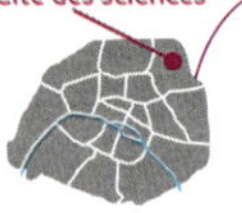

un(e) journaliste de l'agence de presse est dépêché(e) sur place → rédaction d'une dépêche ❶ → la dépêche est envoyée aux abonnés de l'agence de presse → le/la journaliste reçoit la dépêche → la dépêche est publiée telle quelle / le/la journaliste cherche des éléments supplémentaires pour rédiger son article (avis de spécialistes, interview de témoins…)

Le savez-vous ?

La **Cité des sciences** est un lieu parisien qui diffuse auprès d'un large public des informations sur les avancées scientifiques et techniques.

❶ *Exemple de dépêche :*

Reuters/Reuters - Un incendie dans une zone en travaux de la Cité des sciences et de l'industrie, dans le nord-est de Paris, a fait d'importants dégâts. Deux pompiers ont été légèrement blessés, l'un ayant été intoxiqué par la fumée et l'autre victime d'un coup de chaleur.

Comprendre

Cette dépêche a donné lieu à des articles développés. D'après vous :

1. Sur quoi le/la journaliste peut-il/elle s'interroger ?
2. Qui a-t-il/elle pu interviewer ?
3. Quelles questions les lecteurs peuvent-ils se poser étant donné le lieu de l'incendie ?

Rédiger une définition

Proposez une définition de ce que l'on appelle « une dépêche ».

Le vocabulaire de la dépêche

Une dépêche apporte l'essentiel d'une information en un minimum de mots. Observez l'exemple d'une dépêche AFP.

fil d'actualité dans lequel figure la dépêche (France, Europe, Monde…) → Monde

titre de la dépêche → Les Fidji pansent leurs plaies après le plus puissant cyclone de leur histoire [2] ← *ordre de priorité*

jour/mois/année et heure de diffusion → 21/02/2016 06h40 GMT

nombre de photographies associées → 3 ; *format numérique* → XML

lieu de l'évènement → Suva (Fidji) (AFP) ← *source de la dépêche* - Les iles Fidji se sont lancées dimanche dans de gigantesques opérations de nettoyage après le passage sur l'archipel du Pacifique du plus puissant cyclone de son histoire, qui a fait un mort et détruit des infrastructures.

MAILIFE MAGAZINE/AFP / NAZIAH ALI ← *source de la photographie*

Rédiger une dépêche

À partir de l'article proposé page 218, rédigez ce qui aurait pu en être la dépêche.

Le savez-vous ?

Les heures de diffusion d'une dépêche sont suivies de l'indication « GMT », l'abréviation de *Greenwich Mean Time* (« heure moyenne de Greenwich »). Elle indique l'heure par rapport au méridien de Greenwich, celui-ci servant de repère temporel international.
Par exemple, à 14 h GMT en hiver, il est 14 h à Londres et 15 h à Paris.

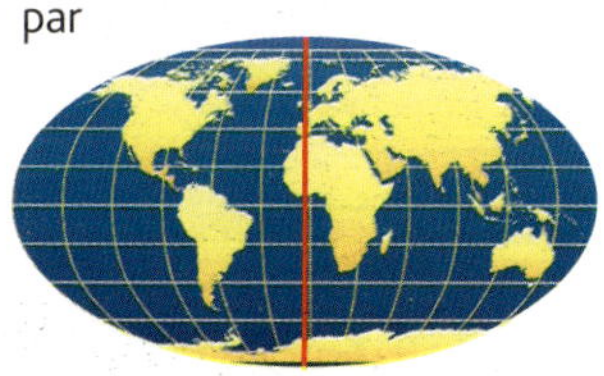

Le méridien de Greenwich est représenté par la ligne verticale rouge.

Repère historique

L'AFP (Agence France Presse) est une des plus anciennes agences de presse au monde. Depuis 1957, elle couvre l'information mondiale de façon neutre et objective. Située à Paris, cette agence est chargée de recueillir l'information, de la vérifier et de la diffuser pour 200 pays.
L'équivalent de l'AFP est l'agence Reuters en Angleterre et Bloomberg aux États-Unis.

Graine de savoir

Le vocabulaire de la presse papier

• Chaque publication appartient à une catégorie selon sa périodicité. Associez chaque définition à son nom.

a. un hebdomadaire
b. un bimensuel
c. un quotidien
d. un mensuel

1. Il parait une fois par semaine.
2. Synonyme de « journal », on peut l'acheter tous les jours.
3. Il est publié une fois par mois.
4. Il ne compte que 6 numéros par an car il sort tous les deux mois.

• **Saurez-vous retrouver la périodicité des publications suivantes ?**

Fiche métier

Le métier de journaliste est-il fait pour vous ?

Informer le public, lui permettre de réagir, partager ses connaissances : le métier de journaliste est noble et passionnant !
Pour devenir journaliste, il faut être curieux(se), patient(e) et surtout précis(e). En effet, il n'est pas question d'écrire (ou de dire) sans preuves. Il faut vérifier ses sources et les informations que l'on donne.

Comment se former ?

Après avoir obtenu un baccalauréat, il faut faire des études supérieures. Une fois un master 1 obtenu, le ou la candidat(e) peut intégrer une école de journalisme. Mais attention, ces écoles sont très sélectives et pour y entrer, il faut déjà réussir un concours.

BAC → ÉTUDES SUPÉRIEURES → MASTER 1

- Université : *Lettres, économie, droit, histoire, art…*
- Institut d'études politiques (IEP), aussi appelé Sciences Po
- DUT Information et communication
- Formations supérieures de communication

MASTER 1 → CONCOURS → ÉCOLE DE JOURNALISME

L'article de journal

Vous venez d'étudier une dépêche de l'agence Reuters (p. 220). Découvrez à présent un des articles de journaux écrits à partir de cette dépêche.

titre

Incendie : la Cité des sciences fermée

La partie touchée par le sinistre, dans la nuit de mercredi à jeudi, doit accueillir un centre commercial.

indications de lieu et de temps

tournure passive

citation

données chiffrées

tournure impersonnelle

PARIS Un important incendie s'est déclaré dans la nuit de mercredi à jeudi à la Cité des sciences et de l'industrie, dans le XIXe arrondissement de Paris. Après six heures de lutte, les flammes ont pu être maîtrisées jeudi en tout début de matinée. Deux pompiers ont été légèrement blessés, aucune autre victime n'a été à déplorer. Le bâtiment était vide lorsque le feu s'est déclaré.

Les secours ont été appelés à 2 h 30 du matin après le déclenchement d'une alarme incendie. La zone concernée, dans l'aile sud du bâtiment, était en travaux. Le feu s'est propagé sur plusieurs étages de l'immeuble, abritant notamment des salles de cinéma ou des salles d'exposition. Plus de 1 000 mètres carrés ont été détériorés. Au plus fort du sinistre, plus de 120 pompiers et 25 engins étaient à l'œuvre. La partie touchée par l'incendie devait accueillir à partir du 15 octobre un centre commercial baptisé « Vill Up », présenté comme un centre « *inédit* » mariant commerces et loisirs, dans lequel 110 millions d'euros ont été investis : « *Les travaux avaient commencé en 2012... On en était à la décoration avant l'ouverture* », a précisé Bruno Macquart, le président d'Univers sciences (qui regroupe la Cité des sciences et de l'industrie et le Palais de la découverte).

Au plus fort du sinistre, près de 120 pompiers étaient mobilisés.
THOMAS SAMSON/AFP

Ouverture retardée de plusieurs mois

« *Les dégâts les plus importants causés par le feu concernent le lobby du cinéma et deux grandes salles de 450 sièges ainsi que la toiture de ce secteur*, a expliqué jeudi Maurice Bansay, président fondateur d'Apsys, la foncière qui doit exploiter le centre commercial. *Ailleurs dans le centre commercial, dont 90 % avait déjà été livré à nos clients, les dommages ont été provoqués par l'eau, abîmant ou détruisant aménagement et faux plafonds.* » Par ailleurs, il reste encore à inspecter l'intégralité des lieux pour vérifier que les dégâts ne sont pas propagés dans d'autres parties. Tout en se refusant à être plus précis sur l'impact de cet incendie, le dirigeant reconnaît que le retard sur l'ouverture « *se chiffrera en mois* ». Il est évidemment trop tôt pour chiffrer le montant du sinistre dans ce centre commercial de nouvelle génération.

Située dans le parc de la Villette, la Cité des sciences et de l'industrie, qui accueille 3 millions de visiteurs par an, n'a pu ouvrir jeudi. Bruno Macquart a affirmé dans la journée : « *Nous mettons tout en œuvre pour rouvrir le plus vite possible, surtout en cette période estivale de forte affluence.* » ■

Le Figaro, vendredi 21 aout 2015, première édition, société

Découvrir

1. Combien de parties distinguez-vous dans cet article ? Comment sont-elles indiquées ?

Comprendre

2. Comparez cet article à la dépêche p. 220 du manuel. Que remarquez-vous ?

3. À la ligne 3, que déduisez-vous de la tournure passive employée par le journaliste ?

4. Qu'apportent les nombreuses indications chiffrées ?

5. Qui le journaliste a-t-il interviewé ? Pour quelles raisons ?

BILAN **6** Quels ont été les différents types de recherches effectuées par le journaliste pour écrire cet article ? Citez-en au moins trois.

Exploiter l'information utile

Sachant que cet article est daté du vendredi 21 aout 2015, à quel jour fait-il référence ?

Méthode

Comment écrire un article de journal

Écrire un article de journal nécessite des recherches d'informations et de documents dont on est certain de la véracité, c'est-à-dire de sa conformité à la vérité. De plus l'écriture journalistique a des caractéristiques bien précises.

Le titre

Le titre de l'article doit être accrocheur pour inciter à sa lecture. Ce titre est souvent une phrase nominale (c'est-à-dire sans verbe conjugué) qui résume le contenu de l'article mais sans tout dévoiler.

Ex. : « Incendie : la Cité des sciences fermée. »

Les indications de lieu et de temps

Indiquer où et quand se sont déroulés les faits évoqués est primordial. C'est pourquoi les indications de lieu et de temps sont nécessaires à tout article de journal.

Ex. : « Un important incendie s'est déclaré dans la nuit de mercredi à jeudi à la Cité des sciences et de l'industrie, dans le XIXe arrondissement de Paris. »

Les tournures passives et impersonnelles

- On a recours aux **tournures passives** quand certaines informations n'ont pas besoin d'être précisées parce que leur contenu est évident ou quand certaines informations sont manquantes.

Ex. : « Deux pompiers ont été légèrement blessés [...]. »

- Les **tournures impersonnelles** sont très nombreuses dans les articles de presse car elles permettent de ne pas attribuer de sujet à ce qui est dit. De plus, elles permettent au/à la journaliste de rester neutre et objectif(ve) (il/elle ne peut pas employer le « je »).

Ex. : « Par ailleurs, il reste encore à inspecter l'intégralité des lieux [...] »

Les données chiffrées

Elles peuvent prendre différentes formes : pourcentages, proportions... Si elles apportent des détails concrets dans l'article, ces données doivent être absolument vérifiées.

Ex. : « Ailleurs le centre commercial, dont 90 % avait déjà été livré à nos clients [...] »

Des citations

Le/la journaliste peut également citer des témoins ou des spécialistes. Dans ce cas, il/elle doit absolument citer ses sources et ne pas s'approprier les propos d'autrui.

Ex. : « [...] a précisé Bruno Macquart, le président d'Univers sciences »

Activité finale

En vous aidant de la fiche Méthode, vous allez écrire un article de journal. Pour ce faire, cherchez un sujet d'actualité au sein même de votre collège (les élections des délégués de classe, la visite d'un(e) intervenant(e) au collège, une exposition prévue au CDI...).

- **Commencez par recueillir le maximum d'informations précises sur votre sujet (date, lieu, personnes concernées, impact sur la vie du collège, organisation...).**
- **Rédigez votre article au brouillon en vérifiant, à l'aide de la méthode, que vous n'oubliez aucun élément.**
- **Pensez à interviewer une personne directement concernée par votre sujet afin d'en recueillir les propos et de les intégrer sous forme d'une ou deux citations dans votre article. Ces citations ne doivent pas répéter ce que vous dites mais, au contraire, enrichir le contenu de votre article.**
- **Choisissez maintenant un titre assez clair mais qui donne envie à vos futurs lecteurs de vous lire.**
- **Après cet atelier d'écriture, votre classe aura donc rédigé une vingtaine d'articles. C'est l'occasion de les réunir pour réaliser un dossier de presse.**

La ville, lieu de

tous les possibles ?

EAJ, fresque murale réalisée à Bagneux les 27 et 28 septembre 2014 lors du festival des Arts de la rue sur le thème « Le rêve » et inspirée par un recueil d'écrits d'habitants dans le cadre d'un atelier « Rêve toujours ».

Dossier New York, ville de cinéma

Du début du XXe siècle à nos jours, New York a servi de décor à près d'une centaine de films, dans les genres les plus divers : films policiers, comédies, films fantastiques… Les gratte-ciels vertigineux, les trottoirs enneigés arpentés par des flots de piétons, les monuments emblématiques de la ville sont **une inépuisable source d'inspiration et d'images** : New York est la ville muse des cinéastes !

Un décor grandiose

De nombreux cinéastes américains plantent le décor de leurs films à New York proposant au spectateur une promenade touristique, une célébration de la ville ou une réflexion sur la place de l'homme dans l'immense espace urbain.

Photogrammes extraits du film d'**Alfred Hitchcock**, *La Cinquième Colonne*, 1942.

Exercez vos talents d'observateur

- **Quel monument de New York reconnaissez-vous ? Quels sont les détails qui vous ont mis sur la voie ?**
- **Observez la position des personnages : selon vous, à quel genre cinématographique appartient ce film ?**

Repère historique

La statue de la Liberté

Inaugurée en 1886, ***La Liberté éclairant le monde*** est l'un des premiers monuments de New York que l'on voit en arrivant par bateau. Conçue par l'architecte français Auguste Bartholdi, réalisée avec l'aide de Gustave Eiffel, elle fut offerte par la France aux États-Unis.

Pour des millions d'immigrants, cette statue a incarné l'aboutissement de leur traversée, le rêve américain.

Devinette

Élément représentatif de l'architecture new-yorkaise, je suis la traduction du mot américain « skyscraper ». Ce terme emprunté au vocabulaire maritime était le nom donné aux bateaux trois-mâts qui arrivaient dans la baie de New York. Qui suis-je ?

Entrez au cœur de New York

Observez le photogramme, sur lequel on voit, au premier plan, le personnage principal du film, Howard Roark, un architecte new-yorkais.

- **Que voyez-vous à l'arrière-plan ?**
- **Dans son film, King Vidor effectue une mise en abyme. À l'aide du photogramme, saurez-vous expliquer laquelle ?**

Repère artistique

La **mise en abyme** est une technique artistique qui consiste à introduire une œuvre dans une œuvre de même nature. On trouve ce principe dans un célèbre tableau de Van Eyck, *Les Époux Arnolfini*, mais aussi dans l'image de la Vache qui rit !

Photogramme du film de **King Vidor**, *Le Rebelle*, 1949.

King Kong, de Cooper et Shoeddsack, 1933. Un gorille géant s'enfuit dans la ville jusqu'au sommet de l'Empire State Building.

Elle et lui, de Leo McCarey, 1957. Les héros du film se rencontrent sur un bateau et tombent amoureux. Ils se promettent de se retrouver un an plus tard au sommet de l'Empire State Building.

Le savez-vous ?

Dans l'adaptation réalisée par John Guillermin en 1976, c'est au sommet des tours du World Trade Center que King Kong emmène l'héroïne. Construites en 1973, les « tours jumelles » furent détruites lors des attentats du 11 septembre 2001.

Découvrez les deux gratte-ciels les plus connus de New York

Le Chrysler Building, construit en 1930, est de style Art Déco. Sa flèche est composée de six arcs en acier inoxydable.

- **Saurez-vous la retrouver sur le photogramme ?**

Pour chaque image, dites où est placée la caméra par rapport à l'Empire State Building.

- **Quelle est l'image qui souligne sa hauteur vertigineuse ? Comment appelle-t-on ce procédé ?**

L'« **hybris** » est un mot du grec ancien qui signifie la « **démesure** ».

- **Comment Alfred Hitchcock (p. 226) et les réalisateurs de King Kong (p. 227) traduisent-ils l'hybris de l'architecture new-yorkaise ?**

Woody Allen, cinéaste amoureux de New York

Biographie

Woody Allen
(né en 1935)

Né à New York, ce cinéaste et acteur américain voue un véritable culte à sa ville natale. Il en fait le décor de la plupart de ses films.

Sorti en 1979, le film ***Manhattan*** de Woody Allen commence par une série de longs plans fixes qui montrent l'immensité et la beauté de la ville. Isaac, le personnage principal du film, tente d'écrire un roman sur New York. Une voix off, celle du réalisateur lui-même, lit les premières lignes du roman d'Isaac :

« *Chapitre 1* : Il adorait New York. Il l'idolâtrait au-delà de toute mesure. – *Non ! Si je mettais plutôt* : Il en avait une vision romantique au-delà de toute mesure. Pour lui, quelle que soit la saison, New York semblait n'exister qu'en noir et blanc, et ne vibrer qu'au rythme du grand George Gershwin. »

Devenez critique de cinéma

- **L'affiche est une image du film. Quel choix esthétique Woody Allen a-t-il fait ?**
- **Que voyez-vous à l'arrière-plan ?** Pouvez-vous repérer plusieurs constructions semblables sur le plan de Manhattan (p. 231) ?

Observez l'affiche et lisez le texte dit par la voix off au cours de la scène d'ouverture.

- **Quelle vision Woody Allen veut-il donner de New York ?**

8 millions de New-Yorkais, un melting pot

Certains films tournés à New York s'attachent à l'histoire de la ville. Le cinéma rend alors compte de l'arrivée des populations de la fin du XIXe siècle à nos jours, du rêve américain mais aussi des désillusions et des drames.

Repère historique

Melting pot

Cette expression (au sens propre, un creuset dans lequel on fait fondre différents métaux) désigne la société new-yorkaise, peuplée par divers courants d'immigration.

L'Émigrant, de Charlie Chaplin (1917)

1

2

Après une traversée difficile, secoués par le roulis, Charlot et d'autres immigrants parviennent à New York. Leur quête du rêve américain se solde par un accueil froid et cruel. Bien qu'il aborde un sujet difficile, Charlie Chaplin réalise avec ce court métrage un film à la fois comique et bouleversant.

VIDÉO lienmini.fr/jdl4-T501

Saisissez cette adresse dans votre navigateur et visionnez cette scène du film *L'Émigrant*.

Analysez le registre d'un film

Dans une **œuvre burlesque**, des sujets sérieux sont abordés avec humour. C'est ce décalage qui déclenche le rire du spectateur.

▸ **Montrez que le photogramme 1 et l'extrait du film correspondant recourent à ce registre en précisant :**
– quel est le sujet du film ;
– ce qui fait rire le spectateur.

Sur le photogramme 2, les émigrés arrivent dans la baie de New York.

▸ **À votre avis, vers quoi converge leur regard ? Quelle(s) émotion(s) peut-on lire dans leurs yeux ?**

▸ **Que portent tous les personnages au revers de leur manteau ? Reportez-vous au titre du film pour expliquer de quoi il s'agit.**

Gangs of New York, de Martin Scorsese (2002)

3

« Signe ce document et tu deviens un citoyen américain. Signe ce document et tu deviens un soldat de l'armée des États-Unis. »

4

En 1846, le quartier des Five Points, à New York, est le théâtre de luttes incessantes opposant le gang des « Dead Rabbits », composé d'immigrés irlandais, et celui des « Native Americans » (3), Américains de souche anglo-saxonne. Parmi ces derniers, le sanguinaire Bill le Boucher cherche à exercer un pouvoir absolu sur les rues new-yorkaises.

Découvrez un film historique

▸ **Dans quel camp le spectateur du photogramme 3 est-il placé ? Qu'est-ce qui rend les « Native Americans » si menaçants ? À quoi reconnaissez-vous leur chef ?**

▸ **A l'aide des documents, expliquez comment, selon Martin Scorsese, sont accueillis ceux qui émigrent à New York au milieu du XIXe siècle.**

Rapprochez histoire et cinéma

▸ **Quel est le point commun entre le film de Charlie Chaplin et celui de Martin Scorsese ?**

▸ **À votre avis, pourquoi les deux réalisateurs ont-ils abordé ce sujet ?**

8 millions de New-Yorkais, des destins multiples

Pleine de promesses et d'excès, New York est tantôt le lieu des plus belles réussites, tantôt une ville où il est difficile de trouver sa place.

Diamants sur canapé, de Blake Edwards (1961)

1

2

Le film se déroule dans l'Upper East Side, un quartier très aisé de New York où habite l'héroïne, Holly Golightly, jouée par Audrey Hepburn.

Inside Llewyn Davis, de Ethan et Joel Coen (2013)

3

4

Au début des années 1960, un jeune chanteur erre dans Greenwich Village, tentant en vain de se faire une place dans le milieu de la musique.

Comparez deux films

- **Relevez tous les indices de luxe ou de pauvreté dans ces photogrammes.**
- **Comparez les vêtements, l'allure et le visage des deux personnages, Holly Golightly et Llewyn Davis, sur les photogrammes 1 et 2, puis sur les photogrammes 3 et 4 : que remarquez-vous ?**
- **Quelle image correspond le plus à votre vision de New York ?**

Faites une recherche

- **Trouvez un film qui donne une vision méliorative de New York et un film qui en donne une vision péjorative.**

PARCOURS un thème

New York, ville rêvée, ville réelle

Premières rencontres

Norman Parkinson, *New York, New York, East river drive*, 1959.

Central park, au cœur de Manhattan.

« Vue du pont de Queensboro, la cité est toujours la cité telle qu'on la voit la première fois dans la première promesse qu'elle nous fait follement de révéler tout le mystère, toute la beauté que le monde recèle. »

Francis Scott Fitzgerald, *Gatsby le Magnifique*, 1925.

Le savez-vous ?

Francis Scott Fitzgerald est le premier à avoir utilisé l'expression « *Big Apple* » (la Grosse Pomme) pour surnommer la ville de New York.

Berenice Abbott, *Nightview, New York*, 1932.

« – Et comment avez-vous trouvé la ville, lui demandai-je, la première fois que vous l'avez vue ? Est-ce qu'elle ressemblait à votre rêve ? »

Henry Miller, *Le Cauchemar climatisé*, 1945.

Broadway.

Ils virent les rues transversales qui filaient. Quand ils s'aperçurent de la façon dont ces rues, qui étaient plus de deux cents, se croisaient sans fin, aurait-on dit, et se perdaient à l'est dans la courbe du rocher de l'île, ils eurent la vision de centaines de milliers, peut-être d'un million de coins de rues dans tout New York, parfaitement carrés et mesurés, et chacun, ainsi que chaque espace entre chaque coin, grouillait de gens et de voitures, avec fureur… […]

Et toutes les rues transversales ressemblaient à des canyons qui explosaient dans la nuit des lumières blanches et, au-dessous, il y avait les multitudes de New York, la mer de têtes, les tourbillons de la circulation.

Jack Kerouac, *Avant la route*, 1950, traduction Daniel Poliquin, © Éditions de La Table Ronde, 1990.

Plan de la presqu'île de Manhattan à New York.

Saisir les impressions produites par la ville

1. Quel sentiment Francis Scott Fitzgerald éprouve-t-il pour New York ? Comment le lecteur le sent-il ?

2. Dans chaque photographie, dites ce qui permet immédiatement de savoir que l'on se trouve à New York.

3. Quelle photographie vous surprend le plus ? Quelle est celle qui vous donne particulièrement envie d'aller à New York ?

4. Quelle impression se dégage de la photographie de Norman Parkinson ?

5. Dans le texte de Jack Kerouac, trouvez un passage pour décrire la photographie de Berenice Abbott.

BILAN **6** À votre avis, pourquoi les écrivains et les photographes ont-ils été si nombreux à évoquer New York dans leur œuvre ?

Donner son point de vue

L'image que vous avez de New York vous donne-t-elle envie de vous rendre dans cette ville ? Décrivez-la en un court paragraphe : vous soulignerez les termes mélioratifs et entourerez les termes péjoratifs.

New York, ville de tous les possibles

Texte 1 Une ville magnétique

Riche financier de Wall Street, Sherman McCoy, mène une vie luxueuse au cœur de Manhattan. Au volant de sa voiture, il songe avec satisfaction à ce que New York lui a permis d'accomplir.

Tandis que la Mercedes escaladait le grand arc du pont, il pouvait voir l'île de Manhattan sur sa gauche. Toutes ces tours étaient collées les unes aux autres de si près qu'il avait l'impression de sentir leur masse et leur poids insensé. Pensez seulement aux millions de gens, sur toute la planète qui crèvent d'envie d'être sur cette île, dans ces tours, dans ces rues étroites ! Elle était là, la Rome, le Paris, le Londres du XXe siècle, la ville de l'ambition, le grand roc magnétique, l'irrésistible destination de tous ceux qui veulent être *là où ça se passe* ! – et il était l'un de ces vainqueurs ! Il vivait sur Park Avenue, la *rue des rêves* ! Il travaillait à Wall Street, au cinquantième étage, pour le légendaire Pierce & Pierce, dominant le monde !

Tom Wolfe, *Le Bûcher des vanités*, 1987, trad. B. Legrand, © Le Livre de Poche.

Graine de savoir

Un jeune homme ambitieux est souvent désigné par une expression que vous retrouverez en complétant la phrase suivante.

• Bob était prêt à tout pour arriver au pouvoir : c'était un jeune ... aux ... longues.

Leonardo di Caprio dans *Le Loup de Wall Street*, film de Martin Scorsese, 2013. Ce film raconte l'ascension spectaculaire de Jordan Belfort, courtier en bourse, à la fin des années 1980. L'argent, le pouvoir, la drogue le conduisent à tous les excès jusqu'à sa chute.

Lecture d'image

En observant l'image et en tenant compte du titre du film, indiquez ce qui montre la réussite sociale et l'ambition du personnage.

Comprendre le lien entre la ville et les aspirations du personnage

1. Quels sont les indices de la réussite de Sherman McCoy ?

2. Comment la fascination de Sherman McCoy pour New York se traduit-elle dans la fin du passage ?

3. Relevez deux adjectifs qui montrent le pouvoir d'attraction de New York.

BILAN **4** À partir de cet extrait, montrez que New York représente une ville mythique pour Sherman McCoy.

Le savez-vous ?

Comme le titre du roman le laisse deviner, la fulgurante réussite de Sherman McCoy ne dure pas. Peu après cet extrait, il est impliqué dans un accident qui le conduit à un procès très médiatique. Très vite, son univers s'effondre : il perd tout, broyé par la machine de la justice et par le scandale.

Texte 2 Une ville poétique

Quinn, auteur de romans policiers, passe la moitié de l'année chez lui à écrire, l'autre moitié à errer dans les rues de New York. Suite à un quiproquo, il devient détective privé pour le compte des Stillman.

Julian Barrow (1939-2013), *East 70th Street*, 1996, huile sur toile (35,5 x 50,8 cm), collection privée.

Quinn passa la journée suivante à pied. Il partit tôt, juste après huit heures, et ne s'arrêta pas pour se demander où il allait. Il se trouva qu'il vit ce jour-là un bon nombre de choses qu'il n'avait encore jamais remarquées. […]

Il envisagea un instant de prendre le ferry-boat pour Staten Island, mais il se ravisa et se mit à remonter vers le nord. Rue Fulton, il glissa vers la droite, suivant l'orientation nord-est d'East Broadway à travers les miasmes du Lower East Side, puis dans le quartier chinois. Là, il tomba sur le Bowery qu'il suivit jusqu'à la 14e rue. Faisant ensuite un crochet à gauche, il coupa en diagonale à travers Union Square et se mit à remonter Park Avenue South. À la 23e rue, il mit cap au nord. Quelques pâtés de maisons plus loin, il vira encore à droite et se retrouva sur la 3e avenue qu'il se mit à remonter quelque temps. Arrivé à la 32e rue, il prit à droite, gagna la 2e avenue, tourna à gauche et continua vers le nord pendant encore trois rues. Puis il vira à droite une dernière fois, ce qui le mena à la 1re avenue. Lorsqu'il eut franchi les sept rues qui le séparaient du palais des Nations unies, il décida de se reposer brièvement. S'asseyant sur un banc de pierre de la place, il respira profondément et, les yeux fermés, il se prélassa dans l'air et la lumière. Il ouvrit ensuite le cahier rouge, sortit de sa poche le stylo du sourd-muet et commença une nouvelle page.

Pour la première fois depuis qu'il avait acheté le cahier rouge, ce qu'il écrivit ce jour-là n'avait rien à voir avec l'affaire Stillman. Au lieu de cela, il se concentra sur ce qu'il avait vu en marchant. Il ne s'arrêta pas pour réfléchir à ce qu'il faisait, il n'analysa pas non plus les implications possibles de cette action inhabituelle. Il sentait en lui l'envie de noter certains faits, il voulait les coucher sur le papier avant de les avoir oubliés.

Paul Auster, *La Cité de verre*, in *Trilogie new-yorkaise*, 1987, traduction de Pierre Furlan, © Actes Sud.

Biographie

Paul Auster
(né en 1947)
L'œuvre de cet écrivain américain est intimement liée à New York où il vit depuis de nombreuses années : cette ville l'inspire et sert de décor à la plupart de ses romans.

Suivre les déambulations d'un personnage

1. Dans cet extrait, Quinn fait une expérience nouvelle de New York : quel passage le montre ?

2. Relevez tous les verbes de mouvement qui structurent le parcours de Quinn (l. 6 à 19), accompagnés de leur complément si nécessaire.

3. Téléchargez l'intégralité de cet extrait à l'adresse : ACTIVITÉ lienmini.fr/jdl4-T502

Lisez-le puis aidez-vous de toutes les indications données par l'auteur pour tracer le parcours de Quinn dans la ville.

4. Selon vous, qu'est-ce qui guide les pas de Quinn et détermine son itinéraire ?

5. Jusqu'à l'extrait que vous venez de lire, à quoi le cahier rouge était-il consacré ? Pourquoi Quinn commence-t-il une nouvelle page ?

BILAN **6** À l'aide d'un logiciel de type Google Street View®, promenez-vous dans l'une des rues évoquées dans l'extrait. À partir de ce que vous avez observé, écrivez en quelques lignes ce que Quinn pourrait noter sur la nouvelle page de son cahier rouge.

PARCOURS un thème

New York, ville de contrastes

Texte 3 Une ville en clair-obscur

La pluie de New York est une pluie d'exil. Abondante, visqueuse et compacte, elle coule inlassablement entre les hauts cubes de ciment, sur les avenues soudain assombries comme des fonds de puits. Réfugié dans un taxi, arrêté aux feux rouges, relancé aux feux verts, on se sent tout à coup pris au piège, derrière les essuie-glaces monotones et rapides, qui balaient une eau sans cesse renaissante. On s'assure qu'on pourrait ainsi rouler pendant des heures, sans jamais se délivrer [...] de ces citernes où l'on patauge, sans l'espoir d'une colline ou d'un arbre vrai. Dans la brume grise, les gratte-ciel devenus blanchâtres se dressent comme les gigantesques sépulcres d'une ville de morts, et semblent vaciller un peu sur leurs bases. Ce sont alors les heures de l'abandon. Huit millions d'hommes, l'odeur de fer et de ciment, la folie des constructeurs, et cependant l'extrême pointe de la solitude. « Quand même je serrerais contre moi tous les êtres du monde, je ne serais défendu contre rien. »

C'est peut-être que New York n'est plus rien sans son ciel. Tendu aux quatre coins de l'horizon, nu et démesuré, il donne à la ville sa gloire matinale et la grandeur de ses soirs, à l'heure où un couchant enflammé s'abat sur la VIIIe Avenue et sur le peuple immense qui roule entre ses devantures, illuminées bien avant la nuit.

[...] Prodigieux bûcher en effet, à minuit, avec ses millions de fenêtres éclairées au milieu d'immenses pans de murs noircis qui portent ce fourmillement de lumières à mi-hauteur du ciel comme si tous les soirs sur Manhattan, l'île aux trois rivières, un gigantesque incendie s'achevait qui dresserait sur tous les horizons d'immenses carcasses enfumées, farcies encore par des points de combustion.

Albert Camus, « Pluies de New York », in *Carnets*, 1965, © Éditions Gallimard.

Percevoir une ambiance

1. Comment Albert Camus fait-il visiter New York au lecteur ?

2. « réfugié » (l. 4), « pris au piège » (l. 5) : expliquez la contradiction entre ces deux termes.

3. Relisez le dernier paragraphe : en quoi New York se transforme-t-elle la nuit ? Relevez la métaphore filée.

BILAN **4** Comparez le début et la fin de la phrase soulignée : quel aspect de New York Albert Camus montre-t-il ?

Tisser des liens entre littérature et peinture

Pourquoi Albert Camus pourrait-il faire penser à l'un des personnages du tableau d'Edward Hopper ?
Rédigez votre réponse en un paragraphe dans lequel vous citerez précisément le texte et ferez référence à des éléments du tableau.

Edward Hopper, *Nighthawks*, 1942 (84 x 152 cm), Art Institute of Chicago Building, Chicago (États-Unis).

Texte écho Une ville de pierre et de métal

À NEW YORK

(pour un orchestre de jazz : solo de trompette)

New York ! D'abord j'ai été confondu par ta beauté,
ces grandes filles d'or aux jambes longues.
Si timide d'abord devant tes yeux de métal bleu, ton sourire
de givre
Si timide. Et l'angoisse au fond des rues à gratte-ciel
Levant des yeux de chouette parmi l'éclipse du soleil.
Sulfureuse[1] ta lumière et les fûts[2] livides, dont les têtes foudroient le ciel
Les gratte-ciel qui défient les cyclones sur leurs muscles
d'acier et leur peau patinée[3] de pierres.
Mais quinze jours sur les trottoirs chauves de Manhattan
– C'est au bout de la troisième semaine que vous saisit la
fièvre en un bond de jaguar
Quinze jours sans un puits ni pâturage, tous les oiseaux de
l'air
Tombant soudain et morts sous les hautes cendres des
terrasses. […]

Léopold Sédar Senghor, *Éthiopiques*, 1956, in L. S. Senghor, Œuvre poétique, © Éditions du Seuil, 1990.

1. **sulfureuse** : jaune. 2. **fûts** : colonnes.
3. **patinée** : vieillie par le temps et les intempéries.

Percevoir les émotions du poète

1. Que ressent le poète en arrivant à New York ? Quelle répétition le montre ?
2. Que signifie « chauves » (l. 11) : que manque-t-il à ce paysage pour ce poète ?
3. Comment comprenez-vous l'expression « la fièvre en un bond de jaguar » (l. 13) ? Pourquoi le poète est-il saisi de fièvre selon vous ?
4. Relisez les passages surlignés. Dans le texte d'Albert Camus (p. 234), trouvez des expressions qui y font directement écho.

BILAN 5 Montrez que Léopold Sédar Senghor personnifie New York. Pourquoi la personnification n'est-elle utilisée que dans les six premiers vers ?

Mettre un poème en voix

- Pour préparer la mise en voix de ce poème, vous allez annoter les passages à mettre en relief.
- Recopiez le poème ou téléchargez-le à l'adresse :

ACTIVITÉ + lienmini.fr/jdl4-T503

- Surlignez, en adoptant un code de couleurs :
  – les anaphores ;
  – le vers qui marque une rupture ;
  – les mots qui font particulièrement entendre les émotions du poète.
- Marquez les pauses qui vous semblent nécessaires avec le signe /, et les enchainements plus rapides avec le signe ◊.
- Entrainez-vous à dire le poème en suivant vos indications.
- L. S. Senghor indique que le poème est écrit « pour un orchestre de jazz » : choisissez sur Internet un morceau de jazz des années 1950, puis enregistrez votre lecture sur ce fond musical.

Le trompettiste de jazz Miles Davis, novembre 1956.

Le savez-vous ?

Le jazz est né à la Nouvelle-Orléans au début du xxe siècle. Puis c'est à New York, en particulier dans le quartier de Harlem, que ce nouveau genre musical se développe dans les années 1930. De nombreux musiciens de jazz, tels **Duke Ellington ou Louis Armstrong, célèbrent New York** dans leurs compositions.

Texte 4 Une ville debout

Après avoir vécu l'horreur de la guerre et l'exploitation coloniale, Bardamu est vendu comme galérien sur un bateau espagnol en partance pour l'Amérique. Il débarque à New York avec ses compagnons.

Pour une surprise, c'en fut une. À travers la brume, c'était tellement étonnant ce qu'on découvrait soudain que nous nous refusâmes d'abord à y croire et puis tout de même quand nous fûmes en plein devant les choses, tout galérien qu'on était on s'est mis à bien rigoler, en voyant ça, droit devant nous…

Figurez-vous qu'elle était debout leur ville, absolument droite. New York c'est une ville debout. On en avait déjà vu nous des villes bien sûr, et des belles encore, et des ports et des fameux mêmes. Mais chez nous, n'est-ce pas, elles sont couchées les villes, au bord de la mer ou sur les fleuves, elles s'allongent sur le paysage, elles attendent le voyageur, tandis que celle-là l'Américaine, elle ne se pâmait pas, non, elle se tenait bien raide, […] raide à faire peur. […]

J'aurais peut-être pu essayer comme d'autres l'avaient déjà réussi, de traverser le port à la nage et puis une fois à quai de me mettre à crier : « Vive Dollar ! Vive Dollar ! » C'est un truc. Y a bien des gens qui sont débarqués de cette façon-là et qui après ça ont fait des fortunes. C'est pas sûr, ça se raconte seulement.

Louis-Ferdinand Céline, *Voyage au bout de la nuit*, 1932, © Éditions Gallimard.

Arman, *Manhattan*, accumulation de limes (39 x 23 x 14,5 cm), 1963.

Percevoir l'intention de l'auteur

Dans cet extrait, L.-F. Céline souhaite-t-il surprendre ? faire rire ? émouvoir ? Partagez vos réponses avec la classe et argumentez-les.

▸ Saisir les impressions produites par la ville

1. Quels sont les mots et expressions qui montrent la surprise de Bardamu et des autres galériens ?

2. Pourquoi selon vous Bardamu et ses compagnons de galère se mettent-ils à rire ?

3. Bardamu croit-il au mythe du *self-made-man* ? Justifiez votre réponse.

BILAN **4** Quelle particularité de l'architecture new-yorkaise les étonne tant ? Montrez, en faisant des relevés précis, que New York s'oppose visuellement aux villes qu'ils connaissent.

Le savez-vous ?

Self-made-man est une expression que l'on peut traduire par « homme qui s'est fait tout seul ». On l'utilise pour désigner ceux qui sont partis de rien et qui ne doivent leur réussite sociale et professionnelle qu'à leur mérite.

▸ Tisser des liens entre littérature et sculpture

1. Dans la sculpture d'Arman, comment les limes sont-elles disposées ? Que représentent-elles ?

2. Pourquoi l'artiste a-t-il choisi le métal comme matériau principal ?

3. Quelle expression du texte de Céline pourrait accompagner cette sculpture ?

Méthode

Écrire la première page d'un roman

Les premières pages d'un roman sont appelées « incipit ».

Un incipit sert à :		**Comment construire un incipit ?**
▸ planter le décor ;	→	▸ insérer des passages descriptifs ;
▸ faire entrer le lecteur dans l'histoire en créant une ambiance ou avec une scène marquante ;	→	▸ penser aux dialogues et choisir un point de vue ;
▸ attirer l'attention du lecteur et aiguiser sa curiosité.	→	▸ amener le lecteur à se poser des questions sur ce qui va se passer ensuite.

Exemple : incipit du roman d'Edith Wharton, *Le Temps de l'innocence* (1920) :

époque et moment de la journée →

lieu →

informations concernant le personnage principal : identité, âge, milieu familial et social →

intrigue : que va-t-il se passer entre Newland Archer et la jeune fille ? →

Un soir de janvier 187., Christine Nilsson chantait la Marguerite de *Faust* à l'Académie de musique de New York. […]

Quand Newland Archer ouvrit la porte de la loge réservée à son cercle, le rideau venait de se lever sur la scène du jardin. Le jeune homme aurait pu arriver plus tôt, car il avait dîné à sept heures, seul avec sa mère et sa sœur, et avait lentement fumé son cigare dans la bibliothèque aux meubles gothiques, la seule pièce où Mrs Archer permettait qu'on fumât. Il s'était attardé, d'abord, parce que New York n'était pas une de ces villes de second rang où l'on arrive à l'heure à l'Opéra, – et ce « qui se fait » ou « ne se fait pas » jouait un rôle aussi important dans la vie de Newland Archer que les terreurs superstitieuses dans les destinées de ses aïeux, des milliers d'années auparavant. […]

Newland Archer détourna les yeux de la scène pour les plonger dans la loge d'en face. C'était celle de la vieille Mrs Manson Mingott, qu'une monstrueuse obésité empêchait depuis longtemps de se rendre à l'Opéra, mais qui s'y faisait toujours représenter, les jours de première, par quelques personnes de sa famille. Ce soir-là, le devant de la loge était occupé par sa belle-fille, Mrs Lovell Mingott, et par sa nièce, Mrs Welland ; et un peu en arrière des matrones embrocardées était assise une jeune fille en toilette blanche, dont les yeux extasiés ne quittaient pas les amants sur la scène.

Edith Wharton, *Le Temps de l'innocence*, 1920.

Écrire la première page d'un roman

Vous allez écrire la première page d'un roman dont le personnage principal arrive à New York.

Consignes d'écriture

Avant de commencer à rédiger, livrez-vous au travail de recherche et de réflexion que mène un romancier. Aidez-vous de la Méthode ci-dessus.

1. Définissez le plus précisément possible ce qui caractérise votre personnage : qui est-il (âge, métier, nationalité, etc.) ? Pourquoi se rend-il à New York ?

2. À quelle époque et dans quel quartier de New York cette première scène se déroule-t-elle ? Vous pouvez la situer :

– historiquement, en faisant par exemple référence au président des États-Unis ;

– géographiquement, en évoquant un monument, une station de métro.

Dossier Le Paris des photographes

pistes EPI

C'est à Paris qu'est née la photographie : en 1837, un inventeur parisien, **Louis Daguerre**, parvient, grâce à une réaction chimique complexe, à fixer sur une plaque métallique le reflet de la réalité. L'un des premiers paysages que Louis Daguerre immortalise grâce à son nouveau procédé est une rue de Paris : **Paris a donc vraiment été le berceau de la photographie**.

Louis Daguerre, *Paris, boulevard du temple*, 1838, daguerréotype.

Découvrir la première prise de vue

Voici la toute première photographie de Paris, prise par Louis Daguerre en 1838. Le temps d'exposition de la pellicule a duré plus d'une heure.

- **Sur cette photographie, on voit une seule silhouette humaine : la voyez-vous ?**
- **D'après l'explication ci-dessus, pourquoi les autres passants n'apparaissent-ils pas ?**

Par la suite, le procédé de Daguerre s'est beaucoup développé et s'est répandu partout dans le monde : cependant la ville de Paris est restée une source d'inspiration privilégiée pour les photographes.

Paris ancien, Paris moderne

La photographie est un art relativement récent, puisqu'elle s'est développée à partir du milieu du XIXe siècle. Ainsi, le développement de la photographie a accompagné les grandes transformations qui ont touché Paris en lien avec l'industrialisation. C'est pourquoi les photographes ont souvent cherché à montrer les changements survenus dans Paris, en prenant la même photographie à plusieurs mois ou plusieurs années d'intervalle.

« Le vieux Paris n'est plus (la [forme d'une ville
Change plus vite, hélas ! que le [cœur d'un mortel) »

Charles Baudelaire, « Le Cygne », *Tableaux parisiens*, 1861.

Comparer trois vues d'un même lieu

Les deux photographies suivantes ont été prises exactement au même endroit, devant l'église Saint-Séverin, à 15 ans d'intervalle.

- **Observez les deux photographies et dites tout ce qui a disparu en 15 ans. Voit-on encore des traces des anciennes maisons sur la deuxième photographie ?**
- **En observant ces deux photographies, comprenez-vous mieux les vers de Charles Baudelaire ?**

Eugène Atget, côté est de l'église Saint-Séverin (Ve arrondissement), avant les démolitions, vers 1899.

Eugène Atget, église Saint-Séverin après la démolition des vieilles maisons, aout 1914.

2016

Théophile Féau, la construction de la tour Eiffel, vue du palais du Trocadéro, 1887-1889.

Voir se construire la tour Eiffel

Les photographies ci-dessus ont été prises entre le 8 octobre 1887 et le 2 avril 1889.

▸ **En les observant, imaginez à quelle vitesse la ville de Paris évoluait à la fin du XIXe siècle.**

Le quartier de la Défense et l'avenue de la Grande-Armée vus depuis l'Arc de triomphe.

Analyser les différents plans d'une photographie

▸ **Que voyez-vous au fond de cette photographie ?**

▸ **Que voyez-vous au premier plan ?**

▸ **Comment cette photo montre-t-elle la coexistence du vieux et du nouveau Paris ?**

Henri de Miller, *Écoute,* 1986, sculpture située devant l'église Saint-Eustache (Ier arrondissement).

Voir coexister deux formes d'art

Sur cette photographie, vous pouvez voir une œuvre d'art moderne, *Écoute*, d'Henri de Miller, faite en 1986 et placée devant l'église Saint-Eustache, une église du XIIIe siècle.

▸ **Quel effet le rapprochement de ces deux œuvres, l'église et la sculpture, produit-il ?**

Le Paris des photographes

Erwin Blumenfeld, *Sur la Tour Eiffel*, 1939.
Modèle : Lisa Fonssagrives ; robe par Lucien Lelong.

Paris et ses symboles

La ville de Paris est fortement associée à quelques monuments, comme la **Tour Eiffel**, qui en sont comme les symboles : dès qu'on les voit, on sait qu'il est question de Paris. Les photographes ont souvent essayé de renouveler l'image de Paris, tout en faisant référence à ces images très célèbres.

La tour Eiffel

- **Quels sont les détails qui nous font comprendre qu'il s'agit de la tour Eiffel ?**
- **Comment la jeune femme se tient-elle sur la tour ? Quel sentiment sa posture inspire-t-elle ?**

La mode

- **Quel est le métier habituel de C. Deneuve ? Est-ce celui qu'elle exerce sur la photographie ?**
- **Quel type de vêtement porte-t-elle ? Est-ce qu'en 1966 les femmes avaient l'habitude de s'habiller ainsi ?**
- **Pourquoi peut-on dire qu'à partir de cette photographie Paris apparait comme la ville du cinéma, de la mode et de la libération de la femme ?**

Yves Saint Laurent et **Catherine Deneuve** portant le smoking créé par le couturier le jour de l'inauguration de la première boutique de prêt-à-porter SAINT LAURENT *rive gauche* à Paris, en 1966.

Photogramme du film *Paris*, **de Raymond Depardon**, 1998.

La vie quotidienne

- **Où cette scène se passe-t-elle ? Est-ce dans un lieu touristique de la capitale ? Quel aspect de Paris est montré sur cette image ?**
- **Quelle impression se dégage de la scène ? Quelle est, selon vous, la cause de cette impression ?**
- **Pourquoi est-ce que la longue rame de RER peut être considérée comme un symbole de Paris ?**

Selon quels critères certains objets ou certaines personnalités peuvent-ils devenir symboles de Paris ? Comment est-ce que les photographes choisissent de représenter ces symboles ?

Les divertissements de Paris

Soirée à l'Opéra de Paris.

Paul Almasy, les quais de Seine à Paris, 1955.

Se distraire à Paris

- **Regardez les deux photographies : quels en sont les points communs ? Quelles en sont les différences ?**
- **Quelle est, selon vous, l'atmosphère qui se dégage de chaque photographie ?**

À partir des photographies observées, trouvez trois adjectifs pour qualifier Paris, en justifiant chacun de vos choix.

Découvrir le luxe parisien

- **Observez le personnage central : comment pouvez-vous qualifier la tenue de cette jeune femme ? Devant quelle vitrine se trouve-t-elle ?**
- **Observez maintenant le personnage à gauche. Est-il montré en entier ? Pourquoi selon vous ? Quel est son rôle ?**

Jean-Philippe Charbonnier, Bettina posant place Vendôme à Paris, 1953.

PARCOURS un thème

Paris, ville d'ombre, ville de lumière

Lionello Balestrieri, *Femme dans une rue de Paris, la nuit*, XXe siècle, huile sur toile (54 x 73 cm), coll. privée.

Texte 1 Paris sous l'orage

Ce texte est l'incipit du roman de Zola L'Œuvre.

Claude passait devant l'Hôtel-de-Ville, et deux heures du matin sonnaient à l'horloge, quand l'orage éclata. Il s'était oublié à rôder dans les Halles, par cette nuit brûlante de juillet, en artiste flâneur, amoureux du Paris nocturne. Brusquement, les gouttes tombèrent si larges, si drues, qu'il prit sa course, galopa dégingandé, éperdu, le long du quai de la Grève. Mais, au pont Louis-Philippe, une colère de son essoufflement l'arrêta : il trouvait imbécile cette peur de l'eau ; et, dans les ténèbres épaisses, sous le cinglement de l'averse qui noyait les becs de gaz, il traversa lentement le pont, les mains ballantes.

Du reste, Claude n'avait plus que quelques pas à faire. Comme il tournait sur le quai de Bourbon, dans l'île Saint-Louis, un vif éclair illumina la ligne droite et plate des vieux hôtels rangés devant la Seine, au bord de l'étroite chaussée. La réverbération alluma les vitres des hautes fenêtres sans persiennes, on vit le grand air triste des antiques façades, avec des détails très nets, un balcon de pierre, une rampe de terrasse, la guirlande sculptée d'un fronton. C'était là que le peintre avait son atelier, dans les combles de l'ancien hôtel du Martoy, à l'angle de la rue de la Femme-sans-Tête. Le quai entrevu était aussitôt retombé aux ténèbres, et un formidable coup de tonnerre avait ébranlé le quartier endormi.

Arrivé devant sa porte, une vieille porte ronde et basse, bardée de fer, Claude, aveuglé par la pluie, tâtonna pour tirer le bouton de la sonnette ; et sa surprise fut extrême, il eut un tressaillement en rencontrant dans l'encoignure, collé contre le bois, un corps vivant. Puis, à la brusque lueur d'un second éclair, il aperçut une grande jeune fille, vêtue de noir, et déjà trempée, qui grelottait de peur. Lorsque le coup de tonnerre les eut secoués tous les deux, il s'écria :

– Ah bien ! si je m'attendais… Qui êtes-vous ? que voulez-vous ?

Il ne la voyait plus, il l'entendait seulement sangloter et bégayer :

– Oh ! monsieur, ne me faites pas du mal… C'est le cocher que j'ai pris à la gare, et qui m'a abandonnée près de cette porte, en me brutalisant… Oui, un train a déraillé, du côté de Nevers. Nous avons eu quatre heures de retard, je n'ai plus trouvé la personne qui devait m'attendre… Mon Dieu ! c'est la première fois que je viens à Paris, monsieur, je ne sais pas où je suis…

Un éclair éblouissant lui coupa la parole ; et ses yeux dilatés parcoururent avec effarement ce coin de ville inconnue, l'apparition violâtre d'une cité fantastique. La pluie avait cessé. De l'autre côté de la Seine, le quai des Ormes alignait ses petites maisons grises, bariolées en bas par les

Se repérer dans l'espace

Menez une enquête pour localiser la rue de la Femme-sans-tête (l. 21).

Biographie

Émile Zola (1840-1902)

➡ p. 144-155

boiseries des boutiques, découpant en haut leurs toitures inégales ; tandis que l'horizon élargi s'éclairait, à gauche, jusqu'aux ardoises bleues des combles de l'Hôtel-de-Ville, à droite jusqu'à la coupole plombée de Saint-Paul. Mais ce qui la suffoquait surtout, c'était l'encaissement de la rivière, la fosse profonde où la Seine coulait à cet endroit, noirâtre, des lourdes piles du pont Marie aux arches légères du nouveau pont Louis-Philippe. D'étranges masses peuplaient l'eau, une flottille dormante de canots et d'yoles, un bateau-lavoir et une dragueuse, amarrés au quai ; puis, là-bas, contre l'autre berge, des péniches pleines de charbon, des chalands chargés de meulière, dominés par le bras gigantesque d'une grue de fonte. Tout disparut.

Émile Zola, *L'Œuvre*, 1886.

▸ *Étudier un dispositif de description original*

Entrer dans la lecture. Repérez tous les noms propres qui désignent des lieux dans ce passage : la description de Paris que fait le narrateur est-elle précise ? Vous pouvez comparer les noms trouvés dans le texte avec les informations données par une carte de Paris.

1. Quel est le métier de Claude ? Quels sont ses sentiments envers la ville de Paris ? Comment réagit-il quand l'orage éclate ?

2. Repérez les deux paragraphes dans lesquels la ville est décrite. Quelle raison particulière fait qu'elle est éclairée ?

3. Comparez la brièveté de l'instant lumineux et la longueur de la description.

4. Par quelle expression le personnage féminin est-il nommé pour la première fois ? Expliquez pourquoi le narrateur emploie cette expression.

5. Quelles sont les couleurs évoquées dans les deux paragraphes de description ? De quel son s'accompagne la vision que les personnages ont de Paris ?

6. Quel effet produisent ces différentes impressions sur le personnage féminin ? Citez le texte à l'appui de votre réponse.

BILAN **7** Cette description de Paris détaillée en un éclair donne-t-elle de Paris une vision réaliste ou fantastique ? Justifiez votre réponse.

Paris de nuit : l'Hôtel de Ville et le pont d'Arcole sur la Seine, carte postale, 1907.

PARCOURS un thème

Texte 2 Paris criminel

L'inspecteur Adamsberg traque un mystérieux tueur en série, qui sème la panique à Paris en faisant croire qu'il inocule la peste à ses victimes. Avec le lieutenant Estalère et le lieutenant Retancourt, qui est une femme, il suit, dans une voiture banalisée, le taxi d'un jeune homme suspect.

Le taxi avait déposé le jeune homme le long du canal Saint-Martin, sur une portion déserte du quai de Jemmapes.

– Un coin tranquille, c'est le moins qu'on puisse dire, murmura Adamsberg.

– Il attend que le taxi s'en aille avant d'aller chez lui, commenta Retancourt. Prudent, le surhomme. À mon avis, il n'a pas donné l'adresse exacte. Il va marcher.

– Suivez feux éteints, lieutenant, dit Adamsberg, alors que le jeune homme se remettait en route. Suivez. Stop. […]

– Le jeune homme ne bouge plus. Il attend près du canal. Qu'est-ce qu'il glande ? Il dort là ou quoi ?

Adamsberg prit quelques instants pour analyser les lieux, se penchant entre les deux lieutenants.

– Je sors, dit-il. Je me mets au plus près, derrière le panneau publicitaire.

– Où il y a cette tasse de café ? demanda Retancourt. *Et mourir de plaisir ?* Ce n'est pas encourageant, comme planque.

– C'est vrai que vous avez de bons yeux, lieutenant.

– Quand je veux. Je peux même vous dire qu'il y a un tas de gravillons tout autour. Ça va faire du bruit. Le surhomme allume une clope. Je crois qu'il attend quelqu'un.

– Ou qu'il prend le frais, ou qu'il réfléchit. Placez-vous tous les deux à quarante pas derrière moi, à moins dix et dix[1].

Adamsberg descendit de voiture silencieusement et s'approcha de la fine silhouette qui attendait au bord de l'eau. À trente mètres, il ôta ses chaussures, traversa pas à pas la plaque de graviers et se colla derrière *Et mourir de plaisir*. On distinguait mal le canal dans ce secteur presque noir. Adamsberg leva la tête et constata que les trois réverbères les plus proches étaient cassés, les verres brisés. Peut-être que le gars n'allait pas simplement prendre le frais. Le jeune homme jeta sa cigarette à l'eau puis fit craquer ses doigts en tirant dessus, une main, puis l'autre, en surveillant le quai sur son côté gauche. Adamsberg guetta dans la même direction. Une ombre s'approcha au loin, grande, maigre, et hésitante. Un homme, un vieux, qui faisait attention où il mettait les pieds. Un quatrième Journot[2] ? Un oncle ? Un grand-oncle ?

Photogramme du film *Pars vite et reviens tard*, de **Régis Wargnier**, 2007, avec José Garcia (commissaire Adamsberg).

En parvenant à la hauteur du jeune homme, le vieux s'arrêta dans l'obscurité, indécis.

– C'est vous ? demanda-t-il.

Il reçut un puissant direct à la mâchoire suivi d'un coup au plexus et s'effondra comme un château de cartes.

Adamsberg traversa en courant l'espace qui le séparait du quai, alors que le jeune homme balançait le corps inanimé dans le canal. Le pas de la course d'Adamsberg le fit se retourner et il prit la fuite en une fraction de seconde.

– Estalère ! Sur lui ! cria Adamsberg avant de plonger dans le canal, où le corps du vieux flottait sans se débattre. En quelques brasses, Adamsberg le tira vers la berge, où Estalère lui tendait la main.

– Merde, Estalère ! cria Adamsberg. Le type ! Foncez sur le type !

– Retancourt est dessus, expliqua Estalère comme s'il avait lâché ses chiens.

Fred Vargas, *Pars vite et reviens tard,*

1. **à moins dix et à dix :** les policiers ont l'habitude de désigner les directions de cette façon, en se référant au cadran d'une horloge. « À moins dix » veut dire « légèrement à gauche », « à dix » veut dire « légèrement à droite ».
2. Le commissaire soupçonne que les meurtres sont commis par plusieurs membres d'une même famille, la famille Journot.

Étudier une scène d'action, tirée d'un roman policier

Entrer dans la lecture. Relevez tous les éléments qui montrent que l'action se passe bien à Paris.

1. Au début du texte, qu'est-ce qui montre que les policiers ne comprennent pas très bien ce que fait le jeune homme ? Quel effet produit cette indécision sur le lecteur ?

2. Quelle est l'ambiance de la conversation entre les trois policiers au début du texte ? Citez le texte à l'appui de votre réponse.

3. Quel élément indique à Adamsberg que la situation est sans doute plus périlleuse qu'il ne le pensait ?

4. Relevez tous les termes qui expriment l'obscurité dans le texte. Quel rôle joue cette obscurité dans le récit ?

5. Comment la victime est-elle nommée pour la première fois dans le texte ? Pourquoi peut-on dire que le moment de l'arrivée de la victime est le moment où le suspense est le plus fort ?

6. Adamsberg s'attendait-il à ce que le jeune homme se conduise de cette façon ? Justifiez votre réponse.

7. Comparez le nombre d'évènements qui se produisent aux lignes 54 (« Il reçut ») à 68 et dans tout le reste du texte. Qu'en concluez-vous ?

BILAN **8** Montrez comment le narrateur crée le suspense dans ce texte.

Biographie

Fred Vargas
(née en 1957)
De son vrai nom Frédérique Audoin-Rouzeau, Fred Vargas est une auteure contemporaine de romans policiers. Elle est la fille d'un écrivain, Philippe Audoin, la sœur d'un historien, Stéphane Audoin-Rouzeau et d'une peintre, Jo Vargas. Elle-même est titulaire d'un doctorat en histoire sur la peste au Moyen Âge.

CINEMA — Régis Wargnier, *Pars vite et reviens tard*

VIDEO
Visionnez un extrait du film en saisissant cette adresse.
lienmini.fr/jdl4-T504

Réalisation : Régis Wargnier

Interprétation :
Commissaire Adamsberg : José Garcia
Danglard : Lucas Belvaux
Hervé Decambrais : Michel Serrault

Distribution : Gaumont, 2007

SYNOPSIS : À Paris, Joss, crieur de profession, déclame pour les habitants leurs petits annonces… et de mystérieux messages en ancien français. Pendant ce temps, le commissaire Adamsberg reçoit une femme s'inquiétant de l'apparition de dessins énigmatiques sur les treize portes de son immeuble. Entre ces messages et ces dessins : cinq morts par strangulation, recouverts de charbon de bois. La presse s'empare de l'évènement ; s'installe alors la peur de la peste noire…

Photogramme 1

Photogramme 2

Photogramme 3

Photogramme 4

Biographie

Patrick Modiano

(né en 1945)

Patrick Modiano est un écrivain contemporain. Il a reçu de nombreux prix littéraires pour son œuvre, notamment le grand prix du roman de l'Académie française, le prix Goncourt et, en 2014, le prix Nobel de littérature. Le thème de la mémoire est très important dans son œuvre. La ville de Paris y joue aussi un rôle essentiel. Modiano cherche à reconstituer le Paris des années 1940 et 1950.

Texte 3 Un amour mystérieux

Le narrateur raconte comment, dans sa jeunesse, il s'est lié avec une jeune femme mystérieuse, Dannie, dont il ne savait presque rien, sinon qu'elle fréquentait des types louches. D'ailleurs, quelque temps plus tard, il sera interrogé par un inspecteur, Langlais, à propos de cette relation.

« Elle m'a entraîné au débouché de la rue Monsieur-le-Prince et nous nous sommes retrouvés devant le zinc[1] en arc de cercle, aux mêmes places qu'ils occupaient l'autre nuit, elle et Aghamouri[2]. Elle était assise sur le tabouret, et moi, debout. Nous étions serrés l'un contre l'autre à cause des nombreux consommateurs qui se pressaient devant le zinc. La lumière était si vive que je clignais des yeux, et nous ne pouvions pas nous parler tant le brouhaha était fort autour de nous. Puis ils sont partis les uns après les autres. Tout au fond, il ne restait qu'un client, affalé sur le zinc, et l'on ne savait pas s'il était ivre ou simplement endormi. La lumière était toujours aussi blanche, aussi forte, mais j'avais l'impression que son champ s'était rétréci et qu'un seul projecteur était fixé sur nous. Quand nous sommes sortis à l'air libre, par contraste tout était plongé dans une obscurité de black-out, et j'étais soulagé comme un papillon qui échappe à l'attraction et à la brûlure de la lampe.

Il était environ deux ou trois heures du matin. Elle m'a dit que souvent elle manquait le dernier métro à la gare du Luxembourg et que c'était à cause de cela qu'elle avait repéré ce café qu'elle appelait « le 66 », le seul du quartier ouvert toute la nuit. Quelque temps après avoir été interrogé par ce Langlais, je marchais, très tard, vers le haut du boulevard Saint-Michel et j'avais vu de loin un panier à salade[3] garé sur le trottoir et cachant la vitre trop éclairée du « 66 ». On y faisait monter les clients. Oui, c'était bien cela que j'avais ressenti devant ce zinc avec Dannie. Des papillons éblouis et englués dans la lumière, avant une rafle. Je crois même que j'avais prononcé le mot « rafle » à son oreille, et elle avait souri.

Il y avait ainsi, à cette époque, à Paris, la nuit, des points trop lumineux qui servaient de piège et je tâchais de les éviter. Quand j'y échouais, au milieu d'étranges consommateurs, j'étais sur le qui-vive et j'essayais même de repérer les sorties de secours. « Tu te crois à Pigalle », m'a-t-elle dit. Et j'étais étonné d'entendre le mot « Pigalle » prononcé dans sa bouche avec une certaine familiarité. Dehors nous longions les grilles du jardin du Luxembourg. J'ai répété le mot « Pigalle » et j'ai éclaté de rire. Elle aussi. Tout était silencieux autour de nous. À travers les grilles nous parvenait le bruissement des arbres. La gare du Luxembourg était fermée, et il faudrait attendre jusqu'à six heures pour prendre le premier métro. Là-bas, on avait éteint la lumière du « 66 ». Nous pouvions rentrer à pied, et j'étais prêt à affronter avec elle la longue et sinistre rue de la Santé.

La place Pigalle à Paris, vue de nuit, 1968.

Denis Truchi, *Café Mimosa,* 2003, acrylique sur toile (61 x 50 cm), coll. privée.

Sur le chemin nous cherchions un raccourci et nous nous sommes égarés dans les petites rues autour du Val-de-Grâce. Le silence était encore plus profond, et nous entendions le bruit de nos pas. Je me suis demandé si nous n'étions pas loin de Paris, dans une ville de province : Angers, Vendôme, Saumur, ces noms de ville que je ne connaissais pas et dont les rues calmes ressemblaient à la rue du Val-de-Grâce, au bout de laquelle une grande grille protégeait un jardin. »

Patrick Modiano, *L'Herbe des nuits,*

Exprimer son avis

Selon vous, quel document illustre le mieux le texte ? Pourquoi ?

1. **le zinc :** le comptoir. Les deux personnages sont dans un bar.
2. **Aghamouri :** c'est l'un des types louches que fréquente Dannie.
3. **un panier à salade :** fourgon de policiers.

Étudier une description énigmatique

Entrer dans la lecture. Quelles sont les différentes époques évoquées dans le texte ?

1. Qu'est-ce qui cause le malaise du narrateur dans le premier paragraphe ? Étudiez le contraste entre l'intérieur du bar et la rue.

2. Expliquez l'image des « papillons », dans les deux premiers paragraphes.

3. Comment le narrateur exprime-t-il ses craintes à Dannie ? Sont-elles prises au sérieux par la jeune femme ? Qu'est-ce qui le montre ?

4. Pourquoi le narrateur est-il intrigué par la façon dont Dannie prononce le mot « Pigalle » ?

5. Qu'est-ce qui montre le lien qui unit le narrateur et Dannie ? Tâchez de trouver un terme qui définisse précisément ce lien.

6. Dans le dernier paragraphe, pourquoi le narrateur s'imagine subitement être dans une ville de province ? Que révèle cette impression ?

BILAN **7** Montrez que, dans ce texte, c'est la lumière qui crée une impression de danger et l'ombre, une impression de sécurité.

Manifestation populaire pour la Victoire, camion américain GMC, 8 mai 1945, Paris. Photographie colorisée.

Biographie

Louis Aragon (1897-1982)

➡ p. 46

Texte 4 Paris comme source d'espoir

Voici l'un des nombreux poèmes que Louis Aragon a dédiés à la capitale.

PARIS

Où fait-il bon même au cœur de l'orage
Où fait-il clair même au cœur de la nuit
L'air est alcool et le malheur courage
Carreaux cassés l'espoir encore y luit
Et les chansons montent des murs détruits

Jamais éteint renaissant de la braise
Perpétuel brûlot de la patrie
Du Point-du-Jour jusqu'au Père-Lachaise
Ce doux rosier au mois d'août refleuri
Gens de partout c'est le sang de Paris

Rien n'a l'éclat de Paris dans la poudre
Rien n'est si pur que son front d'insurgé
Rien n'est si fort ni le feu ni la foudre
Que mon Paris défiant les dangers
Rien n'est si beau que ce Paris que j'ai

Rien ne m'a fait jamais battre le cœur
Rien ne m'a fait ainsi rire et pleurer
Comme ce cri de mon peuple vainqueur
Rien n'est si grand qu'un linceul déchiré
Paris Paris soi-même libéré

Louis Aragon, *La Diane française,* © Éditions Seghers, 1944.

Comprendre le chant d'amour du poète pour sa ville

1. Faites un lien entre le dernier vers et la date du poème. Quel grand évènement le poète célèbre-t-il dans ce poème ? Repérez dans le texte une autre indication temporelle qui y fait allusion.

2. Relisez le vers 6 en lien avec le vers 19 : comment le poète présente-t-il l'évènement que connait Paris ?

3. Relevez les anaphores que contient le poème. Quels adjectifs sont mis en valeur par ces anaphores ? Quelle image donnent-ils de Paris ?

BILAN **4** Au vers 15, le poète emploie l'expression « ce Paris que j'ai » : essayez de définir les liens qui unissent le poète à la ville, tels qu'ils se révèlent dans le poème.

Décrire une promenade dans Paris la nuit

Votre récit tiendra compte de la lumière particulière, des différents types d'éclairage que connait la capitale durant la nuit. Vous devrez aussi choisir des personnages et des évènements qui conviennent à l'heure tardive à laquelle se passe votre récit.

Décrire un lieu de Paris qui incarne pour vous la modernité

Ce peut être une rue particulièrement fréquentée, une grande gare, un immeuble ou tout un quartier.

Consignes d'écriture

1. La description devra être organisée : le regard devra suivre une direction cohérente, de bas en haut par exemple, ou du premier au second plan.

2. Le lecteur devra clairement comprendre ce que vous ressentez en regardant l'objet, si vous le trouvez beau ou laid, si vous l'admirez ou si vous le détestez, si vous vous sentez bien devant lui ou si vous en avez peur.

3. Vous ne devez pas négligez les circonstances temporelles, c'est-à-dire le moment de la journée par exemple ou la saison.

Synthèse Paris, ville d'ombre et de lumière

- La ville de Paris a souvent été représentée dans la littérature comme une succession de zones d'ombre et de zones lumineuses : les auteurs, pour décrire la capitale, ont ainsi emprunté à la peinture la **technique du clair-obscur**.
- C'est le cas de Zola notamment, qui, en décrivant Paris un soir d'orage, parvient à créer un **contraste saisissant** entre la lumière éclatante de l'éclair et les ténèbres. Modiano quant à lui oppose l'éclairage artificiel et agressif des bars à l'obscurité accueillante de la nuit.
- **Le roman policier** a beaucoup tiré parti lui aussi **des jeux d'ombre** qui caractérisent les nuits de Paris pour créer une ambiance inquiétante, renforcer le suspense.
- L'opposition entre l'ombre et la lumière semble d'ailleurs si caractéristique de la capitale que même aujourd'hui, alors que la photographie couleur existe depuis longtemps, les photographes continuent à préférer les clichés en noir et blanc pour représenter Paris.
- Cette opposition ne caractérise pas seulement l'aspect extérieur de Paris : comme le rappelle le poème d'Aragon, **l'histoire de Paris** contient des périodes particulièrement sombres, des périodes de deuil, toujours suivies par **un retour de la lumière et une renaissance.**

lienmini.fr/jdl4-T505 VIDÉO

Comprendre une interview

Visionnez l'interview et répondez aux questions suivantes.

1. Quelle est la « catastrophe naturelle » dont parle Jérôme Mesnager ? ▸ ①

2. Quelle est la fonction de l'artiste de rue selon lui ? ▸ ①

3. Comment J. Mesnager explique-t-il la forme particulière qu'il a choisie pour ses personnages ? ▸ ②

4. Que symbolisent pour lui les bras levés, la ronde peinte sur le mur de Ménilmontant ? ▸ ②

Jérôme Mesnager, fresque rue des Hospitalières Saint-Gervais, à Paris, 2008. Photographie de Gérard Faure.

Dossier Venise en peinture

pistes EPI

La photographie étant récente, le seul moyen qu'avaient les voyageurs de garder une trace de leur séjour était sous forme de tableau.

Les « vedute »

Antonio Canal, dit **Canaletto**, est un peintre vénitien du XVIIIe siècle, célèbre pour ses vues de Venise, les *vedute*. Ses œuvres répondaient souvent aux commandes de riches touristes qui souhaitaient pouvoir montrer et revoir les lieux qu'ils avaient visités.

« Ce qui fait Venise absolument sans égale, c'est la Peinture. »

Guy de Maupassant, « Venise », article publié dans *Gil Blas*, 5 mai 1885.

Canaletto, *Le Grand Canal depuis l'église de la Salute*, XVIIIe siècle, huile sur toile (49,6 x 73,6 cm), musée des Beaux-Arts de Houston (États-Unis).

Savez-vous observer ?

- **Vers quels éléments du tableau votre regard s'est-il d'abord porté ?**
- **Observez les personnages présents sur la toile. Comment Canaletto parvient-il à restituer la vie à Venise ?**
- **À votre avis, d'où le peintre observe-t-il la scène ?**

Canaletto, dessin de la façade du palais Foscari, vers 1758.

Découvrez le travail de Canaletto

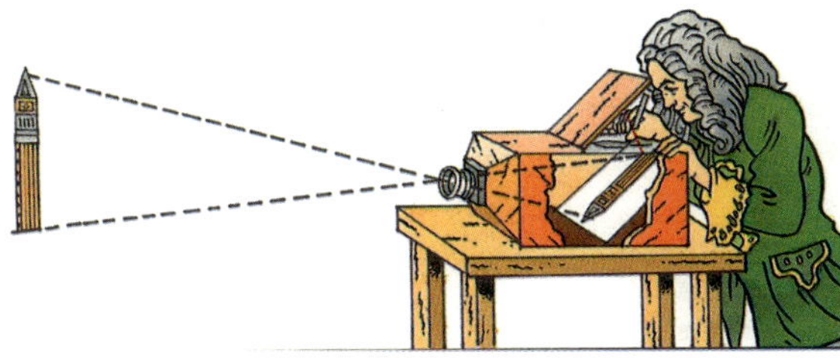

L'artiste se rend sur place pour observer les lieux et réaliser des croquis à partir d'une chambre optique. Cet appareil projette le paysage sur un socle grâce à un miroir et l'artiste reproduit la vue sur son carnet. En déplaçant le miroir plusieurs fois, il obtient une vue panoramique du paysage.
Il annote ensuite ces croquis qu'il assemble à l'atelier avant de peindre.

Zoom sur la basilique

La construction de la **basilique Saint-Marc** a débuté au IXe siècle pour abriter les reliques de saint Marc. Elle est reconstruite au XIe siècle à la suite d'un incendie, sur le modèle de l'**église de Constantinople**. Le **campanile**, situé à côté de la basilique, est une tour qui abrite les cloches appelant à la prière. Il atteint 98 m.

Canaletto, *Vue de la place Saint-Marc à Venise*, vers 1740 (76 x 45 cm), musée Jacquemart-André, Paris.

ACTIVITÉ lienmini.fr/jdl4-T506

Saisissez cette adresse sur votre navigateur et visitez Venise !

Canaletto, *Le Môle avec Santa Maria della Salute*, vers 1745-1750, huile sur toile (57,7 x 93,5 cm), collection Wallace, Londres (Royaume-Uni).

D'où voit-on la scène ?

- Quelles lignes obliques votre regard est-il amené à suivre ?
- Quelle place est accordée au ciel, à l'eau ?
- D'où la scène semble-t-elle être vue ?
- Que distinguez-vous sur la droite ? au second plan ? à l'arrière-plan ?

Le jeu des différences

- **Comparez cette vue de la place Saint-Marc et celle de Canaletto : un groupe notera les points communs, un autre les différences.**

Représentation et impression de Venise

Francesco Guardi, *La Place Saint-Marc*, vers 1760-1765, huile sur toile (72,4 x 119,1 cm), National Gallery, Londres (Royaume-Uni).

William Turner, *San Giorgio Maggiore au petit matin*, 1819, aquarelle (22,3 x 28,7 cm), Tate Gallery, Londres (Royaume-Uni).

Repère artistique

Joseph Mallord William Turner (1775-1851), qu'on surnomme le « peintre de la lumière », est le plus célèbre des aquarellistes anglais. **Claude Monet** (1840-1926) appréciait beaucoup l'œuvre de Turner. Il est à l'origine du **mouvement impressionniste**, dont il est l'un des maitres les plus importants.

Claude Monet, *San Giorgio Maggiore au crépuscule*, 1904-1908, huile sur toile (65,2 x 92,4 cm), National Museum of Wales, Cardiff (Royaume-Uni).

Exprimez votre préférence

Observez ces deux tableaux.

- **Lequel préférez-vous ? Justifiez votre réponse en le comparant à l'autre (technique utilisée, lumière, couleurs dominantes, emplacement et importance du bâtiment, des éléments naturels...).**
- **Lequel reflète le mieux, selon vous, ce que vous avez découvert de Venise ?**

ACTIVITÉ **lienmini.fr/jdl4-T507**

Saisissez cette adresse sur votre navigateur et comparez le palais Dario peint par Claude Monet et une photographie. Répondez aux mêmes questions.

PARCOURS un thème

Venise, ville fragile, ville éternelle

Félix Ziem, *Lever de soleil sur le Grand Canal, Venise,* huile sur panneau (39 x 65 cm), 1819.

Venise, ville éternelle

Venise ! Est-il une ville qui ait été plus admirée, plus célébrée, plus chantée par les poètes, plus désirée par les amoureux, plus visitée et plus illustre ?

Venise ! Est-il un nom dans les langues humaines qui ait fait rêver plus que celui-là ? Il est joli, d'ailleurs, sonore et doux : il évoque d'un seul coup dans l'esprit un éclatant défilé de souvenirs magnifiques et tout un horizon de songes enchanteurs.

Guy de Maupassant, « Venise », article publié dans *Gil Blas*, 5 mai 1885.

Graine de savoir

Venise est la capitale de la Vénétie. On l'appelle aussi **« la Sérénissime »** (nom qui désigne la République de Venise jusqu'en 1797), **« la Cité des Doges »** (premiers ducs de la République vénitienne), **« la Cité des Ponts »** (Venise en compte plus de 400)…

• Connaissez-vous d'autres périphrases qui désignent une ville ?

Texte 1 Théophile Gautier

[…] L'air du Carnaval de Venise,
Sur les canaux jadis chanté
Et qu'un soupir de folle brise
Dans le ballet a transporté !

Il me semble, quand on le joue,
Voir glisser dans son bleu sillon
Une gondole avec sa proue
Faite en manche de violon.

Sur une gamme chromatique[1],
Le sein de perles ruisselant,
La Vénus de l'Adriatique
Sort de l'eau son corps rose et blanc.

Les dômes, sur l'azur des ondes
Suivant la phrase au pur contour,
S'enflent comme des gorges rondes
Que soulève un soupir d'amour.

L'esquif aborde et me dépose,
Jetant son amarre au pilier,
Devant une façade rose,
Sur le marbre, d'un escalier.

Avec ses palais, ses gondoles,
Ses mascarades sur la mer,
Ses doux chagrins, ses gaîtés folles,
Tout Venise vit dans cet air. […]

Théophile Gautier, « Sur les lagunes », *Émaux et camées*, 1852.

1. **une gamme chromatique :** une gamme qui contient toutes les notes.

▸ *Venise, une beauté singulière*

Entrer dans la lecture. Cherchez ce qu'est une « lagune ».

1. Quelles couleurs du tableau de Félix Ziem retrouvez-vous dans le poème ?

2. Parmi les quatre éléments (l'air, l'eau, le feu, la terre), lequel domine ? Relevez les mots qui lui sont associés.

3. Relevez dans chaque strophe un GN qui caractérise Venise.

4. Relevez l'ensemble des mots qui évoquent la musique. Quels autres arts sont évoqués dans le poème ?

5. Quels adverbes de temps renvoient à un passé disparu ?

BILAN **6** Quels adjectifs vous semblent le mieux qualifier ce poème : joyeux, mélancolique, nostalgique, réaliste, triste ? Pourquoi ?

Faire des liens entre les arts

AUDIO lienmini.fr/jdl4-T508

Saisissez cette adresse sur votre navigateur et écoutez une barcarolle du compositeur Félix Mendelssohn. Pourquoi ce terme convient-il à Venise ?

Texte 2 Ernest Hemingway

– Là, juste en face, c'est Torcello, dit le colonel. C'est là que se réfugièrent les gens qui avaient été chassés de la terre ferme par les Visigoths. Ce sont eux qui ont bâti cette église avec la tour carrée, que vous voyez là- bas. […] Quand ils eurent fini de la bâtir, l'embouchure de la Sile s'envasa, ou bien elle se déplaça à la suite d'une trop forte crue, et toute la campagne que nous avons traversée se trouva inondée. Les moustiques s'y installèrent et la malaria. Les gens mouraient les uns après les autres. Alors les anciens tinrent conseil et décidèrent de déménager vers un endroit plus sain qu'on pourrait défendre avec des bateaux, et où les Visigoths, les Lombards et autres bandits ne pourraient les attaquer puisque ces bandits n'avaient pas de flotte. Les gars de Torcello étaient de fameux navigateurs. Ils chargèrent donc les pierres de leurs maisons sur des barges comme celle que nous avons vue tout à l'heure, et ils fondèrent Venise. […]

– La place Saint-Marc, c'est là où il y a des pigeons et cette grande cathédrale qui a l'air d'une espèce de ciné-palace, non ?

– C'est cela même, Jackson. Vous y êtes en plein. Vu sous cet angle, en tout cas. Maintenant, regardez au-delà de Torcello : vous verrez l'adorable campanile de Burano […]. Burano, c'est une petite île terriblement surpeuplée où les femmes font de la dentelle merveilleuse et les hommes […] travaillent aussi dans la journée dans les verreries de l'île voisine, celles que vous voyez derrière, avec l'autre campanile, Murano. Le jour, ils fabriquent de la superbe verrerie pour les riches du monde entier, et le soir ils rentrent par le petit vaporetto.

Ernest Hemingway, *Au-delà du fleuve et sous les arbres*, traduction par Paule de Beaumont, © Éditions Gallimard, 1965.

La place Saint-Marc à Venise.

piste EPI

Se repérer dans l'espace

Retrouvez sur l'image satellite les iles citées dans les deux extraits. D'après vous, où Jackson et le colonel se trouvent-ils ?

Vue satellite de Venise.

Découvrir la fondation d'une ville

1. L. 1 à 18, d'où viennent les bâtisseurs de Venise ?

2. Pourquoi ont-ils dû quitter leur terre ?

3. Pourquoi ont-ils choisi Venise ?

4. L. 19 à 20, à quoi Jackson compare-t-il la basilique Saint-Marc ? Qu'en pensez-vous ?

5. Expliquez le sens du mot souligné en vous aidant du contexte.

6. Cherchez le sens et l'origine italienne du mot « campanile » (l. 23).

BILAN **7** Rédigez une phrase de présentation de chacune des iles citées dans ces extraits.

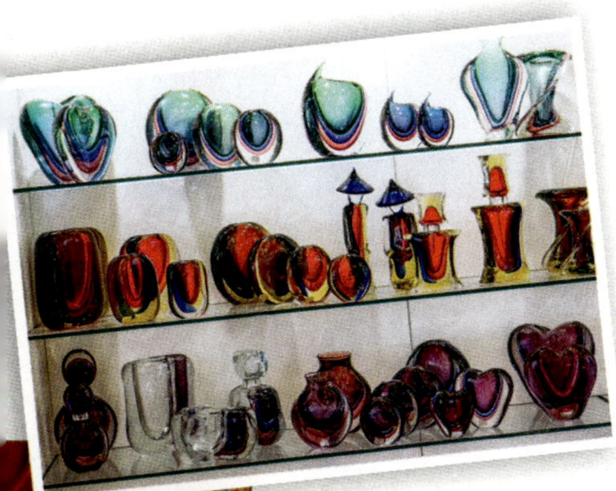

Verreries de Murano.

Venise, ville de mystère et de fêtes

Texte 3 Alfred de Musset

Les lions de la place Saint-Marc.

Dans Venise la rouge,
Pas un bateau qui bouge ;
Pas un pêcheur dans l'eau,
Pas un falot[1].

Seul, assis à la grève,
Le grand lion[2] soulève,
Sur l'horizon serein,
Son pied d'airain.

Autour de lui, par groupes,
Navires et chaloupes,
Pareils à des hérons
Couchés en ronds,

Dorment sur l'eau qui fume,
Et croisent dans la brume,
En légers tourbillons,
Leurs pavillons.

La lune qui s'efface
Couvre son front, qui passe
D'un nuage étoilé
Demi-voilé.

Alfred de Musset, « Venise », *Contes d'Espagne et d'Italie*, 1829.

Dégager une impression

1. À quel moment de la journée et par quel temps la scène décrite se déroule-t-elle ?

2. Quels semblent être les seuls habitants de la ville ? Nommez les figures de style que vous reconnaissez aux strophes 3 et 4.

BILAN **3** Exprimez en quelques phrases vos impressions sur la ville de Venise.

Faire des liens entre les arts

piste EPI

AUDIO lienmini.fr/jdl4-T509

Saisissez cette adresse dans votre navigateur pour écouter un extrait de l'adaptation musicale de ce poème par Charles Gounod. Confirme-t-il votre réponse à la question 3 ?

1. **falot** : lanterne.
2. Le lion est l'emblème de Venise, associé à saint Marc, protecteur de la ville.

Gondolier, Venise, vers 1865.

Texte 4 Thomas Mann

Qui ne serait pris d'un léger frisson et n'aurait à maîtriser une aversion, une appréhension secrète si c'est la première fois, ou au moins la première fois depuis longtemps, qu'il met le pied dans une gondole vénitienne ? Étrange embarcation, héritée telle quelle du Moyen Âge, et d'un noir tout particulier comme on n'en voit qu'aux cercueils, – cela rappelle les silencieuses et criminelles aventures de nuits où l'on n'entend que le clapotis des eaux, cela suggère l'idée de la mort elle-même, de corps transportés sur des civières, d'événements funèbres, d'un suprême et muet voyage. […]

Comme le silence grandissait autour de lui ! On ne percevait que le bruit des rames retombant en cadence et le clapotis des vagues fendues par l'avant de la barque qui se dressait bien au-dessus du niveau, noir, raide et taillé en hallebarde à son extrême pointe – et pourtant autre chose encore se faisait entendre, une voix mystérieuse… c'était le gondolier qui murmurait, parlait tout seul entre ses dents, à mots entrecoupés, entre deux coups de rame. Aschenbach leva les yeux et il eut un léger mouvement de surprise en constatant que son gondolier ramait vers le large.

Thomas Mann, *La Mort à Venise*, 1912, traduction par F. Brouty in *Histoires de Venise*,

Identifier un champ lexical

1. D'après ce texte, pourquoi la gondole est-elle une « étrange embarcation » ?

2. Comparez la description de l'avant de la gondole faite ici avec celle de « Sur les lagunes », p. 254 ?

3. Quel nouveau champ lexical apparait ici ?

Texte 5 Théophile Gautier

Venise pour le bal s'habille.
De paillettes tout étoilé,
Scintille, fourmille et babille
Le carnaval bariolé.

Arlequin, nègre par son masque,
Serpent par ses mille couleurs,
Rosse d'une note fantasque
Cassandre son souffre-douleurs.

Battant de l'aile avec sa manche,
Comme un pingouin sur un écueil,
Le blanc **Pierrot**, par une blanche,
Passe la tête et cligne l'œil.

Théophile Gautier, « Carnaval » (extrait), *Émaux et camées*, 1852.

Nicolas Lancret, *Les Acteurs de la Comédie italienne*, musée du Louvre, XVIIIe siècle.

Comprendre l'âme d'une ville

1. Quels personnages (en gras dans le poème) reconnaissez-vous sur le tableau ? Citez le texte à l'appui de votre réponse.

BILAN **2.** En vous appuyant sur les textes et documents de cette double page, expliquez pourquoi Venise reste mystérieuse.

Le savez-vous ?

La **commedia dell'arte** est un genre de théâtre très populaire en Italie au XVIe siècle. À partir de personnages aux caractères stéréotypés, les acteurs, souvent aussi acrobates et musiciens, improvisaient une comédie. Tous portaient des masques sauf les amoureux. Molière s'en inspirera au XVIIe siècle et Carlo Goldoni, le « Molière italien » né à Venise en 1707, la transformera en comédie de caractère, tout en conservant les personnages. Aujourd'hui encore, de nombreux masques utilisés lors du carnaval de Venise sont inspirés par ceux de la commedia dell'arte.

Photographies du carnaval de Venise.

Venise, ville fragile et menacée

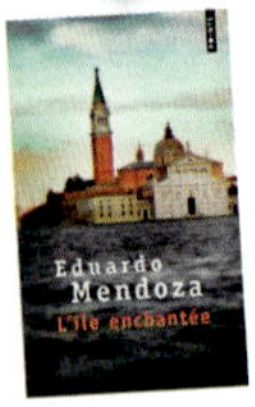

Texte 6 Eduardo Mendoza

Fabregas décide un matin de tout quitter à Barcelone puis de s'installer à Venise.

Le lendemain, le ciel était clair mais la ville s'éveilla presque entièrement recouverte d'eau. À l'hôtel, on lui fournit des snow-boots[1] trop grands qui lui permettaient de patauger dans les rues mais l'obligeaient à marcher comme un canard. Les touristes sautillaient en file indienne sur des planches posées en équilibre sur des briques ; l'un ou l'autre finissait toujours, au milieu des cris et des rires, par mettre un pied, ou même les deux, dans l'eau. Les rues réfléchissaient les édifices, les gens et un ciel laiteux qui irradiait une clarté uniforme et aveuglante. Fabregas flâna laborieusement une heure ou deux. À l'heure du déjeuner, il s'arrêta dans un café mais, en sortant, il oublia de rentrer dans les snow-boots son bas de pantalon qui fut trempé à peine eut-il mis les pieds dehors.

Eduardo Mendoza, *L'Île enchantée*, trad. Annie Morvan, © Éditions du Seuil pour la traduction française, 1999.

1. **snow-boots :** bottes en caoutchouc que l'on peut porter au-dessus des chaussures.

Le café Florian à Venise.

Se documenter

Faites une recherche sur le phénomène de l'*acqua alta*.

Première *acqua alta* de l'année à Venise, octobre 2013.

Ode à Venise

« Ô Venise ! Venise ! Lorsque tes murs de marbre seront de niveau avec les ondes, alors les nations pousseront un cri sur tes palais submergés, et une lamentation bruyante se prolongera sur les flots qui t'engloutiront !
Si moi, voyageur du nord, je pleure pour toi, que devraient faire tes enfants ? »

Lord Byron, « Miscellanées – VII », 1819

Découvrir les particularités d'une ville

1. Qu'évoque le texte 6 ? Quel dispositif a été mis en place pour que les touristes puissent circuler ? Qu'a-t-on prêté à Fabregas ?
2. Quelles sont leurs réactions respectives face à la situation ? Selon vous, pourquoi ?
3. Pour Lord Byron, quel danger menace Venise ? Relevez les mots qui le prouvent.
4. Que semble reprocher Lord Byron à ses habitants ?

Graine de savoir

Venise se construit dans l'eau. Pour réaliser les fondations des bâtiments, on enfonce des pieux dans le sol, les ***pali***, longs de de 2 à 4 m, sur lesquels seront fixées des poutres puis des pierres. Ils serviront de base à la construction. Il aura fallu plus d'un million de pilotis pour l'église de la Salute !

Texte 7 Article de presse

Un an après la tragédie du *Costa Concordia*, la perspective d'un naufrage de même ampleur inquiète Venise, où des navires de croisière géants croisent paisiblement devant la place Saint-Marc depuis des années. Hauts comme des immeubles, ces villes flottantes passent à quelques mètres des sites exceptionnels de la ville.

Les défenseurs du patrimoine de Venise, effrayés par l'impact de ces paquebots, s'écharpent dans des débats houleux avec les avocats de ces géants des mers qui représentent un poids non négligeable dans l'économie de la ville.

Delphine de Mallevoüe,
Le Figaro, 11 janvier 2013.

Comprendre les dangers qui menacent Venise

1. Relevez les GN qui désignent les bateaux de croisière.

ACTIVITÉ + lienmini.fr/jdl4-T510

2. Saisissez cette adresse dans votre navigateur et lisez l'article dans son intégralité.

3. Trouvez d'autres GN qui désignent les bateaux de croisière.

4. Quels sont les arguments des deux parties qui s'affrontent ?

Écrire une carte postale à un(e) ami(e)

Observez ces images de bande dessinée.
Choisissez-en une et imaginez le texte que vous allez écrire au dos, avant de l'envoyer de Venise à un(e) ami(e) resté(e) en France.

Consignes d'écriture

1. Expliquez pourquoi vous êtes à Venise.

2. Racontez votre séjour et faites part de vos sentiments.

3. Faites référence à au moins un élément présent sur l'image.

4. Insérez si vous le souhaitez un passage d'un texte de ce parcours.

ACTIVITÉ + lienmini.fr/jdl4-T511

Saisissez cette adresse dans votre navigateur pour choisir parmi d'autres vignettes de *Fable de Venise*.

Hugo Pratt, *Fable de Venise*, 1977,
© Éditions Magnard,
coll. « Classiques et contemporains », 2009.

Atelier d'expression

Écrire et représenter sa ville rêvée

Dans cet atelier, vous allez déambuler à travers des textes, des dessins, des peintures et même des plans. Vous voyagerez à travers des villes rêvées par d'autres afin de pouvoir rêver la vôtre. Vous raconterez cette ville et la dessinerez au recto d'une carte postale imaginaire que vous exposerez dans votre CDI.

À l'oral

- Formuler ses impressions personnelles
- Lire un texte de manière expressive

À l'écrit

- Réinvestir des procédés d'écritures pour « faire voir »
- Créer et rédiger une carte postale

Méthode

- ***Observer les différentes façons de représenter une ville rêvée*** afin d'en comprendre les caractéristiques et le fonctionnement
- ***Inventer, décrire et expliquer la ville rêvée*** à l'aide de procédés grammaticaux
- ***Exprimer les notions de mobilité et de verticalité***
- ***Représenter une ville en concevant une carte postale***

Graine de savoir

Le mot « **rêver** » vient du latin *vagari* qui signifie **« vagabonder, errer çà et là »**.

- Quels autres mots issus de ce verbe latin connaissez-vous ?

Quand la littérature fait de l'architecture : les cités mobiles

Dans ce conte, un Sélénien, c'est-à-dire un habitant de la Lune, explique à Cyrano comment certaines de leurs villes sont construites.

Les [cités] mobiles, comme par exemple celle où nous sommes à présent, sont construites ainsi :

L'architecte construit chaque palais, ainsi que vous voyez, d'un bois fort léger, y pratique dessous quatre roues ; dans l'épaisseur de l'un des murs, il place des soufflets[1] gros et nombreux et dont les tuyaux passent d'une ligne horizontale à travers le dernier étage de l'un à l'autre pignon[2]. De cette sorte, quand on veut traîner les villes autre part (car on les change d'air à toutes les saisons), chacun déplie sur l'un des côtés de son logis quantité de larges voiles au-devant des soufflets ; puis ayant bandé un ressort pour les faire jouer, leurs maisons, en moins de huit jours, avec les bouffées continues que vomissent ces monstres à vent et qui s'engouffrent dans la toile, sont emportées, si l'on veut, à plus de cent lieues[3].

S. de Cyrano de Bergerac, *Histoires comiques des États et Empires de la Lune*, 1657.

1. **soufflets** : instrument qui sert à souffler de l'air. 2. **pignon** : partie supérieure, en général triangulaire, d'un mur de bâtiment. 3. **lieue** : mesure de longueur (1 lieue = environ 4 km).

B. A. Dunker, estampe du XVIIIe siècle.

Découvrir

1. Observez l'illustration ci-contre. Est-ce, selon vous, une ville ? Justifiez votre réponse. Décrivez cette illustration en quelques phrases.
2. Relisez la rubrique « Le savez-vous ? » p. 25 et expliquez qui est S. de Cyrano de Bergerac.

Comprendre

3. Lisez l'extrait de S. de Cyrano de Bergerac. Quelle est la particularité de la ville décrite ici ? Comment fonctionne-t-elle ? Que permettent les mots surlignés en vert ?
4. À quoi les « monstres à vent » (l. 12) correspondent-ils ? Quelle figure de style est employée ici ? Quel effet cela crée-t-il ?
5. Cette « ville » vous ferait-elle rêver ? Pourquoi ?

S'émerveiller en ville

L'An 2440

Dans ce roman d'anticipation du XVIIIe siècle, le narrateur se réveille 670 ans plus tard dans une ville, Paris, correspondant à ses désirs. Il y règne la paix, l'ordre et personne ne souffre plus de la faim ni de la misère...

Je continuais ma curieuse promenade [...]. Chaque coin de rue m'offrait une belle fontaine, qui faisait couler une eau pure et transparente : elle retombait d'une coquille en nappe d'argent, et son cristal donnait envie d'y boire. Cette coquille présentait à chaque passant une tasse salutaire. Cette eau coulait dans le ruisseau toujours limpide, et lavait abondamment le pavé. Voyez comme toutes ces maisons sont fournies de la chose la plus nécessaire et la plus utile à la vie. Quelle propreté ! Quelle fraîcheur en résulte dans l'air ! Regardez ces bâtiments commodes, élégants ! On ne construit plus de ces cheminées funestes, dont la ruine menaçait chaque passant. Les toits n'ont plus cette pente gothique qui, au moindre vent, faisait glisser les tuiles dans les rues les plus fréquentées. Nous montâmes au haut d'une maison par un escalier où l'on voyait clair. Quel plaisir ce fut pour moi, qui aime la vue et le bon air, de rencontrer une terrasse ornée de pots de fleurs et couverte d'une treille parfumée ! Le sommet de chaque maison offrait une pareille terrasse, de sorte que les toits, tous d'une égale hauteur, formaient ensemble comme un vaste jardin, et la ville aperçue du haut d'une tour était couronnée de fleurs, de fruits et de verdure.

Louis-Sébastien Mercier, *L'An 2440, rêve s'il en fut jamais*, 1770.

Le savez-vous ?

Dans un **roman d'anticipation**, l'action se situe dans un futur proche ou lointain.
Ici, L.-S. Mercier (auteur du siècle des Lumières) imagine un Paris idéal, libéré de l'oppression et de la misère.
Le terme de **« science-fiction »** n'apparaitra qu'au XXe siècle.

Louis-Sébastien Mercier (1740-1814).

Comprendre

1. Lisez cet extrait de Louis-Sébastien Mercier. Quelle image de la ville l'auteur donne-t-il ? Quels sont les éléments architecturaux cités ? Comment sont-ils caractérisés ?
2. Relevez le champ lexical de l'eau. Pourquoi cet élément est-il important dans cette ville ? Commentez les adjectifs qui lui sont associés.
3. Comment l'émerveillement du narrateur est-il traduit ? Quels sont les sens sollicités dans ce texte ?
4. Relevez le champ lexical de la hauteur ainsi que les termes mettant en évidence l'ascension progressive du promeneur.

Effectuer une recherche

ACTIVITÉ
lienmini.fr/jdl4-T512
Saisissez cette adresse sur votre navigateur et faites des recherches sur les **conditions de vie à Paris au temps de L.-S. Mercier**. Sur ce site, www.paris-pittoresque.com, cliquez dans la rubrique en haut à gauche « Air vicié ».
Comparez ensuite le fruit de vos recherches avec la ville décrite ici.

Grammaire pour dire et pour écrire

- Afin de renforcer l'idée positive d'une description d'un lieu et dans un souci de précision, on emploiera :
– **des expansions du nom** (adjectifs qualificatifs mélioratifs, propositions subordonnées relatives, compléments du nom) ;
– **les phrases exclamatives** permettront d'insister sur l'émerveillement du narrateur ;
– des termes permettant d'évoquer **les sens sollicités** (la vue, l'odorat, l'ouïe...).

- On évitera la tournure « il y avait ». Exemples : « ~~Il y avait~~ une belle fontaine à chaque coin de rue. » ➡ « Chaque coin de rue m'offrait une belle fontaine. », « ~~Il y avait~~ des bâtiments commodes et élégants. » ➡ « Regardez ces bâtiments commodes, élégants ! »

J'applique

Imaginez la suite de la promenade du narrateur sur les hauteurs de la ville. Que voit-il ? Que sent-il ? Qu'entend-il ?

Employez les procédés précédemment étudiés.

Alfred Stevens, *Jeune fille lisant*, 1856, huile sur toile, collection privée.

Rêver la ville

Paris, capitale du rêve

Emma Bovary, héroïne du roman Madame Bovary de G. Flaubert, est mariée à un médecin de campagne mais rêve secrètement d'une autre vie, plus palpitante. Paris est, pour elle, une promesse de bonheur. Dans son imagination, elle déambule à travers les rues de la ville désirée et se construit un paysage intérieur...

Elle s'acheta un plan de Paris, et, du bout de son doigt, sur la carte, elle faisait des courses dans la capitale. Elle remontait les boulevards, s'arrêtant à chaque angle, entre les lignes des rues, devant les carrés blancs qui figurent les maisons. Les yeux fatigués à la fin, elle fermait ses paupières, et elle voyait dans les ténèbres se tordre au vent des becs de gaz[1], avec des marchepieds[2] de calèches qui se déployaient à grand fracas, devant le péristyle[3] des théâtres.

Gustave Flaubert, *Madame Bovary*, 1856, chap. IX.

1. **bec de gaz :** réverbère alimenté en gaz. 2. **marchepieds :** marches qui servent à monter dans le véhicule. 3. **péristyle :** ensemble de colonnes à l'entrée d'un bâtiment.

Comprendre

1. Lisez cet extrait de *Madame Bovary*. Son exploration de la capitale évolue en deux temps. Pourriez-vous repérer lesquels ? Que remarquez-vous ?
2. Comment qualifier l'imagination de l'héroïne ?

Imaginer un parcours

Comme Emma Bovary, observez le plan d'une ville où vous aimeriez être et racontez ce que vous y voyez.

ACTIVITÉ **lienmini.fr/jdl4-T513** Saisissez pour cela cette adresse dans votre navigateur, allez sur le site de Google Maps® puis entrez le nom de **la ville de vos rêves**. Zoomez sur des lieux précis afin de les voir en *street view*. Rédigez ensuite un texte d'une dizaine de lignes relatant votre promenade ainsi que vos découvertes (les bâtiments, les rues, les magasins, les gens, les odeurs, les bruits...).

La ville moderne rêvée en bande dessinée

« Zut ! Arriverons-nous enfin là-haut ? Je commence à en avoir assez ! »

« Malheur ! Je ne vois rien d'ici. Ah ! Si Flip était là ! Nous sommes bien perdus ! »

« Maman ! Je suis perdu ! »

« Tu n'es pas perdu du tout Nemo ! Remets-toi et dors ! »

Winsor McCay, *Little Nemo in Slumberland*, 1905.

Découvrir

1. Combien de vignettes composent cette bande ?
2. Quels sont les différents lieux représentés ? De quelle ville pourrait-il s'agir ? Décrivez ces lieux en quelques phrases.

Comprendre

3. Comment l'auteur parvient-il à faire comprendre qu'il s'agit d'un rêve ?
4. De quel rêve s'agissait-il ? Recherchez le sens du mot « phylactère ».
5. Racontez les aventures de Little Nemo à la 1re personne en trois courts paragraphes (un par case).

Le savez-vous ?

Little Nemo est un personnage créé par l'Américain Winsor McCay en 1905. Little Nemo (« *nemo* » signifie « personne », en latin) est un petit garçon rêveur qui, chaque nuit, voyage dans ses rêves.

Réinventer la ville : entre terre et ciel

piste EPI

Zénobie, la ville effilée

L'empereur de Chine a conquis tant de villes qu'il ne peut toutes les visiter. Italo Calvino imagine que Marco Polo décrit à l'empereur ces cités si lointaines qu'elles deviennent irréelles, comme rêvées.

Je dirai maintenant de la ville de Zénobie qu'elle a ceci d'admirable : bien que située sur le terrain sec, elle repose sur de très hauts pilotis, les maisons sont de bambou et de zinc, avec un grand nombre de galeries et de balcons, elles sont placées à des hauteurs différentes, comme sur des échasses qui se défient entre elles, et reliées par des échelles et des passerelles, surmontées par des belvédères couverts de toits coniques, de tonneaux qui sont des réservoirs d'eau, de girouettes tournant au vent, et il en dépasse des poulies, des cannes à pêche et des grues.

Quel besoin ou quel commandement ou quel désir a-t-il donc poussé les fondateurs de Zénobie à donner cette forme à leur ville, on n'en sait plus rien [...]. Mais ce qui est sûr, c'est que si l'on demande à un quelconque habitant de Zénobie de nous dire comment il verrait le bonheur de vivre, c'est toujours une ville comme Zénobie qu'il imagine [...].

Italo Calvino, *Les Villes invisibles*, 2002, traduction par Jean Thibaudeau,

Réalité (photographie). Bosco Verticale, en 2014 (cabinet d'architectes Boeri Studio) à Milan, est **la première forêt verticale au monde**. Elle permet de loger de nombreux habitants sur peu de surface au sol et de lutter contre la pollution très élevée de la ville qui ne compte que très peu d'espaces verts.

Projet Paris Smart City 2050 (image de synthèse). En 2015, l'architecte belge Vincent Callebaut imagine **un Paris vert** et futuriste en 2050, prenant en compte les contraintes liées à la densité de la population et au changement climatique.

Comprendre

1. Quel est le point commun entre l'extrait de *Villes invisibles* et les images ? Pour quelle(s) raison(s) les architectes ont-ils imaginé et conçu de telles tours ?
2. Que mettent en relief les termes surlignés ?
3. Seriez-vous heureux dans une ville comme Zénobie ? Pourquoi ?

Le savez-vous ?

Aujourd'hui, plus de la moitié des hommes sur Terre vit en ville. En 2050, ce sera 80 % de la population mondiale. Les mégapoles repensent leur architecture et **se développent verticalement**. On voit ainsi apparaitre des tours d'habitation dites « durables » qui ont le souci de l'environnement (récupération des eaux de pluie, éoliennes, panneaux solaires, matériaux recyclés...).

Activité finale

Écrivez une carte postale à un(e) ami(e)

Rédigez un texte d'une trentaine de lignes dans lequel vous représenterez votre ville idéale.

- **Inventez-lui un nom.**
- **Décrivez son architecture, ses rues ou ses quartiers, le mode de vie de ses habitants, vos sensations (visuelles, auditives, olfactives...) lorsque vous déambulez, la présence de la nature, vos pensées ou vos questionnements. Vous n'omettrez pas d'être précis(e) et d'exprimer votre émerveillement.**
- **Dessinez votre ville telle que vous l'imaginez sur un carton au dos duquel sera collé votre texte comme s'il s'agissait d'une vraie carte postale (grand format).**
- **Organisez une exposition dans votre CDI.**

Partie 2 Étude de la langue

Lewis Stanley, *Hyde Park in Summer*, huile sur toile (122 x 220,2 cm), collection privée, 1931

Atelier d'ouverture

Les gestes du grammairien

*Cet atelier vous invite à vous interroger : **qu'est-ce que la grammaire ? À quoi sert-elle ?***

*Il va vous permettre de **revoir des connaissances** et de **découvrir des gestes** nécessaires à la production d'énoncés et à la compréhension de textes.*

*Vous allez travailler individuellement et **en groupes, à l'écrit comme à l'oral**. Vous devrez confronter vos points de vue pour faire le bilan de vos découvertes et **donner du sens aux gestes du grammairien** que vous serez amenés à refaire dans cette partie langue.*

J'écris à l'oral

C'était un soir sans histoire, une fin de journée au destin sobre
21 h sans espoir un mercredi d'octobre,
Sur le macadam fatigué, trottoirs en pente, rue des Dames
Très loin des drames agités, c'est ma première Soirée Slam
Des êtres humains dans un café sont regroupés pour s'écouter,
Ils prennent la parole un par un et mes oreilles sont envoutées
Des humains à égalité, chacun est libre de se lancer
Le principe est très simple encore fallait-il y penser
Je suis d'abord resté passif mais j'ai tout de suite rêvé d'action
Je suis d'abord resté pensif pour comprendre cette révélation
J'ai pris une avalanche de rimes et une cascade de thèmes
Si loin du star-system, tu restes tard si t'aimes
Quelques instants après, j'ai déterré l'encrier,
En créant sans prier pour hurler sans crier,
Sans accroc, sans vriller, dans la voix l'encre y est
Pour recevoir sans briller et donner sans trier
Le slam a giflé mon esprit puis libère les passions
Secouant mon envie créative restée en hibernation
À la recherche de ces ambiances dans tout Paris je vais zoner
C'est décidé ma voix est libre et son timbre va résonner
La poésie dans les bars a rendez-vous avec la vie
Je l'ai vu et tu le vis, je l'avoue je l'ai suivie,
Elle prend forme, elle grandit, elle rayonne et elle s'entend,
Elle t'enlace et une fois qu'elle te tient elle prend son temps […]
J'oublierai pas ces instants rares où la nuit sert de terrain
À la recherche de l'éphémère, moitié inquiet, moitié serein
J'sais pas si le bonheur se touche mais on l'a peut-être frôlé 2-3 fois
Dans cette atmosphère un peu louche, se reflétant dans nos voix […]
De cette époque non révolue, j'ai reçu un héritage viral
Une manie qui ne me quitte plus c'est vrai, j'écris à l'oral
C'était un soir sans histoire une fin de journée au destin sobre
21 h sans espoir un mercredi d'octobre,
J'ai entendu des voix qui touchent comme des chorales dans mon moral
Depuis j'ai de l'encre plein la bouche, depuis j'écris à l'oral

Grand Corps Malade, « J'écris à l'oral », *Enfant de la ville*, © Grand Corps Malade, 2007

PARTIE 1 Se repérer par l'écoute et l'observation

Observons et manipulons

AUDIO lienmini.fr/jdl4-A101

1. **Écoutez la lecture de ce passage du texte (vers 1 à 10), sans le lire. À votre avis, à quel genre appartient ce texte ? Justifiez votre choix.**
Trouvez un exemple :
- **de répétition de sons**
- **de répétition de mots**
- **de mots avec des sonorités proches.**

2. **Observez maintenant le texte et associez chacune de ses caractéristiques à ce qu'elle nous apprend sur lui.**

La disposition du texte sur la page | Les indications de lieu | Le pronom de première personne | L'emploi des majuscules | Les répétitions de sons, de mots et sonorités proches | L'emploi de la ponctuation | Les repères temporels | Les temps verbaux utilisés

Texte poétique | Récit d'un souvenir | Énoncé oral

3. **Expliquez en une phrase de quel souvenir il s'agit.**

Qu'avons-nous observé ?

Par quels moyens peut-on faire les premiers repérages sur un texte pour en déterminer le genre et le sujet ?

PARTIE 2 Comparer l'écrit à l'oral

Observons et manipulons

1. **Par groupes, retrouvez dans l'extrait suivant au moins trois éléments qui prouvent que l'auteur s'exprime à l'oral.**

J'oublierai pas ces instants rares où la nuit sert de terrain
À la recherche de l'éphémère, moitié inquiet, moitié serein
J'sais pas si le bonheur se touche mais on l'a peut-être frôlé 2-3 fois
Dans cette atmosphère un peu louche, se reflétant dans nos voix

Réécrivez cet extrait pour qu'il ait les caractéristiques d'un texte rédigé.

2. Depuis j'ai de l'encre plein la bouche, depuis j'écris à l'oral

– Remplacez « à l'oral » par une expression contenant un verbe, pour montrer que vous avez bien compris ce que l'artiste veut dire.
– Qu'est-ce qui vous surprend dans cette déclaration ?

3. a. **Voici les vers 10 à 13 découpés en groupes de mots :**

Je suis resté pensif	pour comprendre cette révélation
J'ai pris	une avalanche de rimes et une cascade de thèmes
Si loin du star-system,	tu restes tard si t'aimes
Quelques instants après,	j'ai déterré l'encrier,

En vous aidant des étiquettes, supprimez les éléments facultatifs pour aboutir à trois phrases minimales correctement ponctuées et qui aient du sens. Reliez les phrases entre elles grâce à un mot de liaison.

b. **Dans les vers 17 à 19, associez chacune des actions à celui qui l'accomplit.**

zoner	gifler	rechercher	secouer	libérer

le slam	je

Servez-vous de ce travail pour ponctuer ces vers en deux phrases distinctes.

Qu'avons-nous observé ?

Quelles sont les règles de l'écrit que l'on n'observe pas toujours à l'oral ?
Quels gestes avez-vous faits pour mieux comprendre la manière dont les phrases sont construites ?

PARTIE 3 Utiliser l'oral et l'écrit de manière complémentaire

Observons et manipulons

AUDIO lienmini.fr/jdl4-A102

1. **Réécoutez le passage (vers 13-14).**
a. **À l'écoute, trouvez les deux groupes de mots dont les sonorités sont très proches.**
Retrouvez ces groupes de mots dans le texte.
Quels sont les éléments orthographiques qui les distinguent ?
Lequel contient un verbe à l'infinitif ?
Lequel est un groupe nominal ?
Quel message l'artiste nous adresse-t-il en associant ces deux groupes de mots ?
b. **Trouvez dans le texte un troisième groupe de mots qui poursuit ce jeu sur les mots et les sons.**

2. a. **À l'aide d'un dictionnaire, cherchez les sens du mot** « accord » **en musique et en grammaire.**
b. **Recopiez les propositions suivantes et lisez-les à haute voix.**
Soulignez ensuite les endroits où vous avez fait la liaison à l'oral.

Le principe est très simple encore fallait-il y penser

Quelques instants après, j'ai déterré l'encrier

c. **Quels accords certaines liaisons font-elles entendre ?**
Justifiez s'il s'agit d'un accord déterminant/nom ou d'un accord sujet/verbe.
d. **Voici une autre proposition :** « mes oreilles sont envoutées ».
Quels accords entendez-vous à l'oral ? Quel est celui qu'on n'entend pas ?
Justifiez les trois accords.

Qu'avons-nous observé ?

À quels accords faut-il être attentif(ve) ? Comment l'oral aide-t-il à faire les accords ?
Ce moyen est-il suffisant ?

PARTIE 4 Mettre en relation les mots et le texte

Observons et manipulons

1. a. **À l'aide d'un dictionnaire, cherchez l'étymologie du mot *slam*.**
b. **Recopiez l'expression du texte dans laquelle l'artiste évoque cette étymologie.**
c. **Dans cette expression, le verbe est-il employé au sens propre ou au sens figuré ?**

2. **Quel est le niveau de langue du verbe** « zoner » **?**

À la recherche de ces ambiances dans tout Paris je vais zoner

Remplacez-le par un synonyme. Qu'est-ce qui est alors modifié du point de vue du jeu sur les sons ?

3. a. **Avec quel homonyme du mot** « voix » **l'artiste joue-t-il ?**

C'est décidé **ma voix est libre** et son timbre va résonner

b. **À quelle expression pensez-vous donc quand vous lisez les mots en gras ?**
c. **Cherchez le mot** « timbre » **dans le dictionnaire et aidez-vous du contexte pour trouver dans quel sens ce mot est utilisé dans le texte.**

Qu'avons-nous observé ?

Quels sont les différents moyens que vous pouvez utiliser pour comprendre le sens d'un mot dans un texte ?

PARTIE 5 Remplacer et transformer pour identifier les classes grammaticales et leurs fonctions

Observons et manipulons

1. Écoutez un camarade lire à haute voix cet extrait sans regarder le texte.

La poésie dans les bars a rendez-vous avec la vie
Je l'ai vu et tu le vis, je l'avoue je l'ai suivie,
Elle prend forme, elle grandit, elle rayonne et elle s'entend,
Elle t'enlace et une fois qu'elle te tient elle prend son temps

Qu'est-ce qui rend votre compréhension difficile ? Que cherche à faire Grand Corps Malade ?

2. a. Quelle est la classe grammaticale des mots surlignés en rose ?
b. Indiquez leur infinitif et le temps auquel ils sont conjugués.
c. Conjuguez le deuxième verbe à l'imparfait. Comparez votre réponse avec celle de vos camarades. Expliquez pourquoi vous n'avez peut-être pas tous le même verbe. Pourquoi l'artiste a-t-il choisi d'utiliser cette forme verbale ?

3. Quelle est la classe grammaticale des mots surlignés en jaune ? À quoi servent-ils ? Lequel de ces mots pouvez-vous remplacer par *la poésie* ? Expliquez pourquoi.

4. Quelle est la fonction des mots surlignés en bleu ? Qu'indique-t-elle ? Selon vous, pourquoi cette fonction est-elle bien choisie pour exprimer le pouvoir de la poésie ?

Qu'avons-nous observé ?

Quels gestes du grammairien avez-vous faits ? Comment le repérage des classes grammaticales et des fonctions aide-t-il à mieux comprendre le texte ?

Qu'avons-nous découvert sur les gestes du grammairien ?

Un grammairien :

- **déplace / remplace**
- **supprime / ajoute**
- **transforme**
- **met en relation**

pour analyser comment l'auteur a construit son texte et ainsi mieux le comprendre.

À vous de jouer

*Pour montrer que vous avez bien compris tout ce que vous avez découvert dans cet atelier et que vous êtes capable de le réutiliser, **écrivez un slam d'une dizaine de lignes sur la grammaire**.*

- **Relisez le texte** de Grand Corps Malade pour vous en inspirer.
- **Définissez** avec vos propres mots **ce qu'est la grammaire**.
- Utilisez **le champ lexical de la grammaire** : parcourez le sommaire de la partie Langue de votre manuel pour trouver des idées si vous en manquez.
- Inventez au moins **un jeu sur les mots** et **un jeu sur les sonorités**.
- **Organisez une « Soirée Slam »** dans votre classe : retrouvez dans les lignes 5 à 8 de « J'écris à l'oral » les règles à respecter.

Atelier de classe

Comment comprendre le sens d'un mot ?

Voici un atelier qui va vous permettre de ***réfléchir à la formation des mots et à leur sens****. Vous devrez réaliser des* ***activités d'observation et de manipulation par groupes*** *afin que chacun puisse donner ses idées et les confronter à celles des autres. Lorsque vous vous serez mis d'accord,* ***vous rédigerez vous-mêmes vos conclusions****.*

J.-H. Fragonard, *L'Amour-Amitié*, 1771

PARTIE 1

Donner du sens à un mot grâce aux préfixes et aux suffixes

Observons et manipulons

1. Observez le tableau et son titre, puis répondez à l'oral aux questions suivantes.
– Quelle relation unit les deux personnages ?
– Où la jeune femme est-elle située ? Que représente-t-elle aux yeux du jeune homme ?

2. En groupe, reconstituez ces mots en remettant les éléments dans l'ordre.

or	ad	ation
bell	em	ir
at	ir	tendr
é	ement	merveill
mir	able	ad

– Individuellement, entourez l'élément de base des mots que vous avez reconstitués.
– Soulignez en bleu l'élément qui le précède et en vert l'élément qui le suit.
– Individuellement, essayez de donner un sens aux trois éléments qui composent chaque mot.
– Confrontez vos réponses.

3. Pour chaque mot, retrouvez un terme construit à partir de l'élément de base que vous avez entouré. Attention, le premier mot peut prêter à confusion.

4. Échangez vos réponses puis rédigez ensemble une définition des mots de l'exercice 2. Utilisez trois de ces mots pour décrire le tableau de Fragonard et la façon dont il représente le sentiment amoureux.

Qu'avons-nous observé ?

À partir de vos observations, précisez comment se construit un mot. Montrez que l'on peut deviner le sens d'un mot compliqué en observant les parties qui le composent.

PARTIE 2

Identifier les mots appartenant à la même famille

Observons et manipulons

1. – Recopiez les deux mots du titre du tableau. Observez leurs premières lettres. Quelle base ont-ils en commun ?
– À partir de cette base commune, formez d'autres mots en y ajoutant les éléments ci-dessous. Vous pouvez composer au moins dix mots différents. Vous pouvez combiner plusieurs éléments pour un même mot.

-ant | -i | -iable | -ical | -ement | -acher | -our- | -euse
-ement | -ette | -eux | -abil- | en- | -er | -ité

2. Vous venez de constituer une famille de mots. Classez ces mots selon leur nature grammaticale.

3. – À quel verbe, absent de votre liste, pouvez-vous rattacher cette famille de mots ?
– Observez les premières lettres du verbe que vous avez trouvé. Que constatez-vous ? Qu'en déduisez-vous sur l'orthographe de la base d'un mot ?
– À partir de ce que vous venez de découvrir, complétez votre famille de mots.

Qu'avons-nous observé ?

À partir de vos observations, expliquez ce qu'est une famille de mots. Quel élément permet de reconnaitre les mots d'une même famille ?

PARTIE 3

Comprendre des nuances de sens en fonction du contexte

Observons et manipulons

1. Lisez la définition suivante.

> **S'AMOURACHER v. pronom. 1** *(italien ; famille de amour) péj.*
> S'amouracher de qqn, en tomber amoureux. → S'ENTICHER, SE TOQUER. *Dixel* (© Le Robert), 2011

2. – Quelle différence de sens faites-vous entre *aimer* et *s'amouracher* ?
– Lequel de ces deux verbes présente un sens négatif ? Pour répondre, retrouvez dans la définition ci-dessus l'abréviation qui annonce un sens négatif. Que signifie-t-elle ?

3. – Lisez les vers ci-contre. Quelle partie du corps de la femme le poète décrit-il ?
– Relevez les mots du poème qui renvoient à la lumière. Pour chacun de ces mots, cherchez dans le dictionnaire sa première définition.
– Comment expliquez-vous la présence de ces mots alors que le poète fait le portrait de la femme qu'il aime ? La première définition du dictionnaire correspond-elle au sens qu'ont ces mots dans le poème ?
– Recopiez les vers qui évoquent une image et non la réalité.

> Œil attrayant, œil arrêté,
> De qui la céleste clarté
> Peut les plus clairs yeux éblouir,
> Et les plus tristes éjouir
> Œil, le seul soleil de mon âme,
> De qui la non visible flamme
> En moi fait tous les changements
> Qu'un soleil fait aux éléments […]
> **M. de Saint-Gelais**, « Blason de l'œil », *Œuvres*, 1547

Qu'avons-nous observé ?

À partir de vos observations, expliquez de quelle manière le contexte peut modifier le sens d'un mot.

Qu'avons-nous découvert sur le sens des mots ?

Faites le point avec les membres de votre groupe afin de pouvoir présenter le résultat de vos observations sur :
- **les différents éléments qui forment un mot**
- **les mots issus de la même famille**
- **les différents sens d'un mot selon le contexte**

Leçon

1 Les préfixes et les suffixes

UNIQUEMENT PAR ABONNEMENT

jeudi 7 janvier 2016

n° 5778

LA VIE DE LA RÉDACTION : QUOTILLON ET LE CHEF…

C'EST TOI QUI AS FAIT LIVRER 2 TONNES DE COTON…

OUAIS !… C'EST BIEN UTILE DANS LES OREILLES POUR NE PAS ENTENDRE LE CHEF ME CRIER DESSUS…

{ IL Y A 1 AN }

2 terroristes, les frères Kouachi, entraient dans les bureaux du journal *Charlie Hebdo*, à Paris, et tuaient 11 personnes, dont 5 dessinateurs. En s'enfuyant après la tuerie, ils ont aussi tué 1 policier dans la rue (*lire n° 5475*).

Lever du soleil : 8 h 45 | Coucher du soleil : 17 h

LA MÉTÉO DE DEMAIN

Mon Quotidien

On en apprend tous les jours !

Version iPad, iPod touch et iPhone disponible dès 20 h la veille pour nos abonnés

Pour les 10-14 ans : 10 minutes de lecture chaque jour - 0,52 euro

www.monquotidien.fr

Les Agences spatiales américaine et européenne feront un test en 2022

Mission : empêcher un astéroïde de détruire la Terre !

© Capture d'écran The Guardian

CLONAGE

Des Britanniques ont fait faire 2 « copies » de leur chien mort. Les chiots viennent de naître.

p. 6

65 %

des déchets sont recyclés, en France.

Source : ADEME

Avec ce numéro, tu reçois un 2e cahier réalisé avec Gallimard Jeunesse sur Roald Dahl

Pour écrire au rédacteur en chef : f.dufour@playbac.fr

Ce numéro comporte un second cahier numéroté de I à VIII. À 16000 abonnés enseignants, un encart Play Bac.

Mon Quotidien, pour les 10-14 ans : 10 minutes de lecture chaque jour, www.monquotidien.fr, Une du jeudi 7 janvier 2016, N° 5778

Activité 1 **a. Sur la Une du journal, retrouvez les mots qui se terminent par ces suffixes :**

-oïde | -aine | -ales | -iques | -éenne | -tion

b. Parmi ces mots de la Une, dans quel cas *en-* n'est-il pas un préfixe ? entendre • entraient • s'enfuyant

c. À partir de quel nom le mot *recyclé* est-il construit ? Donnez une définition de *recyclé*, en prenant en compte le sens du nom que vous avez trouvé.

Activité 2 **a. Les éléments qui composent ces mots ont été mélangés : reconstituez-les.**

1.	dé	coup	age	re
2.	lement	en	soleil	
3.	ap	ré	nement	provision
4.	ment	able	dés	agré
5.	isa	im	tion	mobil

b. Encadrez l'élément principal à partir duquel chaque mot a été créé.

c. À votre tour, trouvez un mot composé d'un élément principal, augmenté de préfixes et suffixes.

d. Choisissez l'un des mots que vous avez reconstitués en a. Essayez d'expliquer le sens des préfixes et suffixes qui ont été ajoutés au radical.

Activité 3

Zola décrit le passage du Pont-Neuf

Ce **passage** a trente pas de long et deux de large, au plus ; il est pavé de dalles jaunâtres, usées, **descellées**[1], suant **toujours** une **humidité** âcre ; le **vitrage** qui le couvre, coupé à angle droit, est noir de crasse.

É. Zola, *Thérèse Raquin*, 1867

1. détachées du sol.

a. Parmi les mots en gras, lesquels contiennent : un préfixe ? un suffixe ?

b. Quelle différence de sens faites-vous entre les adjectifs *jaune* et *jaunâtre* ? Composez quatre adjectifs de couleur sur le modèle de *jaunâtre*.

c. Complétez cette phrase par un adjectif construit à partir du nom en bleu.

Il est noir de **crasse**. → Il est **…**

d. Trouvez le plus de mots possible à partir du radical des mots soulignés.

Je retiens

• Les **mots dérivés** sont composés d'un **radical** (mot de base) auquel on ajoute un **préfixe** et/ou un **suffixe**.

• Le **préfixe** est un élément qui **précède le radical**. Il est invariable et souvent d'origine grecque ou latine. Le préfixe **change le sens du radical** mais ne change pas sa nature grammaticale.

• Le **suffixe** s'ajoute **à la fin du radical**. Il s'agit d'un élément variable qui peut **modifier la classe grammaticale** du mot.

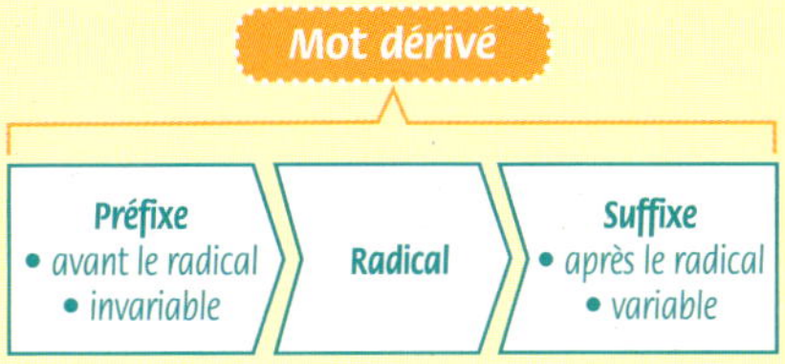

Pour dire, pour écrire

• Les préfixes et les suffixes permettent de **créer des mots nouveaux**, plus **précis** et **adaptés au contexte** dans lequel on les utilise.

• Ils apportent des **nuances de sens**, en changeant légèrement le sens d'un mot pour en faire **varier l'intensité** ou **le niveau de langue**.

Repérer

1 a. Recopiez chaque mot et entourez son radical : franchement • apercevoir • déroulement • discontinuité • aimable • arrondi • parapluie • malhabile • effeuiller • parcourir • orangeade • immeuble • ourson • injustement • lenteur

b. Soulignez les préfixes en vert et les suffixes en rouge.

2 a. Relevez le préfixe de chaque mot : interstellaire • rétrograder • préjugé • posthume • coéquipier • immigration • paratonnerre

b. Donnez le sens des préfixes que vous avez relevés en vous aidant de ces propositions : en arrière • huit • avec • protection contre • avant • après • entre • dans

3 EXO+ 4 EXO+

Manipuler

5 a. Associez chaque radical (d'origine grecque ou latine) à sa signification.

Suffixes -phag- • -phob- • -phon- • -pol- • -mètr- • -cid- • -vor- • -pèd-

Significations qui a des pieds • qui mange • qui se nourrit • qui n'aime pas • qui tue • mesure • ville • le son

b. Trouvez un mot construit avec chaque radical et donnez son sens.

6 a. Complétez ce texte en ajoutant les préfixes ou suffixes qui conviennent.

Une terreur **...**surmont**...** s'**...**para de moi, mes cheveux se hérissèrent sur mon front, mes dents s'**...** choquèrent à se briser, une su**...** froide **...**onda tout mon corps.

D'après **T. Gautier**, *La Cafetière*, 1831

b. Précisez la nature grammaticale de chaque mot complété.

7 EXO+ 8 EXO+

Écrire

9 a. Observez ces mots.

Pour ceux que vous ne comprenez pas, essayez d'en déduire le sens en analysant le radical, les préfixes et les suffixes :

grimacer • édenté • squelettique • octogénaire • terrifiant • boitillement • globuleux • grisonnant • écorché • menaçant

b. Faites le portrait d'un personnage en utilisant ces mots.

10 EXO+ 11 EXO+

Produire à l'oral

12 Dans un jeu de question-réponse, complétez les dialogues suivants avec un(e) camarade.

Ex : Les enfants ont-ils sommeil ?

→ *Non, ils sont infatigables.*

1. Comprends-tu l'exercice de science ?
   → Non, cet exercice est in**...**
2. As-tu terminé ton repas ?
   → Non, ce plat est im**...**
3. Puis-je parler à ta sœur ?
   → Non, elle est in**...**
4. Es-tu bien installé ?
   → Non, ce canapé est in**...**
5. Est-il possible de réparer cette machine ?
   → Non, c'est im**...**
6. Parviendras-tu à la déconcentrer ?
   → Non, elle est im**...**
7. Méritait-il ces reproches ?
   → Non, ils étaient im**...**

EXO+ lienmini.fr/jdl4-101

Fiche 1 EXO 3 7 10 | Fiche 2 EXO 4 8 11 | Exercices interactifs

Leçon 2

Les familles de mots

Activité 1 **a. Qu'ont en commun les mots en gras dans ce poème ?**

Vous demandez si l'**amour** rend heureuse ;
Il le promet, croyez-le, fût-ce un jour.
Ah ! pour un jour d'existence **amoureuse**,
Qui ne mourrait ? la vie est dans l'**amour**.

Quand je vivais tendre et craintive amante,
Avec ses feux je peignais ses douleurs :
Sur son portrait j'ai versé tant de pleurs,
Que cette image en paraît moins charmante. […]

M. Desbordes-Valmore, « L'Amour », *Mélanges*, 1830

b. Donnez la définition du mot *famille* en vous aidant d'un dictionnaire. Que pouvez-vous en déduire sur le sens de l'expression « famille de mots » ?

c. Trouvez dans le poème un autre mot de la même famille que les mots en gras.

Activité 2 **a. Associez chaque liste à la proposition A ou B après l'avoir recopiée. Vous pouvez vous aider d'un dictionnaire pour les mots que vous ne connaissez pas.**

1. douleur, pleurs, souffrance •
2. vent, éventail, éventer •
3. nom, nominatif, surnom •
4. planter, plantation, implanter •
5. feu, brulant, ardent •
6. neige, hiver, verglas •
7. écrire, écrivain, écriteau •

• **A.** mots appartenant au même champ lexical
• **B.** mots de la même famille (mots ayant la même racine ou origine)

b. Complétez les séries de la même famille en leur ajoutant deux mots.

c. Trouvez deux autres familles de votre choix, composées de trois mots chacune.

Activité 3 **Complétez ces définitions avec des mots de la même famille que le mot encadré.**

amour

1. Sentiment d'affection, de tendresse à l'égard d'une personne ai…
2. Vif intérêt que l'on manifeste pour une chose que l'on ai…
3. Manière de désigner la personne dont on est am…
4. Liaison, relation am…

poète

5. Écrivain qui compose des vers et des po…
6. Artiste ou auteur dont les créations touchent par leur dimension po…
7. Personne rêveuse qui perçoit la réalité avec imagination et po…

Je retiens

• Une **famille de mots** regroupe tous les mots qui ont le **même radical**, c'est-à-dire l'élément de base du mot. Les mots de la même famille sont donc unis par leur **radical** et par leur **sens**.

• Le radical peut parfois subir des **modifications orthographiques** d'un mot à l'autre, liées à l'**évolution du mot dans le temps**.

• Certaines familles de mots sont dites **« élargies »** lorsqu'elles rassemblent des mots formés autour de radicaux qui ont le même sens, mais qui sont empruntés à des langues différentes (**grecque** et **latine**, par exemple).

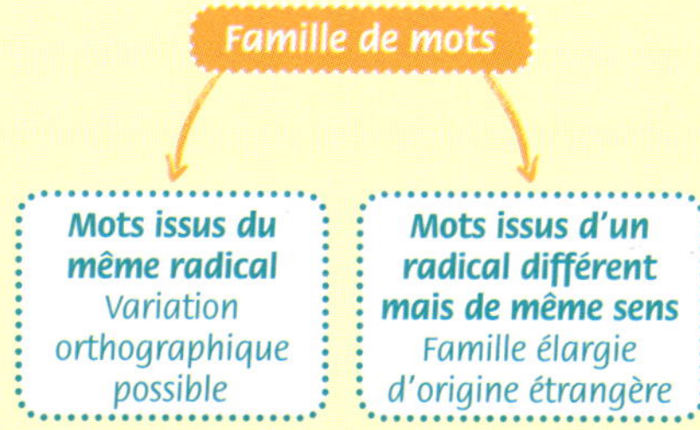

Pour dire, pour écrire

Utiliser les mots d'une même famille permet de donner une **cohérence de sens** à un texte, à une **description** ou à une **explication** orale.

Repérer

1 a. Recopiez chaque famille et barrez l'intrus.
1. mentir, mensonge, menteur, démentir, mentalité
2. détonation, ton, tonne, monotone, tonitruant
3. démarche, marcheur, marche, marchand, marcher
4. survoler, vol, cerf-volant, volontaire, volage

b. Trouvez le sens commun aux mots de chaque famille ci-dessus.

2 a. Relevez deux mots de la famille élargie du mot en gras. Complétez cette famille par trois mots de votre choix.

b. Trouvez son radical d'origine latine.

Zola décrit la mine et les hommes qui y travaillent.

Des formes spectrales s'y agitaient, les **lueurs** perdues laissaient entrevoir une rondeur de hanche, un bras noueux, une tête violente, barbouillée comme pour un crime. Parfois, en se détachant, luisaient des blocs de houille, des pans et des arêtes, brusquement allumés d'un reflet de cristal. **É. Zola**, *Germinal*, 1885

3 EXO+ 4 EXO+

Manipuler

5 a. Constituez des familles de quatre mots à partir des mots suivants. Aidez-vous des différentes formes de radicaux proposées.
1. main *(-mani-, -manu-, -men-)*
2. cheval *(-cheval-, -caval-)*
3. grain *(-grain-, -gren-, -gran-)*
4. froid *(-froid-, -frigor-, -frigér-)*

b. Précisez la classe grammaticale des mots que vous avez trouvés.

6 a. Recopiez ces mots et soulignez leur radical.
1. incroyable 2. incendiaire 3. improbable
4. incontournable 5. irréparable 6. illégalement

b. À partir de chaque radical, constituez des familles de quatre mots.

7 EXO+ 8 EXO+

Écrire

9 Écrivez la définition de chaque mot de manière à bien faire apparaitre les différences de sens.
1. audible/auditeur 2. attentif/attention
3. activité/acte 4. librairie/libraire
5. nombre/dénombrer

10 EXO+ 11 EXO+

Produire à l'oral

12 a. Quel est le mot commun aux quatre images ?

b. Quel est le radical de ce mot ?

c. Trouvez quatre mots de la même famille à partir de ce radical.

d. Expliquez leur sens à vos camarades en précisant leurs différences et leur lien.

EXO+ lienmini.fr/jdl4-102
Fiche 1 EXO 3 7 10
Fiche 2 EXO 4 8 11
Exercices interactifs

Leçon

3 Le sens propre et le sens figuré

Activité 1 **a. Recopiez cette expression :** Tomber des **nues**

Vous pouvez vérifier le sens du mot en orange dans un dictionnaire.

b. Cette expression peut avoir plusieurs sens. Quelle définition correspond au tableau de Magritte ? Tomber du ciel | Être extrêmement surpris

c. La définition que vous avez trouvée est-elle possible dans la réalité ?

d. Dans les phrases suivantes, précisez si l'expression est à prendre dans son sens premier ou dans un sens imagé.

1. Dans le tableau de Magritte, des hommes en costume sombre tombent des nues.
2. En voyant arriver son amie après des années d'absence, il est tombé des nues.

R. Magritte, *Golconde*, 1953

Activité 2 **Recopiez les expressions suivantes et reliez-les au sens qui convient.**

Faire la pluie et le beau temps. •	• Se ressembler énormément.
Se ressembler comme deux gouttes d'eau. •	• Être tout-puissant.
Ne pas être tombé de la dernière pluie. •	• Être terriblement ennuyeux.
Tomber des cordes. •	• Pleuvoir à verse.
Être ennuyeux comme la pluie. •	• Avoir de l'expérience.

Activité 3 **a. Lisez le texte suivant.**

Une jeune fille se promène dans le supermarché imaginaire d'Hyperpolis.

Au-dessus d'elle, au-dessus de tout le monde, il y avait un plafond immense, qui **couvrait** Hyperpolis. Il tenait en équilibre sur des colonnes de béton blanc. Sur le plafond, comme des éclairs, **couraient** des tubes de néon, et c'était d'eux que **venait** la lumière. La jeune fille **regardait** le plafond de temps en temps, tandis qu'elle **marchait**. C'était une sorte de miroir terne, qui **engloutissait** les mouvements et les gestes au lieu de les refléter. **J.M.G. Le Clézio**, *Les Géants*, © Gallimard, 1973

b. Classez les verbes en gras dans un tableau selon leur signification.

Sens premier	Sens imagé

c. Que veut exprimer le narrateur par les verbes utilisés au sens imagé ?

Je retiens

- Un mot peut avoir **plusieurs sens**. On parle alors de **polysémie**.
- Le sens propre et le sens figuré d'un mot participent à sa polysémie :
  – le **sens propre** correspond au **sens premier** du dictionnaire.
  – le **sens figuré** est un **sens imagé**.
- Le **contexte** de la phrase permet de déterminer si l'emploi d'un mot correspond à son sens propre ou figuré.

Sens d'un mot

- ***Sens propre*** — *Sens premier, donné par le dictionnaire*
- ***Sens figuré*** — *Sens imagé, qui provient d'une comparaison ou d'une métaphore*

Pour dire, pour écrire

Le **sens propre** précise la **définition immédiate** d'un mot. C'est l'usage le plus fréquent à l'oral et à l'écrit. Dans un récit, un poème ou un discours argumentatif, on recourt parfois au **sens figuré** pour mieux **illustrer une idée**.

Repérer

1 Indiquez si ces phrases correspondent à un sens propre ou à un sens figuré.

1. Cette maison respire le bonheur.
2. À la montagne, on respire le grand air.
3. Il a heurté un véhicule par inadvertance.
4. Ses propos agressifs l'ont heurté.
5. Elle profère des paroles venimeuses.
6. La morsure de ce serpent est venimeuse.
7. La campagne est illuminée par le soleil matinal.
8. Cette jeune fille a illuminé ma vie.

2 a. Recopiez la strophe suivante en soulignant les mots qui renvoient au thème de l'eau.

Ô longs désirs, ô espérances vaines,
Tristes soupirs et larmes coutumières
À engendrer de moi maintes rivières,
Dont mes deux yeux sont sources et fontaines ! […]

L. Labé, *Sonnets*, 1762

b. Entourez les mots du poème dont le sens est un sens figuré.

c. Que veut exprimer la poétesse par ces emplois imagés ?

3 EXO+ **4** EXO+

Manipuler

5 Les verbes en gras sont employés au sens figuré. Employez-les au sens propre dans une phrase de votre invention.

*Ex : Ils sont **tombés** amoureux.*
*→ J'ai fait **tomber** mon téléphone.*

1. Il m'a **posé** beaucoup de questions.
2. Elle **prend** la vie comme elle vient.
3. Je **vois** ce que tu veux dire.
4. J'ai **attrapé** un rhume.
5. Elle **se mure** dans le silence.
6. Je ne peux pas **compter** sur lui.
7. Pendant ce voyage, ils ont **gouté** à la liberté.
8. J'ai **dévoré** ce livre en une nuit !

6 Complétez les phrases suivantes par ces mots : fil • tour • feu • cœur • plat • pilier
Chaque mot doit être employé deux fois.

1. Il perd le … de ses idées.
2. Ce … est exquis.
3. Le … se propage vers le village.
4. Le chat joue avec la bobine de ….
5. En Norvège, la pêche est un … de l'économie.
6. Nous avons fait le … de la question.
7. Il a le … fragile.
8. Le … de l'édifice menace de s'effondrer.
9. Elle n'y a vu que du ….
10. J'aimerais entreprendre un … du monde.
11. Il a mis les pieds dans le ….
12. Il n'a pas de ….

7 EXO+ **8** EXO+

Écrire

9 Employez chaque mot dans deux phrases : tonnerre • clef • piment • chaleur • torrent • bruit.
La première phrase proposera un sens propre, la deuxième un sens figuré.

10 EXO+ **11** EXO+

Produire à l'oral

12 a. Avec un(e) camarade, inventez des dialogues sur ce modèle :

– J'ai mal à la jambe. (sens propre)
– Ça me fait une belle jambe ! (sens figuré)

Vous utiliserez ces mots du corps humain : dent • yeux • main • poil • bras • pouce • langue

b. Lisez vos dialogues à la classe.

EXO+ lienmini.fr/jdl4-103
→ Fiche 1 EXO 3 7 10
→ Fiche 2 EXO 4 8 11
→ Exercices interactifs

Leçon

4 Le vocabulaire mélioratif et péjoratif

J. H. Füssli, *Le Cauchemar*, 1781

Activité 1

a. Associez chaque adjectif à un personnage du tableau.

monstrueux – élancé – globuleux – affreux – diabolique – pur – sublime – démoniaque – immaculé – grassouillet – grimaçant – gracieux – ravissant

b. Choisissez cinq mots ci-dessus et proposez, pour chacun, un adjectif de sens contraire.

Activité 2

a. Lisez le texte suivant.

Vous vous vantez de posséder deux expressions pour signifier **gourmand** ; mais daignez plaindre, Monsieur, nos **gourmands**, nos **goulus**, nos **friands**, nos **mangeurs**, nos **gloutons**. Vous ne connaissez que le mot **savant** ; ajoutez-y, s'il vous plaît, **docte**, **instruit**, **érudit**, **éclairé**, **habile**, **lettré**.

Voltaire, Lettre à M. Deodati de Tovazzi, 24 janvier 1761

b. Classez les mots en gras dans un tableau, selon qu'ils ont, selon vous, un sens positif, négatif ou neutre.

Positif	Négatif	Neutre

c. Complétez les deux énumérations du texte en y ajoutant quatre mots de votre choix.

Activité 3

a. Lisez ces extraits. Lequel dresse un portrait élogieux du personnage décrit ? Lequel dresse un portrait dévalorisant ?

Sa langue était grosse et sèche comme une langue de bœuf [...]. Il avait les yeux petits et battus, quoiqu'ils fussent fort enfoncés, [...] les cheveux noirs et gras [...].

A. Furetière, *Le Roman bourgeois*, 1666

Tartuffe ? Il se porte à merveille,
Gros et gras, le teint frais
Et la bouche vermeille.

Molière, *Tartuffe*, 1664

b. Relevez les deux adjectifs qui apparaissent dans les deux extraits. Ont-ils le même sens dans chacun des textes ?

c. Relevez les mots et expressions qui vous ont permis de répondre en les classant dans un tableau.

Portrait élogieux	Portrait dévalorisant

Je retiens

- Les mots peuvent exprimer un **jugement de valeur**, une critique positive ou négative :
  - les mots **mélioratifs** sont **élogieux**.
  - les mots **péjoratifs** sont **dévalorisants**.
- Le **degré d'appréciation** positive ou négative dépend du **contexte** dans lequel le mot est employé. Par exemple, un mot peut être neutre à une époque précise et devenir péjoratif au fil du temps.

Les mots qui critiquent
- Mots mélioratifs : Vision positive
- Mots péjoratifs : Vision négative

Pour dire, pour écrire

- Le **vocabulaire évaluatif** (mélioratif ou péjoratif) s'utilise dans les **descriptions** et les **portraits** pour **exprimer le point de vue** du narrateur ou d'un personnage.
- Dans un **texte argumentatif** ou un **débat**, il permet d'**opposer des opinions adverses**.

Repérer

1 a. Ce texte offre-t-il une vision négative ou positive des personnages ?

Devant les deux portes voisines, toute la marmaille grouillait du matin au soir. […] À sept heures, le matin, puis à midi, puis à six heures, le soir, les ménagères réunissaient leurs mioches pour donner la pâtée, comme des gardeurs d'oies assemblent leurs bêtes. […] On posait devant eux l'assiette creuse pleine de pain molli dans l'eau où avaient cuit les pommes de terre, un demi-chou et trois oignons ; et toute la lignée mangeait jusqu'à plus faim.

G. de Maupassant, « Aux champs », 1882

b. Relevez les mots qui vous ont permis de répondre.

2 a. Classez ces verbes dans un tableau en vous aidant d'un dictionnaire : réprouver • approuver • apprécier • idolâtrer • dénigrer • chérir • vénérer • exécrer • fustiger • abhorrer • raffoler • affectionner • déifier

Jugement positif	Jugement négatif

b. Complétez le tableau avec quatre verbes de votre choix (deux verbes dans chaque colonne).

3 EXO+ 4 EXO+

Manipuler

5 Réécrivez ces phrases en remplaçant le mot en gras par un antonyme, de sens mélioratif.

1. Son attitude est **insupportable**.
2. Il **ingurgite** son repas.
3. Ce parfum **empeste**.
4. Ton dessin est **horrible**.
5. Sa prestation est **désastreuse**.
6. Tes recherches sont **infructueuses**.
7. Ses propositions sont **ridicules**.
8. Il **baragouine** une idée.

6 a. Pour chacun de ces mots, trouvez un synonyme mélioratif et un synonyme péjoratif : blanc • petit • gros • mince • vieux • enfantin • sucré • chaud • froid

b. Employez chaque mot que vous avez trouvé dans une phrase de votre invention.

7 EXO+ 8 EXO+

Écrire

9 a. Relevez tous les mots qui donnent de Cosette une image péjorative.

b. Rédigez un contre-portrait de Cosette en la décrivant de manière méliorative. Vous commencerez ainsi : *Cosette était belle…*

Cosette était laide. Heureuse, elle eût peut-être été jolie. Nous avons déjà esquissé cette petite figure sombre. Cosette était maigre et blême. Elle avait près de huit ans, on lui en eût donné à peine six. Ses grands yeux enfoncés dans une sorte d'ombre profonde étaient presque éteints à force d'avoir pleuré.

V. Hugo, *Les Misérables*, 1862

10 EXO+ 11 EXO+

Produire à l'oral

12 Exprimez votre avis sur l'un des sujets suivants face à la classe.
Vous devrez décrire les aspects positifs et les aspects négatifs du sujet choisi.

1. les tablettes
2. les fastfoods
3. Facebook
4. les SMS

EXO+ lienmini.fr/jdl4-104
- Fiche 1 EXO 3 7 10
- Fiche 2 EXO 4 8 11
- Exercices interactifs

Bilan

▶ *Avez-vous bien compris ces dernières leçons sur le sens des mots ?*
Vérifiez en lisant cet extrait et en répondant aux questions d'un groupe.

Texte support

Le colonel Chabert

La nuit venue, un vieux colonel que tout le monde croyait mort à la guerre se présente au cabinet de l'avocat Derville.

Le vieux soldat était sec et maigre. Son front, **volontairement** caché sous les cheveux de sa perruque lisse, lui donnait quelque chose de mystérieux. Ses yeux paraissaient couverts d'une taie[1] transparente : vous eussiez dit de la nacre sale dont les reflets bleuâtres chatoyaient à la lueur des bougies. Le visage pâle, livide, et en lame de couteau, s'il est permis d'emprunter cette expression vulgaire, semblait mort. Le cou était serré par une mauvaise cravate de soie noire. L'ombre cachait si bien le corps à partir de la ligne brune que décrivait ce haillon, qu'un homme d'imagination aurait pu prendre cette vieille tête pour quelque silhouette due au hasard, ou pour un portrait de Rembrandt[2], sans cadre.

Les bords du chapeau qui couvrait le front du vieillard **projetaient** un sillon noir sur le haut du visage. Cet effet bizarre, quoique naturel, faisait ressortir, par la brusquerie du contraste, les rides blanches, les sinuosités froides, le sentiment **décoloré** de cette physionomie cadavéreuse.

H. de Balzac, *Le Colonel Chabert*, 1832

1. un voile.
2. peintre hollandais.

Groupe 1

Repérer

1 **a. Parmi les mots en gras, retrouvez :**
- celui qui a un préfixe,
- celui qui a un suffixe,
- celui qui a un préfixe et un suffixe.

b. Entourez le radical des mots que vous avez relevés en vous aidant de ces verbes : vouloir • colorer • jeter

2 **Parmi les mots suivants, lesquels appartiennent à la même famille ?** portrait • vieillard • visage • couvrait • décrivait • vieux • cravate • vieil • couverts • caché

3 **Observez les mots soulignés. La vision du personnage est-elle positive ou négative ?**

Manipuler

4 « Ses yeux paraissaient *couverts d'une taie transparente* : vous eussiez dit *de la nacre sale* dont les reflets *bleuâtres* chatoyaient à la lueur des bougies. » (l. 4 à 8) **Remplacez les mots en bleu de manière à donner une vision positive du personnage.**
Vous pouvez choisir parmi ces mots ou expressions : un astre • lumineux • briller • étinceler • resplendissant • un soleil • immaculé • rayonner • scintiller • d'or

5 **L'expression « lame de couteau » (l. 9) est-elle à prendre au sens propre ou figuré ?**
Remplacez-la par l'un des adjectifs suivants : froid • ensanglanté • blessé • allongé • pointu • tranchant • dur

Écrire

6 **Selon vous, comment l'avocat Derville peut-il réagir face au physique du colonel Chabert ? Rédigez la suite du texte en imaginant ses pensées en quelques phrases.**
Vous pourrez utiliser les mots suivants : effrayant • horrible • épouvantable • terrible • repoussant • laideur • abominable • dégout

BREVET
DICTÉE lienmini.fr/jdl-010
Groupes 1, 2 et 3
Écoutez et écrivez le texte de cette dictée pour vous préparer à l'épreuve du brevet.

Groupe 2

Repérer

1 **a. Parmi les mots en gras, retrouvez :**
- celui qui a un préfixe,
- celui qui a un suffixe,
- celui qui a un préfixe et un suffixe.

b. Entourez le radical des mots que vous avez relevés.

2 **Trouvez dans le texte deux mots de la famille de « vieux » (l. 1). Complétez cette famille de mots avec deux termes de votre choix.**

3 **Relevez trois adjectifs qui donnent une vision négative du personnage.**

Manipuler

4 « Ses yeux paraissaient *couverts d'une taie transparente* : vous eussiez dit *de la nacre sale* dont les reflets *bleuâtres* chatoyaient à la lueur des bougies. » (l. 4 à 8). **Modifiez les mots en bleu de manière à donner une vision positive du personnage.**

5 **De quelle expression parle le narrateur à la ligne 9 ? Que signifie-t-elle ? Faut-il la prendre au sens propre ou au sens figuré ?**

Écrire

6 **Selon vous, comment l'avocat Derville peut-il réagir face au physique du colonel Chabert ?**
Rédigez la suite du texte en imaginant ses pensées en quelques lignes. Vous utiliserez des mots qui expriment un jugement négatif.

Groupe 3

Repérer

1 **a. Recopiez trois mots du texte :**
- l'un avec un préfixe,
- l'un avec un suffixe,
- l'un avec un préfixe et un suffixe.

Attention ! Vous n'avez pas le droit de relever les mots en gras.

b. Entourez le radical des mots que vous avez relevés.

2 **Trouvez trois mots du texte appartenant à la même famille. Complétez la liste avec deux mots de votre choix.**

3 **Quel adjectif, par sa composition, donne une vision péjorative du personnage ? Rédigez une définition du mot que vous avez trouvé.**

Manipuler

4 « Ses yeux paraissaient couverts d'une taie transparente : vous eussiez dit de la nacre sale dont les reflets bleuâtres chatoyaient à la lueur des bougies. » (l. 4 à 8). **Faites le contre-portrait du colonel : modifiez le vocabulaire de la phrase de manière à en donner une vision positive.**

5 **Retrouvez l'expression imagée qui s'est glissée dans le premier paragraphe et remplacez-la par un adjectif de sens propre.**

Écrire

6 **L'avocat Derville rentre chez lui et raconte à sa femme l'étrange rencontre qu'il vient de faire. Rédigez ses paroles en une vingtaine de lignes en utilisant la première personne du singulier.** Employez des mots et expressions qui expriment le point de vue de l'avocat.

Gérard Depardieu dans *Le Colonel Chabert*, film d' **Y. Angelo**, 1994

Atelier de classe

Quels sont les indices lexicaux d'un texte ?

Voici un atelier qui va vous permettre de réfléchir à ***différentes stratégies pour entrer dans un texte****. Vous devez réaliser des* ***activités d'observation et de manipulation par groupes*** *afin que chacun puisse donner ses idées. Vous les échangerez ensuite avec celles des autres groupes.* ***Vous rédigerez vous-mêmes vos conclusions.***

Un soir d'automne, Madame Aubain et ses deux enfants, accompagnés de Félicité, leur fidèle servante, rentrent à Pont-L'Évêque en passant à travers champs.

La lune à son premier quartier éclairait une partie du ciel, et un brouillard flottait comme une écharpe sur les sinuosités de la Toucques[1]. Des bœufs, étendus au milieu du gazon, regardaient tranquillement ces quatre personnes passer. Dans la troisième pâture quelques-uns se levèrent, puis se mirent en rond devant elles. « Ne craignez rien ! » dit Félicité ; et, murmurant une sorte de complainte, elle flatta[2] sur l'échine celui qui se trouvait le plus près ; il fit volte-face, les autres l'imitèrent. Mais, quand l'herbage suivant fut traversé, un beuglement formidable s'éleva. C'était un taureau, que cachait le brouillard. Il avança vers les deux femmes. [...] Ses sabots, comme des marteaux, battaient l'herbe de la prairie ; voilà qu'il galopait maintenant ! Félicité se retourna et elle arrachait à deux mains des plaques de terre qu'elle lui jetait dans les yeux. Il baissait le mufle, secouait les cornes et tremblait de fureur en beuglant horriblement. [...]

Mme Aubain descendit le fossé, poussa Virginie, Paul ensuite, tomba plusieurs fois en tâchant de gravir le talus, et à force de courage y parvint.

Le taureau avait acculé Félicité contre une claire-voie[3] ; sa bave lui rejaillissait à la figure, une seconde de plus il l'éventrait. Elle eut le temps de se couler entre deux barreaux, et la grosse bête, toute surprise, s'arrêta.

Cet événement, pendant bien des années, fut un sujet de conversation à Pont-l'Évêque. Félicité n'en tira aucun orgueil, ne se doutant même pas qu'elle eût rien fait d'héroïque.

G. Flaubert, « Un cœur simple », *Trois contes*, 1877

1. boucles du fleuve. 2. caressa. 3. clôture faite de barreaux espacés.

PARTIE 1

Repérer et interpréter une image dans un texte

Observons et manipulons

1. – À quoi le brouillard est-il comparé ? (l. 2)
– Recopiez une autre phrase dans laquelle Flaubert évoque le brouillard.
– Selon vous, pourquoi était-il important d'attirer l'attention du lecteur sur la mauvaise visibilité dès le début du passage ?

2. – Expliquez l'expression « Ses sabots, comme des marteaux » (l. 8-9).
– Lequel des cinq sens est sollicité par cette image ?
Quelle caractéristique du taureau met-elle en relief ?

© Magnard

Qu'avons-nous observé ?

À partir de vos observations, montrez que les images que l'auteur fait surgir dans l'esprit du lecteur participent à la mise en place d'un cadre inquiétant.

PARTIE 2

Repérer et interpréter les figures de l'insistance

Observons et manipulons

1. – Relevez deux expressions qui font référence au cri du taureau.
– Laquelle évoque le cri qui résonne le plus ? Selon vous, pourquoi Flaubert a-t-il placé les expressions dans cet ordre ?
– Choisissez la bonne étiquette :
Ces expressions montrent que l'animal est de plus en plus craintif / agressif / indifférent / paisible.

2. – Ces formes verbales évoquent la position et les déplacements du taureau et de Mme Aubain. Remettez-les dans l'ordre dans lequel elles apparaissent dans le texte.
s'arrêta / gravir / tomba / se trouvait / descendit / poussa / galopait / avança

– Classez-les dans un tableau, selon qu'elles concernent le taureau ou Mme Aubain.

Le taureau	Mme Aubain

– Quelle évolution remarquez-vous dans les mouvements du taureau exprimés par les verbes ?
– Que montre la succession des verbes attribués à Mme Aubain ? Quelle est cette figure de style ?

3. En utilisant vos réponses aux questions précédentes, expliquez comment Flaubert décrit l'attitude de Mme Aubain et fait sentir ce qu'elle éprouve.

Qu'avons-nous observé ?

À partir de vos observations, montrez que les procédés d'écriture contribuent à entretenir le suspense.

PARTIE 3

Identifier le registre d'un texte grâce au lexique

Observons et manipulons

1. – Imaginez que la phrase lignes 15-16 se termine après le mot *figure* : qu'auriez-vous ressenti ?
– Dans cette phrase, quelles expressions montrent que le taureau est très proche de Félicité ?

2. – Décomposez le verbe *éventrait* (l. 16). En vous aidant du sens de ce verbe, dites à quel danger Félicité vient d'échapper. Que ressentez-vous pour ce personnage ?
– L'expression *coup de théâtre* signifie *dénouement inattendu*. Vous semble-t-elle adaptée pour la fin de cet extrait ?

3. – Trouvez dans le texte un adjectif qui qualifie la manière dont les habitants de Pont-l'Évêque considèrent le comportement de la servante.
– Qu'en pense Félicité ? Et vous, quel regard portez-vous sur ce qu'elle a fait ?

Qu'avons-nous observé ?

À partir de vos observations, expliquez comment un auteur parvient à retenir l'attention du lecteur, à l'émouvoir et à l'inviter à partager son avis sur les personnages.

Qu'avons-nous découvert sur les stratégies de lecture ?

Faites le point avec les membres de votre groupe afin de pouvoir présenter le résultat de vos observations sur :
- **les figures de style (images, figures de l'insistance)**
- **les éléments qui permettent d'identifier le registre d'un texte**

Leçon

5 Les genres et les registres littéraires

Activité 1

Observez cette photographie.

a. Dans quel lieu les personnages se trouvent-ils ? Qu'est-ce qui vous a permis de le deviner ?

b. Soyez attentif(ve) à leur visage : quelle émotion manifestent-ils selon vous ?

c. Comment qualifieriez-vous ce qu'ils sont en train de regarder ? À quel genre littéraire pouvez-vous l'associer ?

Activité 2

a. Parmi les livres que vous avez lus, quels sont ceux qui vous ont…

fait rire | ému(e) | impressionné(e)

b. Expliquez pourquoi.

Activité 3

Rica, un riche Persan, observe les mœurs occidentales.

LETTRE C.

RICA À RHEDI.

Je trouve les caprices de la mode, chez les Français, étonnants. […]

Quelquefois, les coiffures montent insensiblement, et une révolution les fait descendre tout à coup. Il a été un temps que leur hauteur immense mettait le visage d'une femme au milieu d'elle-même. Dans un autre, c'étaient les pieds qui occupaient cette place : les talons faisaient un piédestal[1] qui les tenait en l'air.

Montesquieu, *Lettres persanes*, 1721

1. socle sur lequel repose une colonne, un objet décoratif ou une statue.

a. Faites un dessin pour chacune des deux descriptions soulignées.

b. Quelle réaction vos dessins déclenchent-ils chez vos camarades ?

Activité 4

LE LOGICIEN, *au Vieux Monsieur.*
Voici donc un syllogisme exemplaire. Le chat a quatre pattes. Isidore et Fricot ont chacun quatre pattes. Donc Isidore et Fricot sont chats.
LE VIEUX MONSIEUR, *au Logicien.*
Mon chien aussi a quatre pattes.
LE LOGICIEN, *au Vieux Monsieur.*
Alors, c'est un chat.

E. Ionesco, *Rhinocéros*, © Gallimard, 1959

a. À quel genre ce texte appartient-il ? roman | conte | pièce de théâtre | poème

Quels indices vous ont permis de répondre ?

b. Selon vous, à quel registre ce texte appartient-il ? Justifiez votre réponse.

tragique | lyrique | comique | pathétique

Je retiens

- On peut classer les œuvres littéraires en différentes catégories, appelées **genres** : le **roman**, la **nouvelle**, la **poésie**, le **théâtre** et la **lettre**.
- Selon l'**effet** qu'il veut produire sur le lecteur, un auteur peut recourir à différents **registres** :
  - **comique** : pour faire rire.
  - **satirique** : pour critiquer en se moquant.
  - **lyrique** : pour exprimer ses sentiments personnels et les partager.
  - **pathétique** : pour émouvoir, susciter la compassion.
  - **tragique** : pour inspirer la pitié et la crainte face à la mort et au destin.
  - **épique** : pour émerveiller, susciter l'admiration ou l'effroi.
- On peut trouver plusieurs registres dans une même œuvre.

Pour distinguer **genre** et **registre**, faites un rapprochement avec **nature** et **fonction** en grammaire.

Genre littéraire Catégorie	→	**Nature** Qu'est-ce que c'est ?
Registre Effet	→	**Fonction** À quoi cela sert-il ?

Pour dire, pour écrire

Quand vous écrivez une lettre ou que vous racontez une anecdote, demandez-vous si vous souhaitez faire rire, émouvoir ou émerveiller le destinataire et **choisissez le registre qui convient**.

Repérer

1 Lisez cet extrait. Indiquez son genre littéraire et son registre.

Comment exprimer cette foule de sensations fugitives que j'éprouvais dans mes promenades ? Les sons que rendent les passions dans le vide d'un cœur solitaire ressemblent au murmure que les vents et les eaux font entendre dans le silence d'un désert ; on en jouit, mais on ne peut les peindre.

F.-R. de Chateaubriand, *René*, 1802

2 a. Lisez ces paroles de chanson.

Le lundi je mendie
Le mardi je mendie
Et l'mercredi, et le jeudi
Le vendredi, le samedi
Mais quand qu'c'est qu'c'est dimanche
J'paye un croissant au chien
Le chien lui il s'en fout...
Ça ou du pain...
Mais le bourgeois qui passe
Sur le trottoir d'en face
Ça le fout en pétard [...]
Jusqu'au lundi !
Et l'lundi je mendie... bof...

B. Lapointe, « Revanche », 1951

b. Recopiez les affirmations qui vous paraissent correctes :
le langage est familier • les vers sont réguliers • la chanson évoque les relations sociales • l'auteur cherche à émouvoir • l'auteur veut faire rire

c. Justifiez vos choix à l'oral.

3 EXO+ **4** EXO+

Interpréter

5 À quel registre ces adjectifs vous font-ils penser ?
moqueur • spectaculaire • fatal • grandiose • mélancolique • hilarant • nostalgique • inévitable • larmoyant • ironique

6 Quel registre allez-vous choisir pour :
- **raconter votre enfance avec nostalgie ?**
- **tourner en dérision les personnes prétentieuses ?**
- **raconter la bataille qui oppose deux armées ?**

7 EXO+ **8** EXO+ **9** EXO+

Produire à l'oral

10 a. À quel registre appartient cet extrait ? Relevez les éléments qui le prouvent.

[...] Ô lac ! l'année à peine a fini sa carrière,
Et près des flots chéris qu'elle devait revoir,
Regarde ! je viens seul m'asseoir sur cette pierre
Où tu la vis s'asseoir ! [...]

A. de Lamartine, « Le Lac », *Méditations poétiques*, 1820

b. Lisez le texte à voix haute. Votre interprétation doit bien traduire le registre du poème.

11 EXO+

Écrire

12 Rédigez un texte court sur l'ascension du mont Blanc.
Choisissez le genre et le registre littéraires qui conviennent à votre projet d'écriture.

EXO+ lienmini.fr/jdl4-105
Fiche 1 EXO 3 7 11
Fiche 2 EXO 4 8 9
Exercices interactifs

Leçon

6 Le lexique de la poésie

Activité 1 **a.** **Recopiez ce texte en lui rendant sa mise en forme d'origine. N'oubliez pas de rétablir les majuscules en début de vers.**

b. **Sur quoi vous êtes-vous appuyé pour retrouver les vers ?**

Leurs jambes pour toutes montures, pour tous biens l'or de leurs regards, par le chemin des aventures ils vont haillonneux et hagards. Le sage, indigné, les harangue ; le sot plaint ces fous hasardeux ; les enfants leur tirent la langue et les filles se moquent d'eux. C'est qu'odieux et ridicules et maléfiques en effet, ils ont l'air, sur les crépuscules d'un mauvais rêve que l'on fait.

D'après **P. Verlaine**, « Grotesques », *Poèmes saturniens*, 1866

Activité 2

AUDIO
lienmini.fr/jdl4-A103

a. **Écoutez ces vers. Quelles remarques pouvez-vous faire sur la prononciation de certains mots ?**

b. **Lisez à votre tour ces vers à voix haute en respectant le nombre de syllabes indiqué.**

1. Les étoiles, points d'or, percent les branches noires *(12)* **V. Hugo**
2. Allons ! la belle nuit d'été ! *(8)* **A. de Musset**
3. Le bleu fouillis des claires étoiles ! *(9)* **P. Verlaine**
4. Ce soir encor je t'ai vu m'apparaître. *(10)* **A. de Musset**

Activité 3 **a.** **Tracez les schémas de lecture pour les vers ci-dessous. Symbolisez chaque syllabe par un tiret, chaque pause par une barre.**

Ex : Depuis huit jours, j'avais déchiré mes bottines - - - - / - - - - - - - -
Aux cailloux des chemins. J'entrais à Charleroi. **A. Rimbaud** - - - - - - / - - - - - -

1. Le colchique couleur de cerne et de lilas
   Y fleurit tes yeux sont comme cette fleur-là **G. Apollinaire**
2. Souvenir, souvenir, que me veux-tu ? L'automne
   Faisait voler la grive à travers l'air atone. **P. Verlaine**
3. Elle entra. Sa lanterne éclaira le dedans
   Du noir logis muet au bord des flots grondants. **V. Hugo**

b. *Il faut toujours marquer une pause en fin de vers.* **Êtes-vous d'accord avec cette affirmation ? Aidez-vous de vos schémas pour répondre.**

Activité 4 **a.** **Lisez les vers suivants à voix haute : contiennent-ils (8), (10) ou (12) syllabes ?**

b. **Que remarquez-vous en ce qui concerne les sonorités ? Expliquez le plus précisément possible.**

1. Un feu de ferme flambe au fond de ce désert
   Aux herbes des fossés s'accroupit le silence **L. Aragon**
2. Quand le ciel bas et lourd pèse comme un couvercle **C. Baudelaire**
3. Fuir ! là-bas fuir ! Je sens que des oiseaux sont ivres
   D'être parmi l'écume inconnue et les cieux ! **S. Mallarmé**

Je retiens

- La **poésie** peut être rapprochée de la **musique** pour l'attention portée au **rythme** et aux **sonorités**, et de la **peinture** pour la **création d'images**.
- Un poème suit des **règles** de versification qui peuvent être :
  - **des vers réguliers :** les plus fréquents sont l'**alexandrin** (12 syllabes), le **décasyllabe** (10 syllabes), l'**octosyllabe** (8 syllabes).
  - **des rimes régulières : suivies** (AABB), **croisées** (ABAB) ou **embrassées** (ABBA).
  - **un effet de rythme** : par exemple, un **enjambement** (un vers se prolonge sur le suivant) ou un **rejet** (un mot est reporté au vers suivant).
- La langue poétique travaille les sonorités : on parle d'**assonance** quand un son **voyelle** est répété, d'**allitération** quand un son **consonne** est répété.
- Les poèmes ne sont pas tous écrits en vers, certains sont écrits en prose.

Vers réguliers	Effets de rythme	Sonorités
• alexandrin, décasyllabe, octosyllabe	• enjambement • rejet	• rimes • assonance, allitération

Pour dire, pour écrire

- Observer les règles de versification permet de bien entendre le **rythme du texte poétique**.
- **Attention à la règle des *e* :** en poésie, on fait entendre le *e* final d'un mot quand le suivant commence par une consonne.

Repérer

1 a. Ce poème est-il écrit en vers ou en prose ?

[...] Ô nuit ! ô rafraîchissantes ténèbres ! vous êtes pour moi le signal d'une fête intérieure, vous êtes la délivrance d'une angoisse ! Dans la solitude des plaines, dans les labyrinthes pierreux d'une capitale, scintillement des étoiles, explosion des lanternes, vous êtes le feu d'artifice de la déesse Liberté ! [...]

C. Baudelaire, « Le Crépuscule du soir », *Le Spleen de Paris*, 1869

b. Sur quoi repose la musicalité de l'extrait ?

2 EXO+ 3 EXO+ 4 EXO+

Manipuler

5 a. Comptez les syllabes dans chaque vers.

Ô vous l'âme profonde ! ô vous la sainte lyre !
Vous souvient-il des temps d'extase et de délire,
Et des jeux triomphants,
Et du soir qui tombait des collines prochaines ?
Vous souvient-il des jours ? vous souvient-il des chênes
Et des petits enfants ? [...]

V. Hugo, « À Mademoiselle Louise B. », *Les Contemplations*, 1856

b. Quel effet la variété du rythme produit-elle ? Expliquez ce que vous ressentez à la lecture.

6 a. Comptez les syllabes des vers 3 et 4.
b. Quels mots manquent au vers 2 : *le pair* ou *l'impair* ? Justifiez votre choix.

De la musique avant toute chose,
Et pour cela préfère **...**,
Plus vague et plus soluble dans l'air,
Sans rien en lui qui pèse ou qui pose. [...]

D'après **P. Verlaine**, « Art poétique », *Jadis et naguère*, 1884

7 EXO+ 8 EXO+

Écrire

9 Les mots suivants apparaissent à la fin de quatre vers du « Bateau ivre », d'Arthur Rimbaud. Inventez une strophe dont les vers se terminent par ces rimes :

... délires
... jour
... lyres
... amour

10 Inspirez-vous de ce tableau pour écrire une strophe en alexandrins. Utilisez une allitération en [s] et une assonance en [e] ou [i].

L. Janmot, *Fleurs des champs*, 1845

Produire à l'oral

11 Préparez la mise en voix de cette strophe. Repérez les *-e* finaux et l'allitération à faire entendre. N'oubliez pas l'enjambement.

Voici venir les temps où vibrant sur sa tige
Chaque fleur s'évapore ainsi qu'un encensoir ;
Les sons et les parfums tournent dans l'air du soir ;
Valse mélancolique et langoureux vertige ! [...]

C. Baudelaire, « Harmonie du soir », *Les Fleurs du mal*, 1857

12 EXO+

EXO+ lienmini.fr/jdl4-106
Fiche 1 EXO 2 3 7 — Fiche 2 EXO 4 8 12 — Exercices interactifs

Leçon 7

Le vocabulaire des sentiments : dire l'amour

Activité 1

TRANSPORTS AMOUREUX

Vol BR5891 Bordeaux-Nice 17 octobre 11h40 vous siège 4E moi 5D, vous journal sur les genoux, moi livre regards furtifs échangés pendant tout le vol, perdu de vue à Nice j'aimerais revoir ces yeux qui se sont retournés, un café ?
Esther : ••••••@mail.fr

a. **Quels sont les différents sens du mot *transport* ? Utilisez un dictionnaire pour répondre.**

b. **Expliquez le jeu de mots utilisé dans le titre de la rubrique de ce journal.**

c. **Lequel des cinq sens est mis en valeur dans cette petite annonce ?**

Activité 2

a. **Classez les mots de cette liste, du sentiment le plus faible au sentiment le plus fort :**
attachement • sympathie • passion • idolâtrie • estime • amour
Comparez vos réponses.

(−) |——|——|——|——|——| (+)

b. **Quel mot de la liste suggère un amour démesuré ?**

Activité 3

a. **Associez les préfixes (anciens radicaux grecs) et les suffixes aux radicaux pour former des adjectifs (plusieurs combinaisons sont possibles).**
Ex : -phil- + -anthrop- → philanthrope

Préfixes (anciens radicaux grecs)	Radicaux		Suffixes
anti-	-anthrop-	-gyn-	-ique
-phob-	-xéno-	-agora-	-e
-phil(o)-	-soph-	-path-	
-mis(o)-			
sym-			

b. **Classez les adjectifs ainsi obtenus dans un tableau, selon qu'ils évoquent le gout ou le rejet.**

Gout	Rejet

Activité 4

Classez ces adverbes selon qu'ils évoquent la durée ou l'intensité du verbe *aimer*.

encore • instantanément • éperdument • toujours • ne plus • follement • éternellement

Je retiens

- L'**amour** est un sentiment complexe : pour bien le traduire, il faut en déterminer **l'objet** (qui ou qu'est-ce qui est aimé ?) et **l'intensité** (s'agit-il d'un penchant ou d'une passion ?).
- Il est important de faire la différence entre **ce que l'on pense** et **ce que l'on ressent** (émotions, sentiments). On parle d'**émotion** quand l'état affectif est **passager** et de **sentiment** quand il est **durable**.
- Le **vocabulaire de l'amour** comporte des **noms** (*Ex : passion*), des **adjectifs** (*Ex : tendre*), des **verbes** (*Ex : adorer*) et des **adverbes** (*Ex : éperdument*) qui permettent d'apporter des **nuances**.

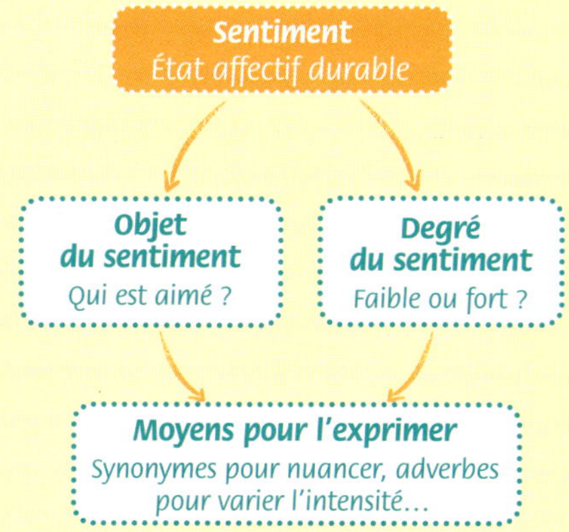

Pour dire, pour écrire

Pour évoquer un **sentiment fort**, vous pouvez aussi évoquer les **manifestations physiques** et **sensations** qu'il déclenche : tremblement, chaud ou froid…

Repérer

1 Parmi ces sentiments, lesquels pouvez-vous rapprocher de l'amour ?

espérance • fureur • affection • attirance • allégresse • ferveur • sympathie • penchant • mélancolie • attachement • courroux

Vous pouvez vous aider d'un dictionnaire.

2 a. Lisez cet extrait.

Phèdre révèle sa passion coupable pour Hippolyte.

Je le vis, je rougis, je pâlis à sa vue ;
Un trouble s'éleva dans mon âme éperdue ;
Mes yeux ne voyaient plus, je ne pouvais parler ;
Je sentis tout mon corps, et transir et brûler ;
Je reconnus Vénus et ses feux redoutables,
D'un sang qu'elle poursuit tourments inévitables.
Par des vœux assidus je crus les détourner :
Je lui bâtis un Temple, et pris soin de l'orner […].

J. Racine, *Phèdre*, 1677

b. Relevez les passages qui montrent les manifestations physiques de la passion.

c. Relevez dans le texte des antonymes des verbes *transir* et *pâlis*.

3 EXO+ 4 EXO+ 5 EXO+

Manipuler

6 a. En vous aidant d'un dictionnaire, trouvez le sens de ces quatre verbes.

L'amour peut **bouleverser**, **ravir**, **chavirer**, **troubler** ceux qui l'éprouvent, c'est-à-dire les mettre dans un état d'exaltation ou de trouble.

b. Employez chacun d'eux au sens propre dans une phrase de votre choix.

c. Faites de même avec leur sens figuré.

7 Réécrivez ce texte en remplaçant chaque mot en gras par un antonyme. Vous pouvez vous aider d'un dictionnaire.

Précisez leur classe grammaticale.

Le Chevalier Danceny écrit à Madame de Merteuil.

Ô vous, que **j'aime** ! ô toi, que **j'adore** ! ô vous, qui avez commencé **mon bonheur** ! ô toi, qui l'as **comblé** ! Amie **sensible**, **tendre** amante, pourquoi le souvenir de **ta douleur** vient-il troubler le charme que j'éprouve ? Ah ! Madame, **calmez-vous**, c'est **l'amitié** qui vous le demande. Ô ! mon **amie**, sois **heureuse** ! c'est la prière de **l'amour**.

C. de Laclos, *Les Liaisons dangereuses*, 1782

8 EXO+ 9 EXO+

Interpréter

10 Cherchez dans d'autres langues des synonymes du verbe *aimer*.

Précisez à chaque fois leur nuance.

11 a. Lisez ce qu'écrit George Sand sur l'amour.

Je ne vois pas où est le catéchisme[1] de l'amour et pourtant l'amour, sous toutes les formes, domine notre vie entière : amour **filial**, amour **fraternel**, amour **conjugal**, amour **paternel** ou **maternel**, amitié, bienfaisance, **charité**, **philanthropie**, l'amour est partout, il est notre vie même.

G. Sand, *Histoire de ma vie*, 1855

1. recueil de principes et de règles.

b. Donnez une définition des mots en gras pour préciser qui aime et qui est aimé.

12 EXO+

EXO+ lienmini.fr/jdl4-107
Fiche 1 EXO 3 4 8 | Fiche 2 EXO 5 9 12 | Exercices interactifs

Leçon

8 Figures de style : les images

Activité 1 **a. Observez ce tableau. Complétez les phrases en respectant la nature indiquée entre parenthèses. Vous pouvez vous aider de ces mots :** galoper • troupeau • se ruer • horde

1. Les vagues, *(GN)*, faisaient jaillir une écume bleutée.
2. Les vagues, telles des chevaux furieux, *(verbe)*.

b. Qu'avez-vous mis en valeur dans ces deux phrases ?

W. Crane, *Les Chevaux de Neptune*, 1893

Activité 2 **a. Dans chaque extrait, quel est le point commun entre les éléments soulignés ?**

Maintenant, je vous le dis, <u>un bruit</u> sourd, étouffé, fréquent vint à mes oreilles, semblable à <u>celui que fait une montre</u> enveloppée dans du coton. **E. Poe**

<u>L'orgueil</u>, montant dans son cœur, comme <u>le mercure dans le thermomètre</u>, avait atteint des folies transcendantes. **J. Verne**

J'aime <u>la nuit</u> avec passion [...] comme on aime <u>son pays ou sa maîtresse</u>, d'un amour instinctif, profond, invincible. **G. de Maupassant**

b. Reproduisez le tableau ci-contre et classez-y chaque groupe souligné.

Élément décrit	Élément évoqué pour ses points communs avec l'élément décrit

Activité 3 **Tous ces vers de Victor Hugo contiennent une personnification. Relevez les mots qui le montrent et essayez de donner une définition de ce procédé.**

1. Le sinistre océan jette son noir sanglot. « Les pauvres gens », *La Légende des siècles*, 1859
2. L'onde, de son combat sans fin exténuée,
   S'assoupit, et, laissant l'écueil se reposer,
   Fait de toute la rive un immense baiser « L'éclaircie », *Les Contemplations*, 1856
3. La lune était sereine et jouait sur les flots. « Clair de lune », *Les Orientales*, 1829

Je retiens

Pour rendre son texte plus expressif, un auteur peut utiliser des procédés d'écriture. Ce sont des **figures de style** parmi lesquelles on rencontre :

- **la comparaison** et **la métaphore,** qui **rapprochent deux éléments** éloignés (le comparé et le comparant) en soulignant leurs points communs, exprimés ou sous-entendus. La **comparaison** utilise un **outil de comparaison** (*comme*, *tel*...) tandis que la **métaphore** donne directement une **vision imagée**.
- **la personnification,** qui évoque par exemple un **animal**, un **objet**, une **idée** ou un **élément naturel** comme s'il s'agissait d'un **être humain.**

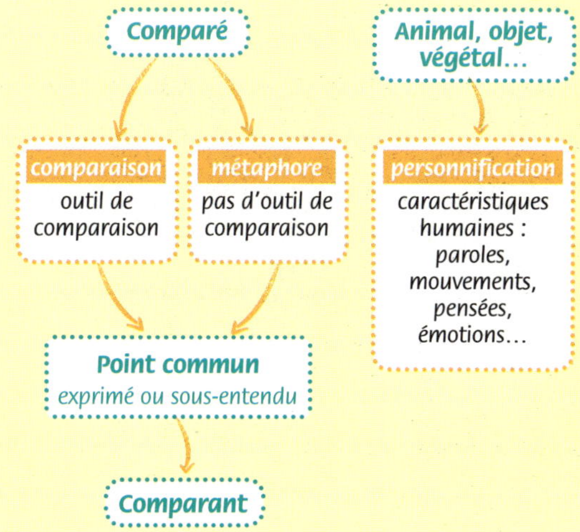

Pour dire, pour écrire

La personnification est notamment utilisée dans les **nouvelles fantastiques**, pour rendre inquiétants certains objets en les faisant paraitre presque vivants.

Repérer

1 a. Voici deux extraits qui évoquent les joues. Quelles sont les figures de style soulignées ? Justifiez votre réponse.

1. Elle sauta d'un bond [...], les joues rouges comme une pomme d'api, les prunelles rayonnantes d'éclair. **V. Hugo**

2. J'appuyais tendrement mes joues contre les belles joues de l'oreiller qui, pleines et fraîches, sont comme les joues de notre enfance. **M. Proust**

b. Écrivez à votre tour une phrase contenant une métaphore sur cette partie du visage.

2 Lisez ces vers d'un poème intitulé « Le mot ». Relevez les termes utilisés pour personnifier le mot.

[...] Il monte l'escalier, ouvre la porte, passe,
Entre, arrive, et, railleur, regardant l'homme en face,
Dit : – Me voilà ! Je sors de la bouche d'un tel. [...]

V. Hugo, « Le mot », *Toute la lyre*, 1888

3 EXO+ **4** EXO+

Manipuler

5 a. Quelle figure de style est employée dans ces extraits ?

1. Vous êtes un météore lumineux qui doit donner le mouvement et la vie à un sens nouveau. **Mme Hanska**

2. Vers quelles eaux tièdes de l'horrible tendresse allons-nous ? **M. Duras**

3. N'oublie jamais, mon ange, cette heure mystérieuse qui a changé ta vie. **V. Hugo**

b. Recopiez et complétez ce tableau.

	Comparé	Comparant	Point(s) commun(s)
Mme Hanska			
M. Duras			
V. Hugo			

6 Relevez les trois comparaisons du texte, puis analysez-les dans un tableau.

On eût volontiers pris son nez pour le style[1] d'un cadran solaire, tant il était mince et aigu ; ses dents, écartées et à surface épicycloïque[2], ressemblaient aux engrenages d'une roue [...] et l'on pouvait entendre son cœur battre comme le tic-tac d'une horloge.

J. Verne, *Maître Zacharius*, 1854

1. la tige. 2. courbée.

	Comparé	Comparant	Point(s) commun(s)	Outil de comparaison
Comparaison 1				
Comparaison 2				
Comparaison 3				

7 EXO+ **8** EXO+

Écrire

9 Réécrivez cet extrait en l'enrichissant de comparaisons et de métaphores.

Mon fusil glissa dans l'herbe ; j'avais tout oublié et dévorais des yeux cette taille svelte, ce petit cou, ces jolies mains, ces cheveux blonds légèrement ébouriffés sous le fichu blanc, cet œil intelligent à moitié clos, ces cils et cette joue veloutée...

I. Tourgueniev, *Premier amour*, 1860

10 Vous vous trouvez devant un paysage qui vous impressionne. Décrivez-le à l'aide de figures de style qui traduiront ce que vous ressentez : admiration, surprise, effroi...

11 EXO+ **12** EXO+

EXO+ lienmini.fr/jdl4-108
Fiche 1 EXO 3 7 11 | Fiche 2 EXO 4 8 12 | Exercices interactifs

Leçon

9 Les figures de l'insistance

C. D. Friedrich,
Mer de glace, 1823-1824

Activité 1

a. Quelle impression ce paysage produit-il sur vous ?

b. Quels sont les adjectifs qualificatifs qui vous viennent à l'esprit lorsque vous regardez ce tableau ?

c. Utilisez ces adjectifs dans une phrase pour décrire le paysage.

Activité 2

Lisez cette strophe à voix haute : sur quels mots allez-vous insister ? Pourquoi ?

Je t'aime pour toutes les femmes que je n'ai pas connues
Je t'aime pour tous les temps où je n'ai pas vécu
Pour l'odeur du grand large et l'odeur du pain chaud
Pour la neige qui fond pour les premières fleurs
Pour les animaux purs que l'homme n'effraie pas [...]

P. Éluard, « Je t'aime », *Le Phénix*, 1951

Activité 3

a. Lisez cet extrait de discours.

Nous avons triomphé dans notre effort pour insuffler l'espoir dans le cœur de millions de nos concitoyens. Nous prenons l'engagement de bâtir une société dans laquelle tous les Sud-Africains, blancs ou noirs, pourront marcher la tête haute sans aucune crainte au fond de leur cœur, assurés de leur droit inaliénable à la dignité humaine – une nation arc-en-ciel en paix avec elle-même et avec le monde. [...]

Que la justice soit présente pour tous ! Que la paix soit là pour tous ! Que le travail, le pain, l'eau et le sel soient à la disposition de tous ! [...] Que règne la liberté !

Le soleil ne se couchera jamais sur une réussite humaine si glorieuse.

N. Mandela, discours d'investiture prononcé le 10 mai 1994

b. Repérez les phrases exclamatives. Pourquoi, à votre avis, Nelson Mandela a-t-il choisi de toutes les construire de la même façon ?

c. Dans le premier paragraphe, comment Nelson Mandela montre-t-il que son projet est ambitieux ?

d. Recopiez une autre phrase qui souligne la grandeur de ce qu'il a accompli. Reformulez-la avec vos propres mots.

Je retiens

Pour **rendre un discours plus convaincant**, mettre **en relief** une idée, traduire l'**intensité d'une émotion** ou parfois pour amuser le lecteur, un auteur peut utiliser ces **figures de style de l'insistance et de l'amplification** :

- **l'énumération** : succession de mots ou groupes de mots de même nature.
- **l'anaphore** : répétition d'un même mot ou groupe de mots au début de phrases ou de vers qui se suivent.
- **la gradation** : succession de termes présentés du moins fort au plus fort (gradation ascendante) ou du plus fort au moins fort (gradation descendante).
- **l'hyperbole** : emploi de termes ou de tournures exagérés.

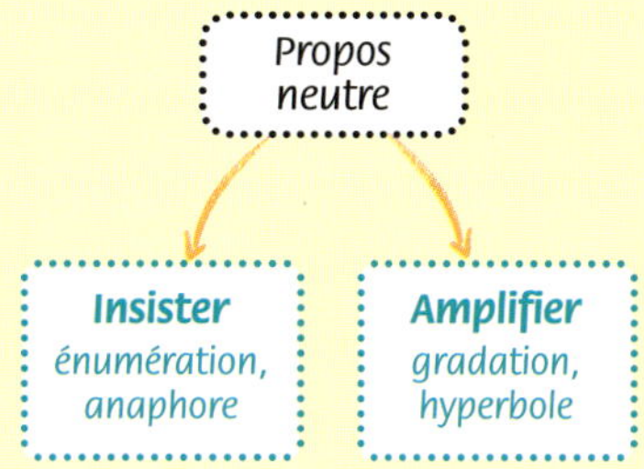

Pour dire, pour écrire

Les figures de l'insistance sont notamment utilisées en **poésie**, pour **provoquer une émotion** chez le lecteur, ainsi que dans les **discours** ou **débats** (art oratoire) pour **convaincre les auditeurs**.

Repérer

1 Quelle figure de style reconnaissez-vous dans cet extrait ?

Souvent, du haut d'une montagne, ils apercevaient tout à coup quelque cité splendide avec des dômes, des ponts, des navires, des forêts de citronniers et des cathédrales de marbre blanc, dont les clochers aigus portaient des nids de cigognes.

G. Flaubert, *Madame Bovary*, 1856

2 a. Relevez les phrases qui contiennent une gradation. Précisez s'il s'agit d'une gradation ascendante ou descendante.

1. Un souffle, une ombre, un rien, tout lui donnait la fièvre. **J. de La Fontaine**
2. Eh bien... on y voyait comme en plein jour... et je ne me vis pas dans ma glace ! Elle était vide, claire, pleine de lumière. **G. de Maupassant**
3. [...] des femmes, des hommes, des enfants étaient debout sur le parapet. **V. Hugo**
4. [...] je vis un pauvre saltimbanque voûté, caduc, décrépit, une ruine d'homme [...]. **C. Baudelaire**

b. Quelle figure de style trouvez-vous dans les autres phrases ?

c. Expliquez la différence entre ces deux figures de style.

3 EXO+ **4** EXO+ **5** EXO+

Interpréter

6 a. Quelle figure de style utiliseriez-vous pour :

1. suggérer l'abondance ?
2. montrer l'intensification d'un sentiment ?
3. évoquer la violence d'un combat ?

b. Rédigez une phrase contenant l'une de ces trois figures de style.

7 a. Lisez cet extrait d'un discours de Victor Hugo.

Vous n'avez rien fait tant que le peuple souffre ! Vous n'avez rien fait tant qu'il y a au-dessous de vous une partie du peuple qui désespère ! Vous n'avez rien fait, tant que ceux qui sont dans la force de l'âge et qui travaillent peuvent être sans pain !

V. Hugo, « Détruire la misère », 1849

b. À votre avis, à qui Victor Hugo s'adresse-t-il ?

c. Qu'est-ce qui fait la puissance oratoire de ce passage ? Apportez deux éléments de réponse différents.

8 EXO+ **9** EXO+

Écrire

10 a. Lisez cet extrait.

Il connut la mélancolie des paquebots, les froids réveils sous la tente, l'étourdissement des paysages et des ruines, l'amertume des sympathies interrompues.

G. Flaubert, *L'Éducation sentimentale*, 1869

b. À la manière de Flaubert, poursuivez cette phrase par une énumération :

Elle connut le plaisir des vacances ...

11 Vous assistez à un feu d'artifice. Le spectacle s'achève par un splendide bouquet final.
Décrivez le spectacle, votre réaction et celle du public présent. Vous utiliserez les figures de l'énumération, de la gradation, de l'anaphore et de l'hyperbole.

12 EXO+

EXO+ lienmini.fr/jdl4-109

- Fiche 1 EXO 3 4 8
- Fiche 2 EXO 5 9 12
- Exercices interactifs

▶ *Avez-vous bien compris ces leçons sur le vocabulaire et les figures de style ? Vérifiez en lisant le texte et en répondant aux questions d'un groupe.*

Texte support

Un jeu dangereux

Paul, « l'élève pâle », décide de participer à une bataille de boules de neige à la sortie du collège.

Dargelos était le coq du collège. Il goûtait ceux qui le bravaient ou le secondaient. Or, chaque fois que l'élève pâle se trouvait en face des cheveux tordus, des genoux blessés, de la veste aux poches intrigantes, il perdait la tête.

La bataille lui donnait du courage. Il courrait, il rejoindrait Dargelos, il se battrait, le défendrait, lui prouverait de quoi il était capable.

La neige volait, s'écrasait sur les pèlerines[1], étoilait les murs. De place en place, entre deux nuits, on voyait le détail d'une figure rouge à la bouche ouverte, une main qui désigne un but.

Une main désigne l'élève pâle qui titube et qui va encore appeler. Il vient de reconnaître, debout sur un perron, un des acolytes[2] de son idole. C'est cet acolyte qui le condamne. Il ouvre la bouche : « Darg... », aussitôt la boule de neige lui frappe la bouche, y pénètre, paralyse les dents. Il a juste le temps d'apercevoir un rire et, juste à côté du rire, au milieu de son état-major, Dargelos qui se dresse, les joues en feu, la chevelure en désordre, avec un geste immense.

Un coup le frappe en pleine poitrine. Un coup sombre. Un coup de poing de marbre. Un coup de poing de statue. Sa tête se vide. Il devine Dargelos sur une espèce d'estrade, le bras retombé, stupide, dans un éclairage surnaturel.

Il gisait par terre. [...] Des sifflets retentirent. En une minute la cité se vida. Seuls quelques curieux se pressaient autour du corps [...].

J. Cocteau, *Les Enfants terribles*,

1. courtes capes. 2. complices.

Groupe 1

Repérer

1 « Dargelos était le coq du collège. » (l. 1) **Dans cette métaphore, dites quel est :**
- le comparé.
- le comparant.
- le point commun entre les deux.

2 Trouvez dans le deuxième paragraphe une énumération qui montre que Paul veut plaire à Dargelos.

3 « coup de poing de statue » (l. 29) **est une métaphore qui montre la force et la supériorité de Dargelos. Parmi les expressions suivantes, lesquelles annonçaient la métaphore ?** « son idole » • « cet acolyte » • « son état-major » • « se dresse » • « chevelure en désordre » • « geste immense »

Manipuler

4 « Il ouvre la bouche [...] dents. » (l. 19 à 22) **Lisez cette phrase puis poursuivez l'énumération. Vous pouvez vous aider des verbes suivants :** anesthésier • remplir • glacer • asphyxier

5 « Sa tête se vide. » (l. 29) **Reformulez cette expression avec vos propres mots.**

Écrire

6 Poursuivez la dernière phrase dans un registre épique : « En une minute la cité se vida : **...** »
Vous pouvez par exemple décrire les traces laissées au moment de l'affrontement et souligner le courage dont Paul a fait preuve avant de s'évanouir.

7 Des années plus tard, Paul, qui a réussi dans la vie, rencontre Dargelos par hasard. Racontez ce qu'il lui dit et montrez les réactions des interlocuteurs.

BREVET DICTÉE lienmini.fr/jdl-011
Groupes 1, 2 et 3
Écoutez et écrivez le texte de cette dictée pour vous préparer à l'épreuve du brevet.

Groupe 2

Repérer

1 « Dargelos était le coq du collège. » (l. 1) **Expliquez la métaphore.**

2 **Dans le deuxième paragraphe, par quelle figure de style le lecteur sent-il que Paul veut plaire à Dargelos ?**

3 **a.** « coup de poing de statue » (l. 29) **Relevez dans le quatrième paragraphe trois expressions qui annoncent cette métaphore.**
b. Ces expressions mettent en valeur (recopiez les bonnes réponses) : le courage • la ruse • la prestance • la force

Manipuler

4 « Il ouvre la bouche [...] dents. » (l. 19 à 22) **Lisez cette phrase puis poursuivez l'énumération.**

5 « Sa tête se vide. » (l. 29) **Reformulez cette expression avec vos propres mots.**

Écrire

6 **Poursuivez la dernière phrase dans un registre épique :** « En une minute la cité se vida : **...** »

7 **Des années plus tard, Paul, qui a réussi dans la vie, apprend que Dargelos est dans le besoin. Il le rencontre ; imaginez leur dialogue.**

Groupe 3

Repérer

1 **Relevez une figure de style dans le premier paragraphe et expliquez-la.**

2 **a. Relevez une figure de style dans le deuxième paragraphe et nommez-la.**
b. Quel souhait de Paul traduit-elle ?

3 **a.** « coup de poing de statue » (l. 29) **Relevez trois expressions qui annoncent cette métaphore.**
b. Comment Dargelos est-il vu par le narrateur ?

Manipuler

4 « Il ouvre la bouche [...] dents. » (l. 19 à 22) **Lisez cette phrase puis poursuivez-la en prolongeant la figure de style.**

5 « Sa tête se vide. » (l. 29) **Utilisez à votre tour une autre image pour formuler la même idée.**

Écrire

6 **Poursuivez la dernière phrase dans un registre adapté à l'ambiance du texte :** « En une minute la cité se vida : **...** »

7 **Des années plus tard, Paul et Dargelos se retrouvent par hasard. Mais le rapport de force n'est plus du tout le même. À vous d'imaginer leur dialogue.**

M. Delgay, *Toulouse sous la neige*, 1954

Atelier de classe Qu'est-ce qu'un groupe nominal ?

*Voici un atelier qui va vous permettre d'****approfondir vos connaissances sur le groupe nominal****. ****Par groupes****, vous procéderez à des ****activités d'observation et de manipulation****. Vous vous concerterez puis rassemblerez vos idées pour les présenter à la classe. Après discussion, vous pourrez ****rédiger ensemble vos conclusions**** de façon synthétique.*

E. Degas, *Un bureau de coton à la Nouvelle-Orléans*, 1873

PARTIE 1

Distinguer les déterminants et les pronoms indéfinis

Observons et manipulons

Observez le tableau ci-dessus. Où se déroule la scène ? Par quel(s) personnage(s) votre regard a-t-il d'abord été attiré ?

1. Au sein de votre groupe, choisissez chacun(e) un personnage du tableau et décrivez sa tenue vestimentaire. Soulignez les déterminants que vous avez utilisés.

2. Individuellement, choisissez un objet représenté sur le tableau et faites-le deviner à vos camarades de groupe. Commencez votre devinette par :
« C'est quelque chose qui… »

3. Proposez trois phrases commençant par :
« Sur ce tableau, on ne voit aucun(e)… » **et demandez à vos camarades si cela est vrai ou faux.**

4. Le tableau représente 14 personnages. Assurez-vous de les avoir repérés puis regroupez-les selon leurs points communs ou différences. Justifiez vos classements en utilisant les pronoms indéfinis ci-dessous.

certains | chacun | d'autres | le(s) même(s) | plusieurs | tous

Qu'avons-nous observé ?

À partir de vos observations, expliquez ce que signifie le mot *indéfini*. Quelle différence avez-vous observée entre les déterminants et les pronoms indéfinis ?

PARTIE 2

Écrire les noms composés au pluriel

Observons et manipulons

1. Voici un chapeau melon et un chapeau haut de forme. Combien en comptez-vous dans le tableau ?

Répondez individuellement par une phrase puis comparez vos réponses.
Comment avez-vous orthographié *chapeau melon* au pluriel ? Et *chapeau haut de forme* ?

2. Combien de noms composés ces phrases contiennent-elles ? Recopiez-les avec le déterminant qui les introduit, puis soulignez ceux qui sont au pluriel.

a. Ce tableau est le premier chef-d'œuvre de Degas à être entré dans une collection publique française.
b. Ce tableau est le premier des chefs-d'œuvre de Degas à être entré dans une collection publique française.
c. Le tableau est composé de plusieurs arrière-plans.
d. L'un des personnages est le beau-fils de celui qui est au premier plan.
e. Le frère de Degas lit sans doute des comptes rendus dans le journal.
f. L'homme à gauche doit avoir un rendez-vous.

Qu'avons-nous observé ?

À partir de vos observations, expliquez ce qu'est un nom composé. Est-il toujours formé à partir de deux noms ? Les éléments d'un nom composé sont-ils toujours réunis par un trait d'union ?

PARTIE 3

Identifier les expansions du nom

Observons et manipulons

1. À quelle classe grammaticale les mots soulignés appartiennent-ils ?

Ce … tableau est exposé au Musée … …. Edgar Degas est allé aux États-Unis pour rencontrer ses parents … …. Il a peint le bureau …. On rattache souvent Degas au mouvement ….

Complétez cette présentation à l'aide des expansions suivantes.

américains | où l'on négocie le coton | impressionniste | de Pau | célèbre | des Beaux-Arts | qu'il ne connaissait pas

Qu'ont en commun les étiquettes orange ? Les étiquettes vertes ? Connaissez-vous la classe grammaticale à laquelle appartiennent les mots dans les étiquettes bleues ?

2. Lisez ces phrases à voix haute, en marquant nettement les pauses indiquées par les virgules.

Degas, désireux de connaitre sa famille américaine, se rendit à la Nouvelle-Orléans. Passionné de photographie, Degas réalisa de nombreux portraits de ses amis. Degas, peintre et photographe, a également sculpté de nombreuses œuvres.

Sur quel mot les groupes soulignés apportent-ils une précision ?

Qu'avons-nous observé ?

À partir de vos observations, rédigez une remarque sur les différents moyens dont on dispose pour enrichir un groupe nominal en apportant une information sur le nom.

Qu'avons-nous découvert sur le groupe nominal ?

Faites le point avec les membres de votre groupe afin de pouvoir présenter le résultat de vos observations sur :

- **les déterminants et pronoms indéfinis**
- **le pluriel des noms composés**
- **les expansions du nom**

Leçon

10 Les déterminants et les pronoms indéfinis

Activité 1 **Observez cette photographie et rédigez quatre ou cinq phrases pour décrire ce que vous voyez. Utilisez au moins une fois chaque déterminant ci-dessous.** *Attention* aux accords !

autre

chaque

même

plusieurs

quelques

M. Shainblum, *Mirror City Timelapse*, 2013

Activité 2 **Voici une série de pronoms indéfinis :** aucun • beaucoup • certain • chacun • le même • on • personne • peu • plusieurs • quelqu'un • quiconque • rien • tout

a. **Classez chaque pronom indéfini dans un tableau selon qu'il est variable ou invariable.**

b. **Soulignez ceux qui expriment une quantité nulle (égale à zéro).**

Pronoms variables	Pronoms invariables

Activité 3 **a.** **Lisez le texte suivant.**

> Mais son idée la plus profonde était, chez la femme sans coquetterie, de conquérir la mère par l'enfant ; il ne perdait aucune force, spéculait sur tous les sentiments, créait des rayons pour petits garçons et fillettes, arrêtait les mamans au passage, en offrant aux bébés des images et des ballons. **É. Zola**, *Au Bonheur des Dames*, 1883

b. **Transformez le passage souligné en supprimant la négation dans la première proposition, en insérant une négation dans la seconde.**

c. **Quelles modifications avez-vous dû effectuer ?**
Que pouvez-vous en conclure sur les mots *aucun* et *tout* ?

Activité 4 **a.** **Recopiez les phrases en les complétant par ces pronoms et déterminants indéfinis.**

1. … est pris qui croyait prendre.
2. Il a fait preuve d'une … audace que nous avons été stupéfaits.
3. J'ai cherché et n'ai trouvé … part.
4. … ne comprendrait son absence en de … circonstances.

nul | nulle | tel | telle | telles

b. **Entourez les pronoms indéfinis. Soulignez les déterminants indéfinis.**

Je retiens

- Les **déterminants indéfinis** indiquent l'**imprécision de l'identité ou de la quantité** du nom qu'ils accompagnent. Ils peuvent être associés à un autre déterminant.
- Les **pronoms indéfinis remplacent des éléments imprécis**. S'ils ont un sens négatif, ils sont toujours accompagnés de la négation : *aucun* ***ne***…

Pour dire, pour écrire

- Les pronoms indéfinis renvoient le plus souvent à des **groupes nominaux déjà cités**.
- Les déterminants indéfinis permettent d'**exprimer une incertitude** quant à la véracité, la réalité des faits évoqués.

Indéfinis

Déterminants
le plus souvent devant un nom
aucun, chaque, certains, quelques, nul, peu de, plusieurs, tel, la plupart de, beaucoup de, peu de, tout…

Pronoms
- *le plus souvent devant un verbe*
- *accompagnés de la négation* ***ne/n'*** *dans le cas d'une quantité nulle ou de sens négatif*

on, certains, rien, tout, plusieurs, quelque chose, quelqu'un, beaucoup, peu…

Repérer

1 a. Lisez et recopiez ces vers, extraits du *Cid* de P. Corneille (1637).

1. On n'entend que des cris, on ne voit que des larmes.
2. Quand on rend la justice, on met tout en balance.
3. On a tué ton père, il était l'agresseur ;
Et la même équité m'ordonne la douceur.
4. Non, Sire, il ne faut pas différer davantage :
On est toujours trop prêt quand on a du courage.

b. Entourez le pronom indéfini *on*.

c. Dans quel cas précède-t-il immédiatement le verbe ?

2 Relevez les pronoms indéfinis.

1. Il lui sembla voir quelque chose d'inhabituel.
2. Il ne distingua aucune anomalie.
3. Son collègue avait fourni les mêmes conclusions.
4. Quelqu'un avait ouvert la porte avant lui.
5. Personne ne l'avait vraiment vu.

3 Relevez les groupes nominaux puis soulignez ceux qui contiennent un déterminant indéfini.

1. Aucune nouvelle information ne nous est parvenue.
2. De telles précisions sont essentielles pour comprendre la situation.
3. Tout le pays retient son souffle.
4. Un tel silence surprend : aucun bruit ne perturbe les quelques instants qui suivent son discours.
5. Ses paroles ont ému la plupart des invités.

4 EXO+ 5 EXO+

Manipuler

6 Complétez ces phrases avec le déterminant indéfini qui convient.

quelques | aucune | chaque | les mêmes | quelques | tous

1. … année, ils invitent … amis à leur anniversaire.
2. Depuis … jours, il semble soucieux.
3. … les dossiers seront examinés.
4. … projets étaient disposés sur le bureau ; … page n'avait encore été lue.

7 Remplacez chaque GN souligné par un pronom indéfini.

1. Le maire s'est adressé à <u>chaque invité</u>.
2. <u>Un inconnu</u> m'a appelé.
3. Il parle couramment l'italien ; il comprend <u>toutes les expressions</u>.

8 EXO+ 9 EXO+

Préparer une dictée

10 a. Recopiez ce texte et entourez les pronoms indéfinis sujets.

b. Soulignez les noms avec lesquels les déterminants indéfinis s'accordent.

Tout, dans ce paysage, est d'une beauté grave et triste. L'aspect de la ville, surtout à cette époque, augmentait encore l'impression causée par la solitude de ses alentours. Nul mouvement dans les rues, où l'on ne rencontre qu'un petit nombre de figures oisives, et toujours les mêmes. Point de femmes, sinon quelques paysannes qui viennent vendre leurs denrées. On n'entend point parler haut, rire, chanter, comme dans les villes italiennes. Quelquefois, à l'ombre d'un arbre de la promenade, une douzaine de paysans armés jouent aux cartes, ou regardent jouer. Ils ne crient pas, ne se disputent jamais; si le jeu s'anime, on entend alors des coups de pistolet, qui toujours précèdent la menace.

P. Mérimée, *Colomba*, 1840

11 EXO+ 12 EXO+

Écrire

13 Rédigez un court texte dans lequel vous racontez à un(e) ami(e) une fête à laquelle il (elle) n'a pas assisté. Utilisez au moins trois déterminants indéfinis et trois pronoms indéfinis.

EXO+ lienmini.fr/jdl4-110
Fiche 1 EXO 4 8 11
Fiche 2 EXO 5 9 12
Exercices interactifs

Leçon

11 Le pluriel des noms composés

Activité 1

a. **Observez cette image et écrivez le nom des objets que vous reconnaissez. Soulignez les noms composés.**

cure-... mini-... tire...

b. **Quels autres objets aimeriez-vous trouver dans cet outil ? N'utilisez que des noms composés pour répondre.**

Activité 2

a. **Relevez les noms composés.**

1. Ce téléfilm est un véritable fourretout.
2. Tu t'achètes un millefeuille avant d'aller jouer au pingpong près de l'autoécole.
3. Elle a aperçu une chauvesouris.

b. **Comment les avez-vous repérés ?**

Activité 3

a. **Observez ces phrases. Dans chaque phrase, repérez le nom qui, à l'origine, s'écrivait en plusieurs mots.**

1. Les gendarmes sont rapidement intervenus sur les lieux.
2. Laissez revenir puis déglacez avec du vinaigre de framboise.
3. Le hautbois est un instrument à anche.
4. Nous avons trouvé un portefeuille dans la rue.
5. On annonce de la neige ce weekend.
6. Les sections basketball et handball se retrouveront à midi.

b. **À partir de quels mots ont-ils été composés ?**

Activité 4 **Associez chaque mot en gras à la classe grammaticale à laquelle il appartient.**

verbe nom commun préposition

1. Tes parents ont pris **rendez**-vous avec ton professeur principal.
2. Ma sœur a préparé un assortiment de **hors**-d'œuvre.
3. Mon frère a fait cuire un quatre-**quarts**.
4. Ma cousine prépare le semi-**marathon** de Paris.
5. Elle se moque bien du qu'en-**dira**-t-on.

Je retiens

- Les **noms composés** contiennent **plusieurs éléments**, qui peuvent être soudés ou bien liés par un trait d'union.
- Dans certains noms composés, avec l'évolution de la langue, **les éléments ont fusionné**. Ces noms s'écrivent au **pluriel comme des noms simples**.
- Dans les noms composés **avec trait d'union**, seuls les **noms et adjectifs s'accordent au pluriel**.
- Quand un nom composé est formé de **deux noms** ou d'un **nom accompagné d'un adjectif**, les **deux éléments prennent la marque du pluriel**, sauf si le sens l'interdit.

Pour dire, pour écrire

Pour écrire le pluriel d'un nom composé, il faut s'interroger sur la **classe grammaticale** à laquelle appartient chacun de ses éléments.

Nom composé au pluriel

- ***sans trait d'union*** : *même marque que pour un mot simple (des weekends)*
- ***avec trait d'union*** : *seuls les noms et adjectifs s'accordent (des grille-pains)*

Repérer

1 a. Relevez les noms composés.

1. Les élèves seront libérés en fin d'après-midi.
2. Ce film dénonce la situation des sans-abris.
3. Les pourparlers sont encore en cours.
4. Nous attendons la contre-expertise avant de nous prononcer.
5. Il y a trop de sous-entendus dans son courrier.

b. Précisez à quelle classe grammaticale appartient chaque élément qui les compose.

2 a. Classez ces noms composés dans un tableau : coton-tige • sèche-cheveux • porte-serviette • coupe-ongles • grille-pain • lave-vaisselle • aller-retour • appareil photo • café-théâtre • auteur-compositeur

Nom + nom	Verbe + nom

b. Recopiez-les en les mettant au pluriel.

3 Complétez ces phrases avec le nom composé dont la définition est précisée entre parenthèses.

1. Le médecin annule ses *(rencontres convenues entre plusieurs personnes)* aujourd'hui.
2. Dans *Tintin au Tibet*, on voit le reporter utiliser des *(voitures à une place tirées par un homme et en usage en Extrême-Orient)* pour se déplacer.
3. Les touristes visitent la capitale en *(bateau assurant un service de promenades sur la Seine)*.

4 EXO+ 5 EXO+

Manipuler

6 a. Complétez ces noms composés par des mots évoquant une partie du corps : cœur • corps • doigt • main • pied (2x) • bras • tête • dent

1. un tête-à-... 2. un ...-à-corps 3. un ... à terre
4. un sèche-... 5. un cure-... 6. un fier-à-...
7. un cale-... 8. un accroche-... 9. un rince-...

b. Réécrivez-les au pluriel.

7 a. Les éléments des noms composés ont été mélangés ; mettez-les dans le bon ordre : un chauffe-citron • un lave-fleur • un casse-eau • un grille-noix • un micro-filet • un presse-ondes • un chou-vaisselle • un faux-pain

b. Réécrivez-les au pluriel.

8 a. Complétez ces phrases par des noms composés.

1. Les parents de mes parents sont mes ....
2. Les femmes de mes frères sont mes ....
3. Pour ma mère, les fils de mon frère sont ses ....
4. Les frères de mon grand-père sont mes ....

b. Précisez la classe grammaticale des deux éléments pour justifier l'orthographe au pluriel.

9 EXO+ 10 EXO+

Écrire

11 Vous allez déménager et décidez de vous débarrasser de certains objets. Rédigez une annonce de vente d'occasion en utilisant au moins cinq de ces noms composés au pluriel : cerf-volant • casse-tête • abat-jour • tirebouchon • porteclé • portemanteau • dessous de plat • monte-charge • presse-papiers • sèche-linge • canapé-lit

12 EXO+ 13 EXO+

Produire à l'oral

14 Inventez des noms composés amusants en associant un verbe et un nom. Vous pouvez vous aider de l'exercice 7. N'oubliez pas de préciser la définition du mot !

EXO+ lienmini.fr/jdl4-111

Fiche 1 EXO 4 9 12 — Fiche 2 EXO 5 10 13 — Exercices interactifs

Leçon

12 Les expansions du nom

À vendre : spacieuse maison de standing, jardin clos.
Au rez-de-chaussée : cuisine équipée, salle à manger, feu de bois, parquet en chêne.
À l'étage : deux belles chambres, double vitrage, salle de bain, grenier aménagé.

Activité 1

a. Lisez cette petite annonce.

b. De combien de pièces cette maison dispose-t-elle ?

c. Relevez les adjectifs qualificatifs.

d. Précisez la classe grammaticale des mots en bleu.

Activité 2 **a. Relevez tous les mots qui complètent les noms en gras. Soulignez les adjectifs qualificatifs.**

Un historien contemporain décrit Bristol telle qu'elle était au XVIIIe siècle.

Cette « **porte** de l'Empire » qui compte 50 000 habitants en 1740 doit son succès au **commerce** transatlantique avec l'Afrique, l'**Amérique** du Nord et les **Indes** occidentales. Le **centre** de la ville est occupé par de somptueuses **propriétés** et un **quartier** des affaires, le **Tolsey**, qui est en fait une **allée** couverte dans laquelle les marchands évaluent leur profit sur d'antiques **tables** de bronze.

P. Brioist, manuel d'Histoire-Géographie 4e, Magnard, 2011

b. Qu'en déduisez-vous sur la place de l'adjectif qualificatif ?

Activité 3

Ayant poussé la porte étroite qui chancelle
Je me suis promené dans le petit jardin
Qu'éclairait doucement le soleil du matin,
Pailletant chaque fleur d'une humide étincelle. […] »

Rien n'a changé. J'ai tout revu : l'humble tonnelle
De vigne folle avec les chaises de rotin…
Le jet d'eau fait toujours son murmure argentin
Et le vieux tremble sa plainte sempiternelle.

Les roses comme avant palpitent ; comme avant,
Les grands lys orgueilleux se balancent au vent,
Chaque alouette qui va et vient m'est connue. […]

P. Verlaine, « Après trois ans », *Poèmes saturniens*, 1866

a. Complétez la légende de la première strophe par les classes grammaticales qui correspondent.

mots encadrés : …

passage souligné : …

passages surlignés : …

b. Recopiez les strophes suivantes en leur appliquant la même légende que pour la strophe 1.

Activité 4 **Lisez ces phrases. Complétez les pointillés bleus par des expansions du nom.**

Il était quatre heures, les hommes allèrent se promener dans le parc, [qui …] ou regardèrent danser sur la pelouse [du …] les paysannes [de …], parées de leurs habits [de …]. Je remarquai que la mariée couvrit ses […] cheveux d'un bonnet et d'un chapeau [à …].

D'après **P. Mérimée**, *La Vénus d'Ille*, 1837

Je retiens

Les **expansions** précisent, complètent le nom noyau du groupe nominal. Elles ont pour **fonction** :

- **épithète** : l'**adjectif qualificatif**, placé directement avant ou après le nom, s'accorde avec lui en genre et en nombre. Il peut s'agir d'un participe passé employé comme adjectif.
- **complément du nom** : le **groupe prépositionnel** est toujours après le nom qu'il complète.
- **complément de l'antécédent** : la **proposition subordonnée relative** est introduite par un **pronom relatif** qui représente le nom qu'il remplace, appelé son **antécédent**.

Nom noyau complété par…

- classe : **adjectif qualificatif** • fonction : **épithète**
- nature : **GN prépositionnel** • fonction : **complément de l'antécédent**
- nature : **proposition subordonnée relative** • fonction : **complément de l'antécédent**

Pour dire, pour écrire

Les expansions permettent d'**enrichir un texte**, notamment les **descriptions**, les **portraits**.

Repérer

1 Classez dans un tableau les différentes parties de ces GN : le musée dont tu m'as parlé • un pommier en fleurs • une plage ensoleillée • les touristes étrangers • le piquenique que nous emportons • la crème solaire • la voiture qui ne démarre pas • la machine à remonter le temps.

Déterminant	Nom	Expansion du nom
le	*jardin*	*de mon enfance*

2 Indiquez la nature et la fonction des expansions du nom soulignées.

J'allais refermer les yeux lorsque mon attention fut de nouveau excitée par des trépignements <u>étranges</u> <u>auxquels se mêlèrent bientôt le tintement des sonnettes</u> et le bruit <u>des portes</u> <u>qui s'ouvraient avec fracas</u>, puis je distinguai des bruits <u>confus</u>.

P. Mérimée, *La Vénus d'Ille*, 1837

3 EXO+ 4 EXO+ 5 EXO+

Manipuler

6 Recopiez la phrase en la complétant par des adjectifs qualificatifs.

Tout à coup le feu **…** prit un **…** degré d'activité ; une lueur **…** illumina la chambre **…**, et je vis clairement que ce que j'avais pris pour de **…** peintures était la réalité […].

D'après **T. Gautier**, *La Cafetière*, 1831

7 Recopiez ces GN. Soulignez les adjectifs épithètes puis remplacez-les par un GN prépositionnel de même sens. Variez les prépositions.

Ex : une soirée amicale → une soirée entre amis

1. un spectacle équestre **2.** un homme grand
3. une randonnée cycliste **4.** un plat insipide
5. un temps automnal **6.** une brioche sucrée

8 EXO+ 9 EXO+ 10 EXO+

Produire à l'oral

11 Décrivez le tableau en utilisant ces structures de GN.

1. déterminant + nom
2. déterminant + nom + adjectif
3. déterminant + nom + GN prépositionnel
4. déterminant + nom + proposition subordonnée relative

V. Van Gogh, *La chambre à coucher*, 1888

Préparer une dictée

12 a. Précisez le genre et le nombre des GN en bleu.
b. Justifiez l'accord du participe passé dans les propositions subordonnées relatives en gras.

La première fois qu'Aurélien vit Bérénice, il la trouva franchement laide. Elle lui déplut, enfin. Il n'aima pas comment elle était habillée. Une étoffe **qu'il n'aurait pas choisie**. Il avait des idées sur les étoffes. Une étoffe **qu'il avait vue** sur plusieurs femmes. […] Ses cheveux étaient ternes ce jour-là, mal tenus. Les cheveux coupés, ça demande des soins constants. […] Il lui en demeurait une impression vague, générale, d'ennui et d'irritation.

L. Aragon, *Aurélien*, 1944

c. Réécrivez de « Une étoffe » à « plusieurs femmes », en mettant le mot « étoffe » au pluriel.

EXO+ lienmini.fr/jdl4-112
Fiche 1 EXO 3 4 8
Fiche 2 EXO 5 9 10
Exercices interactifs

Leçon

13 L'apposition

E. Munch, *Le Cri*, 91 cm x 74 cm, 1893,
Galerie nationale d'Oslo, Musée Munch

Activité 1

a. Observez ce tableau et sa légende.

b. Complétez cette phrase par des informations contenues dans la légende :

Ce tableau, ..., ..., fut créé par Munch.

c. Comparez vos réponses. Les informations que vous avez ajoutées sont-elles nécessaires ? Quel est leur intérêt ?

Activité 2

a. Lisez cet extrait. À quel mot la phrase aurait-elle pu s'arrêter ? Qu'apporte la suite ?

À vingt-six ans, Jacques avait épousé Félicie, une grande belle fille de dix-huit ans, la nièce d'une fruitière de la Villette, qui lui louait une chambre.

É. Zola, « Jacques Damour », 1888

b. Justifiez votre réponse en vous appuyant sur la ponctuation.

Activité 3

a. Dans le texte, relevez les mots ou groupes de mots qui complètent les noms en gras.

b. Où sont-ils placés par rapport au nom ? Peut-on les déplacer, les supprimer ?

Il y eut un grand silence. Poussée par le vent de la chute, une **poussière** épaisse montait dans les voies. Et, aveuglés, étouffés, les **mineurs** descendaient de toutes parts, des chantiers les plus lointains, avec leurs **lampes** dansantes, qui éclairaient mal ce galop d'hommes noirs, au fond de ces trous de taupe. Lorsque les premiers butèrent contre l'éboulement, ils crièrent, appelèrent les camarades. Une seconde **bande**, venue par la taille du fond, se trouvait de l'autre côté des terres, dont la masse bouchait la galerie.

É. Zola, *Germinal*, 1885

Activité 4

Recopiez la phrase en lui ajoutant les appositions ci-dessous. Justifiez votre réponse.

Pendant que son mari s'occupait des bagages, Estelle fit quelques pas.

, très intéressée par le défilé des fidèles,

dont un grand nombre portait des costumes originaux.

D'après **É. Zola**, « Les coquillages de M. Chabre », 1884

Je retiens

L'**apposition** donne des **informations sur un nom, un GN ou un pronom** dont elle est **séparée par une virgule**.

- Elle peut être **avant ou après** ce nom, **proche ou éloignée**.
- La fonction d'apposition peut être remplie par un **adjectif qualificatif**, un **groupe adjectival** (groupe de mots commençant par un adjectif), un **nom**, un **GN**, un **GN prépositionnel**, un **infinitif**. Certaines **propositions subordonnées relatives** peuvent aussi être apposées.

apposition | , | nom/GN/pronom

nom/GN/pronom | , | apposition

nom/GN/pronom | Verbe (+ complément) | , | apposition

nom/GN/pronom | , | Verbe (+ complément) | , | apposition

Pour dire, pour écrire

- Lorsqu'on utilise des appositions, il faut vérifier que l'on a **correctement ponctué** la phrase.
- L'apposition sert à **mettre en relief une information importante** sur le nom.

Repérer

1 a. Laquelle de ces phrases contient une apposition ?

1. Morgan regardait le film muet.
2. Morgan regardait le film, muet.

b. Comment avez-vous trouvé la réponse ?

c. Ces phrases ont-elles le même sens ?

2 Relevez les appositions et classez-les dans un tableau.

1. Habituée à l'exercice, la journaliste réussit avec brio.
2. Sûr de son succès, l'humoriste répétait son spectacle.
3. Il ne rêvait que d'une chose, entendre le public l'acclamer.
4. Il revêt son costume, un déguisement bariolé.

Groupe nominal	Groupe à l'infinitif	Groupe adjectival

3 a. Relevez les noms en gras et les passages qui leur sont apposés.

b. Soulignez la proposition subordonnée relative.

Tournant le dos au brasier, le **charretier** était debout, un **vieillard** vêtu d'un tricot de laine violette, coiffé d'une casquette en poil de lapin ; pendant que son **cheval**, un gros cheval jaune, attendait, dans une immobilité de pierre, qu'on eut vidé les six berlines montées par lui. Le **manœuvre** employé au culbuteur, un gaillard roux et efflanqué, ne se pressait guère, pesait sur le levier d'une main endormie. Et, là-haut, le **vent** redoublait, une **bise** glaciale, dont les grandes haleines régulières passaient comme des coups de faux.

É. Zola, *Germinal*, 1885

4 EXO+ 5 EXO+ 6 EXO+

Manipuler

7 Inventez une apposition pour chaque mot ou GN souligné.

1. <u>L'ambulance</u>, …, arriva sur la place à toute allure.
2. …, <u>les plus jeunes enfants</u> s'endormirent immédiatement.
3. <u>Émile Zola</u>, …, vécut au XIXe siècle.
4. <u>La vanille et la pistache</u>, …, sont délicieuses en glace.

8 Complétez cet extrait par des appositions, selon les indications données entre parenthèses.

Mes grands-parents, *(GN)*, habitaient une petite maison, *(adjectif)* et *(adjectif)*. Jouer dans le jardin, *(proposition subordonnée relative)*, était pour nous un véritable enchantement, *(GN)*.

9 EXO+ 10 EXO+

Écrire

11 Réécrivez cette strophe en y ajoutant trois appositions.

[…] Les masques sont silencieux
Et la musique est si lointaine
Qu'elle semble venir des cieux
Oui je veux vous aimer mais vous aimer à peine
Et mon mal est délicieux […]

G. Apollinaire, « Marie », *Alcools*, 1912

12 Rédigez deux comptes rendus d'un même match opposant deux équipes.

a. Dans le premier, n'écrivez que des phrases courtes.

b. Dans le second, ajoutez des appositions pour enrichir le texte et mettre en valeur les exploits de l'équipe gagnante.

13 EXO+

EXO+ lienmini.fr/jdl4-113
Fiche 1 EXO 4 5 9
Fiche 2 EXO 6 10 13
Exercices interactifs

▶ *Avez-vous bien compris ces leçons sur le groupe nominal ?*
Vérifiez en lisant cet extrait et en répondant aux questions d'un groupe.

Texte support

L'apparition

Un homme refuse de retourner dans son château depuis que son épouse y est décédée. Il envoie donc son ami, le narrateur, y chercher des courriers importants.

Je m'assis dans un fauteuil, j'abattis la tablette, j'ouvris le tiroir indiqué. Il était plein jusqu'aux bords. Il ne me fallait que trois paquets, que je savais comment reconnaître, et je me mis à les chercher.

Je m'écarquillais les yeux à déchiffrer les suscriptions[1], quand je crus entendre ou plutôt sentir un frôlement derrière moi. Je n'y pris point garde, pensant qu'un courant d'air avait fait remuer quelque étoffe. Mais, au bout d'une minute, un autre mouvement, presque indistinct, me fit passer sur la peau un singulier petit frisson désagréable. C'était tellement bête d'être ému, même à peine, que je ne voulus pas me retourner, par pudeur pour moi-même. Je venais alors de découvrir la seconde des liasses qu'il me fallait ; et je trouvais justement la troisième, quand un grand et pénible soupir, poussé contre mon épaule, me fit faire un bond de fou à deux mètres de là. Dans mon élan je m'étais retourné, la main sur la poignée de mon sabre, et certes, si je ne l'avais pas senti à mon côté, mon sabre, je me serais enfui comme un lâche.

Une grande femme vêtue de blanc me regardait, debout derrière le fauteuil où j'étais assis une seconde plus tôt.

Une telle secousse me courut dans les membres que je faillis m'abattre à la renverse ! Oh ! personne ne peut comprendre, à moins de les avoir ressenties, ces épouvantables et stupides terreurs.

G. de Maupassant,
« Apparition », 1883

1. noms sur une enveloppe.

Groupe 1

Repérer

1 **Quel groupe de mots complète le nom « paquets » (l. 4) ?**

2 **Relevez les trois adjectifs qualificatifs qui qualifient le nom « frisson » (l. 13).**

3 **Précisez la classe grammaticale des mots « telle » et « personne » dans le dernier paragraphe.**

Manipuler

4 **Ajoutez deux expansions du nom à la première phrase :**
- un adjectif épithète ;
- un GN complément du nom.

5 **Réécrivez le troisième paragraphe (l. 25 à 27) en supprimant un maximum de mots (il ne restera que 4 mots).**

6 **Réécrivez la proposition « personne ne peut comprendre » (l. 30) en remplaçant « personne » par *tout le monde*.**

Écrire

7 **Rédigez un paragraphe dans lequel vous raconterez ce que fait le narrateur à la suite du texte. Vous insérerez les mots :**
- appareil photo ;
- demi-heure ;
- porte-document.

BREVET — DICTÉE lienmini.fr/jdl-012
Groupes 1, 2 et 3
Écoutez et écrivez le texte de cette dictée pour vous préparer à l'épreuve du brevet.

Groupe 2

Repérer

1 **Quelle est la fonction de « que je savais comment reconnaître » (l. 4) ?**

2 **Quels mots qualifient le nom « frisson » (l. 13) ? Précisez à quelle classe grammaticale ils appartiennent.**

3 **Relevez un déterminant indéfini et un pronom indéfini dans le dernier paragraphe.**

Manipuler

4 **Ajoutez trois expansions du nom à la première phrase :**
– un adjectif épithète ;
– un GN complément du nom ;
– une proposition subordonnée relative complément de l'antécédent.

5 **Réécrivez le troisième paragraphe (l. 25 à 27) en remplaçant les adjectifs qualificatifs par d'autres adjectifs de même sens.**

6 **Réécrivez la première phrase du dernier paragraphe (l. 28-29) en mettant le sujet au pluriel. Quels autres mots devez-vous alors modifier ?**

Écrire

7 **Rédigez un paragraphe dans lequel vous raconterez ce que fait le narrateur à la suite du texte.**
Vous insérerez au moins trois noms composés.

Groupe 3

Repérer

1 **Précisez la nature et la fonction de « que je savais comment reconnaître » (l. 4).**

2 **Quels mots qualifient le nom « frisson » (l. 13) ? Précisez leur classe grammaticale et leur fonction.**

3 **Repérez trois déterminants indéfinis et un pronom indéfini dans l'ensemble du texte.**

Manipuler

4 **Ajoutez à la première phrase trois expansions du nom de classes grammaticales différentes.**

5 **Réécrivez le troisième paragraphe (l. 25 à 27) en remplaçant les mots féminins par des mots masculins, et inversement.**

6 **Réécrivez le dernier paragraphe en mettant le premier sujet au pluriel, et en remplaçant « terreurs » par *terreur*.**

Écrire

7 **Rédigez un paragraphe dans lequel vous raconterez ce que fait le narrateur à la suite du texte.**
Vous insérerez au moins trois noms composés, dont :
– un nom composé au pluriel ;
– un nom composé ayant fonction d'apposition.

J. A. Whistler,
< *La Fille en blanc*, 1862

W. Julian-Damazy,
illustration pour *Le Horla*, 1908 >

Atelier de classe

Comment distinguer les verbes ?

*Voici un atelier qui va vous permettre de **réfléchir sur les compléments du verbe**. Vous devez réaliser des activités d'observation et de manipulation **en groupes** afin que chacun puisse donner ses idées et les confronter à celles des autres. Lorsque vous vous serez mis d'accord, **vous rédigerez vous-mêmes les points à retenir**.*

M. Chagall, *Le Mariage*, 1909

PARTIE 1

Distinguer les verbes d'action et les verbes d'état

Observons et manipulons

1. Observez le tableau ci-dessus. Qui sont les personnages ? Que font-ils ?
Individuellement, rédigez quatre ou cinq phrases pour décrire le tableau en utilisant ces formes verbales :

sont | regardent | marchent | s'avancent | ont été invités | s'arrêtent | ont l'air | observent

2. En groupe, rédigez trois phrases pour décrire ces personnages et ce qu'ils font.

les mariés | les enfants | les musiciens

Avez-vous employé le verbe *être* ? Si oui, est-ce pour décrire les personnages ou pour évoquer leurs actions ?

3. Inventez maintenant deux phrases en utilisant ces étiquettes :

par la musique | par les mariés

Dans les phrases que vous venez d'inventer, pouvez-vous déplacer les étiquettes ? les supprimer ?

Qu'avons-nous observé ?

À partir de vos observations, rappelez ce que sont les verbes d'état et les verbes d'action.

Observons et manipulons

Puis, comme il restait effaré, elle eut un sourire, elle lui tendit la main, en lui disant d'un air de bonne camaraderie :

« Voulez-vous m'épouser, Ferdinand ?... C'est encore moi qui serai votre obligée, car vous savez que je suis une ambitieuse ; oui, j'ai toujours rêvé la gloire, et c'est vous qui me la donnerez. »

Il **balbutiait**, ne se remettait pas de cette offre brusque ; tandis que, tranquillement, elle achevait de lui exposer son projet, longtemps mûri. Puis, elle se fit maternelle, en exigeant de lui un seul serment : celui de se bien conduire.

É. Zola, *Madame Sourdis*, 1880

1. **Observez la première phrase.**
– Le verbe *rester* exprime-t-il un état **ou** une action **?**
– Quel est son complément essentiel ? Comment nomme-t-on ce type de complément ?
– Relevez deux autres verbes de la même classe grammaticale. Relevez aussi leur complément essentiel en précisant sa classe grammaticale.

2. **Observez la proposition « j'ai toujours rêvé la gloire » (l. 4-5).**
– Le verbe *rêver* est-il un verbe d'état **ou un** verbe d'action **?**
– Quel est son complément essentiel ? Comment nomme-t-on ce type de complément ?

3. **Dans la proposition « elle lui tendit la main » (l. 1), combien de compléments essentiels le verbe *tendre* a-t-il ?** 1 2 3
Comment nomme-t-on chaque complément ? Quelle est la classe grammaticale de chaque complément ?

4. **Le verbe en gras a-t-il un complément essentiel ? Pouvez-vous lui en ajouter un ? Savez-vous comment se nomme ce type de verbe ?**

5. **Observez la proposition « elle achevait de lui exposer son projet » (l. 7).**
– Par quel mot est introduit le complément essentiel du verbe *achever* ?
– Comment nomme-t-on ce type de complément ?
– Comment nomme-t-on le mot introducteur ? une proposition une préposition

Qu'avons-nous observé ?

À partir de vos observations, expliquez quelles sont les constructions possibles pour un verbe d'action. Rédigez une remarque sur les compléments introduits par la préposition *par*. Quelle modification peuvent-ils subir ?

Qu'avons-nous découvert sur les verbes ?

Faites le point avec les membres de votre groupe afin de pouvoir présenter le résultat de vos observations sur :
- **les verbes d'état**
- **les verbes d'action sans complément et avec complément**
- **les compléments introduits par la préposition *par***

Leçon

14 Les compléments essentiels

C. Larsson, *Jeune femme allongée*, 1913

Activité 1

a. Décrivez la jeune fille et les animaux du tableau par une phrase contenant le verbe *être*.

b. Avez-vous utilisé des compléments après le verbe *être* ? Si oui, pouvez-vous les déplacer ? les supprimer ?

c. Dans les phrases que vous avez inventées, pouvez-vous remplacer le verbe *être* par les verbes suivants ?

sembler | faire | avoir | paraitre | dormir

Activité 2

a. Dans ces phrases, pouvez-vous déplacer l'élément après le verbe conjugué ?

1. Le chien dort sur le banc.
2. La jeune fille lit un roman d'aventure.
3. Elle aime, par une belle après-midi, faire la sieste.
4. Elle porte un chemisier à rayures.
5. Sa tête est appuyée sur des coussins.
6. Le chat somnole au creux de son bras.

b. Conjuguez chacun de ces verbes dans une phrase :

aimer | regarder | entendre | vouloir | apaiser

c. Dans les phrases que vous avez rédigées, avez-vous utilisé un complément après chaque verbe ? Si oui, pouvez-vous le déplacer dans la phrase ? Comment appelle-t-on les compléments que l'on peut déplacer ? Et ceux que l'on ne peut pas déplacer ?

d. Dans les phrases suivantes, pouvez-vous supprimer le complément ? Pourquoi ?

1. J'habite Lyon.
2. Je me rends à Marseille.
3. Le film dure trois heures !
4. Il mesure 1,65 m.
5. Ce jeu vaut un euro.
6. L'information date d'hier.

Activité 3

a. Observez la construction de chaque verbe. Comment les compléments sont-ils introduits ?

1. Il parlera de moi à son patron.
2. Elle parle couramment l'italien.
3. La louve défend ses petits.
4. Je te défends de dire cela.

Le complément n'est pas introduit par une préposition

Le complément est introduit par une préposition

Comment nomme-t-on les compléments associés à l'étiquette verte ?

b. Dans un tableau, classez chaque verbe selon la manière dont il peut se construire :
courir • pleurer • rompre • siffler • nager • aboyer • déjeuner • se moquer • construire • rêver

Construction sans complément	Construction avec un COD	Construction avec un COI

c. Quelle remarque pouvez-vous faire sur la construction de ces verbes ?

Je retiens

Les **compléments essentiels** complètent un verbe : ils ne peuvent être **ni déplacés ni supprimés**. Il s'agit :

- des compléments d'objet direct **(COD)** et indirect **(COI)**, qui **complètent un verbe d'action** (verbe transitif). Lorsque le COI complète un verbe qui est déjà complété par un COD, il s'agit alors d'un COS (complément d'objet second).
- de l'**attribut du sujet** qui **complète un verbe d'état** (verbe attributif).
- de certains compléments de lieu, de temps, de mesure, de poids et de prix qui dépendent directement du verbe.

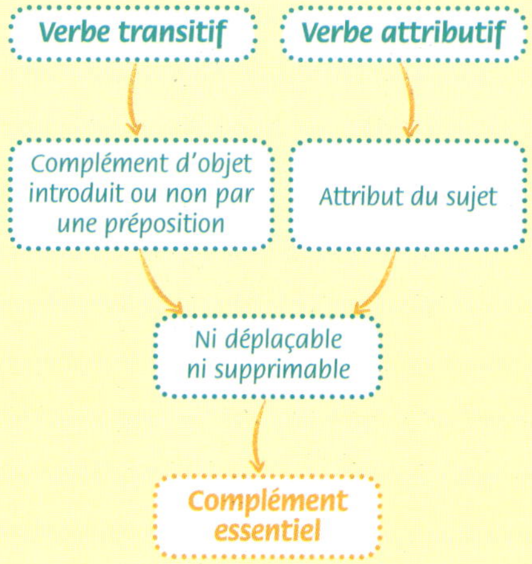

Pour dire, pour écrire

Pour les verbes se construisant avec une préposition, il faut veiller à **employer la bonne préposition : *à*, *de***...

Repérer

1 Indiquez si les éléments en gras sont des compléments essentiels.

1. Il dort **sur le canapé**.
2. Il **lui** présenta **sa fiancée**.
3. Penses-tu **à mes sœurs** ?
4. Viens **me** chercher **à la gare** !
5. Je ne suis pas trop **fatiguée**.

2 a. Relevez le complément essentiel de chaque verbe.

1. Sa peau demeura bronzée pendant un mois.
2. Il fut veuf et devint mélancolique.
3. Il était sage mais son frère était turbulent.
4. Le bonheur serait que tu reviennes vite.
5. Il se considère comme supérieur aux autres.

b. Quelle est leur fonction grammaticale ?

3 Indiquez si chaque élément en gras est attribut du sujet ou COD.

1. Je te souhaite **une vie heureuse**.
2. Ta vie sera **heureuse** !
3. D'un seul coup, elles devinrent **pâles**.
4. Il aperçoit de **pâles reflets à l'horizon**.

4 EXO+ **5** EXO+

Manipuler

6 Recopiez ces phrases et complétez-les si le sens l'exige.

1. Elle semble...
2. J'écoute...
3. Le garagiste répare...
4. Les enfants mangent...
5. La rivière traverse...
6. Ma mère a donné...

7 Dans un dictionnaire, l'abréviation *v. tr.* est utilisée. À quoi correspond-elle ? Vérifiez pour le verbe *donner*.

8 a. Relevez les verbes, puis indiquez s'ils sont suivis d'un attribut du sujet ou d'un COD.

Le ciel est, par-dessus le toit,
Si bleu, si calme !
Un arbre, par-dessus le toit,
Berce sa palme.

P. Verlaine, « Le ciel est, par-dessus le toit », *Sagesse*, 1881

b. Recopiez la strophe en remplaçant les compléments essentiels par d'autres compléments de même nature.

9 a. Complétez chaque phrase par un complément essentiel.

1. Ce professeur enseigne le latin...
2. Les clients profitent...
3. J'ajoute du sucre...
4. Elle lui parle...

b. Pour chacun, indiquez s'il s'agit d'un COI ou d'un COS.

10 EXO+ **11** EXO+

Écrire

12 Inventez, pour chaque verbe proposé :
– une phrase dans laquelle il est suivi d'un COD,
– une phrase dans laquelle il est suivi d'un COI.

parler • servir • écrire • demander • tenir

13 EXO+ **14** EXO+

Produire à l'oral

15 Choisissez un personnage dans l'un des tableaux reproduits dans le manuel. Décrivez-le, expliquez son attitude, imaginez ses pensées. Chaque verbe devra être suivi d'un complément essentiel. Vos camarades doivent trouver le tableau que vous avez choisi.

EXO+ lienmini.fr/jdl4-114
Fiche 1 EXO 4 10 13
Fiche 2 EXO 5 11 14
Exercices interactifs

Leçon

15 Les verbes attributifs

Activité 1 **a. Lisez le texte suivant. Combien de fois le verbe *être* est-il employé ?**

Booz était bon maître et fidèle parent ;
Il était généreux, quoiqu'il fût économe ;
Les femmes regardaient Booz plus qu'un jeune homme,
Car le jeune homme est beau, mais le vieillard est grand.

V. Hugo, « Booz endormi », *La Légende des siècles*, 1859-1883

b. Recopiez le tableau. Relevez les compléments du verbe *être* et classez-les dans le tableau selon leur classe grammaticale.

Adjectif	GN

c. Quelle est leur fonction grammaticale ?

d. De quel personnage est-il question dans le texte ? Faites la liste des qualités qui lui sont attribuées.

Activité 2

a. Qui voit-on sur le tableau ? Décrivez-les à l'aide de ces verbes :

paraitre | être | avoir l'air | devenir

b. Quelle est la classe grammaticale des compléments que vous avez utilisés ?

c. Mettez au pluriel les phrases que vous avez inventées. Que remarquez-vous ?

H. Rousseau, dit « Le Douanier Rousseau »
La Bohémienne endormie, 1897

Activité 3 **a. Recopiez les phrases suivantes et soulignez les sujets.**

1. Le lion semblait calme et tranquille.
2. Il a l'air bien.
3. Tout devenait silencieux autour de lui.
4. Booz était un sage.
5. Tous les élèves paraissaient fascinés.
6. Ils l'étaient.

b. Encadrez l'attribut de chaque sujet que vous avez souligné.

c. Dans un tableau, classez les attributs du sujet que vous avez encadrés, selon leur classe grammaticale. Quelle est la classe grammaticale la plus représentée ?

Adjectif (ou participe passé employé comme adjectif)	Groupe nominal	Pronom	Adverbe

Activité 4 **a. Complétez chaque phrase par le verbe qui convient.** Plusieurs solutions sont possibles.

semble | se prend pour | s'annonce | se montre | demeure

1. La nuit estivale … douce.
2. L'étoile … une pépite jetée dans le ciel.
3. L'homme … un roi perdu dans le désert.
4. L'animal … paisible.
5. Le personnage … confiant.

b. Mettez les cinq phrases au pluriel. Quelle remarque pouvez-vous faire sur les accords ?

Je retiens

- Les verbes attributifs **relient** le **sujet** et l'**attribut du sujet** qui le caractérise.
- Le **verbe attributif** peut être :
  – un **verbe d'état** : *être, paraitre, sembler, devenir, demeurer, avoir l'air, passer pour, rester…*
  – **certains verbes d'action** peuvent être attributifs : *arriver, partir, venir, s'éveiller, tomber, se trouver, se faire, être nommé(e), être appelé(e), être considéré(e) comme…*
- Le verbe **être** est le plus courant et peut **remplacer** tous les autres verbes attributifs.
- L'attribut du sujet peut appartenir à **différentes classes grammaticales** ou **natures** : adjectif qualificatif, GN, GN prépositionnel, pronom, infinitif, adverbe, proposition. Lorsqu'il est **adjectif**, il **s'accorde en genre et en nombre** avec le **sujet**.

Attribut du sujet :
s'accorde avec le sujet
ni déplaçable, ni supprimable

Fonction
C'est un complément essentiel d'un verbe : d'état, d'action au passif

Classe grammaticale
Il peut être adjectif qualificatif, participe passé employé comme adjectif, GN, nom, pronom, infinitif, proposition

Pour dire, pour écrire

- Les verbes attributifs apportent une **nuance de sens**.
- Pour **éviter les répétitions**, il faut veiller à **varier** les verbes attributifs et la classe grammaticale des attributs que l'on choisit.

Repérer

1 Relevez l'attribut de chaque sujet en gras.
1. **Cette jeune fille** semble pressée.
2. **Mon bus** est toujours en retard.
3. **Tu** passes pour quelqu'un de plus âgé.
4. **Fumer** est très mauvais pour la santé.
5. Malgré vos conseils, **il** reste opposé à cette idée.

2 Les éléments en gras sont-ils des attributs du sujet ? Justifiez vos réponses.
1. Je dors **très mal** en ce moment.
2. Il est **très mal** en ce moment.
3. Elle passe pour **une fille très sympathique**.
4. Le train passe **près de chez moi**.
5. Ils se montrent **impatients**.
6. Ils montrent **leur impatience**.

3 Relevez le sujet auquel chaque attribut en gras se rapporte.
1. Dommage, ton gâteau a l'air trop **cuit**.
2. Pour que je sois plus **attentive**, il faut du silence.
3. Cet homme parait-il **jeune** ?
4. À la tombée de la nuit, le ciel devient **rose**.

4 EXO+ 5 EXO+

Manipuler

6 Réécrivez le texte en remplaçant les verbes à l'imparfait par d'autres verbes attributifs.
Roger était plus âgé que moi de trois ans ; il était lieutenant ; moi, j'étais enseigne. Je vous assure que c'était un des meilleurs officiers de notre corps.

D'après **P. Mérimée**, « La partie de trictrac », 1830

7 EXO+ 8 EXO+

Accorder

9 Retrouvez l'attribut du sujet qui convient.

Cette jeune fille est…	… gentils.
Paul et Amir semblent très…	… radieuse.
Ces guêpes paraissent…	… préoccupé.
À cause de ses soucis, il est…	… agacées.

10 Complétez chaque phrase par un sujet (GN) qui convient.
1. … sont vénéneux. 2. … semble facile à faire.
3. Avec courage, … deviendront de grands champions.
4. … est ravie de te revoir. 5. … demeurent interdits.
6. … passe pour quelqu'un d'agréable.

11 EXO+ 12 EXO+

Lire

13 a. Lisez cet extrait.
SUZANNE. *(Chérubin arrache le ruban.)* – Ah ! Le ruban !
CHÉRUBIN *tourne autour du grand fauteuil.* – Tu diras qu'il est égaré, gâté, qu'il est perdu. Tu diras tout ce que tu voudras.
SUZANNE *tourne après lui.* – Oh ! Dans trois ou quatre ans, je prédis que vous serez le plus grand petit vaurien !

Beaumarchais, *Le Mariage de Figaro*, 1778

b. Relevez les attributs utilisés pour le mot *ruban*. À quelle classe grammaticale appartiennent-ils ?
c. Dans la dernière réplique, relevez l'attribut du sujet. À quel personnage renvoie-t-il ?

EXO+ lienmini.fr/jdl4-115
Fiche 1 EXO 4 7 11
Fiche 2 EXO 5 8 12
Exercices interactifs

Leçon **16**

Les verbes transitifs et intransitifs

J. Vermeer, *Femme écrivant une lettre et sa servante*, 1670

Activité 1

a. Observez ce tableau. Proposez quatre phrases pour le décrire en utilisant ces verbes :

recevoir | regarder | écrire | se concentrer

b. Avez-vous utilisé des compléments pour tous les verbes ? Avez-vous utilisé des prépositions ? Si oui, lesquelles ?

Activité 2

penser | attendre | veiller | commencer

Pour chaque verbe ci-dessus, inventez deux phrases :
- **l'une contenant un complément,**
- **l'autre contenant un complément introduit par une préposition.**

Ex : écrire → Elle écrit une lettre. / Elle écrit à sa sœur.

Activité 3

a. Lisez l'extrait suivant.

> Les voitures envahirent la place, les portières claquèrent, les types s'arrachèrent péniblement de leur siège. [*Les chasseurs rentrent de la battue sans avoir trouvé l'animal.*] La bête rusait. Mentalement, Camille lui **adressa** un télégramme de félicitations. Vis ta vie, camarade.
>
> **F. Vargas**, *L'Homme à l'envers*, © Viviane Hamy, 1999

b. Le verbe souligné a-t-il un complément ? Trouvez un autre verbe ayant la même construction.

c. Le verbe en gras a-t-il un complément ? Si oui, relevez-le.

Activité 4

a. Employez six verbes de cette liste dans une phrase : crier • appartenir • mordre • attendre • neiger • culminer • déjeuner • envoyer • partir • dévorer • se moquer • rire

b. Classez chaque verbe dans le tableau.

Verbe transitif direct (suivi d'un COD)	Verbe transitif indirect (suivi d'un COI)	Verbe doublement transitif (pouvant être suivi d'un COD, COI et COS)	Verbe intransitif (non suivi d'un complément d'objet)

c. Quels sont les verbes que vous pouvez utiliser avec deux compléments ?

Je retiens

- Un verbe **suivi d'un complément d'objet direct** (COD) est **transitif direct**.
- Un verbe **suivi d'un complément d'objet indirect** (COI) est **transitif indirect**.
- Un verbe qui ne peut être suivi d'**aucun complément d'objet** est **intransitif**.
- Un même verbe peut être tantôt transitif (direct ou indirect), tantôt intransitif. Il a alors différents sens selon sa construction.

verbe + COD = **verbe transitif direct**

verbe + COI = **verbe transitif indirect**

verbe sans CO = **verbe intransitif**

Pour dire, pour écrire

Selon sa construction, un verbe peut avoir un **sens différent**. Soyez vigilant(e) dans vos productions à l'oral et à l'écrit.

Repérer

1 a. Pour chaque verbe en gras, indiquez s'il est transitif direct ou indirect.

1. **Achète** une tarte aux fruits pour le dessert.
2. En écoutant cette symphonie, elle **pense** à son père.
3. Elle **réussit** tout ce qu'elle entreprend.
4. Des œufs ? J'en **prendrai** deux douzaines.
5. Il **emprunte** de l'argent bien trop souvent.

b. Pour chaque verbe transitif indirect, indiquez quelle préposition introduit le COI.

2 Quels verbes le GN et les pronoms en gras complètent-ils ?

N'écris pas **ces doux mots** que je n'ose plus lire :
Il semble que ta voix **les** répand sur mon cœur ;
Que je **les** vois brûler à travers ton sourire ;
Il semble qu'un baiser **les** empreint sur mon cœur.
N'écris pas !

M. Desbordes-Valmore, « Les séparés », *Poésies*, 1830

3 Relevez chaque complément d'objet et précisez sa classe grammaticale.

1. Il lui a téléphoné hier. 2. L'as-tu rencontrée ?
3. Elles les ont emmenés au cinéma.
4. Tu les leur as offertes. 5. J'en raffole !
6. Je vais l'aider à réussir.

4 EXO+ 5 EXO+

Manipuler

6 Pour chaque verbe, proposez un groupe synonyme contenant un verbe transitif direct.

sourire • photographier • protester • soupirer

Ex : crier → pousser un cri

7 Utilisez chaque verbe dans deux phrases, l'une contenant un verbe transitif direct, l'autre un verbe transitif indirect : toucher • tenir • croire • réussir • parler • chercher

Ex : Je pense venir pour les vacances. (transitif direct)
Je pense à elle très souvent. (transitif indirect)

8 EXO+ 9 EXO+

Lire

10 a. Lisez cet extrait.

Sa voix montait, il répéta le mot, debout, grandi, comme si ce mot, en lui apportant une résolution, l'avait calmé. Il ne parla plus, il marcha lentement jusqu'à la table [...].

É. Zola, *La Bête humaine*, 1890

b. Classez les verbes du texte selon leur construction (transitif direct, transitif direct + COS, intransitif).

Écrire

11 a. Lisez cet extrait.

L'état civil du personnage lui donne vie. Son nom peut renseigner sur son identité, sur un trait de caractère. Sa description précise ses traits physiques et moraux qui informent sur sa psychologie. Le personnage existe par ses actes et son interaction avec d'autres personnages. L'intrigue le transforme : il découvre de nouveaux univers, adopte de nouvelles valeurs, apprend la vie. À travers ses personnages, l'auteur propose une certaine vision du monde et de l'homme.

M. Lapoussière, *Héros et héroïne*, Magnard, 2016

b. Classez les verbes du texte selon leur construction (transitif direct, transitif indirect, intransitif).

c. Rédigez deux phrases dans lesquelles les verbes *préciser* et *proposer* auront une autre construction.

Réécrire

12 Réécrivez les phrases de l'exercice 3 en remplaçant les pronoms personnels COD ou COI par un GN qui convient.

13 EXO+ 14 EXO+

EXO+ lienmini.fr/jdl4-116

Fiche 1 EXO 4 8 13 | Fiche 2 EXO 5 9 14 | Exercices interactifs

Leçon 17

La voix active et la voix passive Le complément d'agent

Activité 1

Observez bien le tableau.
Ensuite, décrivez-le en quatre phrases, dans lesquelles vous utiliserez les éléments suivants.

par le vent | par le bruit | par la peur | ont été arrachées | par d'énormes vagues

J. Vernet, *La Tempête sur le phare*, détail, 1789

Activité 2

Le navire, arraché aux vagues, avait été en quelque sorte déraciné de l'eau par l'ouragan. Le tourbillon de vent l'avait tordu, le tourbillon de mer l'avait retenu, et le bâtiment, ainsi pris en sens inverse par les deux mains de la tempête, s'était cassé comme une latte.

V. Hugo, *Les Travailleurs de la mer*, 1866

a. Quel est le verbe conjugué de la phrase soulignée ? Comment est-il composé ?

b. Recopiez et complétez les phrases suivantes à l'aide du texte.

Le navire ... **par le tourbillon de vent.** | Le navire ... **par le tourbillon de mer.**

c. Quelle préposition introduit les deux groupes de mots en gras ? Le verbe exprime-t-il une action réalisée par le sujet grammatical de la phrase ou par le complément ?

d. À l'aide de vos réponses, précisez à quelle voix sont ces phrases. voix active | voix passive

Activité 3

a. Associez chaque sujet à une étiquette : Les matelots • La chaloupe • Le bateau • Les voiles

a été emportée. | avaient été sauvés. | est amarré. | furent arrachées.

b. À quoi faut-il prêter attention dans l'emploi de la voix passive ?

Activité 4

Le nouveau vaccin contre la grippe a été mis au point par des chercheurs.
Dès le mois d'octobre, un courrier sera envoyé par la sécurité sociale à tous les bénéficiaires pour se faire vacciner.

a. Qui a mis au point le vaccin ? Réécrivez la première phrase en utilisant l'élément souligné comme sujet.

b. Recopiez la deuxième phrase.
Qui envoie le courrier ? **Soulignez, dans la phrase, cette réponse en bleu.**
Qui reçoit le courrier ? **Soulignez, dans la phrase, cette réponse en vert.**

c. Pour chacun des groupes nominaux ci-dessous, rédigez deux phrases :
– dans l'une, le GN doit être sujet.
– dans l'autre, le GN doit être introduit par la préposition *par*.

le pharmacien | les effets secondaires | l'efficacité du vaccin

Je retiens

- Seuls les **verbes transitifs directs** peuvent être mis à la **voix passive**.
- Pour savoir si un verbe est à la voix passive ou active, il faut se demander : qui fait l'action ?
- À la **voix active, le sujet grammatical accomplit l'action** exprimée par le verbe.
- À la **voix passive, le sujet grammatical subit l'action.** C'est le **complément d'agent** qui **accomplit l'action** exprimée par le verbe. Il est **introduit** par une **préposition** : ***de*** ou ***par***.

Pour dire, pour écrire

- La voix passive est très utilisée dans les **textes explicatifs**, les **articles de journaux** car elle permet de **ne pas citer le sujet de l'action**.
- La voix passive se construit avec l'auxiliaire ***être***, il faut donc être vigilant(e) à l'**accord du participe passé**.

Phrase active	Sujet	verbe transitif direct	COD
Phrase passive	Sujet	verbe à la voix passive (auxiliaire *être* + participe passé)	complément d'agent

Repérer

1 Relevez les compléments d'agent.

1. La candidate a été élue par 70 % des électeurs.
2. L'entreprise est rachetée par des investisseurs.
3. Nous sommes étonnés de son retour parmi nous.
4. Elle a été informée du retard par l'hôtesse.

2 Voix active ou voix passive ?

1. Les dégâts ont été causés par une inondation.
2. Mes amis sont partis pendant des heures.
3. Lui as-tu téléphoné hier ?
4. On n'a pas oblitéré ce timbre.
5. Le délégué a été élu à la majorité des voix.
6. Le chat a élu domicile au-dessus de l'armoire.

3 a. Indiquez à quelle voix chaque phrase est construite.

1. Elle cessa de remuer, écoutant un bruit vague qui lui était parvenu par le tuyau de la cheminée.
2. Les six hommes suivaient de l'œil tous ses mouvements.
3. La lourde planche de chêne était maintenue par des charnières et une serrure de cachot.

G. de Maupassant, extraits de « Les prisonniers », 1884

b. Précisez à quel temps chaque verbe est conjugué.

4 EXO+ 5 EXO+

Manipuler

6 Réécrivez chaque phrase afin qu'elle soit à la voix passive. Respectez le temps verbal.

1. Les parents accompagneront leurs enfants pendant la sortie.
2. L'attente des résultats a angoissé tous les élèves.
3. La semaine dernière, le technicien avait rétabli la connexion Internet.
4. Notre chef a élaboré des desserts innovants.
5. Cette rencontre avec l'écrivain enchante le lecteur.

7 a. Lisez cet extrait. Quelle est la fonction du groupe de mots souligné ?

La porte de la maison était bloquée par un bourrelet de neige. Il brisa cette croûte à coups de pied et poussa le battant.

H. Troyat, *La Neige en deuil*, © Flammarion, 1952

b. Réécrivez la première phrase afin qu'elle soit à la voix active.

c. Réécrivez la dernière phrase en deux phrases à la voix passive.

Réécrire

8 Réécrivez chaque phrase afin qu'elle soit à la voix active. Rétablissez le sujet si besoin.

1. Les repas ont été servis.
2. Le match a été remporté par l'équipe la mieux préparée.
3. Ce tableau fut vendu aux enchères pour près d'un million d'euros.

9 EXO+ 10 EXO+

Produire à l'oral

11 a. *On a trouvé un trésor !* **Mettez cette phrase à la voix passive.**

b. Quels compléments d'agent pouvez-vous ajouter ?

12 Vous êtes journaliste à la télévision. Racontez la victoire d'une sportive, d'une chanteuse ou d'une actrice. Vous utiliserez au moins trois phrases à la voix passive. Captivez votre auditoire !

13 EXO+ 14 EXO+

EXO+ lienmini.fr/jdl4-117
Fiche 1 EXO 4 9 13
Fiche 2 EXO 5 10 14
Exercices interactifs

▶ *Avez-vous bien compris ces leçons sur les compléments essentiels ?*
Vérifiez en lisant cet extrait et en répondant aux questions d'un groupe.

Texte support

La mère Sauvage

Je retournai chasser, à l'automne, chez mon ami Serval, qui avait enfin fait reconstruire son château, détruit par les Prussiens. [...] Le fils, que j'avais vu autrefois, était un grand garçon sec qui passait également pour un féroce destructeur de gibier. On les appelait les Sauvage. [...]

[Serval raconte au narrateur les évènements expliquant la destruction de son château.]

Lorsque la guerre fut déclarée, le fils Sauvage, qui avait alors trente-trois ans, s'engagea, laissant la mère seule au logis. On ne la plaignait pas trop, la vieille, parce qu'elle avait de l'argent, on le savait. Elle resta donc toute seule dans cette maison isolée. [...] La mère Sauvage continua son existence ordinaire dans sa chaumière, qui fut bientôt recouverte par les neiges. [...]

Or, un matin, comme la vieille était seule au logis, elle aperçut au loin dans la plaine un homme qui venait vers sa demeure. Bientôt, elle le reconnut, c'était le piéton chargé de distribuer les lettres. Il lui remit un papier plié et elle tira de son étui les lunettes dont elle se servait pour coudre ; puis elle lut :

« Madame Sauvage, la présente est pour vous porter une triste nouvelle. Votre garçon Victor a été tué par un boulet. »

G. de Maupassant, « La mère Sauvage », 1884

Groupe 1

Repérer

1 a. « Le fils [...] était un grand garçon. » (l. 4-5) **Cette phrase vous apporte-t-elle une information sur les actions ou sur le physique du fils ?**
b. **Le verbe *être* est-il un verbe d'action ou un verbe d'état ?**
c. **Comment nomme-t-on le complément essentiel souligné ?**

2 « La mère Sauvage continua son existence ordinaire dans sa chaumière. » (l. 14-15) **Donnez l'infinitif du verbe. Quel est son complément essentiel ? Ce verbe est-il un verbe transitif direct ou indirect ?**

3 **Qui a détruit le château ? Relevez le complément d'agent qui vous permet de répondre.**

Manipuler

4 « on le savait. » (l. 12) **Expliquez la construction grammaticale de cette proposition. Par quoi peut-on remplacer le pronom *le* ?**

5 « Elle resta [...] isolée. » (l. 12-14). **Réécrivez cette phrase en utilisant un autre verbe d'état.**

6 **Réécrivez la dernière phrase du texte à la voix active.**

Écrire

7 **En vous aidant du texte, décrivez en cinq lignes la vie quotidienne de la mère Sauvage. Vous utiliserez les verbes suivants à l'imparfait :** rester • paraitre • sembler • être

BREVET DICTÉE lienmini.fr/jdl-013
Groupes 1, 2 et 3
Écoutez et écrivez le texte de cette dictée pour vous préparer à l'épreuve du brevet.

Groupe 2

Repérer

1 a. « Elle resta donc toute seule dans cette maison isolée. » (l. 12-14) **Dans cette phrase, le verbe *rester* est-il un verbe d'action transitif ou un verbe d'état attributif ?**
b. **Comment nomme-t-on ce type de complément essentiel ? Quelle est sa nature grammaticale ?**

2 « On ne la plaignait pas trop » (l. 10-11) **Donnez l'infinitif du verbe.**
Quel est son complément essentiel ? Ce verbe est-il un verbe transitif direct ou indirect ?

3 **Comment le fils est-il mort ? La phrase qui contient cette information est-elle rédigée à la voix active ou passive ?**

Manipuler

4 « elle le reconnut » (l. 20) **Expliquez la construction grammaticale de cette proposition. Par quoi peut-on remplacer le pronom *le* ?**

5 « comme la vieille était seule au logis » (l. 17-18) **Réécrivez cette phrase en utilisant un autre verbe d'état.**

6 **Réécrivez la phrase l. 14 à 16 du texte à la voix active.**

Écrire

7 **En vous aidant du texte, décrivez en cinq lignes la vie quotidienne du fils de la mère Sauvage avant qu'il ne s'engage dans l'armée. Utilisez les verbes :** devenir • paraitre • sembler • avoir l'air. **Respectez les temps d'un récit au passé.**

Groupe 3

Repérer

1 a. « un grand garçon sec qui passait également pour un féroce destructeur de gibier. » (l. 5 à 7) **Relevez la forme verbale de cette proposition. S'agit-il d'un verbe transitif ou attributif ?**
b. **Comment nomme-t-on ce type de complément essentiel ? Quelle est sa nature grammaticale ?**

2 « elle le reconnut » (l. 20) **Expliquez la construction de cette proposition. Ce verbe est-il un verbe transitif direct ou indirect ?**

3 **Recopiez le tableau et trouvez un exemple dans le texte pour chaque construction verbale.**

Verbe transitif direct (suivi d'un COD)	Verbe transitif indirect (suivi d'un COI)	Verbe doublement transitif (pouvant être suivi d'un complément et d'un COS)

4 « On les appelait les Sauvage. » (l. 7) **La proposition qui contient cette information est-elle rédigée à la voix active ou passive ?**

Manipuler

5 « Il lui remit un papier » (l. 21-22) **Réécrivez cette proposition en remplaçant le pronom COD par un GN.**

6 « Lorsque la guerre fut déclarée » (l. 8) **À quelle voix cette proposition est-elle rédigée ? Réécrivez-la en changeant de voix.**

Écrire

7 **Insérez au texte (l. 10) un passage d'une dizaine de lignes où vous décrirez le fils de la mère Sauvage et raconterez le jour de son engagement dans l'armée. Respectez les temps choisis par l'auteur.**

15 cent. le numéro. LE PETIT 8 francs par an.
MONITEUR ILLUSTRÉ
DIMANCHE 30 OCTOBRE 1887 — N° 44
TROISIÈME ANNÉE
LA MÈRE SAUVAGE
Nouvelle, par GUY DE MAUPASSANT
« La mère Sauvage restait debout, devant son logis détruit, armée de son fusil... »

Le petit Moniteur illustré, journal du 30 octobre 1887

Atelier de classe

Quelles relations un verbe entretient-il avec son sujet et ses compléments ?

*Voici un atelier qui va vous permettre de **réfléchir sur le verbe** et les relations qu'il entretient avec **son sujet et ses compléments**. Vous réaliserez ces activités d'observation et de manipulation **en groupe**, afin de réfléchir ensemble aux questions posées et de confronter vos réponses. Lorsque vous vous serez mis d'accord, **vous rédigerez vous-mêmes les points à retenir**.*

La lettre secrète

Rosine est une jeune fille élevée secrètement par Bartholo, qui désire l'épouser. Il la surveille sans cesse, jusqu'au jour où elle rencontre le jeune Lindor, dont elle tombe amoureuse.

ROSINE, *seule, un bougeoir à la main.*

Elle prend du papier sur la table et se met à écrire.

Marceline est malade ; tous les gens sont occupés ; et personne ne me voit écrire. Je ne sais si ces murs ont des yeux et des oreilles, ou si mon argus[1] a un génie malfaisant qui l'instruit à point nommé ; mais je ne puis dire un mot ni faire un pas, dont il ne devine sur-le-champ l'intention…

Ah ! Lindor ! *(Elle cachette la lettre.)* Fermons toujours ma lettre, quoique j'ignore quand et comment je pourrai la lui faire tenir. Je l'ai vu à travers ma jalousie[2] parler longtemps au barbier Figaro. C'est un bonhomme qui m'a montré quelquefois de la pitié : si je pouvais l'entretenir un moment !

P.-A. C. de Beaumarchais, *Le Barbier de Séville*, acte II, scène 1, 1775

1. surveillant, espion ; désigne ici Bartholo.
2. fenêtre grillagée permettant de voir sans être vu.

PARTIE 1

Repérer les particularités des verbes du 3e groupe

Observons et manipulons

1. Voici l'infinitif de verbes utilisés dans le texte.

prendre | savoir | instruire | se mettre

– À quel groupe appartiennent-ils ?

– Pour chaque verbe, retrouvez dans le texte la forme verbale employée par l'auteur.
À quel temps sont-elles ?

– Précisez, pour chaque verbe, à quelle personne du singulier il est conjugué.

1re personne | 3e personne

– Que pouvez-vous dire sur leur terminaison ?

– Conjuguez ces 5 verbes à toutes les personnes du présent de l'indicatif.

– Que pouvez-vous conclure sur la terminaison des verbes du 3e groupe au présent de l'indicatif ?

2. – Partez à la recherche du verbe *voir*, employé deux fois dans le texte. De combien de lettres son radical est-il constitué ?

– Partez à la recherche du verbe *pouvoir*, employé trois fois dans le texte. Son radical est-il toujours le même ?

Qu'avons-nous observé ?

À partir de vos observations, rappelez les différents infinitifs possibles des verbes du 3e groupe.
À quelle difficulté orthographique devez-vous être vigilant(e)s ?

PARTIE 2

Repérer les accords complexes sujet-verbe

Observons et manipulons

BARTHOLO

Vous voulez me faire prendre le change et détourner mon attention du billet, qui, sans doute, est une missive de quelque amant ! Mais je le **verrai**, je vous assure.

P.-A. C. de Beaumarchais, *Le Barbier de Séville*, 1775

1. Relevez les deux pronoms *vous* et le verbe qui les suit.
– Lequel commande l'accord du verbe ? Quelle est sa fonction grammaticale ?
– Lequel ne commande pas l'accord du verbe ? Quelle est sa fonction grammaticale ?

sujet | COD | COI

2. Relevez les deux pronoms personnels sujets *je*. Combien d'éléments séparent le verbe en gras de son sujet ?

1 | 2 | 3

3. Quel est le sujet du verbe souligné ?

sans doute | qui | le change

Qu'avons-nous observé ?

À partir de vos observations, rédigez une remarque sur la position du sujet par rapport au verbe. Le verbe se trouve-t-il toujours immédiatement après le sujet ? Quels sont les éléments que l'on peut trouver entre les deux ?

PARTIE 3

Réviser l'accord du participe passé

Observons et manipulons

BARTHOLO *revient sur la pointe des pieds.*

Elle est **assise** auprès de sa fenêtre, le dos **tourné** à la porte, **occupée** à relire une lettre de son cousin l'Officier, que j'avais **décachetée**… Voyons donc la sienne.

P.-A. C. de Beaumarchais, *Le Barbier de Séville*, 1775

1. Dans cet extrait, les participes passés sont en gras.
– Tous les participes passés sont-ils accordés au féminin ? Trouvez, pour chacun, avec quel élément il est accordé.
– Quel participe passé est employé comme un adjectif qualificatif ?
– Quels participes passés sont employés avec l'auxiliaire *être* ?
– Quel participe passé est accordé avec un complément d'objet direct ?

2. « Je l'ai vu à travers ma jalousie » (l. 8)
– Dans cette phrase, quel est le complément essentiel du verbe ? Quelle est sa nature grammaticale ?

nom | pronom | groupe nominal

– Par quel nom ou GN pouvez-vous le remplacer ? Aidez-vous du texte pour répondre.

le barbier Figaro | Lindor | mon argus

3. Remplacez maintenant le complément par « Figaro et Lindor ». Quelle phrase allez-vous obtenir ?

Je [l' | les | leur] ai [vu | vus | vues] à travers ma jalousie.

– Expliquez vos choix à l'oral.

Qu'avons-nous observé ?

À partir de vos observations, rédigez une remarque sur l'accord du participe passé : quels sont les cas où il s'accorde ? Employé avec l'auxiliaire *avoir*, avec quel élément de la phrase s'accorde-t-il, et quand ?

Qu'avons-nous découvert sur le verbe, son sujet et ses compléments ?

Faites le point avec les membres de votre groupe afin de pouvoir présenter oralement le résultat de vos observations sur :

- **les verbes du 3ᵉ groupe**
- **la position du sujet par rapport au verbe**
- **l'accord du participe passé**

Leçon

18 Les particularités des verbes du 3e groupe

Activité 1 **a. Lisez le texte suivant.**

Je me rétablis lentement, avec de fréquentes rechutes qui inquiétèrent mon ami. Je me **souviens** du jour où pour la première fois je fus capable de regarder ce qui m'entourait avec un peu de plaisir. Le printemps fut merveilleux et contribua pour une grande part à ma guérison, je **sentis** alors renaitre en moi des sentiments de joie et d'affection, ma tristesse **disparut** et bientôt je **redevins** aussi gai que je l'étais avant d'avoir été entrainé par ma fatale passion.

M. Shelley, *Frankenstein*, 1818, trad. H. Betjeman, © Gallimard, 1947

b. Donnez l'infinitif des verbes en gras. À quel groupe appartiennent-ils ? Justifiez votre réponse.

c. Relevez deux verbes composés sur le radical *-ven-* du verbe *venir*. Conjuguez-les au présent de l'indicatif, puis au passé simple de l'indicatif. Que remarquez-vous ?

d. Relevez un verbe du 3e groupe dont le passé simple se termine en *-u-*.

e. Relevez dans le texte les formes du verbe *être*. Donnez pour chacune le temps auquel le verbe est conjugué.

Activité 2 **a. Associez chaque verbe à la terminaison qui convient.**

je voul…	il rem…	elle part…
tu perd…	tu ref…	on rend…
il l…	je v…	je cr…

-us -it -is -ut

b. Quel verbe accepte deux terminaisons verbales différentes ? Indiquez, pour chacune de ces deux terminaisons, à quel temps verbal elle correspond.

Activité 3

Bientôt, j'entendis un bruit de pas dans le couloir ; la porte s'ouvrit et le misérable apparut.

M. Shelley, *Frankenstein*, 1818, *Ibid*

a. À quel temps sont conjugués les verbes ? Indiquez leur infinitif.

b. Inventez une suite à cette phrase. Vous utiliserez les verbes suivants au passé simple : venir • parcourir • fuir • aller

c. En conclusion, recopiez parmi ces terminaisons du passé simple celles qui peuvent correspondre à un verbe du 3e groupe.

-is, -is, -it, -îmes, -îtes, -irent

-ins, -ins, -int, -înmes, -întes, -inrent

-us, -us, -ut, -ûmes, -ûtes, -urent

-ai, -as, -a, -âmes, -âtes, -èrent

Activité 4 **a. Pour chaque terminaison verbale, proposez un verbe du 3e groupe qui l'accepte au présent de l'indicatif.** -s -t -d -x

b. Conjuguez les verbes choisis à toutes les personnes du présent de l'indicatif. Observez le radical des trois personnes du singulier, puis le radical des trois personnes du pluriel. Que remarquez-vous ? Qu'observez-vous pour la 3e personne du singulier des verbes en *-dre* ?

Je retiens

• Au **présent de l'indicatif**, les terminaisons des verbes du 3e groupe sont : **-s / -x • -s / -x • Ø[1] / -t • -ons • -ez • -ent**.

• Les verbes en *-dre* et en *-tre* se conjuguent sur le modèle de *rendre*, *battre*, *mettre* ; le radical comporte un *-d* ou un *-t*. Pour les verbes sur le modèle de *joindre*, *résoudre*, leur radical ne conserve pas le *-d*.

• Au **passé simple**, les verbes du 3e groupe se répartissent selon trois modèles de terminaisons : ***-i-* • *-in-* • *-u-***. *Aller* se conjugue comme un verbe du 1er groupe (terminaison en ***-a-***).

• Le **composé** d'un verbe se conjugue comme ce verbe : *convenir*, *se souvenir*, *devenir*… se conjuguent comme *venir*.

Présent de l'indicatif
Terminaisons des verbes du 3e groupe

je		R		-s / -x
tu		A		-s / -x
il/elle	+	D	+	Ø / -t
nous		I		-ons
vous		C		-ez
ils/elles		A L		-ent

Pour dire, pour écrire

Certains verbes en *-ir* ou *-ire* ont **la même forme au présent de l'indicatif qu'au passé simple**. Pour savoir de quel temps il s'agit, il faut chercher dans le texte un autre verbe conjugué.

1. Ø : ce symbole signifie qu'aucune terminaison ne s'ajoute au radical.

Repérer

1 Relevez les verbes du 3e groupe.
1. Paul croit en son innocence.
2. Peux-tu me conduire à la gare ?
3. Nous venons ce weekend te rendre visite : crois-tu que tes parents nous accueilleront ?
4. Pour partir, elle attend que tu viennes !
5. Je finis mon jeu et je descends tout de suite.

2 EXO+ **3** EXO+

Manipuler

4 Réécrivez chaque phrase en remplaçant le verbe en gras par un verbe du 3e groupe.
1. Je n'**arrive** pas à ouvrir ce bocal.
2. Tu **noteras** le résultat sur ce papier.
3. Vous **avanciez** trop vite pour tenir la distance.
4. Avec un joueur de plus, votre équipe **a gagné** !
5. Il **avait égaré** sa voiture sur ce grand parking.
6. Elles **remportèrent** le premier prix.

5 Associez chacune de ces formes verbales au temps de l'indicatif qui lui correspond : je crus • nous vînmes • elle prendra • vous rendîtes • il vint • je battrai • elles disaient • ils pourront • tu veux • on partit • ils mirent • tu pris • elle rend

passé simple | présent | imparfait | futur simple

6 a. Cherchez le maximum de verbes construits sur chaque radical.

...mettre | ...tenir | ...battre

b. Choisissez six de ces verbes et imaginez une phrase pour chacun. La 1re phrase au présent ; la 2e à l'imparfait ; la 3e au passé simple ; la 4e au futur ; la 5e au passé composé ; la 6e au plus-que-parfait.

7 EXO+ **8** EXO+

Accorder

9 Recopiez les phrases en conjuguant les verbes au présent de l'indicatif.
1. Il *(revenir)* à pied et *(se perdre)* en chemin.
2. Je *(joindre)* une copie et *(attendre)* votre réponse.
3. Vous *(résoudre)* le problème sans difficulté.

10 Recopiez les phrases en conjuguant les verbes au passé simple.
1. Le matelot *(sentir)* le vent dans les voiles du navire.
2. Il *(tenir)* son enfant pendant tout le voyage.
3. Dès son arrivée, il *(venir)* prendre de tes nouvelles.

11 Recopiez le texte en conjuguant les verbes au passé simple.
Péniblement, Meaulnes *(ouvrir)* la portière de la vieille guimbarde, dont la vitre *(trembler)* et les gonds *(crier)*. Sur la banquette, deux tout petits enfants dormaient. Ils *(réagir)* au bruit et au froid, *(se détendre)*, *(parcourir)* du regard, puis en frissonnant *(se remettre)* dans leur coin et *(se rendormir)*.

D'après **Alain-Fournier**, *Le Grand Meaulnes*, 1913

12 EXO+ **13** EXO+

Préparer une dictée

14 Conjuguez chaque verbe entre parenthèses au passé simple.
Avec une anxiété qui *(devenir)* une agonie, je *(réunir)* les instruments de vie pour en communiquer une étincelle à la chose inanimée couchée à mes pieds. […] je *(voir)* s'ouvrir les yeux jaunes et mornes de la créature.

D'après **M. Shelley**, *Frankenstein*, 1818, *Ibid*

EXO+ lienmini.fr/jdl4-118
Fiche 1 EXO 2 7 12 | Fiche 2 EXO 3 8 13 | Exercices interactifs

Leçon

19 Les accords complexes sujet-verbe

Activité 1

Sous le pont Mirabeau <u>coule</u> la Seine
Et nos amours
Faut-il qu'il m'en souvienne
La joie venait toujours après la peine
Vienne la nuit sonne l'heure
Les jours s'en vont je demeure
Les mains dans les mains restons face à face
Tandis que sous
Le pont de nos bras **passe**
Des éternels regards l'onde si lasse […]

G. Apollinaire, « Sous le pont Mirabeau », *Alcools*, 1913

a. Quel est le sujet du verbe souligné (v. 1) ? Est-il placé avant ou après le verbe ?

b. Relevez dans le poème deux autres sujets placés après leur verbe.

c. Quel est le sujet du verbe en gras (v. 9) ?

Activité 2

a. Relevez les sujets des verbes en gras.

1. Quand **cesseras**-tu de faire du bruit ?
2. Pierre qui roule n'**amasse** pas mousse.
3. Le parc d'attractions qui **vient** d'ouvrir a l'air fantastique !
4. Professeurs et formateurs **se réunissent** une fois par mois.
5. Dans le vase **se fanent** lentement les fleurs.
6. Les films dont tu parles **viennent** de sortir.

b. Associez ensuite chaque phrase au schéma correspondant.

❶ verbe → sujet

❷ antécédent → pronom relatif sujet ← verbe

❸ sujet → verbe

Activité 3

Associez le sujet de chaque phrase au pronom personnel qui lui correspond.

1. Demain, ma sœur et moi partons en vacances.
2. Les filles et les garçons ont des dortoirs séparés.
3. Toi et moi sommes très bons amis.
4. Julie et toi travaillez beaucoup pour réussir vos examens.
5. Toutes les élèves reviendront du stade pour midi.

A. ils
B. nous
C. elles
D. vous

R. Magritte, *La Grande Famille*, 1963

Activité 4

a. Dans les phrases suivantes, où est placé le sujet ?

1. Dans le crépuscule vole une colombe.
2. Au-dessus de la mer flottent les nuages.
3. Sait-on quand la nuit tombera ?

b. À partir de ce tableau, formulez trois nouvelles phrases avec un sujet inversé.

Je retiens

- **Le verbe**, placé le plus souvent après **le sujet, s'accorde avec lui** en personne et en nombre. Le sujet est dit **inversé** lorsqu'il est placé après le verbe, par exemple dans les questions.
- Quand le sujet est un **pronom relatif**, il faut trouver son antécédent.
- Le sujet peut être **séparé du verbe par des pronoms personnels** (COD ou COI).
- Quand le sujet comporte plusieurs personnes différentes, la 1re personne l'emporte sur la 2e, la 2e sur la 3e.

Pour dire, pour écrire

- Le **sujet inversé** peut permettre des **effets de style dans un texte**, notamment **en poésie**.
- Quand une phrase commence par un **complément circonstanciel** assez long, il est courant d'inverser le sujet.

Sujet inversé = Verbe — Sujet

Sujet séparé du verbe = Sujet — Pronom complément — Verbe

Accorder

1 Conjuguez les verbes entre parenthèses au présent de l'indicatif.

1. Elle et moi *(prendre)* le train pour Granville.
2. Ta sœur et toi *(être)* invitées à mon anniversaire.
3. Au loin dans la savane se *(pavaner)* les éléphants.
4. Où *(produire)*-vous ces succulents chocolats ?
5. Beaucoup *(venir)* du village voisin.
6. Combien *(partir)* avant minuit ?
7. Comment *(aller)*-nous trouver le restaurant si tu ne *(connaitre)* pas l'adresse ?

2 Complétez chaque phrase par un pronom personnel sujet. Parfois, plusieurs réponses sont possibles.

1. … écris à ses grands-parents pendant les vacances.
2. … appelle quand ce sera prêt.
3. … pars dans une heure.
4. Une fois par semaine, … travaille pour une association.
5. … n'acceptes pas l'échec.
6. … parviens à résoudre cette énigme.

3 EXO+ 4 EXO+

Repérer

5 a. Relevez le verbe lié à chaque sujet en gras.

Le vase où meurt cette verveine[1]
D'un coup d'éventail fut fêlé ;
Le coup dut l'effleurer à peine,
Aucun bruit ne l'a révélé.

R.-F. Sully Prudhomme, « Le vase brisé », *Stances et poèmes*, 1865

1. fleur aromatique.

b. Quel est le sujet du verbe souligné ?
c. Réécrivez le premier vers en mettant le sujet avant le verbe.
d. Quelle version préférez-vous ? Pourquoi ?

6 a. Lisez cet extrait de fable.

Il ne se faut jamais moquer des misérables :
Car qui peut s'assurer d'être toujours heureux ?
Le sage Ésope dans ses fables
Nous en **donne** un exemple ou deux.

J. de La Fontaine, « Le Lièvre et la Perdrix », *Fables*, 1668

b. Relevez le sujet du verbe en gras. Quels éléments séparent le verbe de son sujet ? Donnez leur fonction grammaticale.

7 EXO+ 8 EXO+

Manipuler

9 a. Remplacez les pronoms personnels sujets par des groupes nominaux qui conviennent.
b. Transformez ces phrases en interrogatives avec inversion du sujet.

1. Ils hibernent plusieurs mois.
2. L'an prochain, vous retournez à la Rochelle.
3. Elles annoncent l'arrivée du printemps.
4. Chez l'enfant, elles tombent vers l'âge de 6 ans.
5. Nous avons beaucoup apprécié ce concert.
6. En juillet, elles sont surchargées d'automobilistes.

10 EXO+ 11 EXO+

Produire à l'oral

12 Inventez un court poème décrivant la saison de votre choix. Vous emploierez au moins deux sujets inversés. Quand vous lirez votre poème à la classe vous veillerez à faire une lecture claire et expressive.

13 Posez cinq questions à vos camarades en veillant à faire l'inversion sujet-verbe.

EXO+ lienmini.fr/jdl4-119
Fiche 1 EXO 3 7 10
Fiche 2 EXO 4 8 11
Exercices interactifs

Leçon

20 Les accords du participe passé

Activité 1

a. Réécrivez ces « devoirs du journaliste », rédigés avec des verbes à l'infinitif, à la 1re personne du singulier du passé composé.

b. Soulignez les participes passés.

> **1.** Respecter la vérité [...]. **2.** Défendre la liberté de l'information, du commentaire et de la critique. [...] **8.** S'interdire [...] les accusations sans fondement [...].
>
> Extraits de *La Charte du journaliste*, Munich, 1971

Activité 2

> C'était une étroite cuve naturelle creusée par l'eau dans un sol glaiseux, profonde d'environ deux pieds, entourée de mousse et de ces grandes herbes <u>gaufrées</u> [...], et pavée de **quelques grosses pierres**.
>
> **V. Hugo**, *Les Misérables*, 1862

a. Quelle est la fonction du mot souligné ? À quel nom se rapporte-t-il ? Relevez dans le texte d'autres participes passés ayant la même fonction que le mot souligné.

b. Recopiez le GN en gras. Ajoutez-lui deux participes passés employés comme adjectifs. Quelle est leur terminaison ?

Activité 3

a. Associez chaque phrase au schéma qui lui correspond.

1. Elle a écrit cette lettre.
2. Cette lettre est envoyée depuis Londres.
3. Nous l'avons reçue hier.
4. Elle est fatiguée mais bien remise.
5. Elle a fourni des nouvelles rassurantes.
6. Elle les a données rapidement.

❶ sujet — auxiliaire *être* — participe passé

❷ sujet — auxiliaire *avoir* — participe passé — COD

❸ sujet — COD — auxiliaire *avoir* — participe passé

b. Dans quel schéma le participe passé n'est-il pas accordé ?

Activité 4

Complétez chaque phrase avec le participe passé qui convient.

1. J'ai acheté des plats ... 2. Elle a ... ce plat pour ses invités.
3. Les pommes de terre que tu as ... sont délicieuses.
4. Cette sauce est ... avec de la crème.

cuisiné | cuisinés | cuisinées | cuisinée

Activité 5

> Quand j'ai connu la Vérité,
> J'ai cru que c'était une amie ;
> Quand je l'ai comprise et sentie,
> J'**en** étais déjà dégoûté. [...]
>
> **A. de Musset**, « Tristesse »,
> *Poésies nouvelles*, 1840

a. Classez les participes passés du texte.

Participes passés employés avec *être*	Participes passés employés avec *avoir*

b. Quelle est la fonction grammaticale du pronom en gras ?

c. Au vers 3 les participes passés s'accordent-ils avec le pronom je ou l' ? Expliquez pourquoi.

Je retiens

Comment **accorder le participe passé** ?
Il existe trois cas.

1. Employé comme **adjectif**, le participe passé s'accorde **en genre et en nombre avec le nom** ou **le pronom** auquel il se rapporte.
2. Avec l'auxiliaire ***être***, le participe passé s'accorde **avec le sujet** du verbe.
3. Employé avec l'auxiliaire ***avoir***, le participe passé s'accorde seulement **avec le COD placé devant le verbe**.

Pour dire, pour écrire

Quand un **pronom** est intercalé **entre le sujet et l'auxiliaire *avoir***, il faut se demander si c'est un **COD**. Si c'est le cas, il faut appliquer la règle 3.

1. nom + participe passé employé comme adjectif → accord du participe passé **avec le nom**
2. sujet + être + participe passé → accord du participe passé **avec le sujet**
3. sujet + COD + avoir + participe passé → accord du participe passé **avec le COD**

Repérer

1 Relevez chaque participe passé.
1. Le journaliste a parcouru de nombreux pays.
2. Un miroir brisé apporterait sept ans de malheur.
3. Ce costume est mal taillé.
4. Tu as appris beaucoup de choses en un an.
5. Une fois la maison vendue, nous déménagerons !
6. Sitôt cueillis, les coquelicots se fanent.

2 Pour chaque participe passé en gras, indiquez s'il s'agit du cas 1, 2 ou 3 de la leçon.
1. L'été **ensoleillé** ravit les touristes.
2. Les romans de Le Clézio ? Je les ai tous **lus** !
3. Elle était **persuadée** que nous serions en retard.

3 Pour chaque participe passé en gras, indiquez quel est l'auxiliaire employé.
1. Pour que le professeur les ait **données**, ces bonnes notes devaient être **méritées**.
2. J'ai **voulu** te dire la vérité mais tu es trop **occupée**.
3. Je ne suis pas **parvenue** à croire que tu aies **reçu** ce colis aussi vite !

4 Pour chaque phrase, précisez si le participe passé est accordé avec le sujet ou le COD.
1. Leur petite fille est née. Comment l'ont-ils appelée ?
2. Pour cette année, ils sont inscrits au tennis.
3. L'histoire qu'elle a crue est invraisemblable !

5 EXO+ 6 EXO+ 7 EXO+

Accorder

8 Recopiez les phrases en accordant le participe passé.
1. La discussion fini…, sors les tasses qu'on m'a offert….
2. Elle regarde la mer déchainé…, battu… par le vent.
3. Cette soirée ? Nous l'avons préparé… avant-hier.
4. Cette place d'arbitre ? Tu l'as voulu…, tu l'as eu….

9 Choisissez les bonnes terminaisons.
Elle marchait penché/ée en avant, la tête baissé/ée, comme une vieille […]. L'anse de fer achevait d'engourdir et de geler ses petites mains mouillé/ée/és/ées ; de temps en temps elle était forcé/ée de s'arrêter.
V. Hugo, *Les Misérables*, 1862

10 a. Combien de participes passés cette phrase contient-elle ? Justifiez leur accord.
Denise était venue à pied de la gare Saint-Lazare, où un train de Cherbourg l'avait débarquée avec ses deux frères, après une nuit passée sur la dure banquette d'un wagon de troisième classe.
É. Zola, *Au bonheur des Dames*, 1883

b. Recopiez cet extrait en remplaçant *Denise* par *Denise et sa sœur*.

11 EXO+ 12 EXO+ 13 EXO+

Préparer une dictée

14 a. Accordez les participes passés. Justifiez l'orthographe des deux premiers.
Un malheur terrible l'avait brisé…. Devenu… follement amoureux d'une jeune fille, il l'avait épousé… dans une sorte d'extase de bonheur. Après un an de félicité surhumaine et d'une passion inapaisé…, elle était mort… subitement d'une maladie de cœur, tué… par l'amour lui-même, sans doute. Il avait quitté… son château le jour même de l'enterrement, et il était venu… habiter son hôtel de Rouen.
G. de Maupassant, *Apparition*, 1883

b. Pour chaque participe passé, donnez son infinitif.

EXO+ lienmini.fr/jdl4-120
Fiche 1 EXO 5 6 11 — Fiche 2 EXO 7 12 13 — Exercices interactifs

Leçon

21 Le subjonctif présent

Activité 1

Malgré les monstres et les bizarres
Je me suis fait quelques amis
Alors, j'ouvre une page au hasard
D'un livre usé que je relis
Et puis – j'attends, je dois l'avouer –
Au coin d'un chapitre émouvant
Que **vienne**, d'un prince ou d'une fée,
Un amour comme dans les romans
Comme dans les romans

À voix basse
Qu'il me fasse
Oublier tous mes chagrins
Qu'il susurre
Doux murmures
Des « toujours » et des « demain » [...]

Juliette, « À voix basse » (extrait), *Bijoux et babioles*, © Studio Mademoiselle, 2008

a. Lisez l'extrait de cette chanson.

b. Donnez l'infinitif du verbe en gras. À quel temps est-il conjugué ?

impératif présent | subjonctif présent | indicatif présent

c. Relevez dans la deuxième strophe deux autres verbes conjugués au même mode. Donnez leur infinitif.

d. Réécrivez la deuxième strophe en commençant par : *À voix basse/ Que vous me...* Quelles modifications avez-vous effectuées ?

Activité 2

a. Dans les phrases suivantes, associez chaque verbe en couleur à son infinitif.

vouloir | chanter | revenir | avoir | résoudre | être

1. Elle **chante** des airs d'opéra.
2. Dans un chœur, il faut qu'il **chante** juste.
3. Il **veut** venir nous voir.
4. Qu'il **veuille** venir m'étonne !
5. Il **revient** de vacances.
6. Nous souhaitons qu'il **revienne**.
7. Elle **résout** ce problème.
8. Aide-la pour qu'elle **résolve** cette énigme.
9. **As**-tu l'esprit troublé ?
10. Comment est-il possible que tu **aies** l'esprit troublé ?
11. Vous **êtes** heureux !
12. Je souhaite que vous **soyez** heureux !

b. Les verbes en bleu sont conjugués à l'indicatif présent ; ceux en vert sont conjugués au subjonctif présent. Quel verbe a la même forme pour les deux conjugaisons ? À quel groupe appartient-il ?

c. Le verbe *être* a-t-il un seul radical ?

Activité 3

a. Relevez dans le texte deux verbes qui expriment un souhait. Donnez leur infinitif, puis indiquez quel est leur mode, temps et personne.

[...] Ah ! Vienne vite le Printemps,
Et son clair soleil qui caresse,
Et ses doux oiseaux caquetants !

Refleurisse l'enchanteresse
Gloire des jardins et des champs
Que l'âpre hiver tient en détresse. [...]

P. Verlaine, « Sub Urbe », *Fêtes galantes*, 1869

b. Relevez un verbe du 3e groupe conjugué à l'indicatif présent. Conjuguez-le au subjonctif présent.

Je retiens

- Les **terminaisons du subjonctif présent** sont les mêmes pour tous les verbes (sauf *avoir* et *être*) : **-e**, **-es**, **-e**, **-ions**, **-iez**, **-ent**.
- Le radical est le plus souvent celui de la 1re personne du pluriel de l'indicatif présent.
- Certains verbes du 3e groupe ont un radical différent au subjonctif.

Construction du subjonctif présent

que + sujet + radical 1re pers. plur. + -e / -es / -e / -ions / -iez / -ent

Pour dire, pour écrire

Certaines formes du 1er groupe sont **identiques à l'indicatif et au subjonctif**. Pour les distinguer, on peut s'aider du contexte et remplacer le verbe du 1er groupe **par un verbe du 3e groupe**.

Repérer

1 Précisez pour chaque verbe en gras le mode auquel il est conjugué.

1. Je te **tiens** compagnie pour que tu **ailles** mieux.
2. Qu'il **vienne** m'en parler s'il **a** un souci.
3. Son père l'**aide** pour qu'elle **travaille** mieux.
4. **Terminons** cette réunion afin qu'il **parte** au plus vite.
5. Je **commande** une pizza pour que vous en **ayez**.
6. Il **cesse** de pleurer quand il **voit** sa mère.

2 Relevez les verbes au subjonctif présent.

Qu'ailleurs la bassesse soit grande,
Que l'homme soit vil et bourbeux,
J'en souris, pourvu que j'entende
Une clochette au cou des bœufs. […]

V. Hugo, « Écrit en 1827 »,
Les Chansons des rues et des bois, 1865

3 Donnez l'infinitif de chaque verbe en gras.

1. Pourvu qu'il ne **sache** pas la vérité !
2. Approche afin que je te **voie** mieux.
3. Tu les conseilles pour qu'ils **aient** de meilleures notes.
4. Penses-tu qu'il **soit** d'accord ?

4 EXO+ 5 EXO+

Manipuler

6 Conjuguez les verbes entre parenthèses au subjonctif présent.

1. que j'*(aller)*
2. que nous *(vouloir)*
3. que tu *(venir)*
4. que vous *(réagir)*
5. qu'elle *(savoir)*
6. qu'ils *(appartenir)*

7 Complétez les phrases en utilisant des verbes conjugués au subjonctif présent.

1. Zola a écrit cet article pour que la justice …
2. Elle t'a offert ce pull pour que tu …
3. Afin que vous …, nous ne partirons pas trop tard.
4. Il faut que vous … pour ne pas revenir.
5. Je crains qu'Anna …
6. Il vaudrait mieux qu'ils …
7. Le professeur nous conseille de réviser afin que …

8 EXO+ 9 EXO+ 10 EXO+ 11 EXO+

Écrire

12 Rédigez une phrase au subjonctif présent pour chaque personnage du tableau.

Attention ! Le sujet de vos deux propositions ne doit pas être le même.

Ex : Pour qu'on ne le voie pas tricher, il doit dissimuler ses cartes.

G. de La Tour, *Le tricheur à l'as de carreaux*, 1636-1638

13 Employez ces verbes dans des phrases où ils seront conjugués au subjonctif présent :

voir • prendre • faire • savoir • pouvoir • dire • être • aller • vouloir • avoir

14 EXO+ 15 EXO+

Produire à l'oral

16 Créez un court poème pour évoquer votre souhait le plus cher.
Votre poème sera construit sur l'anaphore, c'est-à-dire la répétition d'une expression.
Vous emploierez le subjonctif.

J'ai un rêve, je voudrais que …
Je voudrais que …
Je voudrais que …

EXO+ lienmini.fr/jdl4-121
Fiche 1 EXO 4 8 9 14
Fiche 2 EXO 5 10 11 15
Exercices interactifs

▶ *Avez-vous bien compris ces leçons sur les accords du verbe ?*
Vérifiez en lisant cet extrait et en répondant aux questions d'un groupe.

Texte support

Les cheveux de Miette

Le narrateur décrit Miette, une jeune fille à la belle chevelure.

Elle avait des cheveux superbes ; plantés rudes et droits sur le front, ils se rejetaient puissamment en arrière, ainsi qu'une vague jaillissante, puis coulaient le long de son crâne et de sa nuque, pareils à une mer crépue, pleine de bouillonnements et de caprices, d'un noir d'encre. Ils étaient si épais qu'elle ne savait qu'en faire. Ils la gênaient. Elle les **tordait** en plusieurs brins, de la grosseur d'un poignet d'enfant, le plus fortement qu'elle pouvait, pour qu'ils tinssent moins de place, puis elle les massait derrière sa tête. Elle n'avait guère le temps de songer à sa coiffure, et il arrivait toujours que ce chignon énorme, fait sans glace et à la hâte, prenait sous ses doigts une grâce puissante. À la voir coiffée de ce casque vivant, de ce tas de cheveux frisés qui débordaient sur ses tempes et sur son cou comme une peau de bête, on comprenait pourquoi elle allait tête nue, sans jamais se soucier des pluies ni des gelées.

É. Zola, *La Fortune des Rougon*, 1871

Groupe 1

Repérer

1 **À quel temps la majorité des verbes sont-ils conjugués : présent ou imparfait de l'indicatif ?**

2 **a. Quel est l'infinitif du verbe en gras ? À quel groupe appartient-il ?**
b. Relevez deux verbes du 3ᵉ groupe conjugués à l'imparfait.

3 « on comprenait pourquoi elle allait tête nue » (l. 20-21) **Donnez un autre verbe composé sur le radical *-prend-*.**
Conjuguez-le au présent de l'indicatif à la même personne.

Manipuler

4 **Modifiez le début du texte jusqu'à « arrière » (l. 3) en remplaçant *cheveux* par *chevelure*. Faites toutes les modifications nécessaires.**

5 **Relevez une proposition correspondant à cette construction. Justifiez l'accord sujet-verbe.**

sujet — verbe — COD

6 « Ils la gênaient. » (l. 8-9)
a. Quel est le sujet du verbe ?
b. Quel mot le pronom « la » reprend-il ?
c. Pourquoi le verbe ne s'accorde-t-il pas avec « la » ?

7 « Elle les tordait » (l. 9)
Expliquez l'accord du verbe.

Écrire

8 **C'est maintenant l'été. Racontez comment Miette se coiffe pour ne pas souffrir de la chaleur. Votre récit sera à l'imparfait de l'indicatif et vous utiliserez ces verbes :** mettre • couvrir • tenir • prendre • pouvoir

BREVET DICTÉE lienmini.fr/jdl-014
Groupes 1, 2 et 3
Écoutez et écrivez le texte de cette dictée pour vous préparer à l'épreuve du brevet.

Groupe 2

Repérer

1 **À quel temps la majorité des verbes sont-ils conjugués ?**

2 **a. À quel groupe appartient le verbe en gras ?**
b. Relevez quatre verbes du même groupe conjugués à l'imparfait.

3 « on comprenait pourquoi elle allait tête nue » (l. 20-21) **Donnez deux verbes composés sur le radical** ***-prend-*****.**
Conjuguez-en un au passé composé à toutes les personnes.

Manipuler

4 **Modifiez le début du texte jusqu'à « encre » (l. 7) en remplaçant** ***cheveux*** **par** ***chevelure*** **et** ***mer*** **par** ***océan*****. Faites toutes les modifications nécessaires.**

5 **Relevez deux propositions correspondant à cette construction. Justifiez l'accord sujet-verbe.**

sujet — verbe — COD

6 « Elle les tordait en plusieurs brins » (l. 9)
a. Quel est le sujet du verbe ?
b. Pourquoi le verbe ne s'accorde-t-il pas avec « les » ?
c. À l'aide des étiquettes, montrez la construction de cette phrase et expliquez l'accord sujet-verbe.

verbe | COD | sujet | complément circonstanciel

7 « elle les massait derrière sa tête » (l. 12-13)
Expliquez l'accord sujet-verbe.

Écrire

8 **C'est maintenant l'été. Racontez comment Miette se coiffe pour ne pas souffrir de la chaleur. Vous utiliserez ces groupes nominaux comme sujets :** ses cheveux • une tresse • un foulard • sa nuque. **Votre récit sera essentiellement au présent de l'indicatif.**

Groupe 3

Repérer

1 **À quel temps la majorité des verbes sont-ils conjugués ?**

2 **Relevez les six verbes du texte appartenant au 3e groupe et conjugués à l'imparfait.**

3 **a.** « on comprenait pourquoi elle allait tête nue » (l. 20-21) **Donnez quatre verbes composés sur le radical** ***-prend-*****.**
b. Conjuguez-en un au passé simple.

Manipuler

4 **Réécrivez le passage** « Ils étaient si épais [...] elle pouvait » (l. 7 à 11) **en remplaçant** ***ils*** **par** ***sa chevelure*****. Faites toutes les modifications nécessaires. Soyez attentif(ve) aux accords sujet-verbe.**

5 **Relevez trois propositions correspondant à cette construction. Justifiez l'accord sujet-verbe.**

sujet — verbe — COD

6 « elle les massait derrière sa tête » (l. 12-13) **Repérez le verbe et expliquez l'accord sujet-verbe.**

7 « À la voir coiffée [...] peau de bête » (l. 17 à 20)
a. Relevez le verbe conjugué. Quel est son sujet ?
b. Expliquez l'accord du verbe.

Écrire

8 **C'est maintenant l'été. Racontez comment Miette se coiffe pour ne pas souffrir de la chaleur. Votre récit sera au passé composé. Soyez vigilant(e) à l'accord de chaque participe passé.**

A. Renoir,
Jeune fille se coiffant les cheveux, 1894

Atelier de classe — Qu'est-ce qu'une proposition subordonnée ?

Voici un atelier qui va vous permettre de ***réfléchir sur les propositions subordonnées****. Vous aller réaliser des* ***activités d'observation et de manipulation par groupes*** *afin que chacun puisse donner ses idées et les confronter à celles des autres. Lorsque vous vous serez mis d'accord,* ***vous rédigerez vous-mêmes vos conclusions****.*

Plantu, couverture du catalogue de l'exposition « Permis de croquer – Un tour du monde du dessin de presse », 2008

PARTIE 1

Repérer les propositions subordonnées

Observons et manipulons

1. Observez le dessin ci-dessus.
Quels sont les différents éléments qui composent l'image ? Que symbolise le crocodile ? Que symbolise le stylo plume ?

2. Individuellement, complétez les phrases suivantes :
– Le crocodile ouvre la gueule tandis que…
– Un stylo plume bloque la mâchoire du crocodile qui…
– L'image montre que…
– Le crocodile semble surpris parce que…

3. En groupe, associez les propositions ci-dessous de façon à former le plus de phrases complexes possible.

Plantu regrette que la presse … | Le journaliste révèle la vérité… | La liberté d'expression est une arme…

… qui permet de lutter contre la violence.
… soit menacée.
… parce qu'il refuse de se taire.
… ne puisse pas s'exprimer librement.
… qui se dresse contre la censure.
… tandis que d'autres imposent le silence.

4. Dans les phrases complexes obtenues, où se trouvent les subordonnées ? Lesquelles peut-on déplacer ?

5. Essayez de supprimer les propositions entre crochets, puis associez chacune d'elles à l'étiquette qui convient.
– Les journalistes affirment [qu'il faut préserver la liberté d'expression].
– Les journalistes défendent la liberté [qui permet à chacun de s'exprimer].

complétive | relative

Qu'avons-nous observé ?

À partir de vos observations, expliquez ce qu'est une proposition subordonnée.
Pourquoi ne peut-on pas toujours la déplacer ou la supprimer ?

PARTIE 2

Comprendre le rôle des mots subordonnants

Observons et manipulons

1. Individuellement, comptez le nombre de subordonnées dans l'extrait ci-dessous. Aidez-vous des mots en gras pour les repérer, puis échangez vos réponses pour vérifier.

Est-ce le journal **qui** a éveillé dans le public cette curiosité croissante ? Est-ce le public **qui** exige du journal cette indiscrétion de plus en plus prompte ? Le fait est **qu'**ils s'enfièvrent l'un l'autre, **que** la soif de l'un s'exaspère **à mesure que** l'autre s'efforce, dans son intérêt, de la contenter. Et c'est alors **qu'**on se demande, devant cette exaltation de la vie publique, **s'**il y a là un bien ou un mal.

É. Zola, Préface à *La Morasse*, 1889

2. Pouvez-vous supprimer les mots en gras ? Pour quelle raison ?

3. Remplacez les mots en gras par un synonyme quand c'est possible, puis partagez vos réponses.

Qu'avons-nous observé ?

À partir de vos observations, expliquez à quoi sert un mot subordonnant. Ont-ils tous la même fonction et la même importance dans une phrase ?

PARTIE 3

Distinguer la phrase simple et la phrase complexe

Observons et manipulons

1. D'après ce modèle, fabriquez deux cartes pour chacun d'entre vous.

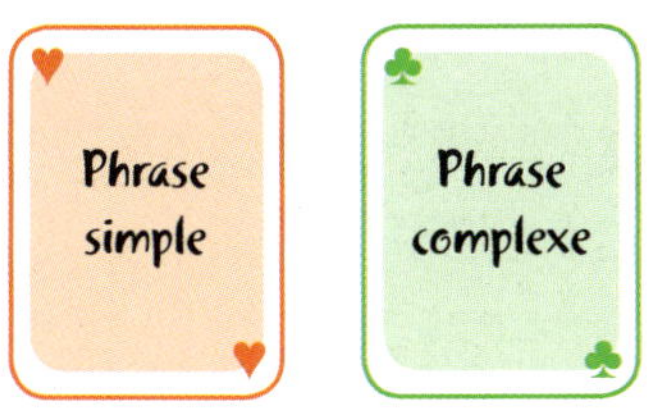

2. Lisez les phrases à tour de rôle et, pour chacune d'elle, sortez la carte qui convient.

PRESSE (Droit polit.) On demande si la liberté de la presse est avantageuse ou préjudiciable à un État. La réponse n'est pas difficile. Il est de la plus grande importance de conserver cet usage dans tous les États fondés sur la liberté. Je dis plus : les inconvénients de cette liberté sont si peu considérables vis-à-vis de ses avantages, que ce devrait être le droit commun de l'univers, et qu'il est à propos de l'autoriser dans tous les gouvernements.

L. de Jaucourt, article « Presse », *Encyclopédie*, 1751-1772

3. Recopiez les phrases complexes.
– Soulignez les verbes.
– Encadrez les mots subordonnants.
– Isolez entre crochets les subordonnées.

Qu'avons-nous observé ?

À partir de vos observations, faites la liste des éléments permettant de reconnaitre les subordonnées.
Jouent-elles toutes le même rôle dans la phrase ?

Qu'avons-nous découvert sur les propositions subordonnées ?

Faites le point avec les membres de votre groupe afin de pouvoir présenter le résultat de vos observations sur :
- **la place des subordonnées dans la phrase**
- **les mots subordonnants**
- **le rôle des subordonnées**

Leçon

22 La phrase complexe

R. Doisneau, *Le Cadran scolaire*, 1956

Activité 1

a. Décrivez le jeune garçon qui observe la pendule sur la photographie en utilisant quatre ou cinq phrases, comportant chacune au moins deux verbes conjugués. Utilisez les mots et expressions suivants :

quand | se demander | et | parce que | penser

b. Pourquoi votre description est-elle plus précise que la phrase simple ci-dessous ?

Le jeune garçon regarde la pendule.

Activité 2

a. Recopiez ces phrases en soulignant les verbes conjugués.

La voix avait été poignante, l'homme qui était là paraissait si calme qu'au premier abord on ne comprit pas. On se demanda qui avait crié. On ne pouvait croire que ce fût cet homme si tranquille qui eût jeté ce cri effrayant.

V. Hugo, *Les Misérables*, 1862

b. Isolez chaque proposition entre crochets.

c. Combien de verbes conjugués avez-vous soulignés ? Combien de propositions avez-vous mises entre crochets ? Qu'en déduisez-vous ?

Activité 3

a. Reconstituez des phrases complexes cohérentes en associant les propositions des deux listes.

1. Beaucoup de poèmes du XVIe siècle sont des sonnets…
2. Dans ses poèmes, Du Bellay précise…
3. Pétrarque a vécu au XIVe siècle…
4. Les poèmes d'amour sont lyriques : …

A. qu'il s'est inspiré du poète italien Pétrarque.
B. qui évoquent le sentiment amoureux.
C. ils permettent d'exprimer des émotions.
D. mais il est encore lu de nos jours.

b. Dans un tableau, classez les propositions A, B, C et D.

Juxtaposée	Coordonnée	Subordonnée

Activité 4

Recopiez les phrases en les complétant par le mot ou l'expression qui convient.

et | comme | qui | quand | si bien qu'

… j'approchais de la falaise, je me trouvai soudain enveloppé d'un brouillard opaque … m'aveugla. Une étrange sensation m'envahit … je perçus un bourdonnement étrange. Je ressentis de violentes piqures sur tout le corps … il me prit l'envie de hurler. Je me mis à courir à vive allure … j'aperçus le précipice à quelques pas de moi.

Je retiens

- La **phrase complexe** contient **plusieurs verbes conjugués** et **plusieurs propositions**. Elle permet d'indiquer des liens logiques entre plusieurs actions.
- Les propositions de la phrase complexe peuvent être :
  - **juxtaposées** (séparées par une **virgule**, un **point-virgule** ou **deux-points**).
  - **coordonnées** (liées par une **conjonction de coordination** ou un **adverbe**).
  - **principale** : dont dépendent les subordonnées conjonctives.
  - **subordonnées** (introduites par une **conjonction de subordination** ou **un pronom relatif**).

Pour dire, pour écrire

- La phrase complexe est utile pour **raconter les différentes étapes d'une action** et **en préciser l'ordre chronologique.**
- Elle est employée pour **décrire**, **informer**, **expliquer** et pour **développer sa pensée lors d'un débat**.

Proposition juxtaposée	Proposition coordonnée	Proposition subordonnée	
séparée par , ; :	reliée par **mais, ou, et, donc, or, ni, car…**	**relative** : dépend de l'antécédent	**conjonctive** : dépend du verbe de la principale

Repérer

1 a. Lisez le texte suivant.

La nuit encore, lorsque l'insomnie la prenait, elle écoutait dormir la petite, et c'était une distraction. Mais, dans le jour, comme on ne lui tenait pas compagnie du matin au soir, elle grognait, elle pleurait […]. **É. Zola**, *L'Assommoir*, 1877

b. Combien de phrases contient-il ? Combien de propositions indépendantes ? Combien de propositions subordonnées ?

2 a. Classez les propositions en gras dans un tableau selon qu'elles sont juxtaposées, coordonnées ou subordonnées.

1. Il est tard, **je dois rentrer**.
2. Romain se demande **si son ami viendra**.
3. Elle ira au cinéma **quand elle aura fini son travail**.
4. Le professeur prit la parole **et le silence se fit**.
5. La vérité est **qu'il ne l'aime pas**.
6. La rue **où j'habite** est étroite.

b. Quels indices vous ont aidé(e) à classer les propositions ?

3 EXO+ 4 EXO+

Manipuler

5 a. Recopiez le texte et soulignez les verbes conjugués.

Quand je pense aujourd'hui à la comtesse, je me rends compte qu'elle contenait une espèce de charme, mais qu'il suffisait de causer avec elle pour qu'il se dissipât, et qu'elle n'en avait aucunement conscience.

M. Proust, *Contre Sainte-Beuve*, 1954

b. Surlignez les éléments qui lient entre elles les propositions.

c. Isolez chaque proposition par des crochets.

6 a. Transformez les phrases simples en phrases complexes de même sens en modifiant la partie en gras.

1. Il nous a annoncé **la venue de son frère**.
2. **L'été**, il est essentiel de bien s'hydrater.
3. Les enfants **fatigués** peuvent rentrer.
4. Elle refuse de sortir **à cause de la pluie**.
5. Montrez-moi **sa cachette**.

b. Précisez la nature des subordonnées ajoutées.

7 EXO+ 8 EXO+

Écrire

9 Rédigez des phrases complexes en respectant le schéma et le thème donnés. *Ex : principale / conjonctive / relative (le sport) → Je crains que le joueur qui vient de se blesser doive mettre un terme à sa carrière.*

1. deux propositions coordonnées (au collège)
2. principale / deux subordonnées (une dispute)
3. deux propositions juxtaposées (le réchauffement climatique)

10 EXO+ 11 EXO+

Débattre à l'oral

12 À l'oral, développez ces phrases de manière à en faire des phrases complexes. Débattez ensuite sur un sujet en utilisant des phrases complexes.

1. La publicité nous envahit.
2. Parents et enfants ne communiquent pas assez.
3. Étudier l'histoire permet de comprendre le présent.
4. Les poèmes permettent d'exprimer l'amour.

EXO+ lienmini.fr/jdl4-122

Fiche 1 EXO 3 7 10 — Fiche 2 EXO 4 8 11 — Exercices interactifs

Leçon

23 Les conjonctions de subordination

J. Raoux, *La liseuse*, 1734

Activité 1

a. À partir de ce tableau, imaginez ce que fait la jeune femme et pourquoi.

b. Vous rédigerez un paragraphe composé de trois ou quatre phrases complexes utilisant les mots suivants :

lorsque | parce que | si | comme | dès que | afin que | bien que

Activité 2

a. Recopiez les phrases. Soulignez les propositions principales.

1. Victor Hugo pensait qu'il fallait abolir la peine de mort.
2. Balzac a écrit près de cent romans parce qu'il souhaitait composer *La Comédie humaine.*
3. Flaubert est devenu célèbre quand il a publié *Madame Bovary.*
4. Bien qu'ils s'inspirent de la réalité, les écrivains réalistes inventent des récits imaginaires.
5. Puisqu'il a lui-même été journaliste Maupassant connait l'univers de la presse.

b. Mettez entre crochets les propositions subordonnées.

c. Entourez les mots qui permettent de relier chaque proposition principale à sa subordonnée.

Activité 3

Recopiez les propositions subordonnées. Associez chacune d'elles au mot qui convient selon ce qu'elle exprime.

1. Je renonce parce que c'est trop difficile.
2. Quand il sera absent, je le remplacerai.
3. Elle crie, si bien qu'on ne s'entend plus.
4. Je siffle afin que mon chien revienne.
5. Si tu essaies, tu trouveras la solution.

A. condition
B. cause
C. conséquence
D. temps
E. but

Activité 4

Recopiez le texte en le complétant par les conjonctions de subordination suivantes.

qu' | comme si | dès qu' | qu' | dès que

Je sortis dans la cour, voir le poulain. … il m'entendit approcher, un serviteur qui le frappait le caressa ; je fis … je n'avais rien vu. […] Je m'assurai … il n'était pas blessé, exigeai … on pansât ses écorchures et repartis sans ajouter un mot.
Le soir, … je revis Charles, je tâchai de savoir ce que lui pensait du poulain.

D'après **A. Gide**, *L'Immoraliste*, 1902

Je retiens

- **Une proposition subordonnée** est introduite par :
  – une **conjonction** : *que, lorsque, quand, puisque, comme, si…*
  – une **locution conjonctive** : *parce que, afin que, pour que, dès que, bien que, de sorte que, tandis que…*
- Les conjonctions ou locutions conjonctives de subordination expriment une **relation logique** entre la proposition principale et la subordonnée (cause, conséquence, but, opposition…). Elles **ne peuvent pas être supprimées**.

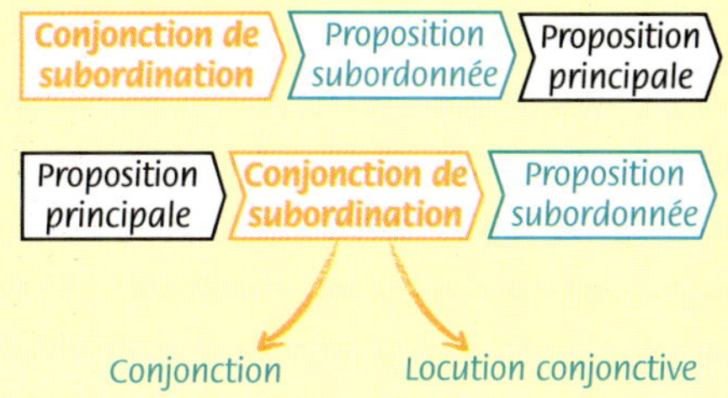

Pour dire, pour écrire

- Les conjonctions de subordination doivent être choisies avec soin dans les **textes argumentatifs** ou **explicatifs**, ainsi qu'à l'oral, lors de **débats** ou de **discussions**.
- Elles permettent d'**exprimer la progression logique** d'un récit ou d'un raisonnement.

Repérer

1 a. Recopiez les phrases complètes en soulignant les conjonctions et locutions conjonctives de subordination.

1. Je le réveille pour qu'il aille à l'école.
2. Elle a lu pendant un long moment.
3. Dépêche-toi si tu veux arriver à l'heure !
4. Nous sommes venus dès que tu as appelé.
5. Pendant qu'il se repose, tout le monde s'affaire.
6. Si la pluie cesse, nous sortirons.

b. Comment les avez-vous reconnues ?

2 a. Recopiez le texte et soulignez les conjonctions et locutions conjonctives de subordination.

Parce que je vous aime !
Parce que je sens bien, moi qu'ils haïssent tous,
Que ce qu'ils font crouler s'écroulera sur vous !
Parce que rien n'effraie une ardeur si profonde,
Et que pour vous sauver je sauverais le monde !

V. Hugo, *Ruy Blas*, 1838

b. À quel verbe la conjonction *que* du vers 3 est-elle rattachée ? Et celle du vers 5 ? Qu'en déduisez-vous ?

3 EXO+ 4 EXO+

Manipuler

5 Complétez ces phrases par la conjonction ou locution conjonctive de subordination qui convient : comme • parce que • dès que • depuis que • quand • afin que. **Plusieurs solutions sont possibles.**

1. Je t'emmène à la mer … tu as besoin de vacances.
2. J'ai trouvé la solution … j'ai lu ce livre.
3. Elle va mieux … elle a vu un médecin.
4. Je m'inquiète … il est seul.
5. … il ment sans arrêt, plus personne ne l'écoute.
6. Il m'aide à réviser … je réussisse le contrôle.

6 Ajoutez une conjonction ou locution conjonctive de subordination entre chaque phrase, afin d'exprimer les relations logiques.
Vous devez obtenir une seule phrase complexe.

Julien ne pouvait contenir sa joie. Il fut obligé de descendre au jardin. Sa chambre, où il s'était enfermé à clef, lui semblait trop étroite pour y respirer.

Stendhal, *Le Rouge et le Noir*, 1830

7 EXO+ 8 EXO+

Écrire

9 Prolongez ces phrases en les complétant par une subordonnée exprimant la relation logique indiquée entre parenthèses.

1. Il préfère nous quitter… *(cause)*
2. Il parle avec agressivité… *(conséquence)*
3. Elle prend un parapluie… *(but)*
4. Elle prend son parapluie… *(temps)*
5. Il n'a pas chanté… *(opposition)*

10 EXO+ 11 EXO+

Produire à l'oral

12 Vous êtes chargé(e) d'accueillir un(e) élève de 6e qui fait sa rentrée au collège.
Donnez-lui le plus de conseils possible pour l'aider à s'adapter et à réussir son année.
Employez les conjonctions et locutions conjonctives de subordination suivantes : dès que • parce que • quand • si • pour que • bien que

EXO+ lienmini.fr/jdl4-123
Fiche 1 EXO 3 7 10
Fiche 2 EXO 4 8 11
Exercices interactifs

Leçon 24

L'emploi du subjonctif dans les propositions subordonnées conjonctives

Activité 1

Il a fallu qu'il se jette au milieu du combat, qu'il me dérobe, qu'il ouvre l'égout, qu'il m'y traîne, qu'il m'y porte ! Il a fallu qu'il fasse plus d'une lieue et demie dans d'affreuses galeries souterraines, avec un cadavre sur le dos !

V. Hugo, *Les Misérables*, 1862

a. Relevez les verbes conjugués du texte et indiquez leur mode.

b. Classez-les dans le tableau ci-contre après l'avoir recopié. Que remarquez-vous ?

Verbe appartenant à une proposition principale	Verbe appartenant à une proposition subordonnée	Mode du verbe

c. Quel mot invariable est répété au début de chaque proposition subordonnée ?

Activité 2

a. Associez chaque phrase à une étiquette, selon ce qu'elle exprime.

1. Chimène redoute que Rodrigue tue son père.
2. Rodrigue est désolé que son père ait été offensé.
3. Il espère que Chimène le reçoive.
4. Chimène veut que Rodrigue soit sauvé.
5 Le roi interdit qu'ils se battent en duel.

défense — volonté — souhait — regret — crainte

b. Soulignez les verbes au subjonctif.

c. Dans quelle partie des phrases le subjonctif apparait-il ? Pour quelle raison ?

d. Recherchez l'étymologie du mot *subjonctif*. Quel est son sens ?

Activité 3

a. Indicatif présent ou subjonctif présent ? Conjuguez les verbes entre parenthèses.

1. Il *(falloir)* que je *(réfléchir)* au problème.
2. Bien que cette voiture leur *(plaire)*, ils *(hésiter)* à l'acheter.
3. Nous *(regretter)* que vous *(prendre)* cette décision.
4. Elle *(redouter)* qu'un orage *(détruire)* son potager.
5. Il *(être)* impensable qu'il *(être)* encore absent.

b. Entourez les mots ou expressions qui vous ont aidé(e) à choisir.

Activité 4

a. Décrivez le tableau en prolongeant ces propositions principales par des propositions subordonnées au subjonctif.

1. La femme en robe rouge redoute que/qu'...
2. L'équipage souhaite que/qu'...
3. Le capitaine du navire échoué ordonne que/qu'...
4. Les matelots craignent que/qu'...
5. Les rescapés se réjouissent que/qu'...

b. Remplacez chaque proposition principale par *Je sais que*. Que constatez-vous ? Qu'en déduisez-vous sur l'emploi du subjonctif ?

J. Vernet, *Tempête de mer avec épaves de navires*, détail, 1770

Je retiens

- L'emploi du **subjonctif** est essentiellement **commandé par le verbe de la proposition principale**.
- Il s'emploie dans les **propositions subordonnées conjonctives compléments d'objet**, après :
  - un verbe de **sentiment** exprimant le **doute**, la **crainte**, la **volonté**, le **souhait**…
  - un verbe **impersonnel**.
  - un verbe d'**opinion à la forme négative**.
- On le trouve aussi dans les **propositions subordonnées conjonctives circonstancielles** exprimant une **action à venir**, un **but** ou une **condition**.

Pour dire, pour écrire

Le subjonctif permet d'évoquer un **fait supposé**, **incertain**, une action **imaginée** ou **qui n'est pas réalisée** au moment où l'on s'exprime.

Subjonctif employé dans les propositions subordonnées conjonctives

- **compléments d'objet** : après un verbe impersonnel, de sentiment, d'opinion niée, exprimant le doute, la crainte, la volonté, le souhait…
- **circonstancielles** : exprime l'action à venir, le but, la condition

Repérer

1 a. Observez les verbes et recopiez ceux qui sont au subjonctif.

1. Je me félicite que vous réussissiez.
2. Il évite de bouger de peur que tu ne l'entendes.
3. En attendant que je vienne, elle reste là.
4. Il faut que la pluie cesse.
5. Quoi que vous fassiez, réfléchissez-y.
6. Nous ne voulions pas que tu devines nos intentions.

b. Ces verbes expriment-ils un fait réel ou supposé ?

c. Quel est le temps du subjonctif dans ces phrases ?

2 a. Recopiez le texte.

Il faut bien des affaires avant qu'on soit logé, qu'on ait trouvé les gens à qui on est adressé, et qu'on se soit pourvu des choses nécessaires, qui manquent toutes à la fois.

Montesquieu, *Lettres persanes*, 1721

b. Soulignez le verbe de la proposition principale.

c. Encadrez les verbes au subjonctif.

Mettez entre crochets les propositions subordonnées conjonctives.

3 EXO+ 4 EXO+

Manipuler

5 Réécrivez les propositions principales à la forme négative.

Effectuez les modifications nécessaires.

1. Je suis sûr qu'il est arrivé.
2. Nous pensons qu'elle a bien agi.
3. Je crois que tu es responsable.
4. Je trouve qu'il parait parfait.
5. Elle imagine qu'il parvient à ses fins.
6. Je constate que tu fais de ton mieux.
7. Vous observez que les résultats sont meilleurs.

6 Remplacez les GN en gras par des propositions subordonnées conjonctives.

1. Il doute **de leur sincérité**.
2. Elle ne croit pas **en son histoire**.
3. Je resterai là jusqu'à **tes aveux**.
4. **Malgré son pas alerte**, elle arrive trop tard.
5. Il veut le revoir pour **leur réconciliation**.

7 EXO+ 8 EXO+

Écrire

9 Prolongez ces propositions principales par des propositions subordonnées au subjonctif.

1. Je me réjouis que/qu'…
2. Je ne pense pas que/qu'…
3. Je souhaite que/qu'…
4. Je redoute que/qu'…
5. Je ne suis pas sure que/qu'…
6. Je doute que/qu'…

10 EXO+ 11 EXO+

Débattre à l'oral

12 À l'oral, donnez votre avis sur la ville idéale par des phrases construites sur ces modèles.

1. Je ne crois pas que … mais je crois que …
2. Je ne veux pas que … mais je veux que …
3. Je ne souhaite pas que … mais je souhaite que …
4. Je ne me réjouis pas que … mais je me réjouis que …
5. Je ne regrette pas que … mais je regrette que …
6. Je ne crains pas que … mais je crains que …
7. Je n'ai pas hâte que … mais j'ai hâte que …

EXO+ lienmini.fr/jdl4-124

Fiche 1 EXO 3 7 10 | Fiche 2 EXO 4 8 11 | Exercices interactifs

Leçon 25

Les propositions subordonnées circonstancielles de temps

P. Brueghel, *Les jeux d'enfants*, détail, 1560

Activité 1

Décrivez les enfants représentés sur le tableau en employant les conjonctions ou locutions conjonctives de subordination ci-dessous.

pendant que | quand | dès que | depuis que | jusqu'à ce que | tandis que

Activité 2

Autrefois, **quand il avait fait un bon instrument**, il permettait à ses amis de s'en servir, mais depuis quelque temps il n'en est plus ainsi. **Dès que Crespel a achevé un violon**, il en joue lui-même une heure ou deux [...] puis il l'accroche auprès des autres, sans jamais y toucher.

E. T. A. Hoffmann, « Le Violon de Crémone », *Contes fantastiques*, 1820

a. Recopiez les deux propositions subordonnées donnant une indication de temps. Par quel mot sont-elles introduites ?

b. Pour chacun de ces mots, trouvez parmi les propositions suivantes le synonyme qui en précise la nuance.

aussitôt que | après que | chaque fois que | avant que

Activité 3

a. Relevez les mots et expressions qui donnent une indication de temps.

1. Quand tu recevras ma lettre, j'aurai quitté le pays. 2. Son livre terminé, il s'endormit.
3. Elle apprit la musique dès qu'elle fut en âge de lire.

b. Comment avez-vous procédé avec la phrase 2 ? Contient-elle un participe passé ou un verbe à l'infinitif ? Ce type de proposition se nomme *participiale*. Expliquez pourquoi.

Activité 4

a. Pour chaque phrase, situez sur une frise l'action exprimée par chaque verbe : écrivez en rouge la proposition principale, en bleu la proposition circonstancielle de temps.

b. Indiquez au-dessus de la principale antériorité, postériorité ou simultanéité selon que l'action de la principale se situe avant, après ou pendant celle de la subordonnée.

Ex : Je me sentis mieux après qu'il fut arrivé.

POSTÉRIORITÉ

après qu'il fut arrivé → je me sentis mieux

1. Quand son discours fut achevé, il repartit s'asseoir.
2. La nature renait dès que les beaux jours reviennent.
3. Le spectacle n'aura pas lieu avant que le décor soit prêt.

Je retiens

- La **proposition subordonnée circonstancielle de temps** dépend de la proposition principale. Elle peut être **conjonctive** ou **participiale**. On peut la déplacer ou la supprimer.
- Les mots subordonnants peuvent exprimer :
  - **l'antériorité** *(avant que, jusqu'à ce que, en attendant que…)*.
  - **la postériorité** *(après que, depuis que, une fois que…)*.
  - **la simultanéité** *(pendant que, chaque fois que, tandis que, quand…)*.
- Le verbe peut être à l'**indicatif** (postériorité ou simultanéité) ou au **subjonctif** (antériorité).

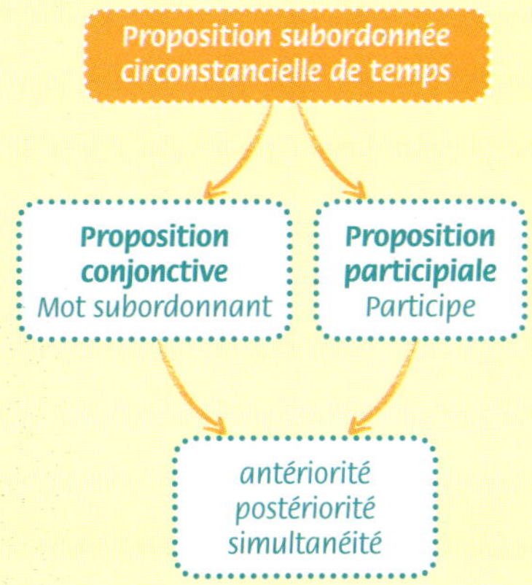

Pour dire, pour écrire

Les propositions subordonnées circonstancielles de temps permettent de **situer un fait par rapport à l'action principale**. Dans un récit, elles apportent des **précisions temporelles** et précisent l'**enchainement chronologique** des différentes actions.

Repérer

1 **a. Recopiez les phrases et entourez les mots qui introduisent les propositions circonstancielles de temps.**

1. Une fois mon séjour terminé, je repartirai.
2. Il regardait la télévision quand on sonna.
3. Dès qu'elle entra, l'assemblée l'admira.
4. Je l'écoutais pendant qu'il jouait du piano.
5. Tu lis en attendant qu'ils rentrent.

b. Soulignez le verbe de chaque proposition principale.

2 **Pour chaque phrase, indiquez si l'action principale se passe avant, après ou en même temps que celle de la proposition circonstancielle de temps.**

1. Quand il rentra, il trouva sa porte entrouverte.
2. Tandis qu'il parlait, elle l'observait.
3. L'été terminé, je pris la route du retour.
4. Ta leçon révisée, tu pourras jouer.
5. Essaye jusqu'à ce que tu réussisses.
6. En attendant que tu arrives, j'écoute de la musique.

3 EXO+ **4** EXO+

Manipuler

5 **a. Remplacez chaque GN en gras par une proposition circonstancielle de temps de même sens.**

1. Le train ne circule plus **la nuit**.
2. Ils se réjouissent **à l'arrivée des vacances**.
3. Le festival n'aura pas lieu **avant le printemps**.
4. Je te raconterai tout **après son départ**.
5. **Une fois allongée**, je m'endormis.

b. Pour chaque phrase, indiquez si l'action principale est antérieure, postérieure ou simultanée par rapport à la proposition circonstancielle de temps.

6 **Remplacez chaque élément en gras par une proposition circonstancielle de temps.** Utilisez un mot subordonnant différent à chaque fois.

En partant à la campagne, Flaubert parvint à mieux écrire. **En étant seul**, il se concentrait plus facilement sur son travail. Il vérifiait la qualité sonore de ses textes **en les déclamant**. Il ajoutait des précisions à ses manuscrits **en se documentant. En publiant *Madame Bovary***, il connut à la fois le succès et le scandale.

7 EXO+ **8** EXO+

Écrire

9 **Complétez chaque proposition principale par une proposition circonstancielle de temps. Respectez les indications données entre parenthèses.**

1. Son commerce est plus rentable… *(postériorité)*
2. Elle se mit à rougir… *(simultanéité)*
3. Nous ne pouvons plus entrer… *(postériorité)*
4. Attends ici… *(antériorité)*
5. Nous devons nous abriter… *(antériorité)*
6. Il triche… *(simultanéité)*

10 EXO+ **11** EXO+

Produire à l'oral

12 **Racontez les différentes étapes d'un évènement dont vous vous souvenez précisément, en lien avec l'un des thèmes ci-dessous.** Racontez de manière chronologique.

1. La rentrée des classes
2. Un voyage
3. Les sorties entre amis

EXO+ lienmini.fr/jdl4-125

Fiche 1 EXO 3 7 10 | Fiche 2 EXO 4 8 11 | Exercices interactifs

Leçon

26 Les propositions subordonnées circonstancielles de cause et de conséquence

É. Lefranc, *Mère et oursons apeurés sur la banquise dérivant*, détail

Activité 1

À partir de cette photographie, expliquez quelles sont les causes et les conséquences du réchauffement climatique.

Vous emploierez ces mots subordonnants :

parce que | du fait que | si bien que | de telle sorte que | au point que

Activité 2

a. Relevez les propositions circonstancielles de cause et de conséquence.

1. Il tremble parce qu'il a froid.
2. Elle reste chez elle sous prétexte qu'elle est souffrante.
3. C'est tellement beau que j'en ai les larmes aux yeux.
4. Je dois retourner au bureau étant donné que j'y ai laissé mes clefs.
5. Je suis fatigué de marcher de telle sorte que je fais une halte.
6. Puisque sa voiture est en panne, il doit prendre le bus.

b. Lesquelles ne peuvent pas être déplacées ? Pour quelle raison ?

Activité 3

a. Relevez les mots subordonnants dans le texte suivant.

b. Associez-les à l'une de ces étiquettes. cause | conséquence

Dans la tragédie de Racine, le roi Agamemnon est soucieux de gagner la guerre contre les Troyens si bien qu'il est prêt à sacrifier sa fille. La princesse Iphigénie demande à son père de l'épargner puisqu'elle est une enfant exemplaire. Parce qu'elle craint de mourir, elle développe des arguments affectifs de telle sorte qu'elle parvient presque à faire fléchir son père. Le roi, au contraire, s'en réfère aux dieux étant donné qu'il redoute leur colère.

Activité 4

a. Recopiez ces propositions, puis reliez-les pour former des phrases cohérentes.

1. J'ai du mal à le croire ...
2. Il ne peut pas se déplacer ...
3. Il fait si sombre ...
4. Il ne peut faire ses achats ...
5. Il s'exprime ...

A. ... étant donné que la boutique est fermée.
B. ... du fait que son récit est incohérent.
C. ... puisqu'il est souffrant.
D. ... de façon que tous le comprennent.
E. ... qu'on croirait la nuit.

b. Précisez pour chaque subordonnée si elle exprime une cause ou une conséquence.

c. Soulignez les mots subordonnants. Que constatez-vous ?

Je retiens

- La **cause** marque **l'origine d'un fait**, la **conséquence** marque son **résultat**. Ces deux notions sont indissociables et se suivent dans le temps.
- La **proposition subordonnée circonstancielle de cause** peut être **déplacée**. C'est une conjonctive généralement **à l'indicatif** ou une participiale introduite par : *parce que, puisque, comme, étant donné que, vu que…*
- La **proposition subordonnée circonstancielle de conséquence** suit la proposition principale. C'est une conjonctive généralement **à l'indicatif** et introduite par : *de sorte que, si bien que, à tel point que, tellement que…*

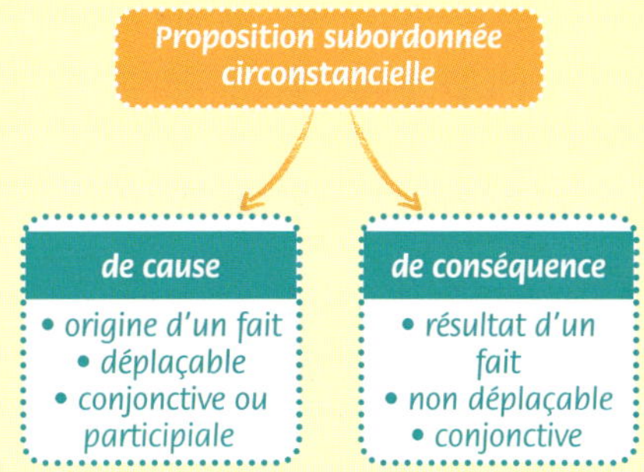

Pour dire, pour écrire

Dans un discours écrit ou oral, les propositions subordonnées circonstancielles de cause et de conséquence permettent de marquer une **relation logique entre deux actions** étroitement liées. Elles apportent **des explications sur les liens entre deux faits**.

Repérer

1 Classez les propositions subordonnées circonstancielles dans un tableau.

1. Comme il n'a pas de voiture, il reste chez lui.
2. Ce sont les vacances si bien que je voyage.
3. Ses clefs étant perdues, j'ai dû l'héberger.
4. C'est si drôle qu'il éclate de rire.
5. Il y a trop peu d'élèves pour que le spectacle ait lieu.

Cause	Conséquence

2 a. Recopiez ces phrases et soulignez les locutions conjonctives de subordination de cause.
b. Précisez pour chacune si elle exprime : une cause réelle • une cause supposée • une cause mise en doute • une cause écartée

1. Il est absent parce qu'il est malade.
2. Il est absent, non qu'il soit malade, mais il préfère rester chez lui.
3. Il est absent sous prétexte qu'il est malade.
4. Il est absent puisqu'il est malade.

3 EXO+ **4** EXO+

Manipuler

5 Complétez ces phrases par le subordonnant qui convient : au point que • tellement … que • comme • de sorte que • sous prétexte que • étant donné que

1. Il est avare … il ne sort jamais.
2. Elle hurle … elle a raison.
3. … il est timide, il reste en retrait.
4. Il court … vite … il est à bout de souffle.
5. Il travaille … il progresse.
6. Je prends le bus … je n'ai pas le permis.

6 Remplacez les deux-points par un subordonnant de cause ou de conséquence.

PHÈDRE. – Je l'ai perdu : les dieux m'en ont ravi [l'usage.
Œnone, la rougeur me couvre le visage :
Je te laisse trop voir mes honteuses douleurs,
Et mes yeux, malgré moi, se remplissent de pleurs.

J. Racine, *Phèdre*, 1677

7 EXO+ **8** EXO+

Écrire

9 a. Complétez ces phrases par une proposition subordonnée circonstancielle de cause ou de conséquence de votre invention.

1. Il n'a plus d'argent… **2.** Il cherche du travail…
3. Elle est inquiète… **4.** Il ne veut plus aller à l'école…
5. Vous surveillez votre alimentation…

b. Précisez à chaque fois si vous avez choisi la cause ou la conséquence.

10 EXO+ **11** EXO+

Produire à l'oral

12 Donnez ces conseils à un(e) ami(e) et expliquez-en les causes et conséquences. Vous utiliserez des mots subordonnants diversifiés.

1. Tu devrais faire des économies d'énergie.
2. Tu devrais recycler les déchets.
3. Tu devrais manger équilibré.
4. Tu devrais pratiquer une activité sportive.

EXO+ lienmini.fr/jdl4-126
Fiche 1 EXO 3 7 10 | Fiche 2 EXO 4 8 11 | Exercices interactifs

Bilan

▶ *Avez-vous bien compris ces leçons sur la construction des phrases complexes ? Vérifiez en lisant cet extrait et en répondant aux questions d'un groupe.*

Texte support

Contre la peine de mort

Dans la préface de son roman, Victor Hugo imagine un dialogue qu'il aurait avec les partisans de la peine de mort.

Ceux qui jugent et qui condamnent disent la peine de mort nécessaire. D'abord, – parce qu'**il importe de retrancher de la communauté sociale un membre qui lui a déjà nui et qui pourrait lui nuire encore.** – S'il ne s'agissait que de cela, la prison perpétuelle suffirait. À quoi bon la mort ? Vous objectez qu'on peut s'échapper d'une prison ? Faites mieux votre ronde. Si **vous ne croyez pas à la solidité des barreaux de fer,** comment osez-vous avoir des ménageries[1] ?

Pas de bourreau où le geôlier suffit.

Mais, reprend-on, – il faut que la société se venge, que la société punisse. – Ni l'un, ni l'autre. Se venger est de l'individu, punir est de Dieu. [...]

Reste la troisième et dernière raison, la théorie de l'exemple. – Il faut faire des exemples ! il faut épouvanter par le spectacle du sort réservé aux criminels ceux qui seraient tentés de les imiter ! [...]

Eh bien ! nous nions d'abord qu'il y ait exemple. Nous nions que le spectacle des supplices produise l'effet qu'on en attend.

V. Hugo, *Le Dernier Jour d'un condamné*, préface, 1832

1. des zoos.

Groupe 1

Repérer

1 **Relevez deux propositions coordonnées par *et*, puis deux propositions indépendantes juxtaposées. Relevez une proposition subordonnée introduite par *que*.**

2 **Quelles conjonctions de subordination permettent d'introduire les propositions en gras ? Pouvez-vous les inverser ?**

3 **Quel est le mode utilisé dans la proposition subordonnée soulignée (l. 22-23) ? Quel est le verbe de la proposition principale dont elle dépend ?**

Manipuler

4 **Reliez ces propositions par la conjonction de subordination qui convient.**
« Il faut faire des exemples » (l. 18-19) *parce que* / *pour que* / *si bien que* les crimes sont trop nombreux.

5 « Si vous ne croyez [...] ménageries ? » (l. 9 à 11) **Quelle serait la conséquence si les barreaux n'étaient pas solides ? Formulez votre réponse par une phrase complexe.**

Écrire

6 **Complétez ce texte en reformulant la pensée de l'auteur :** Victor Hugo pense que ... pour trois raisons. Tout d'abord, il ... parce que ... . Ensuite, il ... du fait que ... . Enfin, il ... étant donné que ... .

© Magnard

Groupe 2

Repérer

1 **Trouvez dans le texte un exemple de coordination, un exemple de juxtaposition et un exemple de subordination.**

2 **Repérez une conjonction de subordination exprimant la cause et une autre exprimant la condition.**

3 « il faut que la société se venge, que la société punisse » (l. 13-14) **Identifiez le mode des verbes utilisé dans cette phrase. Quel est le verbe de la proposition principale ? Comment expliquez-vous le changement de mode verbal dans la même phrase ?**

Manipuler

4 « Il faut faire des exemples ! » (l. 18-19) **Complétez cette phrase simple en utilisant une conjonction de subordination de cause.**

5 « Si vous ne croyez [...] ménageries ? » (l. 9 à 11) **Réécrivez cette phrase en remplaçant la conjonction « si » par une conjonction synonyme.**

Écrire

6 **Reformulez le point de vue de Victor Hugo en respectant les points suivants :**

a. **Il n'est pas nécessaire de condamner un homme à la peine capitale.**

b. **La peine de mort n'est pas un exemple.**

c. **L'individu se venge, non la société.**

Groupe 3

Repérer

1 **Recopiez trois phrases complexes de structure différente.**

2 **Trouvez dans le texte deux conjonctions de subordination exprimant un rapport logique différent que vous préciserez.**

3 **Recopiez une proposition subordonnée de la fin du texte comprenant un verbe au subjonctif. Comment expliquez-vous l'emploi du subjonctif ?**
Attention ! Vous ne pouvez pas recopier la proposition qui est soulignée dans le texte.

Manipuler

4 **Complétez une phrase simple du premier paragraphe (l. 1 à 11) de manière à en faire une phrase complexe.**

5 « Si vous ne croyez [...] ménageries ? » (l. 9 à 11) **Réécrivez cette phrase en remplaçant la conjonction « si » par une conjonction synonyme.**

Écrire

6 **Rédigez un paragraphe dans lequel vous reformulerez la thèse de Victor Hugo et les différents arguments grâce auxquels il défend son opinion.**
Vous utiliserez quatre ou cinq phrases complexes de structures différentes, et ferez obligatoirement figurer les deux arguments suivants :

a. **La peine de mort n'est pas un exemple.**

b. **L'individu se venge, non la société.**

BREVET

DICTÉE lienmini.fr/jdl-015

Groupes 1, 2 et 3
Écoutez et écrivez le texte de cette dictée pour vous préparer à l'épreuve du brevet.

Atelier de classe

Qu'est-ce qui constitue un récit ?

*Voici un atelier qui va vous permettre de **réfléchir sur les éléments qui différencient le récit et le discours**. Vous devez réaliser des **activités d'observation et de manipulation par groupes** afin que chacun puisse donner ses idées et les confronter à celles des autres. Lorsque vous vous serez mis d'accord, **vous rédigerez vous-mêmes vos conclusions**.*

G. Caillebotte, *Rue de Paris, temps de pluie*, 1877

PARTIE 1

Repérer les indicateurs spatio-temporels qui structurent un récit

Observons et manipulons

1. Observez le tableau, puis lisez le texte suivant.

Un après-midi du mois de septembre, le couple se promenait dans le quartier, en allant rendre visite à des amis qui les avaient invités pour l'heure du gouter. Il ne cessait de pleuvoir sur Paris depuis le début de la matinée. Alors qu'ils cheminaient, ils remarquèrent de l'autre côté de la rue un nouveau commerce qui avait dû ouvrir tout récemment.

2. – Qu'ont en commun les informations surlignées de la même couleur?
– Lisez le texte à voix haute, en supprimant les expressions surlignées. Le texte est-il toujours compréhensible ?
– Selon vous, quel est l'intérêt des informations surlignées ?

3. – Choisissez un(e) passant(e) représenté(e) dans ce tableau, et inventez à votre tour trois phrases de récit sur ce personnage.
Chacune de vos phrases comportera obligatoirement ces deux types d'informations :

une indication de temps | une indication de lieu

Votre court récit ne sera pas nécessairement lié au texte que vous avez lu, et vous pourrez imaginer ce qui se passe avant et après la scène que montre le tableau.
– Dans vos phrases, surlignez en orange les indications de temps, en bleu les indications de lieu.

Qu'avons-nous observé ?

À partir de vos observations, expliquez l'utilité des indications de lieu et de temps dans un récit.

PARTIE 2

Distinguer les différents points de vue

Observons et manipulons

Jeanne regardait en bas, sur le quai et sur les pentes du Trocadéro, la vie des rues recommencer, après cette rude pluie, qui tombait par brusques averses. [...] Des parapluies se fermaient, des passants abrités sous les arbres se hasardaient d'un trottoir à l'autre, au milieu du ruissellement des flaques coulant aux ruisseaux. Elle s'intéressait surtout à une dame et à une petite fille très-bien mises, qu'elle voyait debout sous la tente d'une marchande de jouets, près du pont. **Sans doute**, elles s'étaient réfugiées là, surprises par la pluie.

É. Zola, *Une page d'amour*, 1878

1. – Dans le texte ci-dessus, le lecteur observe la scène au travers du regard d'un personnage : lequel ?

un passant | la petite fille | Jeanne | la dame

– Relevez au moins deux verbes qui justifient votre réponse.

– Observez l'expression en gras. Donnez-en le plus de synonymes possible. Selon vous, quelle est son utilité ?

2. – Dans le texte suivant, relevez le sujet des verbes en gras.

Jeanne, depuis sa fenêtre, **s'intéressait** aux promeneurs. Un passant **décida** de rentrer chez lui : il commençait à pleuvoir. Une dame et sa fille **s'étonnèrent** de cette pluie soudaine.

– Voit-on toujours la scène du point de vue d'un personnage unique ? Justifiez votre réponse grâce aux relevés que vous venez d'effectuer.

3. – Observez ces verbes. Quel est leur point commun ?

(se) sentir | savoir | s'intéresser | voir | penser

– Réécrivez le texte de Zola en imaginant que vous voyez les personnages au travers d'une caméra posée dans la rue.

Attention ! Vous ne devez utiliser aucun des verbes ci-dessus.

– Quelles sont les différences entre votre texte et celui de Zola ? Quel effet cela produit-il ?

Qu'avons-nous observé ?

Quels sont les points de vue qu'un auteur peut choisir pour décrire une scène ? Quel est l'intérêt de chacun de ces points de vue ?

PARTIE 3

Comprendre une situation d'énonciation

Observons et manipulons

1. À quels personnages du tableau attribuez-vous ces paroles ?

« Je déteste la pluie. »

« Excusez-moi, je souhaiterais passer. »

« J'aurais dû prendre mon parapluie. »

« Dépêchons-nous de traverser, une voiture arrive. »

2. Pour chacune des situations ci-dessus, répondez aux questions :

Qui parle ? | À qui ? | Où ? | Quand ?

3. – Posez-vous les mêmes questions pour la phrase suivante : « Je viens de le retrouver, il était juste ici ! »

– Pour quelles questions n'obtenez-vous pas de réponse ?

4. Lisez le contexte dans lequel cette phrase a été prononcée.

Il pleuvait à verse sur Nantes en ce jour de décembre, et Stefan n'arrivait pas à mettre la main sur son parapluie. Il se rendit à pied au collège et arriva complètement trempé. Pendant la récréation, il raconta sa mésaventure à ses camarades. Soudain, en ouvrant son casier, Stefan aperçut son parapluie : « Je viens de le retrouver, il était juste ici ! » s'écria-t-il.

– Avez-vous maintenant des réponses précises aux quatre questions ? Qu'en déduisez-vous sur l'utilité du contexte pour comprendre une situation d'énonciation ?

Qu'avons-nous observé ?

À partir de vos observations, rappelez les questions que l'on doit se poser pour identifier une situation d'énonciation, et l'utilité du contexte pour trouver les réponses.

Qu'avons-nous découvert sur le récit ?

Faites le point avec les membres de votre groupe afin de pouvoir présenter le résultat de vos observations sur :

- **les indicateurs qui organisent un récit**
- **les points de vue utilisés pour décrire**
- **les éléments qui renseignent sur la situation d'énonciation**

Leçon 27

Les repères spatio-temporels et connecteurs logiques

A. Renoir, *Le Pont-Neuf*, 1872

Activité 1

a. Décrivez la scène représentée sur le tableau en utilisant les mots ou expressions suivants :

sur – au milieu – en même temps – toujours – au bout de – ensuite – en effet – en raison de

b. À quoi servent les mots ci-dessus ?

Activité 2

a. Il manque à ce texte des précisions temporelles. Ajoutez-les en utilisant certains des mots suivants : depuis une heure – là-bas – parce que – soudain – puis – toute la nuit

Il s'était endormi. On frappa à la porte. Il fut pris de panique. Le tonnerre gronda. Il courut se cacher à l'étage. Il y resta dissimulé.

b. Quels mots n'avez-vous pas utilisés ? Pourquoi ?

Activité 3

Classez les mots en gras dans un tableau, selon ce qu'ils expriment.

Temps	Lieu	Lien logique

Or, une nuit, on lui vola une douzaine d'oignons. **Dès que** Rose s'aperçut du larcin, elle courut prévenir madame, qui descendit en jupe de laine. Ce fut une désolation et une terreur. On avait volé, volé Mme Lefèvre ! **Donc** on volait **dans** le pays, **puis** on pouvait revenir.

G. de Maupassant, *Pierrot*, 1882

Activité 4

a. Dans chaque phrase, remplacez *et* par un autre mot plus précis.

b. Pour chaque mot que vous avez trouvé, précisez s'il donne une indication de temps ou de lien logique.

1. Elle saisit son sac **et** elle sort précipitamment.
2. Il n'est pas assez prudent **et** il se blesse.
3. Je pensais ne pas aimer son dessert **et** je me suis régalé.
4. Thibaut aime manger sucré **et** Marion aime manger salé.
5. Elle aime les roses, les marguerites **et** les tulipes.
6. Tu m'as téléphoné **et** me voici !

Le savez-vous ?

Certaines expressions couramment utilisées – comme *à la base*, *au final*, *du coup* et *par contre* – sont incorrectes.

Je retiens

- Les **repères temporels** précisent la **chronologie des actions** : *d'abord, pendant, souvent, tout à coup...*
- Les **repères spatiaux** situent les éléments **dans l'espace** : *ici, à droite, devant, sur...*
- Les **connecteurs logiques** indiquent le **lien qui unit deux actions** : *en effet, donc, en outre, mais...*

Repère
- **Temporel** : Succession, Simultanéité, Fréquence, Soudaineté
- **Spatial** : Éloignement, Proximité, Orientation, Superposition, Alignement

Connecteur
- **Logique** : Cause, Conséquence, Addition, Opposition, Gradation

Pour dire, pour écrire

- Les repères spatio-temporels interviennent dans les **récits** et les **descriptions** pour donner l'**illusion de réel**.
- On les utilise dans les **discours explicatifs** et **argumentatifs** pour **éclairer** et **convaincre** l'auditoire.

Repérer

1 a. Recopiez ces phrases et soulignez les repères spatio-temporels.

1. La porte de gauche mène dehors.
2. Il grandit un peu plus chaque jour.
3. Alors qu'il tond la pelouse, je taille la haie.
4. Il fait soudain si froid !
5. Elle a jeté son ballon au-dessus de la clôture.

b. Pour chaque repère, précisez s'il donne une indication spatiale ou temporelle.

2 Relevez chaque repère logique puis précisez son sens.

1. L'épreuve était difficile mais elle y est parvenue.
2. Il a aidé un élève, il sera donc récompensé.
3. Je suis triste, néanmoins, je lui ai pardonné.
4. Il met son casque et il enfile ses gants.
5. Nous sommes privés de sortie car il y a du verglas.

3 EXO+ 4 EXO+

Manipuler

5 Complétez par le repère qui convient : et • dans • jusqu'à • comme • éloignée de

Il marcha ... la nuit très avancée, ... il commençait à avoir quelque bon sens, il alla prendre son logement ... une maison de paysan fort ... la route.

D'après **Stendhal**, *La Chartreuse de Parme*, 1839

6 Complétez par le repère qui convient : alors (2x) • puis • mais (2x) • et • d'ailleurs • aussitôt

[Les servantes] ouvrirent la porte qui se referma ... sur elles. Je les entendis crier à nouveau ... dégringoler en groupe l'escalier. ..., je disposai des fleurs [...] ..., à peine les y avais-je mises, je me souvins des recommandations du Dr Van Helsing ..., pour rien au monde, je n'aurais repris ces fleurs. ..., j'attendais que les servantes reviennent près de moi [...]. ... elles ne remontèrent pas ; je les appelai : pas de réponse ! ..., je me décidai à descendre à mon tour dans la salle à manger.

D'après **B. Stoker**, *Dracula*, 1897, trad. L. Molitor, © Magnard, 2014

7 Pour chaque repère en gras, indiquez s'il est spatial, temporel ou logique, puis proposez un synonyme.

Attention ! Certains repères peuvent appartenir à plusieurs catégories.

1. C'est l'été, **toutefois**, il fait très froid.
2. Il va venir **afin de** faire ta connaissance.
3. **Comme** il s'approche, le chien aboie.
4. Elle lui avoua son amour. **Alors**, il rit de bonheur.
5. Tu peux voter. **En effet**, tu es majeur.

8 EXO+ 9 EXO+

Écrire

10 Décrivez une expérience que vous avez vécue à un moment précis et dont vous vous souvenez avec exactitude.
Vous emploierez un maximum de repères spatio-temporels.

Ex : une activité sportive, un nouveau jeu vidéo, une sortie...

11 EXO+ 12 EXO+

Produire à l'oral

13 Répondez à chaque question en suivant ces étapes de raisonnement :

Je pense que ... .
En effet, ...
Cependant, ...

1. Les téléphones portables nous rapprochent-ils ou nous éloignent-ils des autres ?
2. L'accès à Internet facilite-t-il l'accès à la connaissance ?
3. Les séries télévisées favorisent-elles la réflexion personnelle ?
4. Faut-il éviter les réseaux sociaux pour se protéger du cyber-harcèlement ?

EXO+ lienmini.fr/jdl4-127
- Fiche 1 EXO 3 8 11
- Fiche 2 EXO 4 9 12
- Exercices interactifs

Leçon 28

La situation d'énonciation

G. Courbet, *Bonjour Monsieur Courbet*, 1854

Activité 1

a. **Proposez un titre pour ce tableau.**

b. **Comparez le titre que vous avez inventé à celui que l'artiste a choisi. Quelle est l'originalité de ce dernier ?**

c. **Où se situe l'action ? À quel moment ?**
Combien de personnages communiquent ? Qui parle ? À qui ?

d. **Résumez en une phrase la situation de communication représentée par Courbet.**

Activité 2

Pour chacune de ces phrases, complétez le tableau que vous aurez recopié.

Attention ! On ne peut pas toujours connaitre les informations demandées.

1. C'est certainement mon chat, je reconnais ce miaulement. **2.** Je t'appelle demain.
3. Le 18 juin 1815 eut lieu la bataille de Waterloo. **4.** Cette voiture m'appartient.
5. Rendez-vous chez toi dans deux heures. **6.** Hier, nous étions à New York.
7. Trent Grimsey a traversé la Manche à la nage en six heures et cinquante-cinq minutes.

Ex : Jean Jaurès fut assassiné le 31 juillet 1914.

Qui fait ou subit l'action ?	Où ?	Quand ?
Jean Jaurès	*x*	*le 31 juillet 1914*

Activité 3

a. **Lisez le texte suivant.**

> 16 mai. – Je suis malade, décidément ! Je me portais si bien le mois dernier ! J'ai la fièvre, une fièvre atroce, ou plutôt un énervement fiévreux, qui rend mon âme aussi souffrante que mon corps ! J'ai sans cesse cette sensation affreuse d'un danger menaçant, cette appréhension d'un malheur qui vient ou de la mort qui approche, ce pressentiment qui est sans doute l'atteinte d'un mal encore inconnu, germant dans le sang et dans la chair.
>
> **G. de Maupassant**, *Le Horla*, 1887

b. **Parmi ces étiquettes, recopiez celles qui correspondent au texte.**

- Le locuteur utilise la première personne du singulier.
- Le destinataire est clairement identifiable.
- Le locuteur se parle à lui-même.
- Le moment de l'énonciation est le 16 mai.
- Le moment de l'énonciation est le mois dernier.
- Le texte est un extrait de dialogue.
- Le contenu de l'énoncé évoque l'état de santé du locuteur.

c. **Résumez en une seule phrase ce que vous connaissez de la situation de cet extrait.**

Je retiens

- Le **contexte** dans lequel est produit un énoncé, écrit ou oral, permet de **définir la situation d'énonciation**.
- Celui qui parle, le **locuteur**, s'adresse à un **destinataire**. Il produit un **énoncé** à un moment et dans un lieu précis.
- Il faut être attentif à certains indices pour identifier la situation : les marques des **1re et 2e personnes** *(je, nous, tu, vous)*, les **indicateurs de temps** *(aujourd'hui, hier, demain)* et **de lieu** *(ici, là-bas)*, les **démonstratifs** qui n'ont de sens que par rapport à la situation des interlocuteurs.

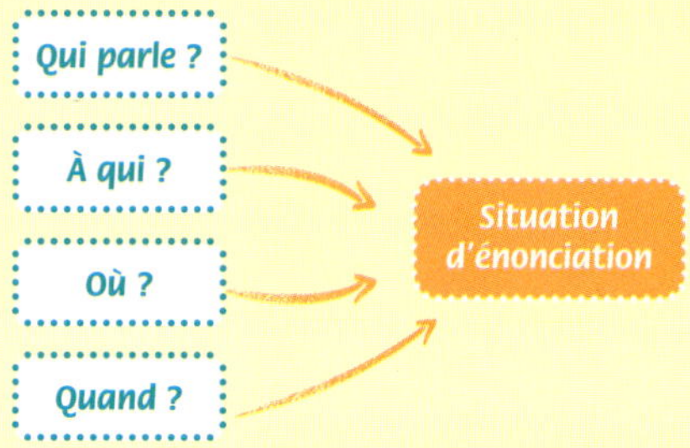

Pour dire, pour écrire

- Il faut bien comprendre la situation d'énonciation pour **interpréter correctement un texte** : dialogue, monologue, journal intime, débat, lettre, interventions du narrateur…
- Lorsqu'on rédige un texte, il faut en **définir la situation d'énonciation** dès le début, lors de la **phase de brouillon**.

Repérer

1 a. Quelles questions doit-on se poser pour identifier la situation d'énonciation de cet extrait ?

Je t'ai vu, Antonio ! t'ai vu encore une fois ! C'était mon unique désir […]. Il n'y a que quelques heures que je t'ai vu ; lorsque tu liras cela, il y aura des mois mais pas davantage, je crois !

C. Andersen, *L'Improvisateur*, 1835

b. Pour quelles questions n'a-t-on pas de réponse ?

2 a. Recopiez ces phrases.

b. Soulignez les mots sur lesquels il faut s'interroger pour identifier les interlocuteurs.

c. Entourez ceux sur lesquels il faut s'interroger pour connaitre le lieu et le moment de l'énonciation.

1. Hier, il était face à moi et il lisait ce livre.
2. Moi, je n'ai rien à voir avec toi.
3. Je viendrai te voir dans trois jours.
4. Nous allons bientôt recevoir notre bulletin.
5. Il faut que tu me rejoignes ici au plus vite.

3 EXO+ 4 EXO+

Manipuler

5 a. Relevez tous les indices d'énonciation.

Aujourd'hui, elle a quitté le pays. À moins que ce ne soit hier, je ne sais pas. J'ai reçu une lettre ce matin : « Je pars demain. Je vous donnerai de mes nouvelles. Je vous aime. » Cela ne signifie rien. Elle est peut-être partie hier.

b. Réécrivez le texte en commençant par « Le 8 aout 1941 » et en remplaçant le *je* qui désigne le narrateur par *il*.

c. Quels éléments ne changent pas ? Pourquoi ?

6 EXO+ 7 EXO+

Réécrire

8 a. Réécrivez le texte au présent d'énonciation en utilisant la 1re personne du singulier.

Dès qu'il arriva chez lui, il s'installa à son bureau et il prit sa plume. Il voulait lui envoyer sa lettre le jour même afin qu'elle la reçoive le lendemain.

b. Quels éléments avez-vous modifiés en plus du temps et des pronoms ? Pour quelle raison ?

Écrire

9 a. Vous partez en vacances. Écrivez une lettre à vos parents dans laquelle vous racontez vos retrouvailles avec votre meilleur(e) ami(e) d'enfance.

b. Dans votre lettre, soulignez tous les éléments qui permettent de définir la situation d'énonciation.

10 EXO+ 11 EXO+

Produire à l'oral

12 Imaginez les paroles prononcées par les personnages de cette bande dessinée, dans trois situations d'énonciation différentes :

- les personnages choisissent un sujet d'exposé pour le cours d'histoire.
- les personnages sont de la même famille et échangent des nouvelles.
- les personnages préparent un anniversaire surprise pour l'un(e) de leurs ami(e)s.

EXO+ lienmini.fr/jdl4-128

Fiche 1 EXO 3 6 10 | Fiche 2 EXO 4 7 11 | Exercices interactifs

Leçon

29 Les reprises pronominales

Activité 1

a. **Lisez le texte suivant.**

> Le vieux soldat était sec et maigre. Son front, volontairement caché sous les cheveux de sa perruque lisse, **lui** donnait quelque chose de mystérieux. […] Les bords du chapeau qui couvrait le front du vieillard projetaient un sillon noir sur le haut du visage.
>
> **H. de Balzac**, *Le Colonel Chabert*, 1844

b. **Relevez le mot de la dernière phrase qui reprend le groupe de mots souligné.**

c. **Remplacez les mots soulignés par l'un de ces pronoms (plusieurs réponses sont possibles) :** il • lui • celui-ci • le • le sien
Pourquoi n'avez-vous pas pu utiliser certains pronoms ?

d. **Remplacez le pronom en gras par un mot ou groupe de mots de votre choix.**

Activité 2

a. **Construisez un maximum de phrases avec les étiquettes ci-dessous. Vous n'êtes pas obligé(e) de toutes les utiliser à chaque fois. Vous pouvez changer l'ordre des étiquettes comme vous le souhaitez.** *Attention !* Vos phrases doivent avoir un sens et respecter la conjugaison. rend | il | tu | le | reprennes | avant que | lui | te | le

b. **Dans chaque phrase créée, observez les pronoms COD et COI. Lesquels apparaissent toujours en premier ?**

Activité 3

> En 1664, Molière rencontre Lully. Lully est un musicien d'origine italienne. Lully exerce une forte influence sur le roi Louis XIV. Les deux hommes travaillent ensemble sur des comédies-ballets. Molière et Lully composent dix comédies-ballets. Les comédies-ballets offrent un mélange de trois genres : le théâtre, la danse et la musique. Les comédies-ballets de Molière et de Lully plaisent beaucoup à la Cour.

a. **Remplacez chaque groupe de mots souligné par l'un des pronoms ci-dessous.**

il | en | elles | les leurs | ce dernier | ils

b. **Votre texte vous semble-t-il meilleur que le premier ? Pour quelles raisons ?**

Activité 4

A. Renoir, *Le Déjeuner des canotiers*, 1880

a. **Par groupes, préparez un court exposé qui présente les personnages du tableau (3 minutes).**

b. **Pendant que chaque groupe passe devant la classe, les autres élèves notent les mots qui sont utilisés dans l'exposé pour ne pas répéter un nom.** *Ex : Ce tableau date de 1880. Renoir l'a intitulé* Le Déjeuner des canotiers.

c. **Quels mots ont été relevés pendant les exposés ? À quelles classes grammaticales appartiennent-ils ?**

Je retiens

- Le **pronom** est utilisé **à la place d'un nom** ou **d'un GN**, pour **éviter la répétition**. Il peut aussi parfois **remplacer un adjectif**, une **proposition**, un **groupe infinitif** ou un **autre pronom**.
- Le pronom **s'accorde en genre et en nombre avec le nom qu'il remplace**, à l'**exception** des pronoms adverbiaux ***en*** et ***y***.
- Les pronoms peuvent être **personnels**, **démonstratifs** ou **possessifs** et avoir les **mêmes fonctions que le nom** (sujet, complément d'objet…).
- Quand deux pronoms compléments d'objet se succèdent, le **COD** se place **devant le COS**.

Pronom mis à la place d'un nom ou GN
- **Personnel** : elle, vous, me, leur, eux, lui…
- **Démonstratif** : celui-ci, celle-là, ceux-ci, celles-là…
- **Possessif** : le mien, la vôtre, le leur, les siennes…

Pour dire, pour écrire

À l'oral comme à l'écrit, le pronom **évite d'alourdir les phrases**.

Repérer

1 a. Relevez les reprises pronominales du texte.
b. Indiquez, pour chaque pronom relevé, le nom ou le GN qu'il remplace.

– C'est mon mari, balbutia Mme Marty pleine de trouble. Il doit venir me chercher. […]
Vivement, elle avait refermé le sac, et elle le fit disparaître sous son fauteuil, d'un mouvement instinctif. Toutes ces dames se mirent à rire. Alors, elle rougit de sa précipitation, elle le reprit sur ses genoux, en disant que les hommes ne comprenaient jamais et qu'ils n'avaient pas besoin de savoir.

É. Zola, *Au Bonheur des Dames*, 1883

2 a. Relevez les pronoms.
b. Surlignez uniquement le nom qu'ils reprennent.

1. J'allume la radio et je l'écoute.
2. Il m'a prêté son livre mais je l'ai perdu.
3. Écris ta lettre et pense à la poster.
4. Son vélo est celui-ci.
5. Des enfants, ils en accueillent volontiers.
6. Tu n'as pas pris de pull, je te laisse le mien.

3 Classez les mots en gras dans le tableau ci-dessous après l'avoir recopié.

1. Je viendrai manger avec **toi** ce midi.
2. Celles-ci sont les fleurs les plus belles.
3. Il nous a proposé de passer.
4. Ceux qui lèvent la main sont volontaires.
5. Préfères-**tu** ta maison ou **la leur** ?
6. Les vôtres sont usagés.
7. Cette sélection, quand **l'**avez-vous apprise ?
8. Je vous donne de nouveaux tickets, **ceux-ci** sont périmés et **ceux-là** sont abimés.

Pronoms personnels	Pronoms démonstratifs	Pronoms possessifs

4 EXO+ **5** EXO+

Manipuler

6 Les mots de ces phrases ont été mélangés. Réécrivez-les dans le bon ordre.

1. Il le me lit.
2. Donne-moi-le.
3. Donne un m'en.
4. Le me lira-t-il ?
5. Ne me donne le pas.
6. Il lui a le donné.
7. Reprends-lui-le !
8. Servez-en-vous.

7 Réécrivez le texte en inversant les pronoms *elle* et *il*. Attention aux accords et à la cohérence du texte.

Elle s'approcha un peu timide, un peu inquiète, et lui tendit la main. Il la reçut dans la sienne et la garda. Alors il sentit l'appel discret de ses doigts de femme, la douce pression qui pardonne et reprend. Et lui-même, il la serrait, cette petite main, comme pour dire : « Je t'aime toujours, je suis à toi ! »

G. de Maupassant, *Bel-Ami*, 1885

8 EXO+ **9** EXO+

Écrire

10 Inventez en dix lignes ce qui se passe entre ces deux phrases, sans répéter les mots ou groupes de mots en gras.

Louis et Nassima décidèrent d'offrir un **cadeau** à **Léa** pour son anniversaire, qui aurait lieu **le lendemain**.

[…]

« Merci beaucoup, dit Léa, mais… qu'est-ce que c'est ? »

11 EXO+ **12** EXO+

EXO+ lienmini.fr/jdl4-129
- Fiche 1 EXO 4 8 11
- Fiche 2 EXO 5 9 12
- Exercices interactifs

Leçon

30 Les paroles rapportées : discours direct et indirect

J.-B. Greuze, *Le Fils ingrat*, 1777

Activité 1 **a. Observez le tableau et son titre. Quels personnages parvenez-vous à identifier ?**

b. Complétez les phrases suivantes à partir du tableau.

« … », s'écriait le père, fou de rage. Le fils, bien décidé à quitter la maison malgré les ordres de son père, répondit : « … »
La mère éplorée répétait que … tandis que les frères et sœurs les suppliaient de … .

c. Selon vous, à quelle étiquette correspond chaque proposition que vous avez écrite ? discours direct | discours indirect

L'Avare vient de se faire voler le trésor qu'il avait caché sous terre.

[…] Il se tourmente, il se déchire.
Un passant lui demande à quel sujet ses cris.
« C'est mon trésor que l'on m'a pris.
– Votre trésor ? où pris ? – Tout joignant cette pierre.
– Eh sommes-nous en temps de guerre
Pour l'apporter si loin ? N'eussiez-vous pas mieux fait
De le laisser chez vous en votre cabinet […] ?
– […] Je n'y touchais jamais. – Dites-moi donc, de grâce,
Reprit l'autre, pourquoi vous vous affligez tant,
Puisque vous ne touchiez jamais à cet argent :
Mettez une pierre à la place,
Elle vous vaudra tout autant. »

J. de la Fontaine, « L'Avare qui a perdu son trésor », *Fables*, 1668

Activité 2 **a. Lisez le texte. Relevez en bleu les paroles de l'Avare, en noir celles du passant. Relevez en vert les verbes de parole qui vous ont permis de répondre.**

b. Reformulez le vers 3 en commençant ainsi : L'Avare assure que…

Reformulez le vers 2 en complétant cette phrase :

Le passant demande : « … »

c. Quels changements avez-vous apportés par rapport aux phrases d'origine ?

Activité 3 **a. Relevez tous les mots permettant de repérer qu'il y a un échange de paroles.**

1. – Je refuse, répondit-il.
2. Il me demanda : « Quel âge as-tu ? »
3. Le jeune garçon avoua qu'il avait peur.
4. « Flora, cria-t-il, veux-tu venir ? »
5. Elle répondit que ce n'était pas le moment.
6. – Bonsoir, ravi de vous rencontrer !
7. Il s'avoua vaincu.
8. « Non, c'est non ! »

b. Relevez les signes de ponctuation qui prouvent la prise de parole.

c. Dans quelles phrases les personnages semblent-ils parler directement ? Pourquoi ?

Activité 4 **a. Observez attentivement les phrases suivantes.**

« Bravo, ta rédaction est excellente ! » | Le professeur félicita l'élève pour son excellente rédaction.

b. Dans quelle phrase trouvez-vous ces éléments ? un verbe de parole • un signe de ponctuation qui ouvre le discours • du présent de l'indicatif • du passé simple • la 3e personne • la 1re et la 2e personnes.

Je retiens

- Les **paroles d'un personnage** peuvent être **rapportées** au discours direct ou au discours indirect.
- Le **discours direct** permet d'**insérer directement les paroles exprimées**. Elles sont rapportées avec exactitude et se détachent du récit. On les repère aux **guillemets** ou **tirets** et aux **verbes de parole**.
- Le **discours indirect** intègre les paroles dans un récit **en les reformulant**. On le repère aux **verbes de parole** suivis d'une **proposition subordonnée**.

Paroles rapportées
- Discours direct : guillemets, tirets
- Discours indirect : proposition subordonnée

Pour dire, pour écrire

- Le discours rapporté permet d'insérer des paroles à l'intérieur d'un récit. Il rend le **récit dynamique** et les **personnages plus vivants**. Il provoque un **effet de réel**. À l'oral, il permet de vérifier **l'exactitude d'un récit**.
- Les **interrogations indirectes** permettent de rapporter des questions dans un récit. La phrase ne contient alors **ni inversion du sujet ni point d'interrogation**.

Repérer

1 **a. Recopiez en bleu les phrases au discours direct, en noir celles au discours indirect.**
b. Dans chaque phrase, entourez les éléments qui vous permettent de reconnaitre le type de discours.
1. « Qui t'a permis de rentrer ? », hurla-t-il.
2. Il m'assura que j'étais le bienvenu.
3. « Tu dois te concentrer », sermonna-t-elle.
4. Je conclus : « C'est la vérité. »
5. On lui a indiqué qu'il la trouverait au parc.
6. « Je suis heureux de vous retrouver, lui déclara-t-il, cela fait si longtemps que je vous cherche. »

2 **Relevez les indices de paroles rapportées et classez-les dans un tableau.**
1. Je me suis dit que je n'y arriverais jamais.
2. « Quels sont tes projets pour demain ? »
3. Il me réprimanda avec force : « Quand cesseras-tu tes bêtises ? »
4. « As-tu eu faim ?
– Oui, j'étais même affamé ! », rétorquai-je.
5. Il se demande ce que son père va lui offrir.

	Ponctuation	Verbes	Pronoms	Temps verbaux
Discours direct				
Discours indirect				

3 EXO+ **4** EXO+

Manipuler

5 **Réécrivez ces phrases au discours direct.**
1. Ta mère m'a expliqué que tu dormais encore.
2. Il se demande quelle heure il est.
3. Il m'a indiqué qu'il viendrait le lendemain.
4. Elle déclara qu'on lui avait menti.
5. Il lui murmura qu'il tenait à elle.

Lire

6 **a. Transformez le discours direct en discours indirect.**

On se mit à table. Dès le potage, Camille crut devoir s'occuper de son ami.
– Comment va ton père ? lui demanda-t-il.
– Mais je ne sais pas, répondit Laurent. Nous sommes brouillés ; il y a cinq ans que nous ne nous écrivons plus.
– Bah ! s'écria l'employé, étonné d'une pareille monstruosité.
– Oui, le cher homme a des idées à lui…

É. Zola, *Thérèse Raquin*, 1867

b. Pourquoi Zola a-t-il choisi le discours direct ?

7 EXO+ **8** EXO+

Écrire

9 **Inventez un dialogue sur le thème de la dispute suivie d'excuses en utilisant ces verbes de parole :** annoncer • rétorquer • demander • bredouiller • prétendre. **Vous pouvez employer le discours direct et le discours indirect. Attention à la ponctuation et aux temps verbaux.**

10 EXO+ **11** EXO+

Produire à l'oral

12 **Racontez une conversation que vous avez eue il y a peu de temps avec un(e) ami(e) ou avec vos parents.** Vous pouvez choisir le discours direct, indirect, ou l'alternance des deux.

EXO+ lienmini.fr/jdl4-130
- Fiche 1 EXO 3 7 10
- Fiche 2 EXO 4 8 11
- Exercices interactifs

Leçon 31

Les points de vue

G. Caillebotte, *Le Boulevard vu d'en haut*, 1880

Activité 1

a. **Observez le tableau et décrivez ce que vous y voyez.**

b. **Où s'est placé le peintre pour réaliser cette toile ?**

c. **Quels éléments seraient représentés si le peintre était assis sur le banc à la place de l'homme en noir ? Et s'il levait la tête ?**

d. **Où vous placeriez-vous et où regarderiez-vous si vous deviez représenter le boulevard dans toute sa longueur ?**

Activité 2

a. **D'après les mots soulignés, qui voit ?**

Rastignac, resté seul, fit quelques pas vers le haut du cimetière et vit Paris tortueusement couché le long des deux rives de la Seine, où commençaient à briller les lumières. Ses yeux s'attachèrent presque avidement entre la colonne de la place Vendôme et le dôme des Invalides, là où vivait ce beau monde dans lequel il avait voulu pénétrer.

H. de Balzac, *Le Père Goriot*, 1835

b. **Choisissez la bonne étiquette :** Le personnage est couché / en hauteur / place Vendôme et il regarde Paris / le cimetière / en hauteur.

Activité 3

a. **Lisez le texte suivant. Qui sont les personnages ?**

Avec la vivacité et la grâce qui lui étaient naturelles **quand elle était loin des regards des hommes**, Mme de Rênal sortait par la porte-fenêtre du salon qui donnait sur le jardin, **quand elle aperçut** près de la porte d'entrée la figure d'un jeune paysan presque encore enfant, extrêmement pâle et qui venait de pleurer.

Stendhal, *Le Rouge et le Noir*, 1830

b. **Sont-ils vus par : le narrateur, l'autre personnage, un témoin extérieur ? Aidez-vous des passages en gras pour répondre.**

c. **À quel moment la description change-t-elle de point de vue ?**

Je retiens

Le narrateur peut choisir des **points de vue** différents pour raconter l'histoire. Il faut comprendre la position de celui qui voit (narrateur ou personnage) pour identifier le type de point de vue :

- point de vue **omniscient** : le narrateur **sait tout** sur l'action et les personnages (leurs pensées, leur passé, leur avenir...). Le récit est à la 3e personne.
- point de vue **interne** : le narrateur montre l'action au travers du **regard d'un personnage**. Le récit est à la 1re ou 3e personne.
- point de vue **externe** : le narrateur rapporte l'action de l'extérieur, comme au travers d'une **caméra**. Le récit est à la 3e personne.

Point de vue

- **Omniscient**
  - tout est su
  - 3e personne
  - détails réalistes (dates…)
- **Interne**
  - savoir limité à celui d'un personnage
  - 1re et 3e personnes
  - perceptions sensorielles
  - subjectivité
- **Externe**
  - savoir limité (effet de la caméra)
  - 3e personne
  - neutralité, objectivité

Pour dire, pour écrire

Les variations de point de vue montrent l'action sous **différents angles**. Le lecteur peut **pénétrer la pensée des personnages** (interne), **connaitre** plus de choses qu'eux (omniscient) ou être un **témoin** extérieur à l'action (externe).

Repérer

1 a. Relevez pour chaque phrase le pronom personnel sujet.

1. Il s'approcha et il observa la jeune fille.
2. Je revoyais ma sœur pour la première fois.
3. Elle ne put éviter de regarder derrière elle.
4. Je fixai mon regard sur cet étrange individu.
5. Il aperçut une lueur dans la pénombre.

b. Qui raconte ? Le narrateur fait-il partie de l'action ?

c. Qui voit ? Que regarde l'observateur ?

2 a. Recopiez les phrases et soulignez les éléments décrits.

1. Il était âgé de cinquante-six ans, grand et trapu, le visage profondément ridé par le soleil à cause des sorties en mer répétées.
2. Il semblait avoir la cinquantaine, il était grand et trapu, le visage ridé comme s'il avait passé sa vie au soleil.

b. Encadrez les mots qui expriment le doute.

c. Quel est le point de vue dans chaque phrase ?

3 EXO+ 4 EXO+

Manipuler

5 Réécrivez ces phrases suivant les modifications proposées. Vous pouvez ajouter tous les éléments nécessaires.

1. J'entendis mon nom et je me retournai : Léo était derrière moi. → *La scène est vue par Léo.*
2. Quand Paul l'aperçut, il la trouva rayonnante.
→ *La scène est vue du point de vue interne de Paul.*
3. Eugène se demandait comment parvenir à ses fins.
→ *Un narrateur omniscient décrit la scène.*

6 Complétez ces phrases en observant le tableau de G. Caillebotte (page de gauche). Votre description doit changer en fonction du point de vue choisi.

1. L'homme assis sur le banc paraissait tout petit vu d'en haut, il...
2. L'homme assis à mes côtés tremblait légèrement, il...

7 EXO+ 8 EXO+

Écrire

9 Réécrivez l'extrait du point de vue du personnage féminin.

Elle était assise, au milieu du banc, toute seule ; ou du moins il ne distingua personne, dans l'éblouissement que lui envoyèrent ses yeux. En même temps qu'il passait, elle leva la tête ; il fléchit involontairement les épaules ; et, quand il se fut mis plus loin, du même côté, il la regarda. **G. Flaubert**, *L'Éducation sentimentale*, 1869

10 EXO+ 11 EXO+

Produire à l'oral

12 Racontez de deux points de vue différents ce que vous avez pu apercevoir lors d'un concert :

- la première fois, vous étiez debout dans la fosse, face à la scène.
- la seconde fois, vous étiez assis(e) au dernier rang dans les gradins.

EXO+ lienmini.fr/jdl4-131
Fiche 1 EXO 3 7 10
Fiche 2 EXO 4 8 11
Exercices interactifs

Leçon

32 Exprimer un avis, une opinion, un jugement

Activité 1 **Voici trois termes et leur définition. Dans la colonne de droite, des exemples figurent mais dans un ordre qui ne correspond pas aux deux premières colonnes.**

a. Recopiez le tableau en rétablissant les exemples dans l'ordre qui convient.

b. Divisez-vous en trois groupes. À l'oral, le premier groupe donne la définition, le deuxième l'exemple correspondant ; le troisième doit trouver le terme qui convient.

Terme employé	Sa définition	Un exemple
Avis	Pensée personnelle qui reflète un point de vue	J'estime, comme beaucoup, que la COP 21 a été utile.
Opinion	Pensée personnelle, partagée par d'autres	J'affirme que les actions humaines sont en partie responsables du réchauffement climatique.
Jugement	Appréciation portée sur la valeur des personnes, des situations, et qui se veut objective	Je pense, personnellement, qu'il faut vraiment lutter contre le réchauffement climatique.

Activité 2 **Associez chaque phrase du texte à l'une des étiquettes ci-dessous, selon ce qu'elle exprime. Appuyez-vous sur les définitions données à l'activité 1 pour répondre.**

avis · opinion · jugement

On peut donc dire que cet armistice serait non seulement une capitulation, mais encore un asservissement.
Or, beaucoup de Français n'acceptent pas la capitulation ni la servitude […].
Cette guerre est une guerre mondiale.

C. de Gaulle, message radiodiffusé du 22 juin 1940

S. Lumet, *Douze hommes en colère*, 1957

Activité 3

Observez le photogramme : les jurés se trouvent au palais de justice et délibèrent.

a. À quel moment des délibérations en sont-ils ?

b. Vers quel personnage tous les regards convergent-ils ? Pourquoi à votre avis ?

c. Imaginez à l'oral la situation qui pourrait justifier cette scène.

Je retiens

- Pour exprimer son **point de vue** sur un sujet, on peut :
  - donner son **avis** (pensée personnelle),
  - faire part de son **opinion** (partagée par d'autres),
  - émettre un **jugement** (qui donne une appréciation, attribue une valeur qui se veut objective).
- On peut **approuver** ou **s'opposer**. Pour cela, on utilise :
  - un vocabulaire adapté, avec des termes **mélioratifs** ou **péjoratifs**,
  - des **verbes d'opinion**,
  - des procédés d'écriture : **exagération**, **ironie**.

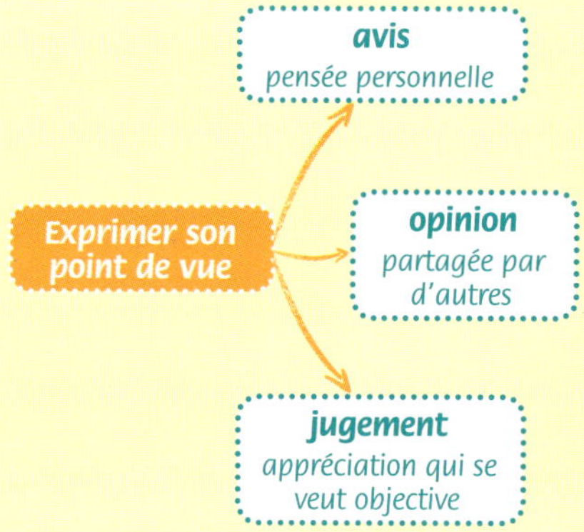

Pour dire, pour écrire

Les fausses questions, appelées aussi **questions rhétoriques**, permettent d'exprimer un point de vue en s'adressant à son destinataire.

Repérer

1 Pour chaque phrase, indiquez si elle énonce une réalité ou si elle donne un point de vue.

1. La grande majorité des internautes utilisent les réseaux sociaux.
2. Internet risque fort de devenir la principale source d'information.
3. L'usage quotidien des réseaux sociaux éloigne les individus plus qu'il ne les rapproche.
4. Comment serait-il possible, aujourd'hui, de se passer d'Internet ?
5. On compte désormais plus de 3 milliards d'internautes sur la planète.

2 Relevez les termes à l'aide desquels l'énonciateur exprime son point de vue.

1. Je considère que c'est son meilleur film.
2. Selon moi, les tensions vont s'apaiser.
3. Vous avez fait une erreur, il me semble.
4. Comment ne pas être attendri par une telle déclaration ?

3 La phrase suivante émet-elle, selon vous, un avis ou un jugement ? Justifiez votre réponse.

Il est aujourd'hui évident que l'Amérique a failli à sa promesse en ce qui concerne ses citoyens de couleur.

M. L. King, discours « I have a dream », 1963

4 EXO+ 5 EXO+ 6 EXO+

Manipuler

7 a. Relevez les verbes qui expriment une opinion défavorable.

Donc, la situation s'aggravait de jour en jour, la Compagnie renvoyait les livrets et menaçait d'embaucher des ouvriers en Belgique ; en outre, elle intimidait les faibles, elle avait décidé un certain nombre de mineurs à redescendre.

É. Zola, *Germinal*, 1885

b. Réécrivez le texte en remplaçant les verbes que vous avez relevés par des antonymes.

8 Employez dans une phrase chacun de ces mots et expressions, qui permettent de nuancer l'opinion que l'on exprime : certes • sans doute • il faut admettre que • je dois avouer que

9 En utilisant les trois verbes suivants, formulez un avis, une opinion et un jugement sur le thème de la lutte contre les discriminations : avis → *apprécier* • opinion → *soutenir* • jugement → *savoir*

10 EXO+ 11 EXO+ 12 EXO+

Analyser

13 a. Lisez le texte suivant.

Si la raison gouvernait les hommes, [...] on ne les verrait point se livrer **inconsidérément** aux fureurs de la guerre. Ils ne marqueraient point cet acharnement qui caractérise les bêtes féroces. [...] Mais, par une fatalité déplorable, les nations vivent entre elles dans une défiance réciproque ; perpétuellement occupés à repousser les entreprises injustes des autres ou à en former elles-mêmes, les prétextes les plus frivoles leur mettent les armes à la main.

D. Diderot, article « Paix », *L'Encyclopédie*, 1751

b. Selon vous, de quelle expression équivalente faut-il rapprocher l'adverbe « inconsidérément » : *avec raison* ou *sans réfléchir* ?

c. Relevez les autres mots qui montrent que Diderot porte un jugement.

d. Que pense Diderot du comportement des hommes ? Reformulez son point de vue avec vos mots.

EXO+ lienmini.fr/jdl4-132
Fiche 1 EXO 4 5 10
Fiche 2 EXO 6 11 12
Exercices interactifs

▶ *Avez-vous bien compris ces leçons sur la construction d'un texte ?*
Vérifiez en lisant cet extrait et en répondant aux questions d'un groupe.

Texte support

Un crime passionnel

Le jeune Julien Sorel revient dans la petite ville de Verrières dans l'intention de tuer Madame de Rênal, avec qui il a eu une liaison.

Il arriva à Verrières un dimanche matin. Il entra chez l'armurier du pays, qui l'accabla de compliments sur sa récente fortune. C'était la nouvelle du pays.

Julien eut beaucoup de peine à lui faire comprendre qu'il voulait une paire de pistolets. L'armurier sur sa demande chargea les pistolets.

Les *trois coups* sonnaient ; c'est un signal bien connu dans les villages de France, et qui, après les diverses sonneries de la matinée, annonce le commencement immédiat de la messe.

Julien entra dans l'église neuve de Verrières. Toutes les fenêtres hautes de l'édifice étaient voilées avec des rideaux cramoisis. Julien se trouva à quelques pas derrière le banc de Mme de Rênal. Il lui sembla qu'elle priait avec ferveur. La vue de cette femme qui l'avait tant aimé fit trembler le bras de Julien d'une telle façon qu'il ne put d'abord exécuter son dessein. « Je ne le puis, se disait-il à lui-même ; physiquement, je ne le puis. »

En ce moment, le jeune clerc qui servait la messe sonna pour l'élévation[1]. Mme de Rênal baissa la tête qui un instant se trouva presque entièrement cachée par les plis de son châle.

Stendhal, *Le Rouge et le Noir*, 1830

1. moment où le prêtre élève l'hostie.

J. O. Sodermark,
Portrait de Stendhal, 1840

Groupe 1

Repérer

1 **Nommez les différents lieux et moments du récit. En fonction de ce repérage, combien d'étapes comptez-vous dans la progression de l'action ?**

2 **a. Qui parle au début de l'extrait (l. 1 à 6) ? Quel est l'objet de l'échange ?**
b. La prise de parole qui apparait vers la fin du texte (l. 19 à 21) correspond-elle à la même situation ? Pourquoi ?

3 « **Il lui** sembla qu'**elle** priait avec ferveur. » (l. 16). **À quels personnages du texte les pronoms en gras renvoient-ils ? Qui observe et qui est observé ?**

Manipuler

4 **a.** « Je ne le puis, se disait-il à lui-même ; physiquement, je ne le puis. » (l. 19 à 21) **Recopiez la phrase et entourez tous les indices du discours direct.**
b. Réécrivez la phrase au discours indirect en commençant ainsi : *Julien se disait que…*

5 **Lisez la phrase lignes 17 à 19 :** « de telle façon que » **est-il un repère spatial, temporel ou logique ? Remplacez-le par un synonyme de votre choix.**

Écrire

6 **Réécrivez les lignes 14 à 21 en changeant de point de vue et en adoptant celui d'un homme assis derrière les deux personnages. Votre texte commencera ainsi :** *Je me trouvai à quelques pas derrière le banc de Mme de Rênal. Il me sembla…*

BREVET
DICTÉE lienmini.fr/jdl-016
Groupes 1, 2 et 3
Écoutez et écrivez le texte de cette dictée pour vous préparer à l'épreuve du brevet.

Groupe 2

Repérer

1 **a. Relevez les indices de temps. À quelle place apparaissent-ils dans chaque paragraphe ?**
b. Relevez à présent les indices de lieu. Quelle évolution remarquez-vous ?

2 **a. À quels moments Julien prend-il la parole ? À qui parle-t-il ?**
b. Quelles différences observez-vous entre ces deux situations d'énonciation ?

3 **a.** « Il lui sembla qu'elle priait avec ferveur. » (l. 16) **Relevez les pronoms. À quels personnages du texte renvoient-ils ?**
b. Qui observe et qui est observé ? Celui qui observe est-il certain de ce qu'il voit ? Quel est donc le type de point de vue choisi ?

Manipuler

4 **a.** « Je ne le puis, se disait-il à lui-même ; physiquement, je ne le puis. » (l. 19 à 21) **Recopiez la phrase et entourez tous les indices du discours direct.**
b. Réécrivez la phrase au discours indirect.

5 **Lisez la phrase lignes 17 à 19. Quel lien logique relie la proposition subordonnée commençant par** « d'une telle façon qu'il » **à la proposition principale ? Proposez une conjonction synonyme.**

Écrire

6 **Réécrivez les lignes 14 à 21 en décrivant la scène du point de vue interne d'un homme qui se trouve assis sur un banc de l'église juste derrière Julien.**
Vous conserverez les temps du récit et l'utilisation de la troisième personne.

Groupe 3

Repérer

1 **a. Identifiez le contexte spatio-temporel de l'extrait. Quelles en sont les différentes étapes ?**
b. Qu'apportent ces précisions aux lecteurs ?

2 **Quelles sont les deux situations d'énonciation présentes dans l'extrait ? Présentez-les précisément. Quelles différences pouvez-vous observer ?**

3 **a.** « Il lui sembla qu'elle priait avec ferveur. » (l. 16) **Relevez les pronoms. À quels personnages renvoient-ils ?**
b. Quel type de point de vue cette phrase annonce-t-elle ? Justifiez votre réponse avec précision.

Manipuler

4 **a. Transformez le passage au discours direct en discours indirect.**
b. Quelles modifications avez-vous apportées ?

5 **a. Lisez la phrase lignes 17 à 19. Quel lien logique existe-t-il entre les propositions ?**
b. Réécrivez la phrase en inversant l'ordre des propositions. Quelles modifications avez-vous apportées ?

Écrire

6 **Réécrivez les lignes 14 à 21 d'après le point de vue d'un autre personnage, extérieur à l'action, qui se trouve assis sur un banc de l'église juste derrière Julien.**
Vous réfléchirez au type de point de vue que vous devez choisir et vous en respecterez les caractéristiques.

J.-P. Quint,
page de titre du *Rouge et le Noir*, édition de 1922

ÊTRE (AUXILIAIRE)

INDICATIF

Présent		Passé composé		
je	suis	j'	ai	été
tu	es	tu	as	été
il, elle	est	il, elle	a	été
nous	sommes	nous	avons	été
vous	êtes	vous	avez	été
ils, elles	sont	ils, elles	ont	été

Imparfait		Plus-que-parfait		
j'	étais	j'	avais	été
tu	étais	tu	avais	été
il, elle	était	il, elle	avait	été
nous	étions	nous	avions	été
vous	étiez	vous	aviez	été
ils, elles	étaient	ils, elles	avaient	été

Passé simple		Passé antérieur		
je	fus	j'	eus	été
tu	fus	tu	eus	été
il, elle	fut	il, elle	eut	été
nous	fûmes	nous	eûmes	été
vous	fûtes	vous	eûtes	été
ils, elles	furent	ils, elles	eurent	été

Futur simple		Futur antérieur		
je	serai	j'	aurai	été
tu	seras	tu	auras	été
il, elle	sera	il, elle	aura	été
nous	serons	nous	aurons	été
vous	serez	vous	aurez	été
ils, elles	seront	ils, elles	auront	été

SUBJONCTIF

Présent		Imparfait	
que je	sois	que je	fusse
que tu	sois	que tu	fusses
qu'il, elle	soit	qu'il, elle	fût
que nous	soyons	que nous	fussions
que vous	soyez	que vous	fussiez
qu'ils, elles	soient	qu'ils, elles	fussent

CONDITIONNEL

Présent	
je	serais
tu	serais
il, elle	serait
nous	serions
vous	seriez
ils, elles	seraient

IMPÉRATIF — Présent : sois, soyons, soyez

PARTICIPE

Présent	Passé
étant	été

INFINITIF : être

AVOIR (AUXILIAIRE)

INDICATIF

Présent		Passé composé		
j'	ai	j'	ai	eu
tu	as	tu	as	eu
il, elle	a	il, elle	a	eu
nous	avons	nous	avons	eu
vous	avez	vous	avez	eu
ils, elles	ont	ils, elles	ont	eu

Imparfait		Plus-que-parfait		
j'	avais	j'	avais	eu
tu	avais	tu	avais	eu
il, elle	avait	il, elle	avait	eu
nous	avions	nous	avions	eu
vous	aviez	vous	aviez	eu
ils, elles	avaient	ils, elles	avaient	eu

Passé simple		Passé antérieur		
j'	eus	j'	eus	eu
tu	eus	tu	eus	eu
il, elle	eut	il, elle	eut	eu
nous	eûmes	nous	eûmes	eu
vous	eûtes	vous	eûtes	eu
ils, elles	eurent	ils, elles	eurent	eu

Futur simple		Futur antérieur		
j'	aurai	j'	aurai	eu
tu	auras	tu	auras	eu
il, elle	aura	il, elle	aura	eu
nous	aurons	nous	aurons	eu
vous	aurez	vous	aurez	eu
ils, elles	auront	ils, elles	auront	eu

SUBJONCTIF

Présent		Imparfait	
que j'	aie	que j'	eusse
que tu	aies	que tu	eusses
qu'il, elle	ait	qu'il, elle	eût
que nous	ayons	que nous	eussions
que vous	ayez	que vous	eussiez
qu'ils, elles	aient	qu'ils, elles	eussent

CONDITIONNEL

Présent	
j'	aurais
tu	aurais
il, elle	aurait
nous	aurions
vous	auriez
ils, elles	auraient

IMPÉRATIF — Présent : aie, ayons, ayez

PARTICIPE

Présent	Passé
ayant	eu

INFINITIF : avoir

AIMER (1ER GROUPE)

INDICATIF

Présent		Passé composé		
j'	aime	j'	ai	aimé
tu	aimes	tu	as	aimé
il, elle	aime	il, elle	a	aimé
nous	aimons	nous	avons	aimé
vous	aimez	vous	avez	aimé
ils, elles	aiment	ils, elles	ont	aimé

Imparfait		Plus-que-parfait		
j'	aimais	j'	avais	aimé
tu	aimais	tu	avais	aimé
il, elle	aimait	il, elle	avait	aimé
nous	aimions	nous	avions	aimé
vous	aimiez	vous	aviez	aimé
ils, elles	aimaient	ils, elles	avaient	aimé

Passé simple		Passé antérieur		
j'	aimai	j'	eus	aimé
tu	aimas	tu	eus	aimé
il, elle	aima	il, elle	eut	aimé
nous	aimâmes	nous	eûmes	aimé
vous	aimâtes	vous	eûtes	aimé
ils, elles	aimèrent	ils, elles	eurent	aimé

Futur simple		Futur antérieur		
j'	aimerai	j'	aurai	aimé
tu	aimeras	tu	auras	aimé
il, elle	aimera	il, elle	aura	aimé
nous	aimerons	nous	aurons	aimé
vous	aimerez	vous	aurez	aimé
ils, elles	aimeront	ils, elles	auront	aimé

SUBJONCTIF

Présent		Imparfait	
que j'	aime	que j'	aimasse
que tu	aimes	que tu	aimasses
qu'il, elle	aime	qu'il, elle	aimât
que nous	aimions	que nous	aimassions
que vous	aimiez	que vous	aimassiez
qu'ils, elles	aiment	qu'ils, elles	aimassent

CONDITIONNEL

Présent	
j'	aimerais
tu	aimerais
il, elle	aimerait
nous	aimerions
vous	aimeriez
ils, elles	aimeraient

IMPÉRATIF — Présent : aime, aimons, aimez

PARTICIPE

Présent	Passé
aimant	aimé

INFINITIF : aimer

Comment accorder le PARTICIPE PASSÉ ?

avec l'auxiliaire AVOIR

⚠ JAMAIS d'accord avec le sujet

▸ COD après le verbe : le participe passé reste au masc. sing.
Ex : Elle a aimé cette comédie.

▸ COD avant le verbe : accord en genre et en nombre avec le COD.
Ex : Quelles informations as-tu lues ?
Tes livres ? Je les ai lus.

avec l'auxiliaire ÊTRE

▸ accord en genre et en nombre avec le sujet.
Ex : Elle est allée au cinéma.
Ils sont partis hier.

AGIR (2ᴱ GROUPE)

INDICATIF

Présent		Passé composé		
j'	agis	j'	ai	agi
tu	agis	tu	as	agi
il, elle	agit	il, elle	a	agi
nous	agissons	nous	avons	agi
vous	agissez	vous	avez	agi
ils, elles	agissent	ils, elles	ont	agi
Imparfait		**Plus-que-parfait**		
j'	agissais	j'	avais	agi
tu	agissais	tu	avais	agi
il, elle	agissait	il, elle	avait	agi
nous	agissions	nous	avions	agi
vous	agissiez	vous	aviez	agi
ils, elles	agissaient	ils, elles	avaient	agi
Passé simple		**Passé antérieur**		
j'	agis	j'	eus	agi
tu	agis	tu	eus	agi
il, elle	agit	il, elle	eut	agi
nous	agîmes	nous	eûmes	agi
vous	agîtes	vous	eûtes	agi
ils, elles	agirent	ils, elles	eurent	agi
Futur simple		**Futur antérieur**		
j'	agirai	j'	aurai	agi
tu	agiras	tu	auras	agi
il, elle	agira	il, elle	aura	agi
nous	agirons	nous	aurons	agi
vous	agirez	vous	aurez	agi
ils, elles	agiront	ils, elles	auront	agi

SUBJONCTIF

Présent		Imparfait	
que j'	agisse	que j'	agisse
que tu	agisses	que tu	agisses
qu'il, elle	agisse	qu'il, elle	agît
que nous	agissions	que nous	agissions
que vous	agissiez	que vous	agissiez
qu'ils, elles	agissent	qu'ils, elles	agissent

CONDITIONNEL — Présent

j'	agirais
tu	agirais
il, elle	agirait
nous	agirions
vous	agiriez
ils, elles	agiraient

IMPÉRATIF — Présent : agis, agissons, agissez

PARTICIPE — Présent : agissant — Passé : agi

INFINITIF : agir

PARTIR (3ᴱ GROUPE)

INDICATIF

Présent		Passé composé		
je	pars	je	suis	parti(e)
tu	pars	tu	es	parti(e)
il, elle	part	il, elle	est	parti(e)
nous	partons	nous	sommes	parti(e)s
vous	partez	vous	êtes	parti(e)s
ils, elles	partent	ils, elles	sont	parti(e)s
Imparfait		**Plus-que-parfait**		
je	partais	j'	étais	parti(e)
tu	partais	tu	étais	parti(e)
il, elle	partait	il, elle	était	parti(e)
nous	partions	nous	étions	parti(e)s
vous	partiez	vous	étiez	parti(e)s
ils, elles	partaient	ils, elles	étaient	parti(e)s
Passé simple		**Passé antérieur**		
je	partis	je	fus	parti(e)
tu	partis	tu	fus	parti(e)
il, elle	partit	il, elle	fut	parti(e)
nous	partîmes	nous	fûmes	parti(e)s
vous	partîtes	vous	fûtes	parti(e)s
ils, elles	partirent	ils, elles	furent	parti(e)s
Futur simple		**Futur antérieur**		
je	partirai	je	serai	parti(e)
tu	partiras	tu	seras	parti(e)
il, elle	partira	il, elle	sera	parti(e)
nous	partirons	nous	serons	parti(e)s
vous	partirez	vous	serez	parti(e)s
ils, elles	partiront	ils, elles	seront	parti(e)s

SUBJONCTIF

Présent		Imparfait	
que je	parte	que je	partisse
que tu	partes	que tu	partisses
qu'il, elle	parte	qu'il, elle	partît
que nous	partions	que nous	partissions
que vous	partiez	que vous	partissiez
qu'ils, elles	partent	qu'ils, elles	partissent

CONDITIONNEL — Présent

je	partirais
tu	partirais
il, elle	partirait
nous	partirions
vous	partiriez
ils, elles	partiraient

IMPÉRATIF — Présent : pars, partons, partez

PARTICIPE — Présent : partant — Passé : parti

INFINITIF : partir

ALLER (3ᴱ GROUPE)

INDICATIF

Présent		Passé composé		
je	vais	je	suis	allé(e)
tu	vas	tu	es	allé(e)
il, elle	va	il, elle	est	allé(e)
nous	allons	nous	sommes	allé(e)s
vous	allez	vous	êtes	allé(e)s
ils, elles	vont	ils, elles	sont	allé(e)s
Imparfait		**Plus-que-parfait**		
j'	allais	j'	étais	allé(e)
tu	allais	tu	étais	allé(e)
il, elle	allait	il, elle	était	allé(e)
nous	allions	nous	étions	allé(e)s
vous	alliez	vous	étiez	allé(e)s
ils, elles	allaient	ils, elles	étaient	allé(e)s
Passé simple		**Passé antérieur**		
j'	allai	je	fus	allé(e)
tu	allas	tu	fus	allé(e)
il, elle	alla	il, elle	fut	allé(e)
nous	allâmes	nous	fûmes	allé(e)s
vous	allâtes	vous	fûtes	allé(e)s
ils, elles	allèrent	ils, elles	furent	allé(e)s
Futur simple		**Futur antérieur**		
j'	irai	je	serai	allé(e)
tu	iras	tu	seras	allé(e)
il, elle	ira	il, elle	sera	allé(e)
nous	irons	nous	serons	allé(e)s
vous	irez	vous	serez	allé(e)s
ils, elles	iront	ils, elles	seront	allé(e)s

SUBJONCTIF

Présent		Imparfait	
que j'	aille	que j'	allasse
que tu	ailles	que tu	allasses
qu'il, elle	aille	qu'il, elle	allât
que nous	allions	que nous	allassions
que vous	alliez	que vous	allassiez
qu'ils, elles	aillent	qu'ils, elles	allassent

CONDITIONNEL — Présent

j'	irais
tu	irais
il, elle	irait
nous	irions
vous	iriez
ils, elles	iraient

IMPÉRATIF — Présent : va, allons, allez

PARTICIPE — Présent : allant — Passé : allé

INFINITIF : aller

La formation des temps composés de l'indicatif

PASSÉ COMPOSÉ : auxiliaire au présent ⊕ participe passé
▸ j'ai vu, je suis allé(e)

PLUS-QUE-PARFAIT : auxiliaire à l'imparfait ⊕ participe passé
▸ j'avais vu, j'étais allé(e)

PASSÉ ANTÉRIEUR : auxiliaire au passé simple ⊕ participe passé
▸ j'eus vu, je fus allé(e)

FUTUR ANTÉRIEUR : auxiliaire au futur ⊕ participe passé
▸ j'aurai vu, je serai allé(e)

CUEILLIR

INDICATIF	
Présent	
je	cueille
tu	cueilles
il, elle	cueille
nous	cueillons
vous	cueillez
ils, elles	cueillent
Imparfait	
je	cueillais
tu	cueillais
il, elle	cueillait
nous	cueillions
vous	cueilliez
ils, elles	cueillaient
Passé simple	
je	cueillis
tu	cueillis
il, elle	cueillit
nous	cueillîmes
vous	cueillîtes
ils, elles	cueillirent
Futur simple	
je	cueillerai
tu	cueilleras
il, elle	cueillera
nous	cueillerons
vous	cueillerez
ils, elles	cueilleront
CONDITIONNEL	
Présent	
je	cueillerais
tu	cueillerais
il, elle	cueillerait
nous	cueillerions
vous	cueilleriez
ils, elles	cueilleraient
SUBJONCTIF	
Présent	
que je	cueille
que tu	cueilles
qu'il, elle	cueille
que nous	cueillions
que vous	cueilliez
qu'ils, elles	cueillent
IMPÉRATIF	
Présent	
cueille, cueillons, cueillez	
PARTICIPE	
Présent	**Passé**
cueillant	cueilli
INFINITIF	
cueillir	

DIRE

INDICATIF	
Présent	
je	dis
tu	dis
il, elle	dit
nous	disons
vous	dites
ils, elles	disent
Imparfait	
je	disais
tu	disais
il, elle	disait
nous	disions
vous	disiez
ils, elles	disaient
Passé simple	
je	dis
tu	dis
il, elle	dit
nous	dîmes
vous	dîtes
ils, elles	dirent
Futur simple	
je	dirai
tu	diras
il, elle	dira
nous	dirons
vous	direz
ils, elles	diront
CONDITIONNEL	
Présent	
je	dirais
tu	dirais
il, elle	dirait
nous	dirions
vous	diriez
ils, elles	diraient
SUBJONCTIF	
Présent	
que je	dise
que tu	dises
qu'il, elle	dise
que nous	disions
que vous	disiez
qu'ils, elles	disent
IMPÉRATIF	
Présent	
dis, disons, dites	
PARTICIPE	
Présent	**Passé**
disant	dit
INFINITIF	
dire	

FAIRE

INDICATIF	
Présent	
je	fais
tu	fais
il, elle	fait
nous	faisons
vous	faites
ils, elles	font
Imparfait	
je	faisais
tu	faisais
il, elle	faisait
nous	faisions
vous	faisiez
ils, elles	faisaient
Passé simple	
je	fis
tu	fis
il, elle	fit
nous	fîmes
vous	fîtes
ils, elles	firent
Futur simple	
je	ferai
tu	feras
il, elle	fera
nous	ferons
vous	ferez
ils, elles	feront
CONDITIONNEL	
Présent	
je	ferais
tu	ferais
il, elle	ferait
nous	ferions
vous	feriez
ils, elles	feraient
SUBJONCTIF	
Présent	
que je	fasse
que tu	fasses
qu'il, elle	fasse
que nous	fassions
que vous	fassiez
qu'ils, elles	fassent
IMPÉRATIF	
Présent	
fais, faisons, faites	
PARTICIPE	
Présent	**Passé**
faisant	fait
INFINITIF	
faire	

METTRE

INDICATIF	
Présent	
je	mets
tu	mets
il, elle	met
nous	mettons
vous	mettez
ils, elles	mettent
Imparfait	
je	mettais
tu	mettais
il, elle	mettait
nous	mettions
vous	mettiez
ils, elles	mettaient
Passé simple	
je	mis
tu	mis
il, elle	mit
nous	mîmes
vous	mîtes
ils, elles	mirent
Futur simple	
je	mettrai
tu	mettras
il, elle	mettra
nous	mettrons
vous	mettrez
ils, elles	mettront
CONDITIONNEL	
Présent	
je	mettrais
tu	mettrais
il, elle	mettrait
nous	mettrions
vous	mettriez
ils, elles	mettraient
SUBJONCTIF	
Présent	
que je	mette
que tu	mettes
qu'il, elle	mette
que nous	mettions
que vous	mettiez
qu'ils, elles	mettent
IMPÉRATIF	
Présent	
mets, mettons, mettez	
PARTICIPE	
Présent	**Passé**
mettant	mis
INFINITIF	
mettre	

PEINDRE

INDICATIF	
Présent	
je	peins
tu	peins
il, elle	peint
nous	peignons
vous	peignez
ils, elles	peignent
Imparfait	
je	peignais
tu	peignais
il, elle	peignait
nous	peignions
vous	peigniez
ils, elles	peignaient
Passé simple	
je	peignis
tu	peignis
il, elle	peignit
nous	peignîmes
vous	peignîtes
ils, elles	peignirent
Futur simple	
je	peindrai
tu	peindras
il, elle	peindra
nous	peindrons
vous	peindrez
ils, elles	peindront
CONDITIONNEL	
Présent	
je	peindrais
tu	peindrais
il, elle	peindrait
nous	peindrions
vous	peindriez
ils, elles	peindraient
SUBJONCTIF	
Présent	
que je	peigne
que tu	peignes
qu'il, elle	peigne
que nous	peignions
que vous	peigniez
qu'ils, elles	peignent
IMPÉRATIF	
Présent	
peins, peignons, peignez	
PARTICIPE	
Présent	**Passé**
peignant	peint
INFINITIF	
peindre	

PRENDRE

INDICATIF	
Présent	
je	prends
tu	prends
il, elle	prend
nous	prenons
vous	prenez
ils, elles	prennent
Imparfait	
je	prenais
tu	prenais
il, elle	prenait
nous	prenions
vous	preniez
ils, elles	prenaient
Passé simple	
je	pris
tu	pris
il, elle	prit
nous	prîmes
vous	prîtes
ils, elles	prirent
Futur simple	
je	prendrai
tu	prendras
il, elle	prendra
nous	prendrons
vous	prendrez
ils, elles	prendront
CONDITIONNEL	
Présent	
je	prendrais
tu	prendrais
il, elle	prendrait
nous	prendrions
vous	prendriez
ils, elles	prendraient
SUBJONCTIF	
Présent	
que je	prenne
que tu	prennes
qu'il, elle	prenne
que nous	prenions
que vous	preniez
qu'ils, elles	prennent
IMPÉRATIF	
Présent	
prends, prenons, prenez	
PARTICIPE	
Présent	**Passé**
prenant	pris
INFINITIF	
prendre	

Pour donner un ordre…

L'IMPÉRATIF

3 personnes seulement :
* 2e du sing.
* 1re du plur.
* 2e du plur.

pas de pronom personnel exprimé

Ex :

ÊTRE	AVOIR	OFFRIR
sois	aie	offre
soyons	ayons	offrons
soyez	ayez	offrez

ALLER	SAVOIR
va	sache
allons	sachons
allez	sachez

Devant en et y : -s à la 2e pers. du singulier :
→ cueilles-en
vas-y
SAUF : va-t'en

DEVOIR

INDICATIF	
Présent	
je	dois
tu	dois
il, elle	doit
nous	devons
vous	devez
ils, elles	doivent
Imparfait	
je	devais
tu	devais
il, elle	devait
nous	devions
vous	deviez
ils, elles	devaient
Passé simple	
je	dus
tu	dus
il, elle	dut
nous	dûmes
vous	dûtes
ils, elles	durent
Futur simple	
je	devrai
tu	devras
il, elle	devra
nous	devrons
vous	devrez
ils, elles	devront
CONDITIONNEL	
Présent	
je	devrais
tu	devrais
il, elle	devrait
nous	devrions
vous	devriez
ils, elles	devraient
SUBJONCTIF	
Présent	
que je	doive
que tu	doives
qu'il, elle	doive
que nous	devions
que vous	deviez
qu'ils, elles	doivent
IMPÉRATIF	
Présent	
dois, devons, devez	
PARTICIPE	
Présent	**Passé**
devant	dû
INFINITIF	
devoir	

POUVOIR

INDICATIF	
Présent	
je	peux
tu	peux
il, elle	peut
nous	pouvons
vous	pouvez
ils, elles	peuvent
Imparfait	
je	pouvais
tu	pouvais
il, elle	pouvait
nous	pouvions
vous	pouviez
ils, elles	pouvaient
Passé simple	
je	pus
tu	pus
il, elle	put
nous	pûmes
vous	pûtes
ils, elles	purent
Futur simple	
je	pourrai
tu	pourras
il, elle	pourra
nous	pourrons
vous	pourrez
ils, elles	pourront
CONDITIONNEL	
Présent	
je	pourrais
tu	pourrais
il, elle	pourrait
nous	pourrions
vous	pourriez
ils, elles	pourraient
SUBJONCTIF	
Présent	
que je	puisse
que tu	puisses
qu'il, elle	puisse
que nous	puissions
que vous	puissiez
qu'ils, elles	puissent
IMPÉRATIF	
Présent	
pas d'impératif	
PARTICIPE	
Présent	**Passé**
pouvant	pu
INFINITIF	
pouvoir	

SAVOIR

INDICATIF	
Présent	
je	sais
tu	sais
il, elle	sait
nous	savons
vous	savez
ils, elles	savent
Imparfait	
je	savais
tu	savais
il, elle	savait
nous	savions
vous	saviez
ils, elles	savaient
Passé simple	
je	sus
tu	sus
il, elle	sut
nous	sûmes
vous	sûtes
ils, elles	surent
Futur simple	
je	saurai
tu	sauras
il, elle	saura
nous	saurons
vous	saurez
ils, elles	sauront
CONDITIONNEL	
Présent	
je	saurais
tu	saurais
il, elle	saurait
nous	saurions
vous	sauriez
ils, elles	sauraient
SUBJONCTIF	
Présent	
que je	sache
que tu	saches
qu'il, elle	sache
que nous	sachions
que vous	sachiez
qu'ils, elles	sachent
IMPÉRATIF	
Présent	
sache, sachons, sachez	
PARTICIPE	
Présent	**Passé**
sachant	su
INFINITIF	
savoir	

VENIR

INDICATIF	
Présent	
je	viens
tu	viens
il, elle	vient
nous	venons
vous	venez
ils, elles	viennent
Imparfait	
je	venais
tu	venais
il, elle	venait
nous	venions
vous	veniez
ils, elles	venaient
Passé simple	
je	vins
tu	vins
il, elle	vint
nous	vînmes
vous	vîntes
ils, elles	vinrent
Futur simple	
je	viendrai
tu	viendras
il, elle	viendra
nous	viendrons
vous	viendrez
ils, elles	viendront
CONDITIONNEL	
Présent	
je	viendrais
tu	viendrais
il, elle	viendrait
nous	viendrions
vous	viendriez
ils, elles	viendraient
SUBJONCTIF	
Présent	
que je	vienne
que tu	viennes
qu'il, elle	vienne
que nous	venions
que vous	veniez
qu'ils, elles	viennent
IMPÉRATIF	
Présent	
viens, venons, venez	
PARTICIPE	
Présent	**Passé**
venant	venu
INFINITIF	
venir	

VOIR

INDICATIF	
Présent	
je	vois
tu	vois
il, elle	voit
nous	voyons
vous	voyez
ils, elles	voient
Imparfait	
je	voyais
tu	voyais
il, elle	voyait
nous	voyions
vous	voyiez
ils, elles	voyaient
Passé simple	
je	vis
tu	vis
il, elle	vit
nous	vîmes
vous	vîtes
ils, elles	virent
Futur simple	
je	verrai
tu	verras
il, elle	verra
nous	verrons
vous	verrez
ils, elles	verront
CONDITIONNEL	
Présent	
je	verrais
tu	verrais
il, elle	verrait
nous	verrions
vous	verriez
ils, elles	verraient
SUBJONCTIF	
Présent	
que je	voie
que tu	voies
qu'il, elle	voie
que nous	voyions
que vous	voyiez
qu'ils, elles	voient
IMPÉRATIF	
Présent	
vois, voyons, voyez	
PARTICIPE	
Présent	**Passé**
voyant	vu
INFINITIF	
voir	

VOULOIR

INDICATIF	
Présent	
je	veux
tu	veux
il, elle	veut
nous	voulons
vous	voulez
ils, elles	veulent
Imparfait	
je	voulais
tu	voulais
il, elle	voulait
nous	voulions
vous	vouliez
ils, elles	voulaient
Passé simple	
je	voulus
tu	voulus
il, elle	voulut
nous	voulûmes
vous	voulûtes
ils, elles	voulurent
Futur simple	
je	voudrai
tu	voudras
il, elle	voudra
nous	voudrons
vous	voudrez
ils, elles	voudront
CONDITIONNEL	
Présent	
je	voudrais
tu	voudrais
il, elle	voudrait
nous	voudrions
vous	voudriez
ils, elles	voudraient
SUBJONCTIF	
Présent	
que je	veuille
que tu	veuilles
qu'il, elle	veuille
que nous	voulions
que vous	vouliez
qu'ils, elles	veuillent
IMPÉRATIF	
Présent	
veuille, voulons, veuillez	
PARTICIPE	
Présent	**Passé**
voulant	voulu
INFINITIF	
vouloir	

La formation du subjonctif présent

QUE + SUJET + RADICAL 1re pers. plur. + TERMINAISON pour tous les verbes

je	choisiss	– e
tu	aim	– es
il, elle	finiss	– e
nous	ven	– ions
vous	pren	– iez
ils, elles	peign	– ent

SAUF

ÊTRE : que je sois, tu sois, il, elle soit, nous soyons, vous soyez, ils, elles soient

AVOIR : que j'aie, tu aies, il, elle ait, nous ayons, vous ayez, ils, elles aient

Index des notions

Partie littérature • Partie langue

Index des auteurs et des œuvres

Partie littérature • Partie langue

Pour les œuvres des éditions Gallimard, voir : www.gallimard.fr et www.gallimard-jeunesse.fr

Mentions de copyright et crédits photographiques

couverture : (ht) *La Tempête sur le phare*, Horace Vernet/musée des Beaux-Arts de Nantes/RMN-Grand Palais/Gérard Blot ; (m) *Le Carreau des Halles*, illustration de Felician Myrbach dans *Paris Illustré*, 1886/Collection Grob/Kharbine Tapabor ; (b) *Une noce chez le photographe*, 1879, Pascal Adolphe Jean Dagnan-Bouveret/Musée des Beaux-Arts de Lyon/Photo Josse/Leemage ; **sommaire** : p. 0 (1) Roger-Viollet (2) Selva/Leemage (3) Roger-Viollet (4) BnF ; (d) Galliera/Roger-Viollet ; **p. 1** : Prod DB © Lone Star Corp/DR ; **p. 6** : Prod DB © MGM/DR ; **p. 7** : (ht) Pascal Victor/Artcomart ; (m) Delaware Art Museum, Wilmington, USA/Samuel and Mary R. Bancroft Memorial/Bridgeman Images ; Colette Masson/Roger-Viollet ; **p. 8** : (ht) Ramon Senera/CDDS Enguerand Bernand ; (m) Photographie (Melandri) INV. 2283, Paris, Musée Victor Hugo/Akg-Images ; (b) Fernand Léger, *Liberté - J'écris ton nom*, 1953, ADAGP, Paris 2016/Private Collection/Bridgeman Images ; **p. 9** : (ht) Josse/Leemage ; (m) coll. Kharbine-Tapabor ; (b) Universal History Archive/UIG/Bridgeman Images ; **p. 10** : (ht) Private Collection/Bridgeman Images ; (m) collection Prix Albert Londres ; (b) RMN-Grand Palais (Château de Versailles)/Daniel Arnaudet ; **p. 11** : (ht) Gerrit Schilp/Getty ; (m) Christie's Images/Bridgeman Images ; (b) Fotolia ; **p. 16** : Léo Kouper, Affiche *Les Temps modernes*, ADAGP Paris 2016/Prod DB/United Artists ; **p. 17** : *Les Temps modernes* © Roy Export SAS - photo Prod DB © United Artists/DR ; **p. 19** : Prod DB © United Artists/DR ; **p. 20** : Prod DB © MGM/DR ; **p. 21** : Prod DB © MGM/DR ; **p. 22-23** : Private Collection/Cooley Gallery, Old Lyme, Connecticut, USA/Bridgeman Images ; **p. 24** : (ht) Gusman/Leemage ; (b) PVDE/Bridgeman Images ; **p. 25** : (ht) Julio Donoso/Sygma/Corbis ; (m) Victor Tonelli/ArtComArt ; **p. 25** : (b) BnF ; **p. 26** : Prod DB © Hachette Premiere - DD Production/DR ; **p. 27** : (ht) Europimages international ; **p. 28** : Marie-Noëlle Robert ; **p. 29** : (ht) Patrick Berger/ArtComArt ; (m) Victor Tonelli/ArtComArt ; (b) Brigitte Enguerand/Divergence ; **p. 30** : (ht) P. Lorette, coll. Comédie-Française ; (m) Christian Lacroix © coll. Comédie-Française ; **p. 31** : (ht) Éditions Montparnasse ; (m) Christian Lacroix © coll. Comédie-Française ; **p. 33** : Pascal Victor/Artcomart ; **p. 34** : Image courtesy of John Lloyd Archive Designed by John David Lloyd & Jim Northover (Lloyd Northover) Commissioned by the Royal Shakespeare Company ; **p. 36** : (g) Luisa Ricciarini/Leemage ; (d) akg-images/Gilles Mermet ; (b) RMN-Grand Palais (musée Magnin)/Stéphane Maréchalle ; **p. 37** : (ht g) DeAgostini/Leemage ; (ht d) MP/Leemage ; b Bridgeman Images ; **p. 38** : (ht) Josse/Leemage ; (b) Musée du Bardo/Lylho/leemage ; **p. 39** : (ht g) PrismaArchivo/Leemage ; (ht d) Photo Scala, Florence/courtesy by Opera del Duomo of Orvieto ; (m) Granger Coll NY/Aurimages ; (b) Robert Dawson Evans Collection/Bridgeman Images ; **p. 40** : (ht) Electa/Leemage ; (b) Josse/Leemage ; **p. 41** : (ht) Bridgeman Giraudon ; (b) Bridgeman Images ; **p. 42** : (ht) Musée Carnavalet/Roger Viollet ; (b) Christie's Images/Bridgeman Images ; **p. 43** : (ht) Leemage ; **p. 44** : (ht) Bridgeman ; (m) BHVP/Roger-Viollet ; (b) Gusman/Leemage ; **p. 45** : (ht g) Boris Lipnitzki/Roger-Viollet ; (ht d) Delaware Art Museum, Wilmington, USA/Samuel and Mary R. Bancroft Memorial/Bridgeman Images (b) Francesco Gattoni/Leemage ; **p. 46** : (ht) H. Martinie/Roger-Viollet ; (b) Man Ray, *Noire et blanche*, 1926, © Man Ray Trust ADAGP, Paris 2016. Cliché ADAGP Image Bank ; **p. 47** : Max Ernst, *Gala Eluard*, 1924, ADAGP Paris 2016 Photo The Metropolitan Museum of Art, Dist. RMN-Grand Palais/image of the MMA ; **p. 48** : Gallimard ; **p. 49** : Frédéric Baron, Claire Kito, ADAGP, Paris, 2016 ; **p. 51** : René Magritte, *Le Faux Miroir*, 1928/ADAGP, Paris, 2016/photo Akg-Images ; **p. 52** : WhiteImages/Leemage ; **p. 53** : Bridgeman Images ; **p. 54** : (ht g) SuperStock/Leemage ; (ht d) Costa/Leemage ; (b g) Bridgeman Images ; (b d) Peter Willi/Bridgeman Images ; **p. 55** : (ht) Constantin Brancusi, *Le Baiser*, 1923/ADAGP, Paris, 2016/Centre Pompidou, MNAM-CCI, Dist. RMN-Grand Palais/Adam Rzepka ; (b) Robert Doisneau/RAPHO ; **p. 56** : (ht) Colette Masson/Roger-Viollet ; (b) Deagostini/Leemage ; **p. 57** : (ht) Pascal Le Segretain/Getty Images/AFP ; (b) Niki de Saint-Phalle, *Letter to Peter*, 1994, Nili Charitable Art Foundation ADAGP, Paris/Collection privée/Photo Christie's Images/Bridgeman Images ; **p. 58** : Georges Chevrier/INA/AFP ; **p. 59** : David Redfern/Redferns/Getty ; **p. 60** (ht) JDF/PIX/VISUAL Press Agency ; **p. 61** : (ht) (1) Succession Willy RONIS/Diffusion Agence RAPHO ; (ht) (2) Le Livre de poche ; (ht) (3) Keystone France ; (4) AFP ; (b) Serge De Sazo/Gamma-Rapho via Getty Images ; **p. 62** : (g) SuperStock/Leemage ; (d) Bibliothèque Municipale, Le Havre, France/Bridgeman Images ; **p. 63** : akg images ; **p. 64-65** : BnF ; **p. 66** : Prod DB © Universal/DR ; **p. 67** : SuperStock/Leemage ; **p. 68-69** : Maison de Victor Hugo, Paris, France/Bridgeman Images ; **p. 70** : (ht) Brigitte Enguerand/Divergence ; (b) The Art Archive/Pierre Corneille Museum Rouen/Dagli Orti ; **p. 71** : (ht) *Le Cid* de Corneille, mis en scène par Jean Vilar, 1951, Agnès Varda ; (b) Daniel Candé/BnF ; **p. 73** : (ht) Allied Artists/Album/AKG-Images ; (b) Prod DB © Sopat - Soy Label/DR *Le Cid* mise en scène de Thomas Le Douarec, réalisation de Didier Fontan 1999, avec Gilles Nicoleau ; **p. 74** : Brigitte Enguérand/Divergence ; **p. 75** : Compagnie Colette Roumanoff ; **p. 76** : Victor Tonelli/ArtComArt ; **p. 77** : Daniel Cande/BnF ; **p. 78** : Bernard Michel Palazon/CDDS Enguerand Bernand ; **p. 79** : (ht) Victor Tonelli/ArtComArt ; (b) *Le Cid*, de Pierre Corneille, mise en scène Alain Ollivier (2007), Rodrigue : Thibaut Corrion, Chimène : Claire Sermonne, Photo © Hervé Bellamy ; **p. 80** : (ht) Ramon Senera/CDDS Enguerand Bernand ; (b) Brigitte Enguerand/Divergence ; **p. 81** : Pascal Victor/ArtComArt ; **p. 82** : (ht) La Sorbonne, Paris, France/Archives Charmet/Bridgeman Images ; (b) Costa/Leemage ; **p. 83** : (g) Maison de Victor Hugo, Paris, France/Bridgeman Images ; **p. 84** : Bridgeman Images ; **p. 85** : Musée Victor Hugo, Paris/akg-images ; **p. 86** : (g) Collection Harlingue/Roger-Viollet ; (d) Roger-Viollet ; **p. 87** : Bridgeman Images ; **p. 88** : MP/Leemage ; **p. 89** : (1 à 4) Maisons de Victor Hugo/Roger-Viollet, (5) RMN-Grand Palais/Agence Bulloz ; couvertures : Éditions Librio, Éditions Magnard, Folio classique/Éditions Gallimard, Le Livre de Poche ; **p. 90** : Charles Hugo/Maisons de Victor Hugo/Roger-Viollet ; **p. 91** : Archives Charmet/Bridgeman Images ; **p. 92** : Roger-Viollet ; **p. 93** : (1) Éditions Magnard (2) Private Collection/Archives Charmet/The Bridgeman Art Library (3) Private Collection/Archives Charmet/The Bridgeman Art Library (4) Laurent Maous/Gamma-Rapho ; **p. 94** : (g) BnF ; (d) Maisons de Victor Hugo Roger-Viollet ; **p. 95** : *Les Misérables* Tome 1, par Daniel Bardet, Bernard Capo et Jean-Yves Delitte © Éditions Adonis 2010 ; **p. 96** : Prod DB © SFP/DR ; **p. 97** : Prod DB © Taurus - Fox Family - DD - Mediaset/DR ; **p. 98** : Photographie (Melandri) INV. 2283, Paris, Musée Victor Hugo/Akg-Images ; **p. 99** : (ht g) Tallandier/Bridgeman Images ; (ht d) Tallandier/Bridgeman Images ; (b) (de haut en bas et de gauche à droite) Maisons de Victor Hugo/Roger-Viollet ; Collection BASILE/Opale/Leemage ; Musée Victor Hugo, Paris/akg-images ; Granger NYC/Rue des Archives ; Collection Harlingue/Roger-Viollet ; Pascal Lemaitre/Arnaud Isaac /Artedia/Leemage ; Patrick Pierrain/Maisons de Victor Hugo/Roger-Viollet ; Maisons de Victor Hugo/Roger-Viollet ; **p. 100** : Roger-Viollet ; p. 101 : Collection Kharbine-Tapabor ; **p. 102** : Hamburger Kunsthalle, Hamburg, Germany/Bridgeman Images ; **p. 103** : Unicef France ; **p. 104** : Fernand Léger, *Liberté - J'écris ton nom*, 1953, ADAGP, Paris 2016/Private Collection/Bridgeman Images ; **p. 105** : Leemage ; **p. 106** : Maisons de Victor Hugo/Roger-Viollet ; **p. 107** : (ht) Éditions Bleu autour ; (m) PVDE/Bridgeman Images ; (b) service Infographie du *Figaro*/lefigaro.fr/18.09.2014 ; **p. 108** : akg-images/Paul Almasy ; **p. 109** : (ht) Selders/Sipa ; (b) LAPI/Roger-Viollet ; **p. 111** : BPK, Berlin, Dist. RMN-Grand Palais/Ursula Gerstenberger ; **p. 112** : Photo12/1Clic ; **p. 114** : De Agostini Picture Library /Veneranda Biblioteca Ambrosiana - Milano/Bridgeman Images ; **p. 115** : New York, John C.Whitehead, courtesy Achim Moeller Fine Arts/Akg-Images ; **p. 116-117** : Josse/Leemage ; **p. 119** : Charles Nègre/Musée Carnavalet/Roger-Viollet ; **p. 120** : Leemage ; **p. 121** : (ht) Bridgeman Images ; **p. 122** : akg-images ; **p. 123** : Leemage ; **p. 125** : Historisches Museum der Stadt, Vienna, Austria/De Agostini Picture Library/A. Dagli Orti/Bridgeman Images ; **p. 126** : (ht) Photo Josse/Leemage ; (b) Roger-Viollet ; **p. 127** : Éditions Petit à Petit - Maupassant en BD - Joblin/Gabella ; **p. 128** : Private Collection/Bridgeman Images ; **p. 129** : Prod DB © France 2/DR ; **p. 130** : Private Collection/Bridgeman Images ; **p. 131** : Collection Kharbine-Tapabor ; **p. 133** : Roger-Viollet ; **p. 134** : (ht) RMN/Hervé Lewandowski ; (b) Bridgeman Images ; **p. 135** : (ht) akg-images ; (b) (1) Heritage Images/Leemage, (2) Musée d'Orsay, Paris, France/Bridgeman Images, (3) Prod DB © France 2/DR ; **p. 136** : (ht) AISA/Leemage ; (b) Dagli-orti ; **p. 137** : Bibliothèque Sainte-Geneviève, Paris, France/Archives Charmet/Bridgeman Images ; **p. 139** : Josse/Leemage ; **p. 140** : Universal History Archive/UIG/Bridgeman Images ; **p. 141** : Bridgeman Images ; **p. 142** : RMN-Grand Palais (musée d'Orsay)/Hervé Lewandowski ; **p. 143** : (ht) RMN-Grand Palais (musée d'Orsay)/Hervé Lewandowski ; (b) BPK, Berlin, Dist. RMN-Grand Palais/image SKD ; texte lu : © Audiolib ; **p. 144** : Roger-Viollet ; Gusman/Leemage ; **p. 145** : (g) Josse/Leemage ; (d) coll. Kharbine-Tapabor ; **p. 146** : (g) Harlingue/Roger-Viollet ; (m) Bridgeman ; (d) Josse/Leemage ; **p. 147** : Prod DB © Paris Film - Lux Films/DR ; **p. 148** : BnF, Dist. RMN-Grand Palais ; couvertures : Folio classique Gallimard ; Le Livre de Poche ; Étonnants classiques Flammarion ; **p. 149** : (ht) Collection Grob/Kharbine-Tapabor ; (b) Roger Henrard/Musée Carnavalet/Roger-Viollet ; **p. 150** : Bridgeman Images ; **p. 151** : (ht) Selva/Leemage ; (b) (1) Roger-Viollet, (2) Selva/Leemage, (3) Roger-Viollet, (4) BnF ; **p. 152** : (g) Prod DB © Renn Productions/DR ; (d) BnF ; p. 153 : Centre Historique Minier ; **p. 154** : (d) BnF ; **p. 156-161** : Prod DB © MM. Hakim - Paris Film/DR ; **p. 162 :** akg images ; **p. 163 :** Éditions Magnard ; p. 165 : Edvard Munch, *Mélancolie*, Bergen Art Museum, Norway/The Bridgeman Art Library Nationality The Munch-Museum/The Munch-Ellingsen Group /Adagp, Paris 2016 ; **p. 166** : Universal History Archive/UIG/Bridgeman Images ; **p. 167** : Valentine Richmond history center ; **p. 168** : Mary Evans/Rue des archives ; **p. 169** : (g) Private Collection/The Stapleton Collection/Bridgeman Images ; (d) Mary Evans/Rue des Archives ; **p. 171** : (ht) Agnès Guillaume ; (b) Edvard Munch, *Le Cri*, 1893/Luisa Ricciarini/Leemage/The Munch-Museum/The Munch eligsen Group/Adagp, Paris 2016 ; **p. 172** : coll. JeanVigne/Kharbine-Tapabor ; **p. 173-174** : Cédric Perez, in *Histoires et Légendes Normandes* tome 2, Association l'Eure du Terroir, 2009 ; **p. 175** : La Collection ; **p. 177** : Paris. Le lac du Bois de Boulogne et le Chalet des Iles © Léon et Lévy/Roger-Viollet ; **p. 179** : Bibliothèque nationale de France, département Estampes et photographie, RESERVE DC- 354 (5) -BOITE FOL ; **p. 181** : Mary Evans/Rue des Archives ; **p. 182-183** : *Deadline*, PJ Crook/Morohashi Museum of Modern Art, Koriyama-Shi, Japan/Bridgeman Images ; **p. 184** : (ht) Private Collection/Bridgeman Images ; (b) Leemage ; p. 185 : Bridgeman Images ; **p. 186** : akg images ; **p. 187** : Tallandier/Bridgeman Images ; **p. 188** : Collection Dagli Orti/Isabella Stewart Gardner Museum Boston/Superstock/Aurimages ; **p. 189** : RMN-Grand Palais (musée d'Orsay)/Jean-Gilles Berizzi ; **p. 190** : akg-images ; **p. 191** : akg-images/De Agostini Picture Library ; **p. 192** : BnF ; **p. 193** : Aisa/Leemage ; **p. 194** : BnF ; **p. 195** : BnF ; **p. 196** : Ucciani ; **p. 199** : Éditions Delcourt ; Éditions Magnard ; collection « Folio junior » Éditions Gallimard ; Le Livre de poche ; Éditions Magnard ; Éditions Albin Michel ; Éditions Delcourt ; Éditions Glénat ; **p. 200** : (g) Denis Gravel/Mairie de Calvisson ; (d) Mairie de La Seyne-sur-Mer ; (b) Comvv/mairie de Granville ; **p. 202** : PVDE/Bridgeman Images ; Maison Albert Londres ; **p. 203** : collection Prix Albert Londres ; **p. 204** : (ht) collection Prix Albert Londres ; (m) Maison Albert Londres ; (b) BnF ; **p. 205** : (ht) Bridgeman Images ; (m) Collection Dupondt/akg-images ; (b) Jody Amiet/AFP ; **p. 206** : BnF ; **p. 207** : (g) Éditions Le Serpent à plumes, collection Motifs ; (d) BnF ; **p. 208** : (ht g) Éditions Arléa, 1998 ; (ht d) Collection Kharbine Tapabor ; (b g) Éditions Arléa, 1998 ; (b d) collection Prix Albert Londres ; **p. 210** : (g) dp-sr nb//AFP ; (d) Schvartz ; **p. 211** : (ht g) idé ; (ht d) Plantu ; (b g) Mon Quotidien n° 5036, Playbac Presse ; (b d) Plantu ; **p. 212** : (ht) Larry Downing/Reuters ; (b) The Economist Newspaper Limited, London (19-25 juin 2010) ; **p. 213** : (ht) DR ; (b) RMN-Grand Palais (Château de Versailles)/Daniel Arnaudet ; **p. 214** : (ht) Éric Penot Photographe des Archives départementales de l'Ardèche ; (b) akg-images ; **p. 215** : (ht) akg-images ; (b) Wong Maye-E/AP/SIPA ; **p. 216** : (b) Fairtrade Lëtzebuerg /Comed.lu ; **p. 217** : Elle/Scoop ; **p. 218** : PaulaFrench/Zuma/Rea ; **p. 220** : AFP Photo/Naziah Ali/Mailife Magazine ; **p. 221** : (ht) Fotolia ; (g) Shutterstock ; (d) *Le Monde des Ados* Fleurus Presse ; *Mon Quotidien*, pour les 10-14 ans : 10 minutes de lecture chaque jour, www.monquotidien.fr ; Science&Vie Junior-Mondadori France ; Pierre Déom, *La Hulotte* - www.lahulotte.fr ; **p. 222** : AFP Photo/Thomas Samson ; **p. 224-225** : Eaj/Mood of Jetlag ; **p. 226** : (ht) Prod DB © Universal/DR ; (b) Prod DB © Warner Bros/DR ; **p. 227** : (ht g) Prod DB © RKO/DR ; (ht d) Prod DB © 20th Century Fox - Théâtre du Temple/DR ; (b g) Rue des Archives/RDA ; (b d) Prod DB © United Artists/DR ; **p. 228** : (ht) Prod DB © Lone Star Corp/DR ; (b) Prod DB © Miramax/DR ; **p. 229** : (ht) Prod DB © Paramount/DR ; (b) Prod DB © A. Rosa - Mike Zoss Productions - Scott Rudin Productions - StudioCanal/DR ; **p. 230** : (ht g) Norman Parkinson Ltd, courtesy Norman Parkinson Archive ; (ht d) Dolphinphoto/Istock ; (b) Berenice Abbott/Getty Images ; **p. 231** : Ferry Vermeer/Getty Images ; **p. 232** : Prod DB © Paramount - Red Granite Pictures - Sikelia Productions - Appian Way/DR ; **p. 233** : (ht) Bridgeman Images ; (b) Jean-Luc Bertini/Pasco ; **p. 234** : Edward Hopper, American, 1882-1967, Nighthawks, 1942, oil on canvas, 84.1 x 152.4 cm (33 1/8 x 60 in.), Friends of American Art Collection, 1942.51, The Art Institute of Chicago ; **p. 235** : Gerrit Schilp/Getty ; **p. 236** : Arman, *Manhattan*, 1963 /ADAGP, Paris, 2016 ; **p. 238** : (ht) Akg Images ; (b g) BnF ; (b m) BnF ; (b d) Mbzt/Wikimedia ; **p. 239** : (ht) RMN-Grand Palais (musée d'Orsay)/René-Gabriel Ojéda ; (m) Shutterstock ; (b) Henri de Miller, *Écoute*, 1986, ADAGP, Paris 2016/Photo12/Alamy ; **p. 240** : (ht g) Erwin Blumenfeld et ©The Estate of Erwin Blumenfeld ; (m) Alain Nogues/Sygma/Corbis ; (b) Prod DB © Double D Copyright Films - CNC - Canal+ - WDR/DR ; **p. 241** : (ht g) Guillaume Leblanc ; (ht d) akg-images/Paul Almasy ; (b) Jean-Philippe Charbonnier/Rapho ; **p. 242** : (ht) Christie's Images/Bridgeman Images ; (b) Akg-Images ; **p. 243** : Collection Bourgeron/Bridgeman Images ; **p. 244** : LGM Cinéma ; KL Production ; Gaumont ; TF1 Films Production ; Artemis Productions ; **p. 245** : (ht) Serge Moulia/ Reservoir Photo ; (m) Éditions Magnard, Éditions Flammarion ; (b) LGM Cinéma ; KL Production ; Gaumont ; TF1 Films Production ; Artemis Productions ; **p. 246** : (ht) AFP Photo/Martin Bureau ; (b) Collection Roger-Viollet/Roger-Viollet ; **p. 247** : peinture de Denis Truchi ; **p. 248** : (g) LAPI/Roger-Viollet ; (d) H. Martinie/Roger-Viollet ; **p. 249** : Gérard Faure ; **p. 250** : (ht) Museum of Fine Arts, Houston, Texas, USA/The Robert Lee Blaffer Memorial Collection, gift of Sarah Campbell Blaffer/Bridgeman Images ; (b) Shutterstock ; **p. 251** : (b g) Shutterstock ; (b d) Josse/Leemage ; **p. 252** : (ht) Bridgeman Images ; (b) De Agostini Picture Library/Bridgeman Images ; **p. 253** : (ht) Tate, Londres, Dist. RMN-Grand Palais/Tate Photography ; (b) Bridgeman Images ; **p. 255** : (ht) Guillaume Perret/Andia ; (m) CNES/Distribution Airbus DS, 2013 ; (b) John Greim/Agefotostock ; F1online/Andia ; Collection Dagli Orti/Museo Vetrario Murano ; Christian Guy/hemis.fr ; **p. 256** : (g) Fotolia ; (d) Filippo Calendario et Pietro Baseggio./Alinari/Roger-Viollet ; **p. 257** : (ht) Youngtae/Leemage ; (b) Fotolia ; **p. 258** : (ht) collection « Points » © Le Seuil ; (m) Photo12/Alamy ; (b) Marco Secchi/Getty Images/AFP ; **p. 259** : (ht) John Frumm/hemis.fr ; (b) 1977 Cong SA Suisse. « Fables de Venise » de Hugo Pratt. www.cong-pratt.com. Tous droits réservés ; **p. 260** : Musée Carnavalet/Roger-Viollet ; **p. 261** : Leemage ; **p. 262** : (ht) Bridgeman Images ; **p. 263** : (ht g) Marcello Mencarini/Leemage ; (ht d) photo Paolo Rosselli ; (b) PARIS SMART CITY 2050 VINCENT CALLEBAUT ARCHITECTURES ; **p. 264-265 :** courtesy of Liss Llewellyn Fine Art, on behalf of the Artist's Estate/Private Collection/Bridgeman Images ; **p. 270** : DeAgostini/Leemage ; **p. 272** : *Mon Quotidien*, jeudi 7 janvier 2016 (n° 5778) Play Bac Presse ; **p. 275** : Fotolia ; **p. 276** : Magritte, *Golconde*, 1953 ADAGP, Paris 2016 photo Bridgeman Images ; **p. 278** : Founders society purchase vith Mr and Mrs Bert L. Smokler and Mr and Mrs Lawrence A. Fleischman funds/Bridgeman ; **p. 281** : Collection Christophe L © Film Par Film/DR ; **p. 282** : Éditions Magnard ; **p. 284** : Fotolia ; **p. 287** : Musée des Beaux-Arts de Lyon/Josse/Leemage ; **p. 290** : Munich, Nouvelle Pinacothèque/akg-images ; **p. 295** : Maurice Delgay. Ville de Toulouse, Archives municipales, 36 Fi 105 ; **p. 298** : Michaël Shainblum ; **p. 300** : Fotolia ; **p. 304** : E. Munch, *Le Cri*, 1893/Adagp, Paris 2016/Luisa Ricciarini/Leemage /The Munch Museum/The Munch eligsen Group ; **p. 308** : Marc Chagall, *Le Mariage*, 1909 ADAGP, Paris 2016 photo akg-images/Erich Lessing ; **p. 310** : Musée du Louvre/ Bridgeman Images ; **p. 312** : FineArtImages/Leemage ; **p. 314** : Galerie Nationale d'Irlande, Dublin/Akg-Images ; **p. 316** : Musée des Beaux-Arts de Nantes/RMN-Gérard Blot ; **p. 319** : BnF ; **p. 322** : *Frankenstein*, Marion Mousse, Éditions Delcourt ; **p. 324** : René Magritte, *La Grande Famille*, Adagp, Paris 2016/photo Josse/Leemage ; **p. 332** : Plantu ; **p. 334** : Robert Doisneau/Rapho ; **p. 336** : Musée du Louvre/Leemage ; **p. 340** : akg-images ; **p. 342** : Éric Lefranc/Biosphoto ; **p. 344** : Éditions Magnard ; **p. 345** : Collection Kharbine Tapabor ; p. 351 : Fotolia ; **p. 354** : Musée du Louvre/Josse/Leemage ; **p. 356** : Collection privée/Bridgeman Images ; **p. 358** : Prod DB © United Artists/DR ; **p. 360** : Josse/Leemage ; **p. 361** : Collection Kharbine-Tapabor.

Couverture : Laurence Moinot (maquette), Philippe Roux (illustrations)
Création maquette intérieure : Delphine d'Inguimbert, Valérie Goussot
Mise en pages : Linéale, Marylène Dutkiewicz (APS-Chromostyle), Line Lebrun, Frédérique Deviller
Relecture : Vanessa Colnot
Iconographie : Sandrine Fournié
Cartographie : Valérie Goncalves
Illustrations : Christian Goux (p. 251)
Responsable d'édition : Mirna Bousser
Édition : Anne Balaguier, Christelle Gombert, assistées de Pauline Labbé, Nicolas Durieu et Gwendal Fossois

www.magnard.fr – ISBN : 978-2-210-10626-0

Achevé d'imprimer en septembre 2020 «La Tipografica Varese Srl» en Italie - N° éditeur MAGSI20200218 - Dépôt légal : mai 2016

Le mot

LE MOT : AMOUR

champ lexical

Forme et étymologie
- du latin *amor*
- devient féminin au pluriel

Connaitre ses premières amours

Mots de la même famille
adverbes : *amoureusement, aimablement, amicalement*
adjectifs : *aimant, amant, amical, amoureux, aimable*
verbes : *aimer, s'amouracher*
noms : *amitié, amabilité*

Antonymes
mots de sens contraire

haine, inimitié, désamour

Synonymes
mots de sens proche

attachement, affection, tendresse, passion, adoration

Hyperbole
exagération

Aimer à perdre la raison

(L. Aragon)

Polysémie
sens propres :
- sentiment d'affection

Roméo éprouve un amour soudain pour Juliette.
- personne aimée

J'arrive, mon amour !

sens figurés :
- personne qui a de nombreuses qualités et qu'on ne peut qu'aimer

Cet enfant est un amour.
- attachement à une valeur

L'amour de la vérité, de la justice

Métaphore
rapproche deux éléments sans mot de comparaison

L'amour est une étoffe tissée par la nature et brodée par l'imagination. **(Voltaire)**

Comparaison
rapproche deux éléments avec un mot de comparaison

L'amour ***ressemble à*** *l'amitié : il en est, pour ainsi dire, la folie.*

(Sénèque)

TUTO VIDÉO **lienmini.fr/jdl-002**
Saisissez cette adresse sur votre navigateur pour apprendre à créer votre propre carte mentale.

La phrase

phrase complexe
composée de plusieurs propositions

propositions indépendantes

propositions juxtaposées

reliées par un **signe de ponctuation**

Cette série a beaucoup de succès : tout le monde m'en parle.

propositions coordonnées

reliées par une **conjonction de coordination** (mais, ou, et, donc, or, ni, car)

*On m'a parlé de cette série **mais** je ne l'ai pas encore regardée.*

proposition principale + proposition(s) subordonnée(s)

complète un **nom**

proposition subordonnée relative

introduite par un **pronom relatif** (qui, que, dont, où...)

*J'ai adoré la série **dont tu m'avais parlé**.*

complète un **verbe**

proposition subordonnée complétive

ne peut être ni déplacée ni supprimée

*Je ne voudrais pas **que tu me dévoiles la fin de la saison**.*

complète la **phrase**

proposition subordonnée circonstancielle

supprimable, déplaçable

donne une indication de **temps, moyen, manière, but, cause, conséquence...**

*Je regarderai le prochain épisode **dès qu'il sortira** !*

propositions subordonnées conjonctives

TUTO VIDÉO **lienmini.fr/jdl-002**
Saisissez cette adresse sur votre navigateur pour apprendre à créer votre propre carte mentale.